Η ΖΩΗ ΜΟΥ, Η ΠΙΣΤΗ ΜΟΥ (Ι)

«Εγώ, εκείνους που με αγαπούν, τους αγαπώ
κι εκείνοι που με ζητούν, θα με βρουν.»
(Παροιμίαι 8:17)

Η ΖΩΗ ΜΟΥ, Η ΠΙΣΤΗ ΜΟΥ (Ι)

Δρ Τζέροκ Λι

URIM BOOKS

Η ΖΩΗ ΜΟΥ, Η ΠΙΣΤΗ ΜΟΥ (Ι) :
υπό τον Dr Jaerock Lee (Δρ Τζέροκ Λι)
Εκδόθηκε από τον εκδοτικό οίκο Urim Books [Αντιπρόσωπος: Seongkeon Vin]
235-3, Guro-dong 3 ,Guro-gu, Σεούλ, Κορέα
www.urimbooks.com

Προηγούμενη έκδοση το 2006 στα Κορεάτικα από τον εκδοτικό οίκο Χριστιανικό Τύπο (The Christian Press), Σεούλ, Κορέα

Πρώτη Έκδοση: Ιούνιο 2012

Επιμέλεια: Eunmi Lee
Σχεδιασμός: Εκδοτικό Γραφείο Urim Books
Εκτύπωση: Yewon Printing Company
Για περισσότερες πληροφορίες επικοινωνήστε μέσω του urimbook@hotmail.com

Βαθύ Πνευματικό Άρωμα

Λένε ότι τα ρόδα των βουνών των Βαλκανίων έχουν το πιο ευωδιαστό άρωμα. Ωστόσο, δεν μπορούμε να πάρουμε το άρωμα αυτό από οποιοδήποτε τριαντάφυλλο του βουνού. Για να πάρουμε το υψηλότερης ποιότητας άρωμα πρέπει να αποστάξουμε το αιθέριο έλαιο από τριαντάφυλλο που κόπηκε στις δύο το πρωί, την πιο ψυχρή και σκοτεινή ώρα.

«Η Ζωή Μου, Η Πίστη Μου I & II», η αυτοβιογραφία του Δρος Τζέροκ Λι σε δύο μέρη, προσφέρει στους αναγνώστες το πιο ευωδιαστό πνευματικό άρωμα. Κι αυτό συμβαίνει επειδή η ζωή του έχει αποσταχθεί από την αγάπη του Θεού, έχοντας περάσει από σκοτεινά κύματα, ψυχρούς ζυγούς και βαθύτατη απελπισία.

Για ποιον λόγο ο Δρ Λι δεν μπορούσε να έχει την ευκαιρία να ονειρευτεί μία φωτεινή και λαμπερή ζωή, όπως οι υπόλοιποι νέοι; Υπήρξε και για εκείνον κάποτε μία εποχή που αγωνιζόταν για να αποφοιτήσει μία μέρα από ένα καλό πανεπιστήμιο, να σπουδάσει στο εξωτερικό και να γίνει ένας καταξιωμένος και σπουδαίος άνθρωπος. Σε αντίθεση, όμως, με το όνειρό του, η ζωή του άρχισε να κατρακυλά σε μία κοιλάδα απελπισίας. Το σώμα του καλύφθηκε από τα σημάδια της ασθένειας. Αντί ν' αποκτήσει φήμη, βίωσε την απόρριψη ακόμα και από τους πιο κοντινούς του ανθρώπους που τον κοιτούσαν υποτιμητικά. Συνειδητοποίησε εις βάθος πόσο ανούσια είναι η αγάπη αυτού του κόσμου. Αντιλήφθηκε το νόημα της φτώχειας και πόσο αποκαρδιωτικό είναι να είσαι αδύναμος ως κεφαλή της οικογένειας. Έφτασε ακόμα και στο σημείο να αποπειραθεί να αυτοκτονήσει δύο φορές.

Και καθώς βρισκόταν στην κοιλάδα της απελπισίας όπου δεν μπορούσε ούτε ν' αναπνεύσει, συνάντησε τον Θεό. Μέχρι τότε, πάλευε στη ζωή του μόνος και κουρασμένος. Ο παντοδύναμος, όμως, Θεός που είναι γεμάτος αγάπη, τον πλησίασε, τον συνάντησε κι άρχισε να πορεύεται μαζί του. Ο Θεός τον έβγαλε από την απελπισία και τον γέμισε με την ελπίδα του βασιλείου των ουρανών! Το ερώτημα «Πώς θα μπορέσω να ξεπληρώσω αυτή την απίστευτη θεία χάρη;» έγινε ο μόνος σκοπός της ζωής του Δρος Λι. Υπάκουσε στις εντολές του Θεού. Δεν έκανε τίποτα απαγορευμένο από τον Θεό. Όταν ο Θεός τού είπε «Πήγαινε» εκείνος πήγε, κι όταν του έλεγε «Κάν' το» το έκανε. Έγινε δέσμιος της υψηλής και μεγάλης αγάπης του Θεού κι απώτερος σκοπός της ζωής του έγινε το να ευχαριστεί τον Πατέρα Θεό.

Ο αιδεσιμότατος Δρ Λι εξομολογείται τη βαθιά του αγάπη όπως κι ο απόστολος Παύλος στην Προς Ρωμαίους

Επιστολή 8:35-39: «*Ποιος θα μας χωρίσει από την αγάπη του Χριστού; Θλίψη ή στενοχώρια ή διωγμός ή πείνα ή γυμνότητα ή κίνδυνος ή μάχαιρα; Καθώς είναι γραμμένο: Ότι για χάρη Σου θανατωνόμαστε όλη την ημέρα, λογαριαστήκαμε σαν πρόβατα για σφαγή'. Σε όλα αυτά, όμως, υπερνικούμε, διαμέσου εκείνου που μας αγάπησε. Επειδή, είμαι πεπεισμένος ότι, ούτε θάνατος ούτε ζωή ούτε άγγελοι ούτε αρχές ούτε δυνάμεις ούτε παρόντα ούτε μέλλοντα ούτε ύψωμα ούτε βάθος ούτε κάποια άλλη κτίση, θα μπορέσει να μας χωρίσει από την αγάπη του Θεού, η οποία υπάρχει στον Ιησού Χριστό τον Κύριό μας.*»

Όπως αναφέρουν οι Παροιμίαι 8:17, «*Εγώ, εκείνους που με αγαπούν, τους αγαπώ, κι εκείνοι που με ζητούν, θα με βρουν,*» όταν επρόκειτο για το θέλημα του Θεού, ο Δρ Λι απαντούσε μόνο με ένα «Ναι» κι ένα «Αμήν» με όλη του την καρδιά και σε κάθε περίσταση. Ο Θεός τον έντυσε με τη δύναμη Του και τον τοποθέτησε πάνω από τα εγκόσμια. Η εκκλησία του, η Manmin (Όλη η Πλάση) Joong-ang (Κεντρική) Εκκλησία, προσεύχεται για όλους τους λαούς σε όλα τα έθνη, όπως δηλώνει και το όνομα Manmin. Εκπληρώνει τα οράματα του Θεού ένα προς ένα κι έχει γίνει το κεντρικό σημείο πραγματοποίησης των πύρινων έργων του Αγίου Πνεύματος.

Επειδή κι ο ίδιος ο αιδεσιμότατος Δρ Λι υπέφερε από τόσες πολλές και διάφορες ασθένειες, είναι σε θέση να κατανοήσει των πόνο όσων νοσούν. Επειδή και τον ίδιο τον περιφρονούσαν και τον χλεύαζαν, καταλαβαίνει όσους έχουν πληγωθεί. Επειδή έχει αντιμετωπίσει κι εκείνος έντονη φτώχεια, καταλαβαίνει όσους υποφέρουν από το βαρύ φορτίο της φτώχειας. Αυτοί είναι οι λόγοι που χιλιάδες μέλη της εκκλησίας του συγκεντρώνονται γύρω του απλά και μόνο για να βρεθούν πρόσωπο με πρόσωπο μαζί του.

Η ζωή του αιδεσιμότατου Δρος Λι αποτελεί μία από τις δραματικότερες περιπτώσεις κατά τις οποίες η ζωή ενός ανθρώπου έχει αλλάξει τόσο πολύ αφότου γνώρισε τον Θεό. Η ζωή του μας αποδεικνύει πώς μία ζωή απόλυτης αφοσίωσης κι υπακοής στον Θεό αποφέρει πολλούς καρπούς, τόσο πνευματικούς όσο και υλικούς.

Η πορεία της ζωής του μας υποδεικνύει πως το μυστικό όλης αυτής της ευλογίας είναι το να γίνουμε καθαγιασμένοι και καθαροί σαν κρύσταλλο, όπως ακριβώς κι ο Πατέρας Θεός είναι Πανάγιος, μερικές φορές σαν λιοντάρι που βρυχάται, ενώ άλλες απαλός και τρυφερός σαν το μητρικό χάδι.

Όπως, ακριβώς η ζωή του Δρος Λι εκπέμπει αυτό το βαθύ άρωμα, κατά τον ίδιο τρόπο ελπίζω ότι όλοι οι αναγνώστες του βιβλίου θα καταφέρουν και θα βγάλουν άρωμα βαθύτερο κι από των ρόδων των Βαλκανικών βουνών.

10 Δεκεμβρίου 2006
Αιδεσιμότατη Δρ Έσθερ Κ. Τσανγκ

Τέως Πρόεδρος του Πανεπιστημίου Γυναικών της Σεούλ, Κορέα
Πρόεδρος της Διεθνούς Ιερατικής Σχολής Manmin, Σεούλ, Κορέα
Επίτιμη Καθηγήτρια, Εθνικό Πανεπιστήμιο του Σαν Αντόνιο Αμπάδ ντελ Κούσκο, Περού

Πύρινη Δοκιμασία και Δύναμη

«Η Ζωή Μου, Η Πίστη Μου Ι & ΙΙ» προσφέρει μία ξεκάθαρη απάντηση στο ερώτημα «Πώς πρέπει να διάγουμε βίο Χριστιανικό;» Επομένως, είναι ένα βιβλίο για όλους εκείνους που έχουν δεχτεί τον Ιησού Χριστό και πιστεύουν στο αίμα Του από τον σταυρό.

Μιλώντας με κάθε ειλικρίνεια, ο Δρ Τζέροκ Λι, ο πρεσβύτερος πάστορας της Κεντρικής Εκκλησίας Μάνμιν, είναι ένα πρόσωπο το οποίο δεν γνώριζα πολύ καλά. Μία μέρα, κάποιος συνάδελφός μου μού έδωσε την αυτοβιογραφία του *«Η Ζωή Μου, Η Πίστη Μου Ι & ΙΙ»* και καθώς διάβαζα τα δύο μέρη δεν μπορούσα να συγκρατηθώ και να μη βάλω τα κλάματα. Άνοιξα το βιβλίο αυτό αργά το βράδυ όταν είχα αϋπνίες, και με αιχμαλώτισε ολοκληρωτικά.

Δεν μπορούσα να το διαβάσω χωρίς να δακρύσω για όλα όσα υπέφερε, από όλων των ειδών τις αρρώστιες, τη φτώχεια, και τα οικογενειακά προβλήματα, βάσανα τα οποία θα μπορούσαν να συγκριθούν με εκείνα του Ιώβ. Με άγγιξε επίσης αυτό το μοναδικό κορεατικό συναίσθημα θλίψης. Οι ασθένειές του ήταν τόσο σοβαρές που κατέφυγε ακόμα και στο να πιει χυμό από ανθρώπινα περιττώματα για να θεραπευτεί, ενώ αποπειράθηκε δύο φορές ν' αυτοκτονήσει. Έχω περάσει κι εγώ πολλά βάσανα στη ζωή μου, αλλά μου ήταν απίστευτα οδυνηρό να σταματήσω τα δάκρυά μου.

Οι περισσότεροι Κορεάτες που έζησαν την εποχή της λιτότητας τη δεκαετίας του '50 και του '60, πέρασαν πολλές δυσκολίες. Αλλά ακόμα και σήμερα υπάρχουν άνθρωποι που δεν μπορούν να πληρώσουν για να έχουν θέρμανση κατά τη διάρκεια του χειμώνα, ούτε για τρία γεύματα την ημέρα. Επιπλέον, είναι πολλοί εκείνοι που πάσχουν από ασθένειες αλλά δεν έχουν χρήματα για ιατροφαρμακευτική περίθαλψη. Υπάρχουν κι εκείνοι που ζουν σε προσωρινά καταλύματα εξαιτίας πλημμυρών κι άλλων φυσικών καταστροφών. Εμείς οι Κορεάτες δεν έχουμε απελευθερωθεί ακόμα εντελώς από τα δεσμά της φτώχειας και της δυστυχίας.

Ωστόσο, ο αιδεσιμότατος Δρ Τζέροκ Λι κατόρθωσε να ζήσει μία ζωή εντελώς διαφορετική, ξεπερνώντας όλα τα αυτά τα βάσανα και τους πόνους, και το βιβλίο αυτό περιγράφει το κάθε του βήμα με συγκινητικό τρόπο. Αυτό, όμως, δεν σημαίνει ότι το βιβλίο είναι γραμμένο με φανταχτερές λέξεις και με περίτεχνο λογοτεχνικό ύφος. Αυτό που με άγγιξε είναι η ειλικρίνειά του κι οι απλές προτάσεις του.

Θα μπορούσα να το αποκαλέσω το «Άρωμα της Ειλικρίνειας»; Η εξομολόγησή του που εμπεριέχει την αλήθεια της σωτηρίας του Θεού και δοξάζει τον Ιησού Χριστό και μόνο, επιτρέπει στους αναγνώστες να αισθανθούν κι εκείνοι την ίδια χάρη του Θεού.

Ίσως αυτό να συνέβη εξαιτίας του ότι δεν μπορούσα να βρω κανένα άλλο «πραγματικά καλό βιβλίο». Όπως όμως και να 'χει, ο λόγος που με άγγιξε τόσο πολύ αυτό το βιβλίο ήταν ότι η ζωή του, αφού γνώρισε τον Ιησού και μετανόησε για όλες τις αμαρτίες του, κι αφού υπάκουσε στο κάλεσμα του Θεού πηγαίνοντας στην ιερατική σχολή για να γίνει ιερέας, και προσπάθησε να σώσει έστω και μία ψυχή περισσότερη, αποτέλεσε σύμβολο και για τη δική μου ζωή και για τη ζωή των γειτόνων μας, για τα παιδιά που είναι οι επικεφαλής των οικογενειών τους, και για όλους εκείνους που δίνουν μάχη ξεπερνώντας τις αναπηρίες του σώματός τους. Αφού λοιπόν διάβασα αυτό το βιβλίο, άλλαξα σε μεγάλο βαθμό την πορεία του δικού μου Χριστιανικού βίου.

Πιστεύω ότι η ζωή του αιδεσιμότατου Δρος Τζέροκ Λι μπορεί να αποτελέσει πρότυπο και για τη δική μας Χριστιανική ζωή. Θεωρούμε ότι καθαγιαζόμαστε ακούγοντας τα κηρύγματα στην εκκλησία, όταν, όμως, επιστρέφουμε στα εγκόσμια, συμβιβαζόμαστε κι αρχίζουμε και πάλι να αμαρτάνουμε. Αυτός ήταν ο φαύλος κύκλος της πίστης στη ζωή μας.

Επομένως, «*Η Ζωή Μου, Η Πίστη Μου I & II*» μας προσφέρει ξεκάθαρη απάντηση στο ερώτημα «Πώς πρέπει να διάγουμε βίο Χριστιανικό;» Ο αιδεσιμότατος Δρ Τζέροκ Λι μάς παρακινεί σε όλο το βιβλίο του να προσευχόμαστε με δυνατή φωνή. «Προσευχηθείτε για να καθαγιαστείτε και για να είσαστε χρήσιμοι στο σκοπό του Θεού», «Προσευχηθείτε για να λάβετε τη δύναμη του Θεού», «Προσευχηθείτε για να λάβετε τα ποικίλα δώρα του Αγίου Πνεύματος», «Προσευχηθείτε για την εκκλησία σας, τον πάστορά σας και για τους άλλους υπηρέτες του Θεού», «Προσευχηθείτε για το βασίλειο της αρετής του Θεού» και «Προσευχηθείτε για την πνευματική αγάπη». Η μαρτυρία της πίστης του μέσα από την εξιστόρηση των εμπειριών του αγγίζει τις ζωές μας.

Τα θαύματα που άρχισαν να συμβαίνουν με το που ίδρυσε την εκκλησία, και συμπεριελάμβαναν πολλές θεραπείες ασθενών, την ανάρρωση όσων βρίσκονταν κοντά στο θάνατο κι ακόμα και την ανάσταση όσων είχαν ήδη πεθάνει, ήταν αρκετά για να τον ζηλέψουν οι άλλοι πάστορες. Σπούδασε στην ιερατική σχολή της ορθοδόξου αγιοσύνης και χειροτονήθηκε από εκείνους, γιατί λοιπόν αφορίστηκε από το δόγμα; Αναφέρεται με λεπτομέρειες η φαύλη διαδικασία που ακολουθήθηκε από το δόγμα.

Μπορούμε να διακρίνουμε την οντότητα όταν αντικρίζουμε τον καρπό. Σήμερα, η φλόγα του Αγίου Πνεύματος καίει κάθε εβδομάδα στην Κεντρική Εκκλησία Μάνμιν και θεραπεύονται πολλοί άνθρωποι που έπασχαν από ανίατες ασθένειες. Διοργανώθηκαν μεγάλες εκστρατείες στις Ηνωμένες Πολιτείες, στη Ρωσία, στην Αφρική, στη Μέση Ανατολή, στην Ευρώπη και στη Λατινική Αμερική και τόσοι άνθρωποι παρακολούθησαν τα σημεία και τα θαύματα να συμβαίνουν. Τώρα, η Κορέα μετατρέπεται στο «Ιεραποστολικό Κέντρο» του κόσμου!

Ακόμα κι όταν η Κεντρική Εκκλησία Μάνμιν έγινε μία από τις μεγαλύτερες στον κόσμο, ο ίδιος ζούσε μόνο με την προσευχή και τη νηστεία στα βουνά. Ακόμα κι όταν απειλούνταν οι ζωές των θυγατέρων του, κι ακόμα κι όταν ο ίδιος βρισκόταν στο κατώφλι του θανάτου εξαιτίας μιας ακατάσχετης αιμορραγίας που είχε προκληθεί από υπερκόπωση, ξεπέρασε όλες αυτές τις δοκιμασίες έχοντας ως μοναδικό του όπλο την πίστη του. Κι όμως, δεν καυχήθηκε ποτέ για τίποτα από αυτά. Η πίστη του είναι αυτή που πρέπει να ακολουθήσουμε ως παράδειγμα.

Αποτελούν πραγματικά μυστήριο η μετατροπή του νερού σε οίνο από τον Ιησού, η θεραπεία των λεπρών κι η ανάσταση του Λαζάρου. Για ποιον λόγο λοιπόν υπάρχουν κάποιοι άνθρωποι που επικρίνουν τα θεραπευτικά έργα και τη δύναμη του Θεού, όταν αυτά εκδηλώνονται μέσα από τον αιδεσιμότατο Δρα Τζέροκ Λι; Μπορούμε να μιλάμε για τα 100 χρόνια Χριστιανοσύνης της Κορέας χωρίς να μιλάμε για τα θεραπευτικά έργα;

Η Κορέα έχει τις περισσότερες αναλογικά εκκλησίες στον κόσμο. Είναι μία χώρα όπου συναντούμε ανθρώπους να προσεύχονται δυνατά όλοι μαζί, να κουνούν ρυθμικά τα σώματά τους ενώ προσεύχονται, ακόμα και να χορεύουν. Καρκίνοι θεραπεύονται στις συναντήσεις για προσευχή στο «Όρος της Προσευχής» κι ετοιμοθάνατοι αναρρώνουν. Η Κορέα έχει αναλάβει στις μέρες μας ένα μεγάλο και σημαντικό αριθμό ιεραποστολών. Διαβάζοντας το βιβλίο του αιδεσιμότατου Δρος Τζέροκ Λι, διαπίστωσα για άλλη μια φορά πόσο ευλογημένη χώρα είναι η Κορέα.

Αυτό τον καιρό, ο αιδεσιμότατος Δρ Τζέροκ Λι κηρύττει για τον Παράδεισο και δεν γνωρίζουμε πότε θα τελειώσει. Αν κάποιος θελήσει να μιλήσει για το συγκεκριμένο θέμα, μετά από δύο εβδομάδες κηρύγματος δεν θα έχει τίποτα άλλο να πει. Ο αιδεσιμότατος Δρ Τζέροκ Λι, όμως, μιλά γι' αυτό με περισσότερη ζωντάνια και με περισσότερες λεπτομέρειες κάθε ημέρα που περνάει. Νομίζω ότι αυτό συμβαίνει επειδή έχει λάβει το χάρισμα της προφητείας κι άλλα πολλά χαρίσματα, κι έτσι όλα τα κηρύγματα του συνεχώς ξεπροβάλλουν όπως το μετάξι από το κουκούλι.

Όπως είπε κι ο Βασιλιάς Σολομώντας με τη μεταφορά που χρησιμοποίησε στις Παροιμίες, τα κηρύγματα του αιδεσιμότατου Δρος Τζέροκ Λι είναι ορθά και ευκολονόητα, προφητεύοντας τον Λόγο του Θεού, σα χρυσά μήλα σε ασημένια ποικίλματα (Παροιμίαι 25:11). Μπορεί και κάνει έκδηλη τη δύναμη των θαυμάτων, αφού πρώτα πέρασε ο ίδιος πύρινες δοκιμασίες.

Φεβρουάριος 2007
Γιουρίμ Χαν
(Τηλεοπτικός Συγγραφέας)

Περιεχόμενα

Έπαινος

Βιβλιοκριτική

Κεφάλαιο Πρώτο
Νόμιζαν ότι γεννήθηκε ένα κωφάλαλο Μωρό

1. Οι Γονείς μου με Δίδαξαν Καλοσύνη και Ηθική   2
2. Η Εφηβεία μου   12
3. Ο Γάμος μου και η Μοίρα μου   18
4. Η Σύζυγός μου σε Κατάσταση Απελπισίας   28

Κεφάλαιο Δεύτερο
Ο Θεός υπάρχει στ' αλήθεια!

1. Όταν Πέσουν και τα Τελευταία Πέταλα, θα Τελειώσει κι η Ζωή μου   38
2. Είναι Τρελοί Όλοι Εδώ;   44
3. «Ακούω! Ακούω!»   48
4. Διαζύγιο κι Επιστροφή της Συζύγου μου   54

Κεφάλαιο Τρίτο
Το κάλεσμά μου

1. Ξεκινώντας μία Ευσυνείδητη Χριστιανική Ζωή 68
2. Ο Θεός με Οδήγησε σε μία Ταπεινή Θέση 77
3. Πώς Μπορώ να Ζήσω Σύμφωνα με τον Λόγο του Θεού; 83
4. Η Μοναδική μου Ευχή 91
5. Εκπαίδευση για να Διακρίνω τη Φωνή του Αγίου Πνεύματος 98

Κεφάλαιο Τέταρτο
Το κάλεσμα του Θεού

1. «Κύριε, πώς Διάλεξες Κάποιον σαν Εμένα;» 106
2. Ο Θεός μάς Αφήνει να Θερίσουμε ό,τι Σπείραμε 114
3. Υπερβολική Νηστεία υπό την Επιφοίτηση του Αγίου Πνεύματος 124
4. Τρόπος Νηστείας Μετά Προσευχής 130
5. Τα Χέρια του Θεού Προετοιμάζουν το Άνοιγμα της Εκκλησίας 138

Περιεχόμενα

Κεφάλαιο Πέμπτο
Το ξεκίνημα της εκκλησίας

1. Προετοιμασία Τριών Ετών για τον Λόγο του Θεού   152
2. Με Επτά Δολάρια   158
3. Λαμβάνοντας Απάντηση για το Άνοιγμα της Εκκλησίας   166
4. Ξεκινώντας από το Μηδέν   176
5. «Εάν Εσείς οι Άνθρωποι δεν Δείτε Σημεία και Τέρατα,
   δεν θα Πιστέψετε»   182
6. Όταν Άρχισα να Δίνω Εντολές στο όνομα του Ιησού Χριστού   192
7. Δεν Υπήρχαν Δέκα Εξαγνισμένοι; Πού Είναι, όμως, οι
   Εννέα από Αυτούς;   203
8. Λαμβάνοντας Εξηγήσεις για Δύσκολα Χωρία και το
   «Μήνυμα του Σταυρού»   218
9. Ο Κύριος Συνεργούσε   228
10. Η Επιφοίτηση του Αγίου Πνεύματος Προβλέπει τα Μέλλοντα   243
11. Μόνον εάν Αποκαλύψει τις Μυστικές Του Βουλές στους
    Δούλους Του τους Προφήτες   256

Κεφάλαιο Έκτο
Ανάπτυξη της εκκλησίας και δοκιμασίες

1. Στέρηση του Δικαιώματος του Λόγου και το Σπασμένο Σφυρί   264
2. Επικεφαλής Συναθροίσεων Θρησκευτικής Αναγέννησης
   σε Ολόκληρη τη Χώρα   274
3. Μετακομίζοντας σε Νέο Ιερό Ναό Μέσω της Πίστης   280
4. Εορταστική Λειτουργία για το Νέο Ιερό Ναό και
   Συνεχιζόμενες Ταραχές   286
5. Αίρεση Σύμφωνα με τη Βίβλο   292
6. Η Δοκιμασία της Αιμορραγίας μέχρι Θανάτου   296
7. Αν και Προειδοποίησα για την Εσχατολογία με Προθεσμία   303

Κεφάλαιο Έβδομο
Ο Θεός διεύρυνε τα Όρια του κλήρου

1. Άνοιξε η Θύρα προς τον Παγκόσμιο Ευαγγελισμό   308
2. Η Πίστη Αποτελεί την Εγγύηση για Όσα Ελπίζουμε   314
3. Συνεργασία με Κληρικούς από Εκκλησιαστικές Ενώσεις   321
4. Ποιο Είναι το Μυστικό της Ανάπτυξης της Εκκλησίας;   330
5. Εγχώριες και Υπερπόντιες Ιεραποστολές σε Πλήρη Ανάπτυξη   336
6. Λος Άντζελες 1995   353

Κεφάλαιο Πρώτο

Νόμιζαν ότι γεννήθηκε ένα κωφάλαλο Μωρό

Οι Γονείς μου με Δίδαξαν Καλοσύνη και Ηθική

«Τσ, τσ. . . το μωρό γεννήθηκε μουγκό. Γιατί δεν μπορεί να κλάψει;» Επειδή δεν έκλαψα μετά τη γέννησή μου, οι γονείς μου ανησύχησαν και με χτύπησαν στα πισινά. Ακόμα και τότε δεν έκλαψα, αλλά χαμογέλασα. Η οικογένειά μου ήταν πολύ στενοχωρημένη πιστεύοντας ότι ήμουν κωφάλαλος.

Αφού γνώρισα τη χάρη του Θεού, αναρωτήθηκα κάποια στιγμή γιατί δεν είχα κλάψει ως μωρό. Ίσως ήταν επειδή το πνεύμα μου γνώριζε ότι θα είχα μία ευλογημένη ζωή ως υπηρέτης του Θεού, οδηγώντας πολλές ψυχές στη σωτηρία. Στις 20 Απριλίου του 1943, (σύμφωνα με το Σεληνιακό Ημερολόγιο) ήμουν ο βενιαμίν (μετά από τρεις γιους και τρεις κόρες) του πατέρα μου, Τσαμπεόμ Λι, και της μητέρας μου, Γκάμτζανγκ Τσο. Ο τόπος γέννησής μου είναι ένα μικρό χωριό στο Χέτζε Μγεόν, στο Μουάν Γκουν, στην επαρχία Τζεονάμ. Ο πατέρας μου ήταν λόγιος των κλασικών Κινεζικών κειμένων και απολάμβανε την κομψότητα και τη μουσική. Κατά τη διάρκεια της Ιαπωνικής κατοχής στην Κορέα, επισκέφτηκε πολλές φορές την Ιαπωνία για επαγγελματικούς λόγους, αλλά μετά την ανεξαρτητοποίηση της Κορέας περάτωσε τις δουλειές του κι έψαξε για ένα ήσυχο μέρος για να ζήσει. Όταν ήμουν τριών ετών, η οικογένειά μου μετακόμισε στο Τσάνγκσουνγκ, ένα χωριό στο Μπουν-χγιανγκ Ρι, στην περιοχή Ναμ Μγεόν του Τσάνγκσουνγκ Γκουν. Ήταν ένα επιλεκτικό χωριό. Ο κόσμος έλεγε ότι μόνο μια οικογένεια «Τσουν» θα μπορούσε να εγκατασταθεί εκεί, αλλά η οικογένειά μου, με κάποιο τρόπο, τακτοποιήθηκε αρκετά εύκολα.

Ο πατέρας μου, όπως τον θυμάμαι από την παιδική μου ηλικία, ήταν ένας άνθρωπος που είχε χάσει κάθε επαφή με τον έξω κόσμο και διάβαζε πολλά βιβλία στο σπίτι. Ακόμα και τότε θυμάμαι ότι είχαμε αρκετούς προσκεκλημένους στο σπίτι μας. Όταν ο πατέρας μου είχε επισκέπτες, έπινε μαζί τους και απήγγελλε παλαιά ποιήματα ή θα συναγωνιζόταν μαζί τους στην Κινεζική Κλασική Λογοτεχνία.

Ο Πατέρας μου Ήθελε Πάντα να με Αναθρέψει ώστε να Γίνω ένας Σπουδαίος Αντρας

Έτσι, συνήθιζε πάντα να μου λέει «Τζέροκ, ο άνθρωπος πρέπει να έχει πίστη. Θα γίνεις ένας σπουδαίος άνθρωπος σε αυτόν τον κόσμο κάποια μέρα». Πιθανόν όλοι οι γονείς να επιθυμούν τα παιδιά τους να γίνουν έντιμα και να διαπρέψουν σε ο,οτιδήποτε κάνουν. Αλλά θυμάμαι πως μεγαλώνοντας, ο πατέρας μου προσπαθούσε ιδιαιτέρως σκληρά να μου εμφυτεύσει μια σωστή αντίληψη των αξιών, ενώ η μητέρα μου μας υπηρετούσε πάντα, και θυσίαζε τον εαυτό της για την οικογένειά της.

Ο πατέρας μου άρχισε να μου διδάσκει τους «Χίλιους Κινεζικούς Χαρακτήρες» όταν ήμουν μόλις πέντε ετών. Επιπλέον, μου είπε πολλές ιστορίες για ξακουστούς ήρωες. Όταν άκουγα τις ιστορίες από τα «Τρία Βασίλεια» για τους Γκουάν Γιου, Ζανγκ Φέι και Ζάο Γιουν, που είχαν ρισκάρει τη ζωή τους σε μια μάχη για να προστατέψουν τον αφέντη τους Λιου Μπέι, ή την ιστορία για τον Ζου Γκε Λιαν που έκανε τον άνεμο να φυσά, ένιωθα τόσο ενθουσιασμένος που ίδρωναν τα χέρια μου. Ο πατέρας μου συνήθιζε να μου μιλά για τα διδάγματα σοφών αντρών όπως ήταν ο Κομφούκιος κι ο Μένκιος, ή για την ακεραιότητα σπουδαίων ανθρώπων. Η ιστορία του Μόνκτζου Τζουνγκ που υπηρέτησε τη δυναστεία Κόριο ως το τέλος (παρόλο που ήταν γραφτό να καταστραφεί) γνωρίζοντας ότι θα σκοτωνόταν, όπως και η ιστορία του Ναυάρχου Σούνσιν Λι ο οποίος έσωσε τη χώρα όταν βρισκόταν στο χείλος της καταστροφής, ήταν από τις ιστορίες που πάντα με συγκινούσαν κι ας τις είχα ακούσει πολλές φορές. Οι ιστορίες μεγάλων αντρών που διατήρησαν ακέραιη τη στάση τους και την αφοσίωσή τους, ακόμα και σε συνθήκες που απειλούνταν οι ζωές τους, χαράχτηκαν στην καρδιά αυτού του νεαρού αγοριού. Ακούγοντας αυτές τις διηγήσεις, είχα πάντοτε στο μυαλό μου ότι έπρεπε να σέβομαι τους γονείς μου, να πορεύομαι στο σωστό δρόμο, και να ανταποδίδω κάθε χάρη που θα λάμβανα στην υπόλοιπη ζωή μου, χωρίς να αλλάξω στα μισά της διαδρομής.

Ονειρευόμουν να Γίνω Μέλος του Κογκρέσου

Ξεκίνησα το δημοτικό σχολείο έχοντας το όνειρο να γίνω μέλος του Κογκρέσου, κι ο πατέρας μου συνήθιζε να με πηγαίνει σε πολλές προεκλογικές ομιλίες. Συνηθίζαμε να περπατάμε ακόμη και 10 ή 15 χιλιόμετρα μέχρι τον χώρο διεξαγωγής μιας προεκλογικής εκστρατείας. Με πήγε να παρακολουθήσω τις εκλογές του τοπικού συμβουλίου, τις γενικές εκλογές και τις προεδρικές εκλογές. Ήθελε να με αναθρέψει σαν έναν πολιτικό που θα έκανε μεγάλα ευεργετήματα για τη χώρα.

Εκείνη την περίοδο βρισκόταν στην εξουσία το Φιλελεύθερο Κόμμα και υπήρχαν πολλοί που παρευρίσκονταν στις ομιλίες του. Οι ομιλητές φάνταζαν υπέροχοι σε μένα και μου φαίνονταν σπουδαίοι άντρες. Σκεφτόμουν, «Όταν μεγαλώσω, θα γίνω σαν αυτούς...» Ακούγοντας τους λόγους των υποψηφίων, ονειρευόμουν κάθε μέρα να γίνω μέλος του Κογκρέσου. Συνέχισα να έχω αυτό το όνειρο μέχρι που πήγα γυμνάσιο και λύκειο. Πήγαινα πια μόνος μου στις ομιλίες και άκουγα τους υποψήφιους.

Πριν μπω στο δημοτικό σχολείο, είχα ήδη μάθει την προπαίδεια και τη Hangul (την Κορεάτικη γραφή) από τους αδελφούς μου και τις αδελφές μου, κι έτσι το σχολείο δεν μου ήταν και πολύ ενδιαφέρον. Απολάμβανα περισσότερο το να παίζω με τους φίλους μου μετά το σχολείο. Μου άρεσαν τα, κατά κάποιο τρόπο, βίαια παιχνίδια, όπως το να παίζουμε τους στρατιώτες, πάλη και κλωτσιές. Ήμουν δυνατότερος σε σχέση με τους φίλους μου που είχαν την ίδια ηλικία με μένα και ήθελα να νικώ πάντα σε όλα τα παιχνίδια. Ήμουν αρκετά πεισματάρης και είχα μεγάλη υπερηφάνεια. Έπρεπε πάντα να συνεχίζω το παιχνίδι μέχρι να νικήσω. Ήμουν υγιής. Ακόμα κι όταν είχαμε οικονομικές δυσκολίες, η μητέρα μου μού έδινε ένα θεραπευτικό φάρμακο από βότανα, το οποίο ήταν αρκετά ακριβό. Εκείνη την εποχή ήταν πολύ ασυνήθιστο στην επαρχία να παίρνει κάποιος τέτοιο φάρμακο. Η αγάπη της μητέρας μου για το μικρότερο της γιο ήταν πολύ μεγάλη. Όταν έβγαινα έξω χέρι-χέρι με τη μητέρα μου, οι μεγαλύτεροι σε ηλικία κάτοικοι του χωριού συνήθιζαν να λένε πράγματα όπως «Αυτό το αγόρι φαίνεται πολύ έξυπνο... Θα γίνει κάτι σημαντικό στο μέλλον... Μπορώ να πω από το πρόσωπό του ότι θα γίνει ένας σπουδαίος άντρας στο μέλλον... Να τον φροντίζεις καλά!» Όταν η μητέρα μου άκουγε τέτοια σχόλια, μπορούσα να διακρίνω τη χαρά στο πρόσωπό της. Μεγάλωσα βλέποντάς την να επισκέπτεται κατά διαστήματα έναν Βουδιστικό ναό προσφέροντας ρύζι και να προσεύχεται για την οικογένεια.

Οι Ολόψυχες Προσευχές της Μητέρας μου

Τις νύχτες, η μητέρα μου έκανε ένα ντους, φορούσε το λευκό της χάνμποκ, το παραδοσιακό Κορεάτικο φόρεμα, έβγαινε έξω, τοποθετούσε ένα μπωλ με καθαρό νερό σε έναν πάγκο και προσευχόταν στα αστέρια. Καθώς ήμουν ο μικρότερος, προσπαθούσα να μείνω ξύπνιος ώσπου να επιστρέψει. Μερικές νύχτες που αργούσε περισσότερο απ᾽ ό,τι συνήθως, την παρατηρούσα από μία μικρή τρύπα στο χάρτινο παράθυρό μας μέχρι να με πάρει ο ύπνος.

Μία φορά τη ρώτησα, «Μητέρα, γιατί γονατίζεις και προσεύχεσαι τόσο πολύ;» κι εκείνη απάντησε, «Επειδή όταν προσευχήθηκα στη Μεγάλη Άρκτο, ο αδελφός σου επέστρεψε ασφαλής από τον πόλεμο στην Κορέα κι ο λόγος που εσείς, παιδιά, είσαστε τόσο υγιή και μεγαλώνετε καλά είναι επειδή προσεύχομαι τόσο σκληρά». Αργότερα, όμως, στη ζωή μου, όταν ασθένησα κι ήμουν άρρωστος για πολλά χρόνια, η μητέρα μου προσευχήθηκε στα αστέρια για την υγεία μου, αλλά οι προσευχές της δεν βοηθούσαν πια. Με το που άκουσε, όμως, ότι είχα γιατρευτεί άμεσα κι ολοκληρωτικά με τη δύναμη του Θεού, άρχισε να πηγαίνει μόνη της στην εκκλησία. «Προσευχήθηκα πολύ στα αστέρια και στον Βούδα, αλλά ο Βούδας και η Μεγάλη Άρκτος δεν μπόρεσαν να θεραπεύσουν το γιο μου. Εφόσον, όμως, ο γιος μου θεραπεύτηκε στην εκκλησία, θα πάω στην εκκλησία.» Αφού είπε αυτά τα λόγια, πέταξε όλα τα είδωλά της κι έγινε μία αφοσιωμένη πιστή, υπηρετώντας μόνο τον Θεό.

Η Αυστηρή Προσήλωση των Γονιών μου στην Εκπαίδευση

Καθώς ήμουν ο μικρότερος, έτεινα να είμαι υπάκουος, έτσι οι γονείς μου μ' αγαπούσαν μ' έναν ιδιαίτερο τρόπο. Οι γονείς μου ήταν πολύ αυστηροί με την εκπαίδευση και την πειθαρχία σε όλες τις εκφάνσεις της ζωής. Δίδαξαν στα αδέρφια μου και σε μένα όχι μόνο τις βασικές αρχές των ανθρωπίνων σχέσεων αλλά και τους εθιμοτυπικούς κανόνες συμπεριφοράς και την ευγένεια, τους σωστούς τρόπους στο περπάτημα, στην ομιλία, στο ντύσιμο, στο τραπέζι την ώρα του φαγητού, στο κράτημα του κουταλιού, στο πώς κοιμόμαστε και στο πώς ξυπνάμε. Επιπλέον, έδιναν έμφαση στο ότι δεν πρέπει να υψώνουμε τη φωνή μας όταν μιλάμε· ότι δεν πρέπει να ξεκινάμε να μιλάμε αν προηγουμένως ο συνομιλητής μας δεν έχει σταματήσει· ότι δεν πρέπει να κοιτάζουμε απευθείας στα μάτια κάποιον μεγαλύτερο που μας μιλά· ότι δεν πρέπει να διακόπτουμε τους γείτονες μας κατά τη διάρκεια μιας επίσκεψης· και ανεξάρτητα από το πόσο φτωχοί μπορεί να είμαστε, σε περίπτωση που μας επισκεφτεί κάποιος ζητιάνος δεν πρέπει να τον αφήσουμε να φύγει με άδεια χέρια, κλπ. Μας δίδαξαν ακόμα να ενεργούμε με καλοσύνη και υπομονή. Νομίζω ότι επειδή οι γονείς μου με είχαν εκπαιδεύσει με τέτοιο τρόπο, ακόμα και πριν γνωρίσω τον Θεό, ήμουν σε θέση να καθοδηγούμαι από τη συνείδησή μου κι ο κόσμος αναφερόταν σε μένα ως τον «άνθρωπο που δεν χρειάζεται τους νόμους». Αφού αποδέχτηκα τον Κύριο, πιστεύω ότι ήταν χάρη στις αυστηρές εκπαιδευτικές μεθόδους των γονιών μου που ήμουν ικανός να λέω εύκολα «Αμήν» και να πράττω αναλόγως σε κάθε εντολή που έβγαινε από τον Λόγο του Θεού.

Ως λόγιος των κλασικών Κινεζικών κειμένων, ο πατέρας μου είχε μελετήσει φυσιογνωμία, να κρίνει δηλαδή το χαρακτήρα του άλλου με βάση τα φυσικά χαρακτηριστικά, και χειρομαντεία. Συνήθιζε να προβλέπει σωστά σημαντικά εθνικά γεγονότα, καθώς και διάφορα πράγματα που συνέβαιναν στο χωριό. Μου είχε πει, «Τζέροκ, θα γίνεις ένας σπουδαίος άντρας. Όλα φαίνονται καλά, η γραμμή, όμως, της ζωής σου είναι λίγο σύντομη και διακόπτεται στη μέση. Είναι επομένως γραφτό να πεθάνεις νωρίς.

Υπάρχει, ωστόσο, μία πολύ λεπτή συνδετική γραμμή δίπλα από τη γραμμή της ζωής σου, έτσι ώστε αν τα καταφέρεις και περάσεις τα 30 θα αποτελέσεις ευλογία για πολλούς ανθρώπους.» Ο πατέρας μου ήταν πολύ χαρούμενος όταν μελέτησε τη φυσιογνωμία μου και μου διάβασε το χέρι. Είπε ότι θα μπορούσα να πεθάνω σε νεαρή ηλικία αλλά αν κατάφερνα να περάσω τα 30, θα ταξίδευα σε πολλά μέρη του κόσμου και θα κέρδιζα το σεβασμό πολλών ανθρώπων. Στην ηλικία των 30, αρρώστησα απότομα. Βρέθηκα στο κατώφλι του θανάτου σε πολλές περιπτώσεις. Υπήρξαν πολλές φορές που δεν ήξερα καν αν θα κατάφερνα να επιβιώσω μέχρι την επόμενη μέρα. Ζώντας υπό τέτοιες συνθήκες δεν μπορούσα ούτε καν να ονειρευτώ ότι θα γίνω κάποια μέρα ένας σπουδαίος άντρας. Ο πατέρας μου με λυπόταν επειδή πίστευε ότι ίσως πέθαινα νωρίς και γι' αυτό έβαλε τα δυνατά του να μου διδάξει και να μου παρέχει καλά πράγματα. Η μητέρα μου ζούσε κι εκείνη μία φιλόπονη ζωή, αφοσιωμένη σε μένα και σε ολόκληρη την οικογένεια.

Ένα Ατύχημα στο Δημοτικό Σχολείο

Από την παιδική μου ηλικία ήμουν πολύ υγιής. Επειδή ήμουν το τελευταίο παιδί της οικογένειας, η μητέρα μου με αγαπούσε τόσο πολύ και με τάιζε με μέλι και με όλων των ειδών τα φυσικά βότανα και συμπληρώματα. Έτσι, ήμουν συνήθως δυνατότερος από τα άλλα παιδιά της ηλικίας μου. Παρόλο που ήμουν νέος, συγκέντρωνα πάντα όλα τα μετάλλια στην Κορεάτικη πάλη και ο κόσμος συνήθιζε να με αποκαλεί «ο Δυνατός Άντρας». Πολλά παιδιά με ακολουθούσαν και με θεωρούσαν αρχηγό τους.

Σαν παιδιά που είχαν επηρεαστεί από τον πόλεμο στην Κορέα, οι φίλοι μου κι εγώ παίξαμε πολλά, αρκετά βίαια, παιχνίδια. Μας άρεσε να παίζουμε πόλεμο, ξιφομαχία, πάλη, κλωτσιές κι ένα παιχνίδι που το έλεγαν «Σάμπι», στο οποίο προσπαθείς να υποτάξεις τον αντίπαλο με ασφυξία. Στην πάλη, όταν τα παιδιά πάλευαν μεταξύ τους, σήκωναν τα χέρια τους για να δηλώσουν υποταγή όταν βρίσκονταν σε λαβή που προκαλούσε ασφυξία. Μία φορά λιποθύμησα επειδή αρνήθηκα να παραδοθώ. Όποιος κι αν ήταν ο ανταγωνισμός, αγωνιζόμουν πάντοτε ώσπου να νικήσω επειδή ήμουν υπερήφανος, και πολύ πεισματάρης. Μία μέρα, όταν πήγαινα Τετάρτη τάξη, έπαιζα με ένα φίλο από το γυμνάσιο και τραυμάτισα ένα μου πλευρό. Εκείνη την περίοδο δεν είχαμε την οικονομική δυνατότητα να πάμε στο νοσοκομείο κι έτσι οι γονείς μου μού έδιναν φάρμακα από βότανα και απλά περίμεναν να θεραπευτώ. Κάθε καλοκαίρι, όμως, το τραύμα μου συνέχιζε να με πονάει. Είχα έναν απότομο πόνο στο πλευρό, δυσκολευόμουν να αναπνεύσω και δεν μπορούσα να τρέξω. Καθώς δεν υπήρχε συγκεκριμένη θεραπεία, ο πατέρας μου έβαλε δύο δηλητηριώδη φίδια σε ποτό «Σότζου» και με έβαζε να το πίνω καθημερινά το πρωί και το βράδυ. Έτσι έμαθα να πίνω αλκοόλ σε τόσο νεαρή ηλικία.

Μια άλλη φορά στην Τετάρτη δημοτικού, υπήρχε ένας δάσκαλος στο σχολείο. Είχε το παρατσούκλι «Ο Τρελός Δάσκαλος». Έπαιζα το παιχνίδι πάλης «Σάμπι» με τους φίλους μου στην αυλή του σχολείου κι ο συγκεκριμένος δάσκαλος νόμιζε ότι μαλώναμε μεταξύ μας. Μας φώναξε στο γραφείο των δασκάλων. Μας μάλωσε και άρχισε να μας χαστουκίζει. Στη συνέχεια, μας έβαλε να χαστουκίσουμε ο ένας τον άλλον από είκοσι φορές ο καθένας. Με χαστούκισε όχι μόνον ο δάσκαλος, αλλά κι ο φίλος μου. Σαν αποτέλεσμα, πρήστηκε το πρόσωπό μου κι υπέστη ρήξη ένα από τα τύμπανα των αυτιών μου. Είχα εκκρίσεις από το αυτί μου, και αυτό εξελίχθηκε σε διαταραχή της ακοής. Ο δάσκαλος απολύθηκε αργότερα από το σχολείο, αλλά εγώ συνέχισα να υποφέρω εξαιτίας αυτού του περιστατικού.

Η Εφηβεία μου

Ήμουν εσωστρεφής και ντροπαλός. Το 1959, τελείωσα το γυμνάσιο στην πόλη Κουάνγκτζου και πήγα στη Σεούλ για το Λύκειο. Έμεινα μαζί με τη μεγαλύτερη αδελφή μου στο Σίντανγκ Ντονγκ, Σεόνκντονγκ Γκου, στη Σεούλ. Την τελευταία χρονιά έχασα πάνω από 40 μέρες σχολείου επειδή ήμουν άρρωστος. Και καθώς ήμουν ξαπλωμένος στο κρεβάτι μου, κάποιος που δεν είχα δει ποτέ πριν, ήρθε στο σπίτι για να μου μιλήσει για το χριστιανισμό και να με αφήσει να δεχτώ το Χριστό. Σκέφτηκα, «Τι ανόητος άνθρωπος που είναι! Πού είναι ο Θεός για το οποίο μιλάει; Ούτως ή άλλως δεν πιστεύω στον Ιησού, αν όμως, πίστευα, πώς θα μπορούσα να περιφέρομαι και να διαδίδω το Ευαγγέλιο κατά αυτόν τον τρόπο; Θα ντρεπόμουν να το κάνω.»

Αισθάνθηκα λύπη για τους ανθρώπους που τριγύριζαν μιλώντας στον κόσμο για τον Ιησού. Ως άθεος και

Στο λύκειο

Στο γυμνάσιο

ντροπαλός κι εσωστρεφής εκ φύσεως, σκέφτηκα, «Τώρα υπάρχει ακόμα ένας λόγος για τον οποίο να μη θέλω να πιστέψω στον Θεό – επειδή δεν θα ήθελα να τριγυρίζω και να εκχριστιανίζω κατά αυτόν τον τρόπο.» Ο πατέρας μου, που ήταν λόγιος των κλασικών Κινεζικών κειμένων, μου είπε «Είσαι έτσι από τη φύση σου, ώστε να μην είσαι ικανός να δανειστείς ούτε ένα δράμι αλάτι.» Παρόλο που οι κάτοικοι της επαρχίας ήταν φτωχοί εκείνον τον καιρό, το αλάτι ήταν κάτι πολύ συνηθισμένο. Αυτό που προσπαθούσε να μου πει ήταν ότι η προσωπικότητά μου ήταν τέτοια που δεν μου επέτρεπε ούτε να στηριχτώ σε άλλους, ούτε να τους δημιουργήσω προβλήματα.

Στο δημοτικό, όταν έπαιρνα από το σχολείο την ανακοίνωση για τα δίδακτρα, δεν άντεχα να τη δείξω στους γονείς μου. Έχανα πάντοτε την προθεσμία, κι έτσι ο δάσκαλός μου με μάλωνε αυστηρά και μου έλεγε να φέρω τους γονείς μου· μόνο τότε έδειχνα την ανακοίνωση στη μητέρα μου. Με το που έβλεπε την ανακοίνωση, η μητέρα μου μού έδινε αμέσως τα χρήματα. Το ήξερα ότι θα μου τα έδινε, αλλά μου ήταν πολύ δύσκολο να της το ζητήσω να μου τα δώσει. Τόσο εσωστρεφής και ντροπαλός ήμουν. Αυτή μου η προσωπικότητα επηρέασε αργότερα και τη θητεία μου ως κληρικός.

Απόπειρα Αυτοκτονίας μετά την Απώλεια της Μνήμης μου

Δεν μπόρεσα να μελετήσω καλά στο Λύκειο επειδή είχα χάσει πολλές ημέρες εξαιτίας της βεβαρημένης υγείας μου. Είχα βάλει στόχο να λάβω μέρος στις εισαγωγικές εξετάσεις του πανεπιστημίου για να περάσω στη Σχολή Μηχανολογίας στο Εθνικό Πανεπιστήμιο της Σεούλ. Έπαιρνα καθημερινά διεγερτικά χάπια για να παραμένω ξύπνιος και να μελετώ περισσότερο. Καθώς, όμως, περνούσε ο καιρός, απέκτησα ανοχή στα χάπια κι έπρεπε να αυξήσω τις δόσεις. Αργότερα εμφάνισα συμπτώματα εθισμού, κι έπρεπε να τα παίρνω συνεχώς. Χωρίς αυτά έπεφτα σε λήθαργο και δεν μπορούσα να συγκεντρωθώ. Κοιμόμουν τέσσερις ώρες την ημέρα και μελετούσα καθημερινά στην Εθνική Βιβλιοθήκη η οποία βρισκόταν στο σημείο που είναι σήμερα το κατάστημα Lotte. Αφού διάβαζα έτσι για ένα χρόνο είχα την αυτοπεποίθηση ότι θα κατάφερνα να περάσω τις εξετάσεις για τη Σχολή Μηχανολογίας του Εθνικού Πανεπιστημίου της Σεούλ.

Το Νοέμβριο του 1962, και καθώς οι εξετάσεις πλησίαζαν, ανακάλυψα ότι είχα χάσει τη μνήμη μου. Διάβαζα εφημερίδα κατά τη διάρκεια του διαλείμματος, και ξαφνικά δεν μπορούσα να θυμηθώ το όνομα του τότε προέδρου της Κορέας, του Δρα Σίνμαν Ρι. Επιπλέον, δεν μπορούσα να θυμηθώ καμία από τις αγγλικές λέξεις και κανέναν από τους μαθηματικούς τύπους που τόσο καιρό μελετούσα σκληρά για να απομνημονεύσω. Δεν μπορούσα να θυμηθώ τίποτα. Κι αυτό δεν ήταν κάτι το παροδικό. Προσπαθούσα να θυμηθώ όλα εκείνα τα οποία είχα μάθει ύστερα από σκληρή μελέτη, αλλά δεν ήμουν σε θέση να θυμηθώ ούτε τα βασικά. Ένιωσα ότι έπεφτα σε έναν απύθμενο λάκκο. Δεν έτρεφα καμία ελπίδα για το μέλλον, και βρισκόμουν στο χείλος βαθιάς κατάθλιψης. Με τέτοια εσωστρεφή και ντροπαλή προσωπικότητα, είχα ξοδέψει μία επιπλέον χρονιά μόνο και μόνο για να μελετήσω για τις εισαγωγικές εξετάσεις, και τώρα βρισκόμουν με απώλεια μνήμης.

Πώς θα μπορούσα να αντικρίσω τους γονείς μου μετά από όλη τους την υποστήριξη κι όλες τις δυσκολίες που είχαν αντιμετωπίσει για μένα; Ήμουν υπερβολικά ντροπιασμένος για να συνεχίσω να ζω. Είχα πάρει την απόφαση να αυτοκτονήσω κι άρχισα να συγκεντρώνω Αμερικανικά υπνωτικά χάπια από διάφορα φαρμακεία. Έλεγαν ότι ήταν τα πιο δυνατά και τα πιο αποτελεσματικά. Εκείνον τον καιρό νοίκιαζα ένα δωμάτιο για να διαβάζω δίπλα στο σπίτι της αδελφής μου, και πήγαινα σ' εκείνη για φαγητό.

Της είπα, «Αδερφή, θα πάω στο σπίτι ενός φίλου μου να διαβάσω απόψε. Δεν θα έρθω για το δείπνο, σε παρακαλώ να μη με περιμένεις».

Η αδελφή μου, που δεν γνώριζε το σχέδιό μου, έγνεψε καταφατικά. Αφού μάζεψα τα υπάρχοντά μου κι έγραψα το τελευταίο μου γράμμα προς τους γονείς μου, τις αδελφές μου και τους αδελφούς μου, κλείδωσα την πόρτα από μέσα. Τοποθέτησα την κουβέρτα στο δωμάτιο, πήρα πολλά χάπια και ξάπλωσα. Είχα απόλυτη διαύγεια για λίγο, αλλά σε μια στιγμή έχασα τις αισθήσεις μου. Υπάρχει ωστόσο μια ρήση που λέει ότι «ο Θάνατος σ' αυτή τη ζωή είναι μόνο η αρχή της επόμενης».

Ο αδελφός μου κι ο γαμπρός μου είχαν ένα κατάστημα λευκών ειδών στην αγορά Ντόνγκντεμουν. Συνήθως έκλειναν το μαγαζί στις 10 το βράδυ, κανόνιζαν κάποιες άλλες δουλειές, κι επέστρεφαν σπίτι κατά τα μεσάνυχτα. Κατά έναν παράξενο τρόπο, όμως, εκείνη την ημέρα, ο αδελφός μου κι ο γαμπρός μου θέλησαν να γυρίσουν σπίτι νωρίτερα απ' ό,τι συνήθως.

Ο αδελφός μου είπε στο μεγαλύτερο γαμπρό μου, «Αδερφέ, νομίζω ότι πρέπει να κλείσουμε το μαγαζί και να γυρίσουμε νωρίς στο σπίτι απόψε».

«Αλήθεια; Κι εγώ ήθελα να γυρίσω νωρίς», απάντησε.

Εκείνη την ημέρα λοιπόν, ο αδελφός μου έκλεισε νωρίς το μαγαζί. Συνήθως, όταν έφτανε στο σπίτι της αδελφής μου, δεν με επισκεπτόταν ποτέ στο δωμάτιό μου για να μη με διακόψει από το διάβασμα, αλλά εκείνη τη συγκεκριμένη μέρα ήθελε να με δει για κάποιο λόγο.

«Πού είναι ο Τζέροκ;» ρώτησε. «Είπε ότι θα πήγαινε στο σπίτι ενός φίλου του για να διαβάσει», απάντησε η αδερφή μου. Παρ' όλα αυτά, ο αδελφός μου ήρθε στο δωμάτιό μου. Είδε ότι η πόρτα ήταν κλειδωμένη και κατάλαβε ότι κάτι κακό συνέβαινε. Εισέβαλε στο δωμάτιο και είδε ότι ήμουν ήδη τόσο παγωμένος όσο κι ένα πτώμα. Ο αδελφός μου είπε στο γαμπρό μου, «Ίσως επιζήσει αν τον μεταφέρουμε στο νοσοκομείο και του κάνουν πλύση στομάχου». Ο αδελφός μου κι ο γαμπρός μου με μετέφεραν γρήγορα στο νοσοκομείο, αλλά ο γιατρός είπε ότι επειδή είχα πάρει τόσα πολλά χάπια είχα λίγες πιθανότητες να ζήσω. Μετά από μερικές ημέρες, όμως, ανέκτησα τις αισθήσεις μου. Ωστόσο, ως αποτέλεσμα της απόπειρας αυτοκτονίας, έχασα ακόμα κι εκείνη τη μικρή ικανότητα μνήμης που μου είχε απομείνει. Ακόμα κι ύστερα από ένα χρόνο η μνήμη μου δεν είχε επανέλθει εντελώς. Παρόλ' αυτά, μελετώντας σκληρά γι' άλλη μια φορά, πέτυχα στις εισαγωγικές εξετάσεις, και το Μάρτιο του 1964 πέρασα στη Σχολή Μηχανολογίας του Πανεπιστημίου του Χάνγιανγκ.

Ο Γάμος μου και η Μοίρα μου

Την εποχή που φοιτούσα στο Πανεπιστήμιο, κληρώθηκα στον στρατό, κι έτσι κατατάχτηκα στις 29 Οκτωβρίου του 1964. Προς το τέλος της θητείας μου, κάποιος από τους συγγενείς μου με σύστησε σε μία φίλη δι' αλληλογραφίας, η οποία έμελλε να γίνει σύζυγός μου.

Έχασα όλα τα Χρήματα της Κληρονομιάς

Το Μάιο του 1967, τελείωσα τη θητεία μου κι απολύθηκα από το στρατό. Αλλά κάτι απρόσμενο με περίμενε. Πριν από την κατάταξή μου στο στρατό, έλαβα προκαταβολικά από τους γονείς μου το ποσό για τα δίδακτρα του δευτέρου εξαμήνου. Δάνεισα αυτά τα χρήματα σε έναν από τους συγγενείς μου με την υπόσχεση ότι θα με ξεπλήρωνε με τόκο ώσπου να τελειώσω τη θητεία μου. Η οικογένειά του, όμως, είχε προβλήματα κι έτσι δεν πήρα πίσω ούτε το αρχικό ποσό. Ο αδελφός μου κι ο γαμπρός μου ανακάλυψαν αυτή την κατάσταση και μου έδωσαν τα δίδακτρα. Μετά τη στρατιωτική μου θητεία, γνώρισα την φίλη δι' αλληλογραφίας, που τώρα είναι σύζυγός μου, και την ερωτεύτηκα τρελά. Δώσαμε όρκο να παντρευτούμε.

Ήταν μια γυναίκα με μεγάλα, καθαρά μάτια σαν τα νερά μιας λίμνης. Έμαθε ότι έλαβα το ποσό για τα δίδακτρα και μου ζήτησε να της το δανείσω για λίγο. Το δανείστηκε, αλλά δεν μπορούσε να το επιστρέψει όπως είχε υποσχεθεί. Αυτό είχε σαν αποτέλεσμα να μην μπορώ να εγγραφώ στο δεύτερο εξάμηνο και να πρέπει να περιμένω αρκετούς μήνες. Έτσι αποφάσισα τελικά να επιστρέψω στο χωριό μου. Είπα στους γονείς μου, «Μητέρα, πατέρα, σκοπεύω να παντρευτώ σύντομα, γι' αυτό δώστε μου σας παρακαλώ προκαταβολικά το μερίδιό μου από την κληρονομιά. Θα ξοδέψω ένας μέρος αυτού για το γάμο μου, κι επειδή η μνηστή μου είναι κομμώτρια θα ανοίξουμε ένα ινστιτούτο ομορφιάς για να κερδίζουμε τα προς το ζην. Θα αποταμιεύσω τα υπόλοιπα χρήματα στην τράπεζα και θα παίρνω τους τόκους. Θα σπουδάσω με υποτροφίες. Επιπλέον, όταν αποφοιτήσω, θα πάω στις Ηνωμένες Πολιτείες και θα επιστρέψω με διδακτορικό δίπλωμα.» Τους εξήγησα τα μελλοντικά μου σχέδια σα να τους παρουσίαζα ένα προσχέδιο και τους έπεισα. Δεν μπορούσαν να κάνουν τίποτα άλλο από το να ακούσουν το γιο τους, και μου έδωσαν, με λίγη απροθυμία βέβαια, τα χρήματα της κληρονομιάς. Επέστρεψα στη Σεούλ ονειρευόμενος το ρόδινο μέλλον μου με το τεράστιο ποσό της κληρονομιάς. Τα πράγματα όμως άρχισαν να παίρνουν άσχημη τροπή.

Η μνηστή μου κι εγώ θα συναντιόμασταν στο σταθμό της Σεούλ, αλλά εκείνη δεν εμφανίστηκε. Δεν μπορούσα να επικοινωνήσω μαζί της επί μία εβδομάδα. Η αδελφή μου μού τηλεφώνησε και είπε, «Αδερφέ μου, άκουσα ότι έλαβες τα χρήματα της κληρονομιάς! Πόσο τόκο θα πάρεις από την τράπεζα; Μία από τις καλύτερές μου φίλες έχει μία εταιρία που ασχολείται με το εμπόριο, και σε περίπτωση που επενδύσεις μαζί της θα κερδίσεις πολλά χρήματα. Σου το εγγυώμαι και εγώ, κι έτσι δεν έχεις ν' ανησυχείς για τίποτα.» Αφελής καθώς ήμουν, άκουσα την αδελφή μου. Κι από τη στιγμή που δεν είχα κανένα νέο από τη μνηστή μου, νοίκιασα ένα σπίτι και έδωσα τα υπόλοιπα χρήματα στην αδελφή μου.

Μετά από λίγες μέρες, η μνηστή μου εμφανίστηκε. Η οικογένειά της δεν συμφωνούσε με το γάμο, κι έτσι όλο αυτό το διάστημα προσπαθούσε να τους μεταπείσει. Εν τέλει, αποπειράθηκε και αυτή ν' αυτοκτονήσει παίρνοντας υπνωτικά χάπια. Την μετέφεραν στο νοσοκομείο και μετά δυσκολίας επέζησε. Μόλις είχε πάρει εξιτήριο από το νοσοκομείο.

Τότε, η αδελφή μου μού έδωσε τους τόκους δύο μηνών από τα χρήματα που της είχα δώσει κι έκτοτε δεν είχα νέα της. Της τηλεφώνησα και είπα, «Αδερφή, πρέπει να πληρώσω τα δίδακτρα για το νέο εξάμηνο, γι' αυτό δώσε μου σε παρακαλώ πίσω τα χρήματά μου.» Δεν απάντησε. Μετά την Πρωτοχρονιά, πήγα στο σπίτι της και της ζήτησα τα χρήματα για να συνεχίσω τις σπουδές μου. Μπορούσα να διακρίνω ότι ήταν προβληματισμένη. Μου είπε, «Αδερφέ μου, πίστευα ότι η φίλη μου που της δάνεισα τα χρήματα

Τον καιρό της εργασίας ως δημοσιογράφος εφημερίδας

είχε εμπορική εταιρία, αλλά αποκαλύφθηκε ότι ήταν λαθρέμπορος. Συνελήφθη, και τώρα βρίσκεται στη φυλακή. Δεν μπορώ να πάρω πίσω τα χρήματα.» Ήμουν αποκαρδιωμένος. Σκέφτηκα, «Τι τρομερό! Και δεν αποφοίτησα ακόμα ούτε από το πανεπιστήμιο! Τι καταστροφή είναι τώρα αυτή;» Καθώς η αδερφή μου δεν ήταν σε θέση να μου επιστρέψει τα χρήματα, έχασα όλη την κληρονομιά, έτσι απλά, σε μια στιγμή. Αποφάσισα να βρω μια δουλειά για να βγάλω χρήματα και να πάω σε νυχτερινό σχολείο. Έπιασα δουλειά ως δημοσιογράφος σε μία εφημερίδα, και τον Ιανουάριο του 1968, η αγαπημένη μου μνηστή κι εγώ παντρευτήκαμε.

Είχα Αυτοπεποίθηση με το Ποτό

Αφού παντρευτήκαμε, το Μάρτιο του 1968, διοργανώσαμε κάποια Κυριακή μία γιορτή για την εγκατάστασή μας στο νέο σπίτι. Προετοιμαζόμενοι για τη γιορτή, αγοράσαμε 40 μπουκάλια ουίσκι από το Ντόνγκντεμουν, και έφεραν κι οι φίλοι μου πολλά ποτά. Το πρωί συναντήθηκα με τους συναδέλφους μου, το απόγευμα με τους φίλους μου στη Σεούλ και το βράδυ συνάντησα τους φίλους μου από το χωριό. Απόλαυσα τη γιορτή μέχρι αργά τη νύχτα. Ήμουν βέβαιος ότι είχα μεγάλη αντοχή στο αλκοόλ, κι έτσι δεν αρνήθηκα κανένα από τα ποτά που μου προσέφεραν οι φίλοι μου, ακόμα και νωρίς το πρωί. Πρέπει να είχα πιει τουλάχιστον επτά μπουκάλια ουίσκι ολομόναχος. Επειδή ήπια τόσο πολύ και τόσο δυνατό αλκοόλ, αντιμετώπισα σοβαρό πρόβλημα με το στομάχι μου. Αφού ξεπροβόδισα όλους μου τους προσκεκλημένους αργά τη νύχτα, ξάπλωσα στο κρεβάτι με ένα αίσθημα ανακούφισης ότι είχα διοργανώσει μία επιτυχημένη γιορτή.

Ξαφνικά, το ταβάνι του δωματίου άρχισε να γυρίζει. Το ίδιο κι οι ηλεκτρικές λάμπες. Τα πάντα γύριζαν. Τότε άρχισα να κάνω εμετό. Έκανα τόσο πολύ εμετό που ένιωθα ότι τα σωθικά μου ανέβαιναν στο λαιμό μου. Η γυναίκα μου μού πήρε κάποια φάρμακα από το φαρμακείο, αλλά τα ξερνούσα όλα πριν ακόμη καταφέρω να τα καταπιώ εντελώς. Δεν μπορούσα ούτε νερό να πιω. Πονούσα πολύ. Ξεκινώντας από εκείνη την ημέρα, δεν μπορούσα να φάω τίποτα σωστά. Εξαιτίας του προβλήματος στο στομάχι μου, δεν μπορούσα να χωνέψω την τροφή. Δοκίμασα τα πάντα, συμπεριλαμβανομένων φαρμάκων από βότανα. Αλλά τίποτα δεν είχε αποτέλεσμα. Η σύζυγός μου κι εγώ θεωρήσαμε ότι θα περνούσε σύντομα. Αλλά καθώς ο χρόνος περνούσε, η κατάσταση χειροτέρευε και το σώμα μου άρχισε να βγαίνει εκτός ελέγχου.

Προσπαθώντας να Αναρρώσω

Έπρεπε να αφήσω τη δουλειά μου. Πήρα όλων των ειδών τα φάρμακα και πήγα σε πολλά νοσοκομεία για να πάρω μια σωστή διάγνωση. Εκτός, όμως, από έλκος στομάχου, δεν υπήρχε καμία άλλη συγκεκριμένη ασθένεια. Εξακολουθούσα ωστόσο να χάνω βάρος κι είχα πολλές επιπλοκές. Τρία ή τέσσερα χρόνια αργότερα, κανένα σχεδόν μέλος του σώματός μου δεν ήταν υγιές. Ήμουν σαν ένα «κινούμενο κατάστημα ασθενειών». Δοκίμασα όλα τα φάρμακα που θεωρούνταν αποτελεσματικά. Υπέφερα από φαγούρα, εξαιτίας της ασθένειας που ονομάζεται «πόδι του αθλητή» το καλοκαίρι, κι εξαιτίας κρυοπαγήματος το χειμώνα. Είχα έκζεμα σε όλο μου το σώμα, και κάθε πρωί όλες οι φλεγμονές κακοφόρμιζαν και η πυορροή δυνάμωνε. Εξαιτίας της ατροφικής ρινίτιδας, αισθανόμουν το κεφάλι μου μονίμως βαρύ. Η μύτη μου ήταν μονίμως βουλωμένη και η μνήμη μου πήγαινε από το κακό στο χειρότερο.

Επιπλέον είχα κι ένα λεμφικό πρόβλημα. Στην αρχή ήταν ένας μικρός σβώλος στο λαιμό μου, μεγάλωνε, όμως, συνεχώς κι έφτασε το μέγεθος ρώγας σταφυλιού. Λόγω της λεμφικής φλεγμονής δεν μπορούσα να στρίψω κανονικά το λαιμό μου. Ο γιατρός της παραδοσιακής ανατολικής ιατρικής είπε ότι δεν μπορούσε να μου δώσει ξεχωριστή φαρμακευτική αγωγή για τη λεμφική φλεγμονή, καθώς έπαιρνα ήδη πολλά φάρμακα. Δεν ήταν, όμως, μόνο η λεμφική αυτή φλεγμονή από την οποία υπέφερα· υπέφερα και από νευρική κατάρρευση, αϋπνία, έκζεμα, αναιμία, ωτίτιδα, και τα εσωτερικά μου όργανα, συμπεριλαμβανομένων του στομάχου, του λεπτού και του παχέος εντέρου, δυσλειτουργούσαν.

Προσπάθησα Ακόμα και να Αλλάξω το Ονομά μου

Η σύζυγός μου μού έφερνε όλων των ειδών τα φάρμακα και προσπάθησε με λαϊκά γιατροσόφια να μου θεραπεύσει τις ασθένειες. Όταν, όμως, όλες τις οι προσπάθειες φαίνονταν να πηγαίνουν χαμένες, ακόμα και μετά από αρκετά χρόνια, στράφηκε στις προκαταλήψεις. Κάποιοι της είπαν, «Μπορεί να γιατρευτεί. Πρέπει να καλέσεις έναν εξορκιστή και να δοκιμάσεις τον εξορκισμό». Κάποιοι άλλοι της είπαν, «Θα δεις αποτέλεσμα αν καλέσεις κάποιον Βουδιστή μοναχό και βγάλει έξω τον δαίμονα». Η σύζυγός μου απευθύνθηκε σε ξακουστούς μοναχούς, ενώ δοκίμασε και κάποιους εξορκισμούς σύμφωνα με τις οδηγίες των μοναχών. Στο τέλος, καταλήξαμε ν' αλλάξουμε ακόμα και το όνομά μας.

Μας είχαν πει κάποιοι ότι αν αλλάζαμε τα ονόματά μας θα άλλαζε κι η μοίρα μας. Και το θεωρήσαμε λογικό. Εκείνη την εποχή, δίπλα από το συγκρότημα κτηρίων που στέγαζε τα κεντρικά γραφεία της κυβέρνησης, υπήρχαν πολλά γραφεία όπου μπορούσε ν' απευθυνθεί κάποιος για ν' αλλάξει το όνομά του. Νωρίς το πρωί, πήγαμε στο «Γραφείο Μετονομασιών του Μπόνγκσου Κιμ». Αναγκαστήκαμε να περιμένουμε από το πρωί ως το μεσημέρι για να τον συναντήσουμε. «Τα ονόματά σας δεν είναι καλά, γιατί δεν τα αλλάζετε;» Από τότε αρχίσαμε να χρησιμοποιούμε τα ονόματα που μας έδωσε, αλλά ήταν ανώφελο.

Η Αγωνία ενός Αρρωστου Πατέρα

Καθώς ήμουν πολύ εσωστρεφές άτομο, προσπάθησα να

κρύψω την επιδείνωση της φυσικής μου κατάστασής, ακόμα κι από την ίδια μου τη σύζυγο. Και καθώς η οικογένειά μου βούλιαζε ολοένα και περισσότερο στα χρέη, δεν μπορούσα να κάθομαι απλά και να παρατηρώ. Έτσι περιπλανήθηκα από μέρος σε μέρος ψάχνοντας για δουλειά. Ωστόσο, εξαιτίας του προβλήματος με τα αυτιά μου δεν άκουγα καλά κι αυτό είχε σαν συνέπεια να μην μπορώ να βρω δουλειά. Η κατάσταση της ακοής μου επιδεινώθηκε τόσο πολύ που δεν μπορούσα να χρησιμοποιήσω το τηλέφωνο, δυσκολεύοντάς με ακόμα περισσότερο στο να βρω δουλειά. Έπρεπε να ψάξω για ένα πιο ελεύθερο επάγγελμα. Αυτό είχε ως αποτέλεσμα ν' αρχίσω να πουλάω μικρά τραπέζια. Έβγαινα στους δρόμους για να τα πουλήσω αλλά η ντροπαλή μου φύση δεν με άφηνε να φωνάζω δυνατά «Τραπέζια! Τραπέζια πουλάω!» Αφού δούλεψα για λίγες μέρες χωρίς επιτυχία, απέκτησα αργά-αργά αυτοπεποίθηση και ξεκίνησα να τα πουλάω.

Μία μέρα του 1972, ξεκίνησα για να πουλήσω το εμπόρευμα. Ξαφνικά ένιωσα μια παράλυση να ξεκινά από τα πόδια μου, και μου ήταν αφόρητα επώδυνο να περπατήσω. Παράτησα τα τραπέζια κάπου εκεί κοντά κι επέστρεψα στο σπίτι με το λεωφορείο. Από εκείνη τη στιγμή ήμουν κατάκοιτος. Διαπιστώθηκε ότι έπασχα από ρευματοειδή αρθρίτιδα. Πονούσα αφόρητα κάθε φορά που περπατούσα, και πολύ σύντομα αναγκάστηκα να στηρίζομαι σε μπαστούνι. Ωστόσο, ο πνευματικός πόνος ήταν μεγαλύτερος από τον φυσικό. Ήμουν πολύ θλιμμένος επειδή είχα χάσει την ακοή μου. Το τύμπανο του ενός αυτιού μου είχε υποστεί ρήξη εξαιτίας ενός ατυχήματος στο δημοτικό, το οποίο έχω ήδη αναφέρει. Εξαιτίας, όμως, των δυνατών φαρμάκων που έπαιρνα για πέντε με έξι χρόνια, είχε υποστεί ζημιά και το άλλο μου αυτί. Όσο κι αν προσπαθούσα να διαβάσω τα χείλη, σε περίπτωση που επικρατούσε φασαρία, δεν μπορούσα να καταλάβω τι μου έλεγαν. Δεν μπορούσα καν να πω στην οικογένειά μου ότι έχανα σταδιακά την ακοή μου. Φοβόμουν ότι θα με αποκαλούσαν «ανάπηρο». Όταν μου μιλούσαν, τους έδινα λάθος απάντηση επειδή δεν τους άκουγα, ή δεν μπορούσα καθόλου ν' απαντήσω. Το πρόσωπό μου κοκκίνιζε από το αίσθημα της ντροπής και της κατωτερότητας.

Η σύζυγός μου αντιμετώπιζε σοβαρές δυσκολίες φροντίζοντάς με και προσπαθώντας να ξεχρεώσει τουλάχιστον τους τόκους από τα χρέη μας. Καθώς νοικιάζαμε το φθηνότερο σπίτι που θα μπορούσαμε να βρούμε, μετακομίζαμε συχνά. Μετακομίσαμε από το Αχγεόν στο Κίμπο, στο Σάνγκτο Ντόνγκ, στο Τσόνγκνο, στο Ντούγκσουμ, και ούτω καθεξής. Κάποιες φορές, όταν βρισκόμασταν σε εντελώς απελπιστική κατάσταση, μέναμε στο σπίτι των γονιών της συζύγου μου ή στο σπίτι της αδελφής της. Τελικά, έπειτα από όλες αυτές τις μετακομίσεις, εγκατασταθήκαμε σε ένα ορεινό χωριό στο Κιούμχο Ντονγκ. Το σπίτι μας ήταν φτιαγμένο από τούβλα κι έμοιαζε με κύβο. Όταν βγαίναμε από την εξώπορτα, μπορούσαμε να δούμε σε κάποια απόσταση τον ποταμό Χαν.

Η πεθερά μου δεν βρίσκεται στη ζωή πια, αλλά είχε κλάψει πολύ για μένα. Με πήγε στο νοσοκομείο και σε γιατρό ειδικό στα βότανα για να μου κάνει βελονισμό ή να μου δώσει θεραπευτικά βότανα. Επειδή, όμως, δεν μπορούσα να περπατήσω, οι φίλοι μου με κουβαλούσαν στις πλάτες τους για να κατεβώ από το βουνό και να πάρω ταξί μαζί με την πεθερά μου για να πάμε στο νοσοκομείο. Στο δρόμο της επιστροφής από το νοσοκομείο, η πεθερά μου με κερνούσε οινοπνευματώδες ποτό από ρύζι, προφανώς γιατί με λυπόταν. «Γιε μου, ξέρω ότι πονάς αλλά πιες ένα ποτό να ευθυμήσεις λίγο...»

Η Σύζυγός μου σε Κατάσταση Απελπισίας

Η σύζυγός μου έψαχνε από δω κι από κει να δανειστεί χρήματα για τη φαρμακευτική μου περίθαλψη. Στο μεταξύ, τα χρέη μας στοιβάζονταν σαν το χιόνι. Όταν η ανάγκη για χρήματα ήταν επιτακτική, πήγαινε στους γονείς της, στην αδελφή της ή στον αδελφό της για να δανειστεί. Πλήρωνε τότε τον τόκο του χρέους μας και ό,τι περίσσευε το ξόδευε για τα φάρμακά μου. Σύντομα, όμως, στιγματίστηκα ως πολύ κακός και ακατάλληλος από την οικογένειά της. Από τη δική τους οπτική γωνία, καθώς δεν παρείχα στην οικογένειά μου ό,τι πρέπει να παρέχει ένας καλός σύζυγος, ανάγκασα την μικρότερη και την πιο αγαπημένη τους κόρη να ζει μέσα σε κακουχίες. Καθώς αρρώστησα αμέσως μετά το γάμο μας, δεν μπορέσαμε ούτε καν να απολαύσουμε τον πρώτο καιρό μαζί ως νεόνυμφοι. Η σύζυγός μου ανέλαβε και τους δύο ρόλους, να εξασφαλίζει τα προς το ζην και να φροντίζει την οικογένεια. Έπρεπε να αναθρέψει δύο κόρες ενώ παράλληλα αγωνιζόταν για την επιβίωσή μας. Ήταν εξουθενωμένη, και η άλλοτε ευγενική και ήπια προσωπικότητά της άρχισε να γίνεται σκληρή, καθώς σκλήρυνε από τις ευθύνες της ζωής που είχαν πέσει επάνω της.

Είχαν ήδη περάσει πέντε ή έξι χρόνια που με φρόντιζε, με μοναδική της ελπίδα ότι θα ξανάβρισκα την υγεία μου. Αλλά βλέποντας την κατάστασή μου να χειροτερεύει ολοένα και περισσότερο, δεν μπορούσε παρά να απελπίζεται. Ούσα και λίγο οξύθυμη, κάθε φορά που εκνευριζόταν με κάτι, μάζευε τα πράγματά της και πήγαινε στο σπίτι των γονιών της.

«Δεν χρειάζομαι αγάπη. Αυτό που χρειαζόμαστε αυτή τη στιγμή είναι χρήματα! Πήγαινε να βγάλεις μερικά!» Είχε να ξεπληρώσει χρέη από δανειστές με υψηλό ημερήσιο τόκο. Κι έτσι, κάθε φορά που πιεζόταν για μία πληρωμή δεν το άντεχε, κι έφευγε από το σπίτι λέγοντας ότι δεν μπορεί να τα βγάλει πια πέρα με το γάμο μας. Πάντοτε, ωστόσο, επέστρεφε μετά από μερικές μέρες.

Κάποια μέρα, με τη βοήθεια της μεγαλύτερης αδελφής της, άνοιξε ένα μικρό σνακ-μπαρ στην αγορά του Κιούμχο Ντονγκ. Ήταν καλή μαγείρισσα και γι' αυτό είχε πολλούς πελάτες. Πήγαινε στη δουλειά στην αγορά νωρίς το πρωί κι έμενε μέχρι αργά το βράδυ. Στις 12 τα μεσάνυχτα επέστρεφε σπίτι κουρασμένη κι εξαντλημένη. Πίεζε τον εαυτό της για να ξεπληρώσει τα χρέη μας το συντομότερο δυνατόν. Αλλά όταν γύριζε στο σπίτι και μ' έβλεπε ξαπλωμένο κι άρρωστο, έχανε κάθε ελπίδα κι αρπαζόταν με το παραμικρό. Οι δυο μας κόρες ήταν ήδη δυο παιδιά που η κοινωνία είχε απορρίψει. Ήδη από τότε που η σύζυγός μου είχε ανοίξει το ινστιτούτο ομορφιάς, δυσκολευόμουν να φροντίζω την πρώτη μας κόρη, τη Μιγιούνγκ, και η Μικγιούνγκ, η δεύτερή μας κόρη, έμενε με τη μητέρα μου στο σπίτι του αδερφού μου.

«Πώς γίνεται και μοιάζει τόσο πολύ στον πατέρα της;»

Μήπως ήταν επειδή έμοιαζε τόσο πολύ στον άρρωστο πατέρα της; Η Μικγιούνγκ, εξαιτίας της κατάστασής μας, δεν είχε ποτέ την ευκαιρία να λάβει όση αγάπη θα θέλαμε να της δώσουμε. Όταν πήγαινα μερικές φορές στο σπίτι του αδερφού μου και την έβλεπα να παίζει με ένα κουρέλι στο στόμα της, η καρδιά μου γινόταν κομμάτια. Η κατάστασή μου, όμως, δεν μου επέτρεπε να την πάρω σπίτι μαζί μου και να τη φροντίσω. Ήμουν γεμάτος οδύνη. Εκείνη την περίοδο έπασχα από νεύρωση και γινόμουν υπερευαίσθητος με το παραμικρό. Σε περίπτωση που η σύζυγός μου έκανε κάποιο σχόλιο που πλήγωνε την υπερηφάνειά μου, ξεσπούσε καβγάς, και τότε, αφού μου έλεγε ότι θέλει διαζύγιο, μάζευε τα πράγματά της κι έτρεχε και πάλι στο σπίτι των γονιών της.

«Πώς μπορείς και συνεχίζεις να το κάνεις αυτό; Νομίζω ότι θα ήταν καλύτερο και για τους δυο σας να πάρετε διαζύγιο.»

Τα μέλη της οικογένειάς της ήρθαν και μου έδειξαν την αποδοκιμασία τους, επιπλήττοντάς με δυνατά έτσι ώστε να μας ακούν όλοι οι γείτονες. Το πρόσωπό μου κοκκίνισε από θυμό και ντροπή. Η σύζυγός μου, που είχε φύγει από το σπίτι, επέστρεψε για να μου πει, «Δεν γύρισα για να δω εσένα. Ήρθα να δω την κόρη μου. Αν γίνεις κάποτε καλά, θα σε χωρίσω. Θέλω να χωρίσουμε τώρα, αλλά αν το κάνω, ο κόσμος θα με δείχνει με το δάχτυλο και θα λέει ότι εγκατέλειψα τον άρρωστο σύζυγό μου. Επομένως, δε θα το κάνω τώρα!»

Η Σαρκική Αγάπη Αλλάζει

Το 1972, κοίταξα τον εαυτό μου και διαπίστωσα ότι ήμουν ένα σώμα γεμάτο αθεράπευτες ασθένειες. Εξαιτίας του ότι είχα πάρει τόσο ισχυρά φάρμακα, καμία ένεση και κανένα φάρμακο δεν είχε αποτέλεσμα πια. Οι γονείς μου, τα αδέλφια μου κι οι συγγενείς μου άρχισαν να με δαχτυλοδείχνουν και απομακρύνθηκαν από μένα. Η σύζυγός μου με απέφευγε. Ακόμα κι η μητέρα μου με εγκατέλειψε. Όταν ήταν 70 ετών, ήρθε να με επισκεφθεί. Βλέποντας τον κατάκοιτο γιο της, άρχισε να κλαίει πικρά. Θεωρούσε ότι δεν είχα καμιά ελπίδα.

«Ω, θα είναι καλύτερα να πεθάνεις το συντομότερο. Έτσι μόνο μπορείς να με τιμήσεις».

Πόσο τρομερή ήταν η κατάστασή μου, ώστε η ίδια μου η μητέρα που με αγαπούσε όσο τίποτα άλλο, να προτιμά να πεθάνω για να την τιμήσω; Νόμιζα ότι η μητέρα μου δε θα με απαρνιόταν ποτέ, ακόμα κι αν όλος ο κόσμος στρεφόταν εναντίον μου. Εκείνη τη στιγμή συνειδητοποίησα ότι η αγάπη των ανθρώπων είναι εφήμερη, ότι αν αλλάξουν οι συνθήκες αλλάζει και η αγάπη.

Εφόσον η ίδια μου η μητέρα δεν καταλάβαινε τον πόνο μου, τι θα καταλάβαινε ένας αδελφός; Ο αδελφός μου με επισκέφθηκε μια μέρα ενώ ήταν μεθυσμένος, λέγοντας ότι ήθελε να με παρηγορήσει. Αλλά αντί να με κάνουν να αισθανθώ καλύτερα, τα λόγια του μεγάλωσαν τον πόνο μου.

Αποτυχία μιας Δεύτερης Απόπειρας Αυτοκτονίας

Ένιωσα σαν ένα μικρό πουλί που χτυπά απελπισμένα τα φτερά του σε μια μάχη να κρατηθεί στη ζωή, αλλά ήταν μάταιο. Αρχικά, όταν η σύζυγός μου μάζεψε τα πράγματά της κι επέστρεψε στο σπίτι των γονιών της, πήγα και την έφερα πίσω. Όταν, όμως, το επανέλαβε, δεν τολμούσα να το ξαναεπιχειρήσω εξαιτίας της περιφρόνησης που θα είχα να αντιμετωπίσω από τα μέλη της οικογένειάς της. Κάθε φορά που αναλογιζόμουν το μέλλον των μικρών μου κοριτσιών, μια δυνατή θέληση ανάβλυζε από μέσα μου σαν τρεχούμενο νερό, αλλά όταν έπεφτα πάνω στον ανυπέρβλητο τοίχο της πραγματικότητας, αισθανόμουν ανήμπορος. Αφού σκέφτηκα ότι δεν υπήρχε τρόπος να ελευθερωθώ από τη σκιά του θανάτου, συνέλεξα γι' ακόμα μια φορά υπνωτικά χάπια με την επιθυμία να δώσω ένα τέλος στην άθλια ζωή μου όσο πιο σύντομα μπορούσα. Ήταν αρκετά άσχημο το ότι υπέφερα στη ζωή μου εξαιτίας της αρρώστιας, αλλά αυτό που το έκανε χειρότερο ήταν ότι η ίδια μου η γυναίκα δεν ήταν καλή μαζί μου και με πλήγωσε. Είχα χάσει όλη μου τη θέληση και την επιθυμία για ζωή. Σκέφτηκα ότι θα ήταν προτιμότερο να πεθάνω από το να φέρω πίσω τη σύζυγό μου από το σπίτι των γονιών της. Έτσι, πήρα τα 20 υπνωτικά χάπια που είχα συγκεντρώσει.

Την ημέρα που τα πήρα, η σύζυγός μου ήταν στο σπίτι των γονιών της. Δεν μπορούσε να κοιμηθεί κι ήταν ανήσυχη. Είπε ότι δεν μπορούσε να βγάλει από το μυαλό της τη σκέψη ότι κάτι άσχημο είχε συμβεί στο σπίτι μας. Ανησυχώντας ακόμα περισσότερο, πήρε ένα ταξί κι έφτασε γρήγορα στο σπίτι όπου με βρήκε να πεθαίνω. Με μετέφερε γρήγορα στο νοσοκομείο όπου μου προσέφεραν τις πρώτες βοήθειες, κι επανήλθα. «Δεν μπορώ ούτε καν να δώσω ένα τέλος στη ζωή μου έτσι όπως το θέλω εγώ. Θα ήταν προτιμότερο να μην επιχειρήσω να αυτοκτονήσω ξανά.» Αφού ξαναβρήκα τις αισθήσεις μου στο νοσοκομείο, αναλογιζόμενος τις δύο αποτυχημένες απόπειρες αυτοκτονίας, ένιωσα ότι υπήρχε μια ανώτερη δύναμη που επεμβαίνει στη ζωή μου. Κι έτσι πήρα την απόφαση να μην κάνω άλλη απόπειρα αυτοκτονίας.

Υποτίθεται ότι οι Γάτες είναι Αποτελεσματικές για τη Ρευματοειδή Αρθρίτιδα

Ορισμένες φορές, όταν ένιωθα λίγο καλύτερα, περπατούσα με τη βοήθεια ενός μπαστουνιού. Όταν, όμως, η κατάστασή μου χειροτέρευε, ήμουν καθηλωμένος στο κρεβάτι και δεν μπορούσα να κουνήσω ούτε το μικρό μου δαχτυλάκι. Κάποιος έπρεπε να μαζεύει τις ακαθαρσίες μου. Η σύζυγός μου είχε ακούσει ότι οι γάτες έκαναν καλό στη ρευματοειδή αρθρίτιδα, κι έτσι αγόρασε γάτες, όχι μόνο από τις αγορές της περιοχής μας, στο Σούνγκτονγκ Κου, αλλά κι από άλλες αγορές, όπως του Ντόνγκντεμουν και του Τζούνγκμπου. Μου τις έβραζε για να τις φάω. Αλλά μερικές φορές, όταν δεν ήταν σωστά μαγειρεμένες, μύριζαν τόσο πολύ άσχημα που προτιμούσα να πεθάνω παρά να τις φάω.

Η μητέρα μου κι η σύζυγός μου μού έφερναν οτιδήποτε τους είχαν πει ότι θα είχε αποτέλεσμα. Μου μαγείρευαν σαρανταποδαρούσες, παναγιόχορτο και φλοιούς δέντρων. Με τάισαν, επίσης, χολή σκυλιών κι αρκούδων. Δοκίμασα ακόμα και αλκοολούχο ποτό από φίδι. Ο αγώνας μου ενάντια σε όλες τις ασθένειες συνεχιζόταν. Έλεγαν ότι τα γερμανικά χάπια για τη λέπρα ήταν ένα είδος δηλητηρίου για να τη θεραπεύσει. Εφόσον υπέφερα από μία ασθένεια του δέρματος που είχε εξαπλωθεί σε όλο μου το σώμα, δοκίμασα αυτά τα χάπια με την ελπίδα να γιατρευτώ, αλλά τα αποτελέσματα ήταν άθλια.

Έπινα Περιττώματα για 15 Ημέρες

Δοκίμασα όλων των ειδών τα φάρμακα, ιατρικές αγωγές, λαϊκά γιατροσόφια, βότανα, ακόμα και προλήψεις κι εξορκισμούς αλλά, καθώς φαινόταν, η υγεία μου χειροτέρευε ολοένα και περισσότερο και βούλιαζα σε έναν απύθμενο λάκκο.

«Τζέροκ, ήρθε στην πόλη ένας πολύ διάσημος γιατρός. Γιατί δεν πας να πάρεις μία διάγνωση κι από αυτόν;»

«Ναι, γιατί όχι; Εξάλλου δεν έχω τίποτα να χάσω.» Ακολούθησα τη συμβουλή των φίλων μου στο Κιούμχο Ντονγκ και πήγα να επισκεφτώ το γιατρό. Ο γιατρός μέτρησε τους σφυγμούς μου και με εξέτασε. Είπε, «Είναι θαύμα που είσαι ζωντανός. Οι σφυγμοί σου φαίνεται ότι χτυπούν αλλά δε χτυπούν. Κι είναι άξιο θαυμασμού το ότι ζεις. Υπάρχει ένας τρόπος να θεραπεύσεις τις ασθένειές σου. Έκανες πολλά σκληρά σπορ όταν ήσουν μικρός, έτσι δεν είναι; Χτυπούσες συχνά όταν τα έκανες; Έχεις σημάδια σ' ολόκληρο το σώμα σου από νεκρά και θρομβωμένα κύτταρα αίματος ή εξαγγείωση αίματος. Αυτά έκαναν την υγεία σου έτσι.»

«Αλήθεια; Και ποια είναι η θεραπεία που θα μου προτείνατε;»

«Στον επαρχιακό σιδηροδρομικό σταθμό υπάρχουν δημόσιες τουαλέτες. Τα υγρά των περιττωμάτων στον πάτο από αυτές τις τουαλέτες βρίσκονται εκεί για περισσότερα από 10 χρόνια. Μάζεψέ τα και πίνε τα σε ένα ποτήρι μπύρας τρεις φορές την ημέρα για 15 ημέρες. Τότε όλα τα σημάδια εξαγγείωσης του αίματος θα εξαφανιστούν από το σώμα σου και θα είσαι και πάλι υγιής.

Ο γιατρός μού έδωσε λεπτομερείς οδηγίες για το πώς θα πάρω το υγρό από τα περιττώματα. Το μόνο που είχα να κάνω ήταν να δέσω πευκοβελόνες στο στόμιο ενός δοχείου για να γίνει σα φίλτρο, και μετά να δέσω μια πέτρα στο δοχείο και να το βουτήξω στην τουαλέτα. Έτσι θα γέμιζε με το υγρό από τα περιττώματα. Είχα υποσχεθεί στο γιατρό να του δώσω ένα μεγάλο χρηματικό ποσό σε περίπτωση που το έπινα και θεραπευόμουν. Η σύζυγός μου κι εγώ ήμασταν πολύ χαρούμενοι με τη σκέψη ότι αυτή θα ήταν η τελευταία θεραπεία και τρέξαμε στον επαρχιακό σιδηροδρομικό σταθμό χορεύοντας από χαρά. Η μητέρα μου άκουγε όταν εξηγούσα πώς θα πίνω αυτό το υγρό, και πέρασε όλη τη νύχτα μαζεύοντάς το σε ένα ωραίο δοχείο, και μου το έφερε με περισσή φροντίδα.

Για 15 ημέρες, έπινα το υγρό από τα περιττώματα χωρίς να παραλείψω ούτε μία δόση. Η απαίσια μυρωδιά με δυσκόλευε πολύ να το καταπιώ, αλλά παρακινούμενος από τη δυνατή μου επιθυμία να γιατρευτώ, το έπινα με καλαμάκι, μετά βούρτσιζα τα δόντια μου κι έτρωγα μια καραμέλα που μου έδινε η μητέρα μου. Η μυρωδιά όμως δεν έφευγε. Στο τέλος του δεκαπενθήμερου διαπίστωσα ότι ούτε αυτό είχε αποτέλεσμα.

«Μητέρα, αν είναι να πεθάνω, θα γυρίσω στο σπίτι μου στη Σεούλ και θα πεθάνω εκεί.»

Κεφάλαιο Δεύτερο

Ο Θεός υπάρχει στ' αλήθεια!

Όταν Πέσουν και τα Τελευταία Πέταλα, θα Τελειώσει κι η Ζωή μου

Πώς με Εκχριστιάνισε η Δεύτερη Αδελφή μου

Όταν η τελευταία μας ελπίδα με το υγρό των περιττωμάτων έληξε άδοξα, η σύζυγός μου κι εγώ επιστρέψαμε στη Σεούλ σε κατάσταση μεγαλύτερης απελπισίας. Η μοναδική επιθυμία που μου είχε απομείνει ήταν να πεθάνω σύντομα, κι έτσι ήμουν ξαπλωμένος στο κρεβάτι και παρατηρούσα το χρόνο να περνά άσκοπα. Η καθημερινή μου ρουτίνα στο σπίτι μας από τσιμεντόλιθους ήταν να διαβάζω μυθιστορήματα ή να πίνω Κορεάτικο αλκοολούχο ποτό από ρύζι. Στο μικρό αυτό σπίτι με το ένα δωμάτιο, υπήρχε ένα δοχείο για το αλκοόλ ρυζιού και υπήρχαν παντού πεταμένα κουτιά από φάρμακα και δανεισμένα βιβλία.

Η μόνη πιστή στην οικογένειά μου ήταν η δεύτερη

αδελφή μου. Είχε χάσει την όρασή της από το ένα μάτι ύστερα από υψηλό πυρετό όταν ήταν παιδί. Παντρεύτηκε έναν νεαρό από γειτονικό χωριό και μεγάλωσε τρεις γιους και δυο κόρες. Ζούσε με πίστη κι αφοσίωση. Κάποια μέρα, κάποιος μοιράστηκε μαζί της το Ευαγγέλιο κι από τότε άρχισε να πηγαίνει στην εκκλησία. Η μητέρα μου και οι αδελφοί μου τη θεωρούσαν φανατική και δεν τους άρεσε που εκκλησιαζόταν. «Εργάζεσαι τόσο σκληρά κάνοντας αγροτικές δουλειές και μετά δίνεις τα πάντα στην εκκλησία. Δεν δουλεύεις καν την Κυριακή για να πηγαίνεις στην εκκλησία. Δεν θα καταφέρεις ποτέ να ξεφύγεις από τη φτώχεια. Πότε περιμένεις να πλουτίσεις;» Ακόμα κι όταν η μητέρα μου τη μάλωνε, εκείνη χαμογελούσε απλά κι έλεγε, «Μητέρα, είναι μεγάλη ευχαρίστηση να πιστεύεις στον Ιησού. Γιατί δεν έρχεσαι κι εσύ στην εκκλησία;»

Τις Κυριακές, έκανε τις δουλειές του σπιτιού νωρίς το πρωί και πήγαινε στην εκκλησία. Σκούπιζε τον άμβωνα και βοηθούσε στην εκκλησία. Όταν είχε το πρώτο φρούτο της σοδειάς ή οτιδήποτε πολύτιμο, το άφηνε κρυφά στο σπίτι του πάστορα κι έτρεχε μακριά. Της άρεσε να υπηρετεί με αυτόν τον τρόπο τον δούλο του Θεού.

Παρευρισκόταν ανελλιπώς στις εκκλησιαστικές συναντήσεις αναγέννησης και αναζητούσε με ειλικρίνεια τη χάρη του Θεού. Προσέφερε ακόμα και το χρυσό της δαχτυλίδι, το οποίο είχε μεγάλη αξία εκείνη την εποχή.

«Θεέ μου, δώσε μου πίστη πολύτιμη όσο το χρυσάφι. Δώσε μου πίστη σαν το χρυσάφι που δε θα αλλάξει ποτέ με το πέρασμα του χρόνου.»

Η δεύτερη αδελφή μου ήταν η αγαπημένη μου από τα

παιδικά μου χρόνια. Όταν σπούδαζα στη Σεούλ έμενα στο σπίτι της κάθε φορά που είχα διακοπές. Προσπαθούσε να μου μεταδώσει το Ευαγγέλιο σε κάθε ευκαιρία. Κι όταν αρρώστησα, λυπήθηκε πολύ για μένα. Με παρότρυνε διαρκώς να πάω στην εκκλησία λέγοντας, «Αδερφέ μου, αν πας στην εκκλησία, ο Θεός θα σε γιατρέψει. Θα είσαι υγιής και πάλι.»

«Αδερφή μου, μη γίνεσαι γελοία, σε παρακαλώ. Ζούμε σε μια εποχή που οι άνθρωποι στέλνουν διαστημόπλοια στο φεγγάρι. Σε ποιο μέρος του κόσμου βρίσκεται ο Θεός; Αν υπάρχει και είναι ζωντανός, δείξ᾽ Τον μου.»

Η αδελφή μου με παρότρυνε πολλές φορές να πιστέψω στον Θεό, αλλά πεισματάρης καθώς ήμουν, επέμενα ότι σε περίπτωση που υπήρχε, εκείνη θα έπρεπε να μου Τον δείξει.

Όταν Πέσουν και τα Τελευταία Πέταλα, θα Τελειώσει κι η Ζωή μου

Ένιωθα σαν την ηρωίδα ενός γνωστού μυθιστορήματος. Στο μυθιστόρημα, η ηρωίδα ζούσε σε μια διαρκή απελπισία χωρίς ελπίδα για το αύριο. Πίστευε ότι μια μέρα, όταν πέσει και το τελευταίο φύλλο ενός αναρριχώμενου φυτού εξαιτίας των ανέμων, θα τελειώσει κι η ζωή της. Ζούσα κι εγώ σε μια κατάσταση διαρκούς απελπισίας χωρίς ελπίδα για το αύριο.

Τον Απρίλιο του 1974, ροζ αζαλέες και χρυσαφιές καμπανούλες είχαν χρωματίσει τους λόφους και τα χωράφια όλης της εξοχής. Ανέδιδαν παντού το άρωμά τους. Η ζωή μου, όμως, μαραινόταν και κάθε ανάσα που έπαιρνα έμοιαζε να με φέρνει πιο κοντά στο θάνατο.

«Όλη η πλάση κινείται με τόση ζωή αυτή την εποχή του χρόνου. Πότε, όμως, θα τελειώσει η ζωή μου, που κρέμεται από μια κλωστή, σαν το τελευταίο φύλλο που πέφτει;»

Κανένας δεν χαιρόταν να με βλέπει. Δεν μπορούσα να φάω ούτε ρύζι ούτε κρέας, μπορούσα ωστόσο να πίνω αλκοόλ. Το αλκοόλ ήταν ο μοναδικός φίλος που είχα. Ήταν τότε που μετά βίας κρατιόμουν στη ζωή από τη μία μέρα στην άλλη, που εξαρτιόμουν από το αλκοόλ. Οι γονείς μου, οι αδελφοί μου κι οι αδελφές μου μ' επισκέπτονταν όλο και λιγότερο. Σύντομα δεν περίμενα καμιά επίσκεψη πια, αλλά κάποια μέρα χτύπησε η πόρτα. Ήταν η δεύτερη αδελφή μου, εκείνη που αγαπούσα πολύ.

«Αδερφή μου, τι κάνεις εδώ στη Σεούλ; Πέρασε μέσα!»

«Είχα να κάνω κάτι στη Σεούλ.»

Καθώς ήταν η περίοδος με τις περισσότερες αγροτικές υποχρεώσεις, ήμουν πολύ χαρούμενος – αν και πολύ έκπληκτος – που την έβλεπα.

Μου Ζήτησε να τη Συνοδεύσω

«Αδερφέ μου, κάνε μου μια χάρη. Πρέπει να με βοηθήσεις σε κάτι. Υπάρχει ένα μέρος που θέλω να επισκεφτώ εδώ και καιρό. Πήγαινέ με, σε παρακαλώ, εκεί.»

«Πώς; Τι εννοείς Ξέρεις ότι δεν μπορώ να περπατήσω καλά». «Το ξέρω. Το ξέρω. Αλλά θέλω τόσο πολύ να επισκεφτώ αυτό το μέρος που ζητώ τη βοήθειά σου».

Στην αρχή αρνήθηκα λέγοντας ότι δε θα μπορούσα να την οδηγήσω μέχρι εκεί εξαιτίας του άρρωστου κορμιού μου. Αλλά με εκλιπαρούσε με τέτοια ειλικρίνεια που ένιωσα άσχημα, και στο τέλος δεν μπορούσα να της το αρνηθώ.

Το μέρος που ήθελε να επισκεφθεί ήταν μία από τις θεραπευτικές σταυροφορίες οργανωμένες από την πρεσβύτερη διακόνισσα Σιν-ε Χγιουν. Ήταν ξακουστή για το θείο χάρισμά της να θεραπεύει. Η αδελφή μου προσευχόταν συνεχώς για μένα κι έψαχνε τρόπο να με πάει στην εκκλησία, κι έτσι γνωρίστηκα αργότερα με την πρεσβύτερη διακόνισσα Χγιουν. Η αδερφή μου γνώριζε ότι αν μου έλεγε να πάω στην εκκλησία να λάβω γιατρειά, θα το αρνιόμουν. Καθώς προσευχόταν, η αδελφή μου έλαβε τη σοφία από τον Θεό να με πάει στην εκκλησία ζητώντας μου να τη συνοδεύσω.

Πριν Πιστέψω στον Θεό

Από τότε που διδάχθηκα το Δαρβινισμό στο σχολείο, ήμουν άθεος. Μπορούσα να λέω με τόλμη ότι δεν υπάρχουν φαντάσματα. Στην πραγματικότητα, όμως, βαθιά μέσα μου, δεν μπορούσα ν' αρνηθώ ότι υπάρχει Θεός. Λαμβάνοντας υπόψη πολλά πράγματα, δεν μπορούσα να διαγράψω τη σκέψη ότι υπάρχει ζωή μετά το θάνατο. Βαθιά στην καρδιά μου, αναγνώριζα ήδη την ύπαρξη του Θεού του Δημιουργού. Είχα σκεφτεί, «Αν υπάρχει πράγματι Θεός, τότε λογικά θα υπάρχει κι η κόλαση, μία κόλαση όπως σε μια ταινία που είχα δει κάποτε. Πώς θα είναι τότε η μεταθανάτια ζωή μου;» Από τη στιγμή που δεν μπορούσα να αρνηθώ βαθιά στην καρδιά μου την ύπαρξη του Θεού, έπρεπε να αναγνωρίσω ότι υπάρχει και ζωή μετά το θάνατο. Σε μια γωνιά της καρδιάς μου υπήρχε κι ο φόβος της Κόλασης. Γι αυτό, ακόμα και πριν πιστέψω στον Θεό, προσπαθούσα να ζήσω με καλοσύνη και τιμιότητα.

Όπως και να 'χει, εφόσον η αδερφή μου δεν μου είχε ζητήσει να εκκλησιαστώ για να γιατρευτώ, αλλά να τη συνοδεύσω απλά σε μία Χριστιανική συγκέντρωση, ενέδωσα στην επιθυμία της. Στις 17 Απριλίου του 1974, σηκώθηκε και ετοιμάστηκε νωρίς το πρωί, λέγοντας ότι πρέπει να πάει νωρίς έτσι ώστε να βρει θέση στα μπροστινά καθίσματα. Αυτή ήταν η πρώτη φορά που έβγαινα από το σπίτι μετά από πολύ καιρό. Μου ήταν πολύ δύσκολο να κατέβω από το λόφο όπου βρισκόταν η πόλη Κιούμχο Ντονγκ, κι έτσι μας πήρε πολλή ώρα. Πήραμε το λεωφορείο για το Σεοντεμούν και φτάσαμε στην εκκλησία της πρεσβύτερης διακόνισσας Σιν-ε Χγιουν.

Είναι Τρελοί Όλοι Εδώ;

Παρόλο που και τα δύο τύμπανα των αυτιών μου είχαν υποστεί ρήξη εκείνη την εποχή, μπορούσα να ακούω ήχους, αλλά μόνο αμυδρά. Ο δεύτερος όροφος ήταν ήδη γεμάτος από ανθρώπους, κι έτσι ανεβήκαμε στον τρίτο. Τα σκαλοπάτια ήταν κατασκευασμένα με μία μικρή κλίση, έτσι ώστε να διευκολύνονται τα άτομα με ειδικές ανάγκες. Καθώς, όμως, έπρεπε να περπατώ με το μπαστούνι, μου ήταν δύσκολο να ακολουθήσω την αδελφή μου.

Ήταν προφανώς η ώρα της συλλογικής προσευχής. Οι άνθρωποι γύρω μου σήκωναν τα χέρια τους και φώναζαν πολύ δυνατά. Δεν είχα ξαναδεί κάτι τέτοιο στο παρελθόν κι έτσι δεν ήξερα τι να κάνω, και απλώς κοιτούσα τριγύρω. Αντιλήφθηκα τότε ότι κι η αδελφή μου είχε γονατίσει και προσευχόταν σηκώνοντας και κουνώντας τα χέρια.

Έμοιαζαν όλοι τους τρελοί, το ίδιο κι η αδελφή μου. Ένιωσα κάπως ξαναμμένος και το πρόσωπό μου είχε κοκκινίσει. Το μόνο που ήθελα ήταν να βγω από κει μέσα. Αλλά εισέρχονταν όλο και περισσότεροι άνθρωποι, και κάθονταν πίσω μου, κι έτσι δεν μπορούσα να βγω έξω. Ήθελα να βγω αμέσως έξω. Αλλά τι μπορούσα να κάνω; Δεν μπορούσα να αφήσω έτσι την αδερφή μου και να πάω σπίτι μόνος! Καθώς δεν είχα ξαναδεί ανθρώπους να προσεύχονται έτσι - πόσο μάλλον να προσεύχονται ομαδικά - σάστισα βλέποντας τους ανθρώπους που κουνούσαν τα χέρια τους και φώναζαν δυνατά ενώ προσεύχονταν. Όμως, εφόσον δεν μπορούσα να επιστρέψω μόνος μου στο σπίτι, παρέμεινα. Σκέφτηκα ότι θα μπορούσα να γονατίσω κι εγώ. Κι έτσι γονάτισα κι έκλεισα τα μάτια μου. Ξαφνικά, άρχισε να ιδρώνει η πλάτη μου κι ο ιδρώτας άρχισε να κυλάει στο κορμί μου. Παρόλο που ήταν μια ανοιξιάτικη ημέρα, δεν έκανε τόση ζέστη. Ήμουν πολύ αδύνατος, σχεδόν κοκαλιάρης, και δεν ήταν λογικό να ιδρώνω κατ' αυτόν τον τρόπο. Ήταν πολύ παράξενο και σκέφτηκα, «Πρέπει να είμαι πολύ ντροπιασμένος κι αναστατωμένος που βρίσκομαι εδώ. Πιθανόν γι' αυτό να έχω ιδρώσει τόσο!»

Μόνον αργότερα συνειδητοποίησα ότι με το που γονάτισα εκείνη την ημέρα, ο Θεός είχε κάψει όλες μου τις αρρώστιες με τη Φλόγα του Αγίου Πνεύματος. Σε έναν άμβωνα που βρισκόταν αρκετά μακριά, η διακόνισσα Σιν-ε Χγιουν, ντυμένη στα λευκά, κήρυττε με πάθος. Ο ήχος από τα μεγάφωνα ήταν πολύ δυνατός, αλλά δεν μπορούσα να ακούσω καλά. Άκουγα μόνο σκόρπιες λέξεις από δω κι από 'κει. «Πόσο όμορφα θα ήταν αν μπορούσα ν' ακούσω καθαρά ό,τι έλεγε αυτή η κυρία!» σκέφτηκα.

Από τη στιγμή που ίδρωσα τόσο, κάτι είχε αλλάξει στην καρδιά μου (στην πραγματικότητα με είχε αγγίξει το Άγιο Πνεύμα). Ήθελα ν' ακούσω το μήνυμα της πρεσβύτερης διακόνισσας Χγιουν. Η αδελφή μου μού είπε, «Αδερφέ μου, γιατί δεν πας κι εσύ να λάβεις ευλογία όπως κι οι άλλοι άνθρωποι που έχουν έρθει εδώ;» Μετά το κήρυγμα, το πρόσωπο της αδελφής μου έλαμπε, καθώς με προέτρεπε να δεχτώ την ευλογία. Ακολουθώντας τις οδηγίες της αδελφής μου, σηκώθηκα, στριμώχθηκα ανάμεσα σε πολλούς άλλους ανθρώπους, και κατευθύνθηκα προς τα εκεί που ήταν καθισμένη η πρεσβύτερη διακόνισσα.

Συνέχιζαν να βγαίνουν κάποιοι ήχοι από τα ηχεία που ήταν μαρτυρίες ανθρώπων που είχαν θεραπευτεί μέσω της δέησης. Μπορούσα να ακούσω αποσπασματικά λόγια, και κάποια γυναίκα είπε ότι έλαβε τη «Φλόγα του Αγίου Πνεύματος» και θεραπεύτηκε όταν την άγγιξε με το χέρι της η πρεσβύτερη διακόνισσα Σιν-ε Χγιουν.

«Πρέπει να έχουν γιατρευτεί μέσω της προσευχής. Ομως, ακόμα δεν μπορώ να το πιστέψω».

Η πρεσβύτερη διακόνισσα Σιν-ε Χγιουν χτυπούσε το χέρι της μία φορά στο κεφάλι και μία στην πλάτη κάθε ανθρώπου, καθώς τους έσπρωχνε για να περάσουν από μπροστά της. Αυτό ήταν όλο. Με χτύπησε στο κεφάλι και στην πλάτη και με έσπρωξε, όπως είχε κάνει και με τους άλλους. Σκέφτηκα, «Φέρεται στους ανθρώπους σα να είναι αποσκευές! Νομίζω ότι εξαπατά τον κόσμο.» Πρέπει να ήταν εξαιτίας του τεράστιου αριθμού των ατόμων, αλλά δεν προσευχόταν για τον καθένα ξεχωριστά, απλά τους χτυπούσε και τους έσπρωχνε μακριά. Αισθάνθηκα προσβεβλημένος.

Εκείνη τη στιγμή, θυμήθηκα ένα περιστατικό που συνέβη όταν πήγαινα στο δημοτικό σχολείο. Μια γυναίκα από την περιοχή Τζουνγκ-επ ήταν γνωστή για το χάρισμά της να θεραπεύει. Καθώς η ανακοίνωση της συγκέντρωσής της είχε δημοσιευθεί σε καθημερινή εφημερίδα, πολλοί ήταν εκείνοι που πήγαν στο Τζουνγκ-επ. Είχε παρευρεθεί κι ο ανιψιός μου σε μία από τις συγκεντρώσεις της, γιατί αντιμετώπιζε κάποια προβλήματα με το αυτί του. Σε 15 ημέρες περίπου έγινε γνωστό ότι ήταν απατεώνισσα και συνελήφθη. Κάποιες καθημερινές εφημερίδες είχαν δημοσιεύσει πρωτοσέλιδα σχετικά με το θέμα αυτό. Αναρωτήθηκα αν κι αυτή η γυναίκα κοροϊδεύει τον κόσμο, όπως είχε κάνει κι εκείνη από το Τζουνγκ-επ. Βυθισμένος σε σκέψεις, είχα ήδη κατέβει τις σκάλες.

«Αυτό είναι παράξενο! Κατέβηκα χωρίς ίχνος πόνου και δυσκολίας.»

«Ακούω! Ακούω!»

Η αδελφή μου ήταν τόσο ευτυχισμένη, σα να είχε εκπληρωθεί η ευχή της. Ανεβήκαμε στο λεωφορείο. Ξαφνικά, άκουσα δυνατούς ήχους, σαν τον ήχο του κεραυνού. Σκέφτηκα, «Τι παράξενο! Γιατί ακούω τόσο δυνατούς ήχους;»

Οι ήχοι που έμοιαζαν με κεραυνό σταμάτησαν όταν κατέβηκα από το λεωφορείο στην αγορά του Κιούμχο Ντονγκ. Αποχαιρέτησα την αδερφή μου και πήγα στο σνακ μπαρ που είχε η σύζυγός μου σ' αυτήν την αγορά. Υπήρχαν πολλά τρόφιμα στα ράφια, υπήρχαν και κρεατικά. Μπορούσα να ακούω τις συνομιλίες των ανθρώπων ενώ έτρωγαν κι έπιναν στο μπαρ. Ήμουν τόσο ευτυχισμένος που χτύπησα το τραπέζι με τη γροθιά μου.

«Ακούω! Ακούω!»

Η σύζυγός μου με ρώτησε έκπληκτη, «Τι; Μπορείς κι ακούς; Τι ακούς και γιατί μπορείς και ακούς τώρα;» «Μπορώ κι ακούω καθαρά εκείνους τους πελάτες να μιλούν. Αγάπη μου, πεινάω. Θέλω κάτι να φάω. Θα μου φέρεις λίγο ρύζι και κρέας;»

«Τι; Θα πάθεις δυσπεψία και θα γεμίσεις εξανθήματα!» «Είμαι μια χαρά. Νιώθω ότι τα έχω ήδη χωνέψει. Μην ανησυχείς και φέρε μου λίγο φαγητό.»

Τελείωσα το ρύζι και το κρέας με το που μου τα έφερε η γυναίκα μου. Συνήθως, έτρωγα μόνο λίγο ρύζι κι αυτή ήταν μια υπέροχη αλλαγή. Ένιωσα ότι χώνευα καλά την τροφή. Στην πραγματικότητα, δεν είχα κανένα απολύτως πρόβλημα.

Πρόκειται αναμφισβήτητα για θαύμα!

Την επόμενη μέρα, μόλις ξύπνησα το πρωί, πήγα στο μπάνιο όπως συνήθως. Το πρώτο πράγμα της πρωινής μου ρουτίνας ήταν να πάω στο μπάνιο, να τυλίξω ένα σπίρτο με βαμβάκι, και να καθαρίσω τις εκκρίσεις από τα αυτιά μου. Αυτό το έκανα γιατί δεν ήθελα ν' ανησυχήσει η σύζυγός μου βλέποντάς τις. Προσπάθησα να τις σκουπίσω ως συνήθως, αλλά δεν υπήρχε τίποτα. Τα αυτιά μου ήταν καθαρά. Κι ακόμα πιο παράξενο, όταν ξυπνούσα, συνήθιζα να έχω αναιμία. Ήμουν τόσο αναιμικός που προσπαθούσα πρώτα να στηριχτώ και να σταθώ όρθιος για ένα λεπτό, και μετά πήγαινα στο μπάνιο. Εκείνη την ημέρα, όμως, συνειδητοποίησα ότι πήγα στο μπάνιο αμέσως μόλις ξύπνησα. Και δεν ήταν μόνο αυτό. Εξαιτίας της σοβαρής αρθρίτιδας, είχα πύον στο πίσω μέρος του χεριού μου, στους αγκώνες, στα γόνατα, στους αστραγάλους και σε άλλες αρθρώσεις. Αλλά εκείνη την ημέρα, το άσπρο πύον είχε μετατραπεί σε μαύρα κάκαδα.

«Δεν μπορώ να το καταλάβω αυτό. Τι παράξενο!»

Ξαφνικά, η καρδιά μου άρχισε να χτυπά δυνατά. Αναστατωμένος ακόμα, επέστρεψα στο δωμάτιο. Έβγαλα τα ρούχα μου κι εξέτασα προσεκτικά το κορμί μου. Όταν έπεφτα για ύπνο, δεν μπορούσα να στρίψω το λαιμό μου ελεύθερα εξαιτίας της λεμφικής φλεγμονής. Ωστόσο, το μεγέθους ρώγας σταφυλιού εξόγκωμα στο λεμφικό μου αδένα είχε εξαφανιστεί εντελώς. Επιπλέον, θυμήθηκα κάτι που είχε συμβεί όταν ακόμα ήμουν άρρωστος. Ήταν χειμώνας κι είχαμε πάντα καυτό νερό σε μια κατσαρόλα στην κουζίνα. Το πρωί, έσκυψα ως συνήθως, για να πάρω λίγο νερό. Η κατσαρόλα ήταν σχεδόν μισογεμάτη και ο αεραγωγός ήταν ανοιχτός, ώστε η μπρικέτα από κάρβουνο να έχει μεγάλη παροχή οξυγόνου. Το νερό έβραζε δυνατά.

Όταν βούτηξα στο νερό μια κουτάλα, καυτός ατμός κάλυψε το πρόσωπό μου. Στην προσπάθειά μου να τον αποφύγω, το καυτό νερό πιτσίλισε το σώμα μου. Κάηκα στα χέρια και στο στήθος. Το έγκαυμα αυτό μου άφησε άσχημες ουλές, και κανονικά απέφευγα να βγάλω το πουκάμισό μου.

Ακόμα, όμως, κι αυτές οι ουλές εξαφανίστηκαν! Ήταν ένα απίστευτο θαύμα. Το σώμα μου δεν έπασχε από τίποτα πια. Εκείνη τη στιγμή θυμήθηκα όσα συνέβησαν την προηγούμενη μέρα. Μπορούσα να ανεβοκατεβαίνω τις σκάλες χωρίς καμία δυσκολία. Στην επιστροφή για το σπίτι, άκουσα έναν ήχο σαν κεραυνό. Μπορούσα να ακούσω τους πελάτες να μιλούν στο μαγαζί της γυναίκας μου. Από εκείνο το πρωινό έπαψα να είμαι αναιμικός. Δεν είχα πια εκκρίσεις και δεν πονούσα όταν λύγιζα τα γόνατα.

«Στ' Αλήθεια με Θεράπευσε ο Θεός;»

Αντιμέτωπος με την πραγματικότητα, που ούτε εγώ ο ίδιος δεν μπορούσα να πιστέψω, είχα εκπλαγεί πάρα πολύ. Δεν είχα πάρει κανένα φάρμακο και δεν είχα κάνει καμία επέμβαση, τίποτα! Όλες οι ασθένειες, όμως, είχαν γιατρευτεί! Περισσότερες από δέκα διαφορετικών ειδών ασθένειες, που δεν μπορούσαν να γιατρευτούν με καμία από τις θεραπείες που είχα δοκιμάσει, είχαν γιατρευτεί με τη μία!

«Ο Θεός πράγματι υπάρχει!»

Ήμουν ένας ανόητος άνθρωπος, αλλά πώς θα μπορούσα να εξακολουθώ να αμφιβάλλω; Γονάτισα κάτω και ύψωσα τα χέρια μου προς τον ουρανό.

«Θεέ μου! Υπάρχεις στ' αλήθεια! Πώς μπόρεσες και με γιάτρεψες έτσι, σε μια στιγμή; Συγχώρεσε σε παρακαλώ αυτόν τον ανόητο άνθρωπο. Αγνόησα όλους τους ιεροκήρυκες που με παρότρυναν να πιστέψω στον Θεό. Αλλά στ' αλήθεια υπάρχεις και με θεράπευσες ολοκληρωτικά!»

Προσπάθησα να το αμφισβητήσω θεωρώντας πως ήταν σύμπτωση, αλλά δεν μπόρεσα να το κάνω. Ένιωθα ότι πετούσα. Δεν μπορούσα ακόμα να πιστέψω ότι ήταν αλήθεια. Η σύζυγός μου που βρισκόταν έξω, με άκουσε να προσεύχομαι και μπήκε έκπληκτη στο δωμάτιο.

«Αγάπη μου, έλα να δεις το κορμί μου. Ο Θεός με θεράπευσε!»

Έκπληκτη, με κοίταξε από πάνω μέχρι κάτω και πίστεψε κι εκείνη ότι ο Θεός με είχε γιατρέψει. Ήταν τόσο χαρούμενη, με αγκάλιασε κι άρχισε να κλαίει δυνατά. Κλάψαμε γι' αρκετή ώρα. Όλη η θλίψη κι όλος ο πόνος είχαν φύγει μακριά κι ήμασταν γεμάτοι χαρά κι ευγνωμοσύνη.

Εκείνος που με Γιάτρεψε

Τη στιγμή που γονάτισα στο πάτωμα της εκκλησίας, ο Θεός θεράπευσε εντελώς όλες τις αρρώστιες μου με τη Φλόγα του Αγίου Πνεύματος. Ακόμα και πριν προσευχηθεί για μένα η πρεσβύτερη διακόνισσα Σιν-ε Χγιουν, ο Θεός με είχε ήδη γιατρέψει μέσω της Φλόγας του Αγίου Πνεύματος. Ήμουν άθεος και δεν είχα καμία πίστη στον Θεό. Δεν Του είχα ζητήσει καν να με θεραπεύσει, γιατί λοιπόν το έκανε; Νομίζω ότι ήταν η απάντηση του Θεού στις προσευχές της αδερφής μου που είχε νηστέψει και προσευχηθεί για πολύ καιρό για την σωτηρία μου. Ίσως να ήταν κι επειδή ο Θεός ήξερε ότι με το που θα πίστευα στην ύπαρξή Του, δεν θα συναναστρεφόμουν κόσμο, ούτε θα Τον πρόδιδα, αλλά θα ζούσα μόνο σύμφωνα με τον Λόγο Του και θα Τον αγαπούσα ως το τέλος.

Διαζύγιο κι Επιστροφή της Συζύγου μου

Ευτυχία για Τρεις Μήνες

Όπως στην ιστορία το «Γαλάζιο Πουλί της Ευτυχίας», ένιωθα σα να εισέβαλε ένα γαλάζιο πουλί ευτυχίας στην οικογένειά μου. Η σημαντικότερη αλλαγή που βίωσε η οικογένειά μου ήταν ότι πηγαίναμε σε μια κοντινή εκκλησία και παρακολουθούσαμε τη Θεία Λειτουργία τις Κυριακές. Αυτό το κάναμε επειδή είχα γιατρευτεί με τη χάρη του Θεού και νιώθαμε ότι θα έπρεπε να ανταποδώσουμε τη χάρη. Το μεγάλο οικονομικό μας χρέος, όμως, όπως και κάποιες άλλες καταστάσεις, δεν είχαν αλλάξει. Εξακολουθούσαμε, όμως, να είμαστε ευτυχισμένοι και χαρούμενοι. Ήμουν ευγνώμων που είχα λυτρωθεί από τον πόνο και τις αρρώστιες. Κι αυτό συνέβαινε επειδή είχα την ελπίδα και το όνειρο ότι θα μπορούσα επιτέλους να δουλέψω σκληρά και να βγάζω το ψωμί μου με τις δικές μου ικανότητες.

Συζήτησα με τη σύζυγό μου για το μέλλον μας. Εφόσον είχα απαλλαγεί από όλες τις αρρώστιες, θα μπορούσα να δουλέψω και πάλι σε ένα-δύο μήνες. Τότε, θα ξεπληρώναμε το χρέος και θα επεκτείναμε το μαγαζί μας. Θα δουλεύαμε σκληρά μαζί, θα βγάζαμε πολλά χρήματα και θα ανοίγαμε ένα μεγάλο εστιατόριο. Εκείνον τον καιρό, υπήρχε κάποιος που έφτιαχνε στολές κατάδυσης. Εργάστηκα, λοιπόν, ως βοηθός πιστεύοντας ότι θα επανακτούσα και την καλή φυσική μου κατάσταση. Στην αρχή, κουραζόμουν μόλις δούλευα για λίγο, σύντομα, όμως, ανέκτησα την ενέργειά μου. Κέρδιζα κάποια χρήματα και σχεδίαζα το μέλλον μου. Γιορτάσαμε και τα γενέθλια του πατέρα μου. Είχαν περάσει 90 μέρες περίπου από τότε που θεραπεύτηκα.

Ο Γιος σου Αρρώστησε Εξαιτίας μου;

Στις 10 Ιουλίου του 1974, στα γενέθλια του πατέρα μου, όλα τα μέλη της οικογένειας συγκεντρώθηκαν στο πατρικό μας σπίτι. Πήγα εκεί λίγες μέρες νωρίτερα, κι η γυναίκα μου ήρθε το βράδυ της παραμονής των γενεθλίων επειδή είχε δουλειά στο μαγαζί.

Παρόλο που δεν ήταν κάποια θριαμβευτική επιστροφή, ήμουν πολύ ευτυχισμένος. Κάθε φορά που πήγαινα στο χωριό όταν ήμουν άρρωστος, ήμουν σχεδόν περιορισμένος στο δωμάτιό μου, αποφεύγοντας τα βλέμματα των άλλων. Έπαιρνα απλά τα φάρμακά μου κι επέστρεφα στη Σεούλ. Φοβόμουν ότι οι γείτονές μου θα με έλεγαν ανάπηρο. Πόσο ευτυχισμένος ήμουν τώρα που έγινα εντελώς υγιής!

Απευθύνθηκα στον Θεό λέγοντας, «Το μόνο που περίμενα

ήταν να πεθάνω εξαιτίας τόσων ανίατων ασθενειών. Πήγα, όμως, με τη μεγάλη μου αδελφή στην Αγία Τράπεζα της Σιν-ε Χγιουν κι έλαβα τέτοια σπουδαία θεραπεία.»

Αναγνώρισα ότι ο Θεός ήταν ο Θεραπευτής που με συνάντησε και με γιάτρεψε. Δεν είχα πολλές γνώσεις σχετικά με τον Λόγο του Θεού στη Βίβλο, αλλά επιβεβαίωσα ότι ο Θεός υπάρχει πραγματικά και μοιράστηκα τη χαρά με τους γονείς και τ' αδέλφια μου.

Μετά το γεύμα των γενεθλίων του πατέρα μου, η σύζυγός μου άρχισε να μαζεύει τα πράγματα μας για να επιστρέψουμε στη Σεούλ. Έπινα με τους αδελφούς μου πριν έρθει η ώρα να φύγω. Στο μεταξύ, έξω επικρατούσε φασαρία. Άκουσα μια πόρτα να βροντάει. Κοίταξα έξω κι είδα τη γυναίκα μου να τρέχει με τη βαλίτσα της λέγοντας ότι θέλει να πάρει διαζύγιο. Η αδελφή μου και η κουνιάδα μου την ακολουθούσαν για να την προφτάσουν. Έτσι έγιναν όλα:

«Κόρη μου, ο γιος μου αρρώστησε μόλις σε παντρεύτηκε, κι υπέφερες πολύ. Αλλά τώρα θα έρθουν καλύτερες μέρες αν προσπαθήσεις κι εσύ». Η μητέρα μου ήταν τόσο χαρούμενη που ο μικρότερός της γιος, που πίστευε ότι θα πέθαινε, είχε αναρρώσει. Η σύζυγός μου, όμως, το εξέλαβε ότι εγώ αρρώστησα κι υπέφερα τόσο πολύ εξαιτίας της, και χλώμιασε.

«Θέλεις να πεις ότι ο γιος σου αρρώστησε εξαιτίας μου; Πολύ καλά λοιπόν! Θα φύγω απ' αυτή την οικογένεια. Θα πάρω διαζύγιο. Ναι, θα το κάνω!»

«Αδερφή μου, παρεξήγησες. Ξέρεις ότι η μητέρα δεν εννοεί αυτό που κατάλαβες!»

Η γυναίκα μου επέστρεψε αμέσως στη Σεούλ. Και καθώς είχε φύγει από το σπίτι με αυτόν τον τρόπο, το εορταστικό κλίμα μετετράπη σε πένθιμο. Η μητέρα μου ήταν έξαλλη. Είπε, «Δεν μπορούσες να γίνεις καλά όλον αυτόν τον καιρό, επειδή είχες παντρευτεί μια τέτοια γυναίκα! Τζέροκ, ξέχασέ τα όλα. Έχουμε ήδη ετοιμάσει ένα ωραίο δείπνο, ας το απολαύσουμε!»

«Να ξεχάσω;» είπα, «Πώς μπορείς και λες κάτι τέτοιο; Πώς μπορώ να ξεχάσω έτσι απλά;»

Τα αδέλφια μου προσπάθησαν να με παρηγορήσουν, αλλά το μόνο που κατάφεραν ήταν να με κάνουν να αισθανθώ χειρότερα. Θύμωσα τόσο πολύ από αυτά που έλεγαν οι αδελφοί μου που πήγα στην κουζίνα. Άρπαξα ένα μπουκάλι με ποτό Σότζου και το ήπια όλο μονομιάς.

Ο πατέρας μου σοκαρίστηκε που έκανα τόση φασαρία. Η υγεία του κι η όρασή του εξακολουθούσε να είναι καλή ακόμα και όταν πέρασε τα 70. Μπορούσε να διαβάζει Κινέζικα βιβλία κι εφημερίδες. Αλλά από το σοκ που του προκάλεσαν όλα αυτά έχασε την όρασή του. Μέχρι το θάνατό του, δεν μπορούσε πια να δει τίποτα. Η ασυνήθιστη συμπεριφορά που επέδειξα υπό εκείνες τις συνθήκες θεωρήθηκε πολύ ασεβής από τον πατέρα μου. Αυτό είναι κάτι που μου προκαλεί μεγάλο πόνο, και θα συνεχίσει να με πονά ως το τέλος της ζωής μου.

Σύμφωνα με την οπτική γωνία της γυναίκας μου,

ένιωθε ότι για επτά χρόνια είχε υποφέρει πάρα πολύ κι είχε περάσει πολλές δυσκολίες στη ζωή της, φροντίζοντας τον άρρωστο σύζυγό της και βγάζοντας τα προς το ζην για την οικογένεια. Πίστεψε ότι η πεθερά της την κατηγόρησε ότι εκείνη έφταιγε για ό,τι συνέβη. Πρέπει να ένιωσε μεγάλη απογοήτευση.

Η θλίψη που ένιωσε, ανακαλώντας την εξουθενωτική κι απελπισμένη ζωή που έζησε τα επτά χρόνια κατά τα οποία είχε αντιμετωπίσει τόσα πολλά, και το γεγονός ότι δεν είχε κανέναν που να μπορεί να του μιλήσει ελεύθερα, πρέπει να την είχε κυριεύσει και δεν μπορούσε να την καταπνίξει άλλο πια.

Έπειτα από Τέσσερις Επίπονους Μήνες

Την επόμενη μέρα επέστρεψα στη Σεούλ μαζί με τη μεγαλύτερη κόρη μου, τη Μιγιούνγκ. Έψαξα τη σύζυγό μου, αλλά δεν βρισκόταν ούτε στο σπίτι, ούτε στο μαγαζί. Γύρισε στο σπίτι την επομένη, αλλά ήταν εντελώς άλλος άνθρωπος.

Μου είπε, «Τώρα θα σε χωρίσω. Οι διαδικασίες του διαζυγίου πρέπει να γίνουν στον τόπο καταγωγής σου. Έλα μαζί μου να υπογράψεις τα έγγραφα.» Προσπάθησα να τη μεταπείσω, αλλά ήταν μάταιο. Κι έτσι πήγα στη γενέτειρά μου κι υπέγραψα τα έγγραφα, όπως μου ζήτησε.

Καθώς ήταν μια πολύ μικρή πόλη, τα νέα διαδόθηκαν γρήγορα. Λυπόμουν για τους γονείς μου και ντρεπόμουν ν' αντικρίσω τους γείτονές μου. Επέστρεψα γρήγορα στη Σεούλ, σα να με κυνηγούσαν. Στην πραγματικότητα, ποτέ δεν πίστεψα ότι η σύζυγός μου θα με χώριζε. Την περίμενα ακόμα να γυρίσει σπίτι, κι έπειτα από αρκετές μέρες ήρθε με κάποια μέλη της οικογένειά της. Μου είπαν, «Τώρα που είσαστε διαζευγμένοι, θέλουμε πίσω τα γαμήλια δώρα. Θα πάρουμε και το κεφάλαιο εγγύησης για το μαγαζί στην αγορά.»

Εξαιτίας του ότι είχαμε μετακομίσει 17 φορές όταν ήμουν άρρωστος, δεν είχαμε και πολλά πράγματα αξίας στο νοικοκυριό μας. Παρ' όλα αυτά, η γυναίκα μου με την οικογένειά της μάζεψαν ό,τι εκείνη είχε φέρει. Ένιωσα πολύ μεγάλη περιφρόνηση για όλους. Όταν τελείωσαν με το πακετάρισμα, πήγα στην αγορά Κιούμχο Ντονγκ να πάρω την εγγύηση για το μαγαζί. Η αγορά ήταν γεμάτη κόσμο. Εκείνη τη στιγμή, η πεντάχρονη Μιγιούνγκ αντιλήφθηκε τι συνέβαινε. Κρατιόταν από τη φούστα της μητέρας της.

«Μαμά, μη φύγεις! Μείνε μαζί μου! Μη μ' αφήσεις! Θα πεθάνω αν φύγεις!» Η Μιγιούνγκ έκλαιγε και την ακολουθούσε. Τα παπούτσια της είχαν βγει. Η σύζυγός μου, όμως, την απομάκρυνε με ψυχρό τρόπο.

«Μπαμπά, αυτή δεν είναι πια η μαμά μου. Δεν θα την ξαναπώ 'μαμά' από εδώ και πέρα. Μην την αφήσεις ποτέ να έρθει ξανά στο σπίτι.» Επειδή η καρδιά της πληγώθηκε, οι λέξεις έβγαιναν σαν παγωμένα καρφιά από το στόμα της κορούλας μου.

Εκείνον τον καιρό, μάθαινα να δουλεύω στις οικοδομές ακολουθώντας τους φίλους μου. Ακόμα κι όταν δεν ήμουν πια με τη γυναίκα μου, δεν έχασα ποτέ την Κυριακάτικη λειτουργία. Επειδή πήγαινα κάθε Κυριακή στην εκκλησία, δεν έπινα και δεν κάπνιζα από το Σάββατο το βράδυ, από φόβο μη μυρίζει η αναπνοή μου την επόμενη μέρα στην εκκλησία. Μόνο μετά την πρωινή κι απογευματινή λειτουργία επέστρεφα σπίτι, κάπνιζα κι έπινα, κάτι που προσπαθούσα να αποφύγω ολόκληρη τη μέρα. Δε γνώριζα ούτε πώς έπρεπε να προσεύχομαι, αλλά γονάτιζα και προσευχόμουν με δυνατή φωνή. «Θεέ μου, το ξέρεις, έτσι δεν είναι; Βρήκα την υγεία μου και μπορώ να βγάλω τα προς το ζην τώρα, αλλά τα πράγματα εξελίχθηκαν με αυτόν τον τρόπο. Στείλε μου, Σε παρακαλώ, πίσω τη σύζυγό μου. Θα την κάνω ευτυχισμένη και δεν θα την αφήσω να υποφέρει ποτέ ξανά. Σε παρακαλώ στείλε τη γρήγορα κι επέτρεψέ μας να έχουμε μια ευτυχισμένη οικογένεια.»

Νωρίς το επόμενο πρωί, πήρα πρωινό, άφησα τη Μιγιούνγκ στο σπίτι του μεγαλύτερου αδελφού μου, και πήγα στη δουλειά. Πήγαινα να πάρω τη Μιγιούνγκ το βράδυ, όταν επέστρεφα από τη δουλειά. Κάθε μέρα ήταν ίδια. Αργότερα αναγκάστηκα να τη στείλω στο σπίτι της γιαγιάς της στο χωριό. Μόλις, όμως, πήγε στο σπίτι των γονιών μου, μού τηλεφώνησε η μητέρα μου. Η Μιγιούνγκ είχε ελκώδεις πληγές από την κορυφή ως τα νύχια, κι ήταν τόσο σοβαρό που κανένα φάρμακο δεν είχε αποτέλεσμα. Ήταν πολύ σοβαρές πληγές, αιμορραγούσαν πολύ κι είχε σκουλήκια στο τριχωτό της κεφαλής της. Την πήγαν στο νοσοκομείο, αλλά μάλλον δε θα κατάφερνε να επιζήσει.

Ακόμα κι αναίσθητη, έψαχνε και φώναζε ζητώντας τη μαμά της. Μου ζήτησαν να την αφήσω να δει τη μητέρα της για μια τελευταία φορά πριν πεθάνει. Δεν γνώριζα ότι ήμασταν πια κι επίσημα χωρισμένοι, και πήγα στο σπίτι του μεγαλύτερου αδελφού της γυναίκας μου στο Κιούμχο Ντονγκ. Ευτυχώς, βρισκόταν εκεί η πεθερά μου, της εξήγησα την κατάσταση και ζήτησα την άδεια να δω τη σύζυγό μου. Η απάντησή της, όμως, ήταν ψυχρή. «Αν πεθάνει η κόρη σου, θα είναι καλύτερο για σένα να ξαναπαντρευτείς. Άφησέ την ήσυχη.» Το αποτέλεσμα ήταν να μην καταφέρει η Μιγιούνγκ να δει τη μητέρα της, αλλά τελικά επέζησε.

Το Προξενιό

Ενέδωσα στο ποτό και το τσιγάρο για να ξεχάσω τη σκοτεινή πραγματικότητα που ζούσα. Είχα απογοητευτεί με τη σύζυγό μου, που με εγκατέλειψε για μια κουβέντα που ξεστόμισε η μητέρα μου. Μισούσα, όμως, την οικογένειά της πολύ περισσότερο, γιατί την προέτρεψαν να πάρει διαζύγιο. Έπρεπε να πιω, για να ξεχάσω αυτούς που μισούσα. Είχα επενδύσει κάποτε όλα μου τα χρήματα μαζί με την αδελφή μου κι έχασα τα πάντα από δικό της λάθος, κι έτσι πήγα και της ζήτησα κάποια χρήματα για ν' αρχίσω εμπόριο. Αλλά πέρασα τις μέρες μου σ' ένα μπαρ μέχρι που τα χρήματα τελείωσαν. Δεν είχα ούτε τη δύναμη αλλά ούτε και την θέληση να συνεχίσω τη ζωή μου.

Η οικογένειά μου προσπαθούσε να βρει κάποιον τρόπο να με σώσει. Η αδελφή μου είπε, «Μητέρα, καλύτερα να τον κάνουμε να ξαναπαντρευτεί. Αν τον αφήσεις έτσι θα καταντήσει ένας ζωντανός-νεκρός, όπως ήταν και πριν.»

Τελικά με κάλεσε η μητέρα μου. Μου είπε ότι υπάρχει μια καλή γυναίκα για μένα και μου είπε να πάω στο χωριό για να τη γνωρίσω. Πίστευα ότι «Η γυναίκα μου θα γυρίσει πίσω. Δεν θα ζήσω ποτέ με άλλη γυναίκα!» Πίστευα ακόμα ότι η αγάπη μου για εκείνη δεν θα άλλαζε ποτέ, και δεν μπορούσα ούτε καν να φανταστώ τον εαυτό μου με μια άλλη γυναίκα.

«Γιε μου, μόνο για μία φορά! Είναι η τελευταία μου ελπίδα», με παρακάλεσε η μητέρα μου, και δεν θα μπορούσα να συνεχίσω να αρνούμαι στις παρακλήσεις της για μία και μόνο συνάντηση με τη γυναίκα αυτή. Έτσι το έκανα. Αποφάσισα να πάω να ανταλλάξω κάποιες τυπικές κουβέντες και να γυρίσω πίσω. Η Θεία Πρόνοια όμως ήταν ισχυρή!

Όταν βγήκα και πήγα να συναντήσω εκείνη τη γυναίκα, στεκόταν μπροστά μου η ιδανική, η τέλεια γυναίκα· η γυναίκα που πάντα ονειρευόμουν. Μου άρεσαν τα λευκά ρούχα, κι εκείνη φορούσε ένα λευκό φόρεμα. Τα μαλλιά της ήταν μακριά, ξεχύνονταν στους ώμους της κι έπεφταν στην πλάτη της. Στεκόταν σα σε φωτογραφία. Δεν πίστευα στα μάτια μου. Επειδή η μητέρα της ήταν πολύ προληπτική, πίστεψε αυτό που της είχε πει κάποιος μάντης, ότι για να γίνει ευτυχισμένη η κόρη της έπρεπε να παντρευτεί κάποιον που είχε ήδη ξαναπαντρευτεί μια φορά. Γι' αυτό κι η μητέρα της κανόνισε τη συνάντηση μαζί μου. Αρέσαμε ο ένας στον άλλον κι οι οικογένειές μας ετοίμασαν γρήγορα το γάμο.

Μέχρι τη στιγμή της συνάντησης, περίμενα να γυρίσει πίσω η γυναίκα μου. Δε γύρισα ποτέ να κοιτάξω άλλη γυναίκα. Αλλά, άλλαξα πλέον γνώμη για το ότι θα έπρεπε να ζήσω μόνο με τη γυναίκα μου. Ήταν σοκ και για μένα το ότι άλλαξα έτσι ξαφνικά. Η ημερομηνία είχε καθοριστεί κι ανταλλάξαμε τα δώρα. Τότε ξαφνικά, η σύζυγός μου επέστρεψε. Είχε μάθει ότι ξαναπαντρευόμουν κι ήθελε να διαπιστώσει τα συναισθήματά μου. Όταν, όμως, ανακάλυψε ότι η καρδιά μου δεν ανήκε πια σε αυτήν και είχα πράγματι πάρει την απόφαση να παντρευτώ μια άλλη γυναίκα, εξεπλάγη.

Συγχωρώντας τη Σύζυγό μου

Ως τότε, η σύζυγός μου θεωρούσε, σε αντίθεση με τους άλλους, ότι η αγάπη μου για εκείνη δε θα άλλαζε ποτέ. Φαίνεται ότι έπαθε σοκ στο άκουσμα ότι θα παντρευόμουν μια ελεύθερη, όμορφη γυναίκα. Συνειδητοποίησε ότι η καρδιά μου ανήκε ήδη σε άλλη. Ωστόσο, νωρίς το επόμενο πρωί, ήρθε με τις αποσκευές της. Κοιμόμουν στο σπίτι κι άκουσα ξαφνικά ένα γδούπο στο πάτωμα. Η σύζυγός μου επέστρεψε με τη βαλίτσα της. Δεν ήταν, όμως, πολύ αργά; Είχα ήδη υποσχεθεί να παντρευτώ μια άλλη γυναίκα, κι έτσι πέταξα τις αποσκευές της έξω από το σπίτι. Έγινε φασαρία καθώς μετακινούσαμε τη βαλίτσα μέσα κι έξω από το σπίτι.

Της είπα, «Είμαι πολύ πικραμένος από την οικογένειά σου και ντροπιάστηκα μπροστά στους δικούς μου. Επιπλέον, έχουμε ήδη ορίσει την ημερομηνία για το γάμο, τι θα πει αυτή η οικογένεια;»

«Θα ζητήσω εγώ να λάβω συγχώρεση και από τις δύο οικογένειες. Από εδώ και στο εξής, θα υπακούω σε ό,τι μου λες!»

«Ακόμα κι αν σε συγχωρήσω εγώ, οι γονείς μου και τ' αδέλφια μου δεν θα το κάνουν!»

Είχε πεισμώσει.

«Θα με συγχωρήσουν όλοι. Θα πεθάνω σ' αυτήν την οικογένεια.»

Είχε αλλάξει εντυπωσιακά, σαν ένα ήμερο πρόβατο. Είχε ήδη χαθεί όλη μου η αγάπη για εκείνη, αλλά σκέφτηκα τις δυο μου κόρες. Σκέφτηκα ότι θα ήταν καλύτερο για εκείνες να μεγαλώσουν με τη μητέρα τους. Κι έτσι, συμφώνησα να τη συγχωρήσω υπό κάποιους όρους. Έπρεπε να συμφωνήσει να με υπακούει άνευ όρων, και να λάβει συγχώρεση από όλους τους συγγενείς μου. Απαίτησα επίσης να έρθει σε μένα η οικογένειά της και να απολογηθεί. Τελικά, δέχτηκα πίσω την πρώην σύζυγό μου κι ήμασταν μαζί ξανά. Είχαν περάσει 120 μέρες από τότε που είχε εγκαταλείψει το σπίτι.

Εξήγησα με ειλικρίνεια την κατάσταση στη μητέρα της γυναίκας που θα παντρευόμουν και ζήτησα κατανόηση. Κατά περίεργο τρόπο, έδειξε πολύ μεγάλη κατανόηση. Αλλά μόνο μετά από πολύ καιρό συνειδητοποίησα ότι για όλα αυτά είχε προνοήσει ο Θεός.

Για Ποιον Λόγο Έπρεπε να με Χωρίσει η Σύζυγός μου;

Την περίοδο που η σύζυγός μου εργαζόταν ενώ

παράλληλα φρόντιζε εμένα, τον άρρωστο σύζυγό της, δεν είχε καμιά προσδοκία για τη ζωή. Στο μεταξύ, η ευγενική κι αγνή καρδιά της είχε χαθεί, και ο χαρακτήρας της είχε σκληρύνει πολύ.

«Θάνατος και ζωή είναι στο χέρι τής γλώσσας, και εκείνοι που την αγαπούν, θα φάνε από τους καρπούς της.» (Παροιμίαι 18:21).

«Από τους καρπούς τού στόματός του ο άνθρωπος θα φάει αγαθά, ενώ η ψυχή των ανόμων αδικία. Αυτός που φυλάττει το στόμα του, διαφυλάττει τη ζωή του, ενώ αυτός που ανοίγει τα χείλη του με προπέτεια, θα χαθεί.» (Παροιμίαι 13:2-3)

Επειδή γνώριζε ότι την αγαπούσα με όλη μου την καρδιά, ακόμα κι όταν έφυγε από το σπίτι μερικές φορές, επέστρεψε. Ξέραμε ο ένας τα αληθινά αισθήματα του άλλου. Δεν είχε παρατήσει το σύζυγό της όταν δεν του είχε απομείνει καμιά ελπίδα σ' αυτή τη ζωή. Ωστόσο, έλεγε επανειλημμένα ότι θα έπαιρνε διαζύγιο μόλις γινόμουν καλά. Αφού τα αρνητικά της λόγια συσσωρεύτηκαν, έγιναν παγίδα από το Σατανά, που πραγματοποιήθηκε την ημέρα των γενεθλίων του πατέρα μου. Αν λέμε δυνατά αρνητικές λέξεις, ο εχθρός διάβολος μας κατηγορεί σύμφωνα με τα όσα έχουμε πει, και τότε ο Θεός της δικαιοσύνης πρέπει να το αφήσει να συμβεί σύμφωνα με τους κανόνες του πνευματικού βασιλείου. Η σύζυγός μου δεν μπορούσε να ελέγξει τον τρόπο που ένιωθε και σκεφτόταν κι έτσι με χώρισε. Ο Θεός, όμως, μας έσμιξε και πάλι, κι όλα έγιναν για καλό.

Κεφάλαιο Τρίτο

Το κάλεσμά μου

Ξεκινώντας μία Ευσυνείδητη Χριστιανική Ζωή

Ανακαλύπτοντας ότι είμαι Αμαρτωλός σε μία Συνάθροιση θρησκευτικής αναγέννησης

Ο Θεός άλλαξε τη συμπεριφορά της συζύγου μου και της έδωσε χαρακτήρα αμνού. Αφού ξαναπαντρευτήκαμε, ζούσαμε ειρηνικά κι ευτυχισμένα για πρώτη φορά έπειτα από πολύ καιρό. Μετά την επιστροφή της, έβαλε τα δυνατά της να φροντίσει τους πάντες, και με απολογητική διάθεση αφιερώθηκε απόλυτα στα μέλη της οικογένειάς της. Η πρώτη μου κόρη ωστόσο, η Μιγιούνγκ, ήταν απόλυτη στο να μην την ξαναποκαλέσει «μαμά» κι ήταν πολύ ψυχρή απέναντί της. Η σύζυγός μου προσπάθησε για πολύ καιρό κι έχυσε πολλά δάκρυα για να πείσει τη Μιγιούνγκ ν' αλλάξει γνώμη και συμπεριφορά απέναντί της. Στις 25 Νοεμβρίου του 1974, μετά από την επιμονή του ιδιοκτήτη του νέου σπιτιού στο οποίο έμενα εκείνον τον καιρό, παρευρεθήκαμε σε μια συνάθροιση θρησκευτικής αναγέννησης που έλαβε χώρα στην εκκλησία Σούνγκντονγκ στο Όκσου Ντονγκ. Η σύζυγός μου κι εγώ πηγαίναμε επιμελώς σε όλες τις συναντήσεις την αυγή, το πρωί και το βράδυ. Ομιλητής ήταν ο ιερέας Μπγεόνγκ-χο Παρκ της Ιερής Ευαγγελικής Εκκλησίας της Κορέας. Κήρυττε ένα μήνυμα με τίτλο, «Δώστε τα Πάντα και Γίνετε Επαίτες.» Βεβαίωνε ότι όποτε δώριζε ό,τι είχε να προσφέρει, ο Θεός του έδινε μεγάλη ευλογία. Όταν έδωσε όλη του την περιουσία για να χτιστεί μια εκκλησία, ο Θεός που γνωρίζει τα πάντα, τον ευλόγησε πλουσιοπάροχα. Η σύζυγός μου κι εγώ καθήσαμε στα μπροστινά καθίσματα και λάβαμε μεγάλη χάρη. Έμαθα μέσω των κηρυγμάτων ότι έπρεπε να διαβάσω τη Βίβλο, ότι ο Ιησούς Χριστός είναι ο Σωτήρας κι ότι θα έπρεπε να κόψω το κάπνισμα και το ποτό. Έμαθα ακόμα πώς να προσεύχομαι, και πώς να συνεισφέρω τη δεκάτη και ευχαριστήριες προσφορές. Έμαθα τα βασικά στοιχεία του να είσαι Χριστιανός.

Ήμουν υπερήφανος για τον εαυτό μου καθώς πάντα προσπαθούσα να ζήσω μία ενάρετη ζωή. Υπήρχαν άνθρωποι που έλεγαν ότι ήμουν από εκείνους που «δεν χρειάζονται καν τους νόμους». Κατάλαβα, ωστόσο, από την πρώτη κιόλας μέρα ότι ήμουν αμαρτωλός κάνοντας αυτοκριτική με τον Λόγο του Θεού, κι άρχισα να μετανοώ χύνοντας δάκρυα. Ήμουν ντροπαλό κι εσωστρεφές άτομο. Μου ήταν αδιανόητο να κλαίω και να τρέχουν τα δάκρυα κι η μύτη μου ενώ βρισκόμουν ανάμεσα σε άλλους. Ο Θεός εργάστηκε σκληρά και μου έδωσε τη χάρη.

Ξεκινώντας μια Ευσυνείδητη Χριστιανική Ζωή

Την τελευταία ημέρα της συνάθροισης θρησκευτικής αναγέννησης, έδωσα όρκο ότι θα έκανα μια συνεισφορά για την κατασκευή της εκκλησίας. Εκείνη την περίοδο, ζούσα σε ένα σπίτι που νοίκιαζα με εγγύηση 100.000 γουόν (περίπου 100 δολάρια ΗΠΑ). Ένιωθα τόση ευγνωμοσύνη για τη χάρη του Θεού που ήθελα να Του δώσω ό,τι είχα, αλλά δεν είχα τίποτε να δώσω. Βασανιζόμουν μέσα μου, και τελικά πήρα όρκο να δώσω 300.000 γουόν. Το συζήτησα με τη σύζυγό μου, και είχε κι εκείνη την επιθυμία να προσφέρει 300.000 γουόν. Αποφασίσαμε να τα δώσουμε μέσα σε τρεις μήνες.

Η καθορισμένη μέρα πλησίαζε, αλλά δεν είχαμε ακόμα τα χρήματα. Έτσι η μόνη λύση ήταν να πάρουμε ένα υψηλότοκο δάνειο, και έτσι δώσαμε 300.000 γουόν ως προσφορά για την κατασκευή της εκκλησίας. Ήταν υψίστης σημασίας να κρατήσουμε την υπόσχεσή μας στον Θεό, γι αυτό έπρεπε να κάνουμε τη δωρεά την ημέρα που είχαμε υποσχεθεί κι ας έπρεπε να πληρώσουμε υψηλούς τόκους για το δάνειο. Από τη στιγμή που η σύζυγός μου κι εγώ πήγαμε στη συνάθροιση αναγέννησης, ξεκινήσαμε να ζούμε με ευσυνειδησία μία Χριστιανική ζωή. Καθώς μαθαίναμε τον Λόγο του Θεού, συνεισφέραμε τη δεκάτη και ευχαριστήριες προσφορές. Εγώ σταμάτησα να πίνω και να καπνίζω, κι αρχίσαμε να πηγαίνουμε σε συναντήσεις για προσευχή την αυγή. Δούλευα ως εργάτης σε κατασκευές και τις ημέρες που δεν είχα δουλειά ανέβαινα νωρίς το πρωί στην πλαγιά του βουνού και προσευχόμουν. Δεν είχα τις πνευματικές γνώσεις για να αντιληφθώ ότι ήταν θέλημα Θεού να προσεύχομαι δυνατά και να νηστεύω. Υπάκουα απλά την καρδιά μου.

«Φώναξέ Με και θα Απαντήσω!»

Το 1975, νωρίς κάποιο πρωινό, πήγα στο βουνό Τσίλμπο στο Σουγόν. Τοποθέτησα μια κουβέρτα σ' ένα βράχο και προσευχήθηκα. Ξαφνικά, άκουσα τη φωνή του Κυρίου από τον ουρανό. Ήταν καθαρή, αλλά δυνατή, και μ' έναν τόνο εξουσίας. *«Ψάξε στο κατά Λουκά Ευαγγέλιο, κεφάλαιο 22 εδάφιο 44!»* Άνοιξα γρήγορα τη Βίβλο και διάβασα:

«Και καθώς ήρθε σε αγωνία, προσευχόταν πιο θερμά. Έγινε, μάλιστα, ο ιδρώτας του σαν θρόμβοι αίματος που κατέβαιναν στη γη.»

Η προσευχή με την οποία είναι ευχαριστημένος ο Θεός είναι να προσευχόμαστε ένθερμα και δυνατά. Προσευχήθηκα για να καταλάβω για ποιον λόγο μου έδωσε ο Θεός αυτό το εδάφιο, και σε μια στιγμή καθαρής έμπνευσης βρήκα την ερμηνεία.

Το Ισραήλ βρίσκεται σε ερημώδη περιοχή κι έτσι η θερμοκρασία πέφτει κατακόρυφα τη νύχτα. Επιπλέον, όταν σταυρώθηκε ο Ιησούς, ήταν Απρίλιος, και την περίοδο αυτή λόγω της θερμοκρασίας είναι σχεδόν αδύνατο να ιδρώσει κανείς το βράδυ. Πόσο ειλικρινά λοιπόν, και πόσο ένθερμα προσευχήθηκε ο Ιησούς ώστε ο ιδρώτας Του να γίνει σαν σταγόνες αίματος που έπεφταν στο έδαφος; Η προσευχή Του ήταν τόσο αγωνιωδώς θερμή και δυνατή που η προσπάθεια που κατέβαλε έκανε τα αγγεία Του να σπάσουν, απελευθερώνοντας αίμα που σχημάτισε τις σταγόνες που έπεφταν στο έδαφος από την επιφάνεια του δέρματός Του. Κάτι τέτοιο δε θα συνέβαινε ποτέ αν είχε προσευχηθεί σιωπηλά.

Το Μυστικό του να Προσεύχεσαι Δυνατά

Από τότε, καθώς διάβαζα τη Βίβλο, διαπίστωσα ότι υπήρχαν πολλά εδάφια και στην Παλαιά και στην Καινή Διαθήκη που μας παρακινούν να προσευχόμαστε δυνατά. Συνειδητοποίησα, επίσης, ότι εκείνοι οι προπάτορες της πίστεως έλαβαν τις απαντήσεις που ήθελαν φωνάζοντας δυνατά κατά τη διάρκεια της προσευχής. *«Κράξε σε μένα, και θα σου απαντήσω, και θα σου δείξω μεγάλα και απόκρυφα πράγματα, που δεν γνωρίζεις.»* (Ιερεμίας 33:3). Ο Ιωνάς παράκουσε τον Θεό και βρέθηκε στο στομάχι ενός μεγάλου ψαριού, αλλά στο Ιωνάς 2:2 καταγράφεται ότι σώθηκε επειδή φώναξε δυνατά στον Θεό. Στο Κατά Ιωάννην Ευαγγέλιον 11:43-44 είναι καταγεγραμμένο ότι όταν ο Ιησούς πρόσταξε με δυνατή φωνή, τότε αναστήθηκε ο Λάζαρος. Ο Λάζαρος ήταν νεκρός για τέσσερις μέρες, παρ' όλα αυτά αναστήθηκε κι ας ήταν τυλιγμένος στο σάβανο. Δεν θα έπρεπε να έχει καμία διαφορά είτε ήταν δυνατή η φωνή είτε όχι, από τη στιγμή που εκείνος ήταν νεκρός. Επειδή, όμως, ήταν το θέλημα του Θεού, ο Ιησούς κραύγασε δυνατά στην προσευχή Του. Στη Γένεση 3:17 αναφέρεται, *«Και στον Αδάμ είπε: Επειδή υπάκουσες στον λόγο της γυναίκας σου, και έφαγες από το δέντρο, από το οποίο σε είχα προστάξει λέγοντας: Μη φας απ' αυτό, καταραμένη να είναι η γη εξαιτίας σου, με λύπες θα τρως τους καρπούς της όλες* τις ημέρες τής ζωής σου,».

Πριν ο άνθρωπος φάει από το δέντρο της γνώσης του καλού και του κακού, ζούσε με αφθονία στον Κήπο της Εδέμ, με όλα όσα του παρείχε ο Θεός. Αλλά από τότε που παράκουσε τον Θεό τρώγοντας από το δέντρο, η αμαρτία ρίζωσε στους ανθρώπους. Έτσι η επικοινωνία με τον Θεό διαταράχθηκε, κι ο άνθρωπος έπρεπε να ιδρώσει και να μοχθήσει για να γευτεί τους καρπούς. Μπορούμε να κερδίσουμε αυτό που θέλουμε κι έχουμε ανάγκη μόνο με τον κόπο και τον ιδρώτα μας. Πόσο, λοιπόν, πολλαπλάσια πρέπει να μοχθήσουμε και να ιδρώσουμε στις προσευχές μας προς στον Θεό, για να λάβουμε κάτι που δεν μπορούμε να πετύχουμε μόνο με τις ανθρώπινες ικανότητες;

Η Πνευματική Εννοια της Προσευχής στο «Εσωτερικό Δωμάτιο»

Μερικοί από σας ίσως ν' αναρωτιούνται, «Ο Ιησούς μάς είπε να πηγαίνουμε σε κάποιο εσωτερικό δωμάτιο και να προσευχόμαστε κρυφά, γιατί λοιπόν πρέπει τώρα να προσευχηθούμε δυνατά; Δεν μας ακούει ο Παντοδύναμος Θεός όταν προσευχόμαστε σιωπηλά;» Στο Κατά Ματθαίον Ευαγγέλιον 6:6 ο Ιησούς είπε, «*Εσύ, όμως, όταν προσεύχεσαι, μπες μέσα στο ταμείο σου, και, αφού θα έχεις κλείσει την πόρτα σου, προσευχήσου στον Πατέρα σου που είναι στον κρυφό χώρο, και ο Πατέρας σου που βλέπει στον κρυφό χώρο, θα σου ανταποδώσει στα φανερά.*» Πουθενά, όμως, στη Βίβλο δεν διαβάζουμε ότι ο Ιησούς προσευχήθηκε κάποια στιγμή σ' ένα απόμερο δωμάτιο. Σύμφωνα με τον Μάρκο στο εδάφιο

1:35 ο Ιησούς δεν προσευχήθηκε σε κάποιο απόμερο δωμάτιο, αλλά, νωρίς το πρωί, βγήκε έξω και κατευθύνθηκε προς ένα απομονωμένο μέρος να προσευχηθεί. Ο Λουκάς στο εδάφιο 6:12 καταγράφει ότι Εκείνος προσευχήθηκε σε μια βουνοπλαγιά.

Ο Δανιήλ άνοιξε το παράθυρό του και προσευχήθηκε αντικρίζοντας την Ιερουσαλήμ (Δανιήλ 6:10), ο Πέτρος προσευχήθηκε σε μία στέγη (Πράξεις Των Αποστόλων 10:9) κι ο Απόστολος Παύλος προσευχήθηκε «σε έναν τόπο προσευχής». Η αιτία που είχαν ειδικές τοποθεσίες για να προσεύχονται ήταν για να προσευχηθούν με όλη τους την καρδιά κι όλη τους την ψυχή, φωνάζοντας δυνατά κατά την προσευχή. Η προσευχή σε κάποιο απόμερο δωμάτιο συμβολίζει το ότι πρέπει να προσευχόμαστε ολόψυχα κι από τα βάθη της καρδιάς μας. Το δωμάτιο αναφέρεται στην ανθρώπινη καρδιά. Αν εισέλθουμε σε ένα απομονωμένο δωμάτιο και κλείσουμε την πόρτα, θ' αποκοπούμε από τις κουβέντες και τις επαφές του κόσμου τούτου. Με τον ίδιο τρόπο, όταν προσευχόμαστε, πρέπει πρώτα να απαλλαγούμε από όλες τις άλλες σκέψεις κι ανησυχίες που έχουν να κάνουν με τα επίγεια, και να προσευχηθούμε με όλη μας την καρδιά και απόλυτα συγκεντρωμένοι.

Ο Θεός Γνωρίζει την Αδυναμία των Ανθρώπων

Αρχικά, σε όλους φαντάζει δύσκολο να προσευχηθούν φωνάζοντας δυνατά. Αλλά, καθώς συνεχίζουμε να προσευχόμαστε κάθε μέρα, θα λάβουμε σύντομα την επουράνια δύναμη να προσευχόμαστε εύκολα, και θα είμαστε ικανοί να προσευχόμαστε σωστά. Ακόμα, επειδή θα λάβουμε την πληρότητα του Αγίου Πνεύματος, θα λάβουμε και το χάρισμα της γλωσσολαλιάς. Αν, όμως, προσευχόμαστε σιωπηλά, είναι πολύ πιθανό να αποσπάσουν την προσοχή μας ανούσιες σκέψεις και να αρχίσουμε να σκεφτόμαστε και ν' ανησυχούμε για πράγματα που έχουν να κάνουν με τα εγκόσμια. Τότε, υπάρχει περίπτωση να προσπαθήσουμε να καταπολεμήσουμε ανούσιες σκέψεις σχετικά με τους συζύγους μας, τα παιδιά μας, και άλλα προσωπικά κι οικονομικά θέματα. Κουραζόμαστε γρήγορα κι αποκοιμιόμαστε. Αν, όμως, προσευχηθούμε δυνατά με όλη μας την καρδιά, δεν υπάρχει κανένα περιθώριο να εισέλθουν στο μυαλό μας τέτοιες σκέψεις, κι η κούραση ή η νύστα δεν θα μας κυριεύσουν. Θα έχουμε νίκες στη ζωή μας ως προσευχόμενοι.

Επειδή ο Θεός γνωρίζει την αδυναμία των ανθρώπων, μας έδωσε την εντολή να προσευχόμαστε ηχηρά κι έτσι να σημειώνουμε νίκες. Από τότε που συνειδητοποίησα το θέλημα αυτό του Θεού, άρχισα να προσεύχομαι ηχηρά. Όταν αγρυπνούσα προσευχόμενος στην εκκλησία τη νύχτα, φώναζα τόσο πολύ που ο πάστορας δεν ήθελε να το κάνω αυτό, καθώς ήταν πιθανό να ενοχλούνταν οι γείτονες. Όταν βρισκόταν στην εκκλησία ο πάστορας, δεν μπορούσα να προσευχηθώ όσο θα ήθελα. Γι' αυτό το λόγο πήγαινα σε μέρη που ονομάζονταν «Όρη Προσευχής» όποτε έβρισκα χρόνο. Ένιωθα κάποια λύπη σε μια γωνιά της καρδιάς μου γιατί, αν ο πάστορας με άφηνε να προσευχηθώ δυνατά στην εκκλησία, ο διάβολος θα εκδιωχνόταν μέσω της προσευχής, και η φλόγα της δέησης θα εξαπλωνόταν και σε άλλα μέλη της εκκλησίας, κι έτσι η εκκλησία θα μεγάλωνε γρηγορότερα. Λόγω, όμως, της εσωστρέφειας του χαρακτήρα μου, ανέβηκα στην κορυφή ενός λόφου και συνέχισα να προσεύχομαι ηχηρά από νωρίς το πρωί μέχρι το βράδυ.

Ο Θεός με Οδήγησε σε μία Ταπεινή Θέση

Επέλεξα την Εργασία στις Οικοδομές για να Διατηρήσω την Ημέρα του Κυρίου

Κατά τη διάρκεια των μηνών που η σύζυγός μου είχε φύγει από το σπίτι, τα επιτόκια αυξήθηκαν κι αντιμετώπιζα μεγαλύτερη οικονομική δυσκολία. Ξεκίνησα να δουλεύω ως εργάτης σε οικοδομές μετά από πρόταση ενός άντρα που ήταν υπεύθυνος για τους εργάτες. Είπε ότι θα μπορούσα να επανακτήσω τη χαμένη δύναμη του κορμιού μου αν δούλευα έστω και λιγότερο σκληρά στις οικοδομικές κατασκευές του. Ήθελα να ανακτήσω γρήγορα την υγεία μου έπειτα από επτά χρόνια πόνου. Ένας ακόμη λόγος που το επέλεξα ήταν για να κρατήσω ελεύθερη την Κυριακή, την Ιερή Ημέρα του Κυρίου. Καθώς δεν είχα δουλειά κάθε μέρα, όποτε έβρισκα χρόνο, προσευχόμουν και νήστευα, και πήγαινα στην εργασία μου όποτε υπήρχε δουλειά.

Ο τόκος του χρέους μου αυξανόταν διαρκώς, αλλά πίστευα με βεβαιότητα ότι ο Θεός θα με ευλογούσε μόνον αν Τον ευχαριστούσα. Τ' αδέλφια μου ήθελαν να μου δώσουν κάποιο κεφάλαιο έτσι ώστε ν' αρχίσω εμπόριο, αλλά αρνήθηκα. Ήθελα να ξεκινήσω από την αρχή, ακολουθώντας το σωστό μονοπάτι. Καθώς ήμουν μεγαλωμένος στην επαρχία ως ο μικρότερος γιος, στην πραγματικότητα δεν είχα δουλέψει ποτέ σκληρά. Όταν ξεκίνησα να δουλεύω στην οικοδομή, χρειαζόταν μεγάλη αντοχή, και μερικές φορές δάκρυα ανέβαιναν στα μάτια μου. Τα πόδια μου έτρεμαν, κι έπεσα κάτω πολλές φορές στην προσπάθειά μου ν' ανέβω στο δεύτερο όροφο κουβαλώντας βαριά αντικείμενα. Παρ' όλα αυτά, σηκωνόμουν και συνέχιζα τη δουλειά. Κατά τη διάρκεια αυτής της περιόδου, μετατράπηκα σε ένα άτομο που μπορούσε να κάνει τα πάντα, κι ανέκτησα την υγεία μου.

Έστρωνα τούβλα, φτυάριζα κι έσπρωχνα καροτσάκια. Το χειμώνα, όταν δεν υπήρχε δουλειά, εργαζόμουν ως προϊστάμενος κι ήμουν υπεύθυνος για τους προμηθευτές μπρικετών από κάρβουνο. Δούλεψα και στα γραφεία της εταιρείας ύδρευσης. Απέκτησα εμπειρία σε πολλά πράγματα. Η σύζυγός μου πωλούσε σάλτσες από όστρακα και φύκια, ενώ μάζευε και τις πέτρες σε μια οικοδομή. Ήταν υπό την καθοδήγηση του Αγίου Πνεύματος που δούλεψα σκληρά ως εργάτης, αλλά τότε δεν το είχα αντιληφθεί. Ήταν δύσκολο σωματικά, αλλά ήρθα σε επαφή με τις δυσκολίες των εργατών και του σκληρού περιβάλλοντός τους. Κατανόησα τις καρδιές τους. Κάθε φορά που έβρισκα χρόνο, τους μιλούσα για την εμπειρία που βίωσα με τον Θεό και τους κήρυττα το Ευαγγέλιο.

Το καλοκαίρι του 1975, γεννήθηκε η τρίτη μου κόρη, η Σουτζίν. Η σύλληψή της έγινε την περίοδο που βιώναμε τη Θεία Χάρη και παρευρισκόμασταν σε πολλές θρησκευτικές συναντήσεις αναγέννησης. Όταν γεννήθηκε, δεν έκλαψε, όπως δεν είχα κλάψει ούτε εγώ στη γέννησή μου. Το πρόσωπό της ήταν πάντοτε χαμογελαστό. Δεν την είχα δει ποτέ να κλαίει μέχρι τα έξι της χρόνια. Για ένα διάστημα, η σύζυγός μου κι εγώ μαζεύαμε πέτρες στην πλαγιά ενός βουνού όπου κατασκευάζονταν διάφορα κτήρια. Η Σουτζίν ήταν μόλις δύο μηνών, και δεν είχαμε κανέναν να τη φροντίσει. Έτσι, βάζαμε μία ομπρέλα σε μια γωνιά του εργοταξίου και την ξαπλώναμε εκεί. Μία μόνο ομπρέλα δεν ήταν αρκετή για να την προστατεύσει από τον ήλιο, αλλά δεν έκλαιγε. Όμως, καθώς ακούσαμε ότι τα σπίτια μας θα κατεδαφίζονταν για οικιστική ανάπτυξη, αναγκαστήκαμε να σταματήσουμε να κάνουμε αυτή τη δουλειά.

Ζούσαμε σ' ένα χωριό στην πλαγιά του λόφου στα όρια μεταξύ του Κιούμχο Ντονγκ και του Όκσου Ντονγκ. Ο ιδιοκτήτης του σπιτιού μάς πληροφόρησε ότι είχε λάβει ειδοποίηση από την κυβέρνηση ότι το σπίτι θα κατεδαφιζόταν, και μας είπε να μετακομίσουμε. Εκείνο τον καιρό, το μηνιαίο ενοίκιο ήταν 100.000 γουόν (περίπου 100 δολάρια ΗΠΑ) κι είπε ότι έλαβε 150.000 γουόν ως αποζημίωση. Είχε επίσης το δικαίωμα να εξασφαλίσει ένα διαμέρισμα που θα χτιζόταν στο οικόπεδο και θα μπορούσε να κερδίσει 400.000 γουόν σε περίπτωση που το πωλούσε.

Ισχυρίστηκε ότι δεν μπορούσε να μου δώσει χρήματα, καθώς το σπίτι του θα εξαφανιζόταν ολοκληρωτικά. Παραιτήθηκα από την προσπάθεια να πάρω πίσω τα χρήματα, γιατί δεν είχα διάθεση να μαλώσω μαζί του. Δεν είχα πουθενά να πάω. Σχεδόν αναγκαστήκαμε να στήσουμε αντίσκηνο στο δρόμο. Αλλά η σύζυγός μου κατάφερε να δανειστεί με κάποιο τρόπο 50.000 γουόν. Μ' αυτά τα χρήματα νοικιάσαμε ένα μικρό δωμάτιο κοντά στην εκκλησία. Ήταν ένα άθλιο δωμάτιο στο οποίο ούτε το φως του ήλιου δεν κατάφερνε να διεισδύσει.

Νηστεία κι Σχολαστική Μετάνοια μετά από τα Παράπονα στον Θεό

Ένα μήνα αφού μετακομίσαμε, ήρθε άλλη μια ειδοποίηση για κατεδάφιση. Ο ιδιοκτήτης του σπιτιού μού είπε να μετακομίσουμε και μου επέστρεψε τα χρήματα της εγγύησης, αλλά δεν ήταν εύκολο να βρούμε άλλο δωμάτιο τόσο φθηνό όσο εκείνο. Η σύζυγός μου κι εγώ φτάσαμε μέχρι το Μπουλκγουάνγκ Ντονγκ στην προσπάθειά μας να βρούμε ένα φθηνό κατάλυμα, αλλά όλες μας οι προσπάθειες ήταν μάταιες. Δεν φάγαμε ούτε μεσημεριανό, ούτε βραδινό. Όταν επιστρέψαμε στο σπίτι είχε ήδη σκοτεινιάσει.

«Θεέ μου, πώς και δεν μπόρεσες ν' ακούσεις την προσευχή μου; Δεν είχες προνοήσει ούτε για ένα μικρό δωματιάκι για μένα;»

Εύκολα, είχα ξεστομίσει παράπονα εναντίον του Θεού. Εκείνη την ώρα, περνούσα έξω από το γραφείο ενός μεσίτη και μπήκα για να ελέγξω για ακόμα μια φορά.

«Κάποιος μόλις καταχώρησε ένα δωμάτιο προς ενοικίαση. Μπορείτε να μετακομίσετε άμεσα, ακόμα και αύριο.»

«Πόσο στοιχίζει;»

«Μπορείτε να το νοικιάσετε για 50.000 γουόν»

Πήγαμε να το δούμε. Ήταν ένα όμορφο δωμάτιο και είχε ακόμη ένα μικρότερο δωμάτιο όπου θα μπορούσαμε ν' ανοίξουμε ακόμα και μαγαζί. Ιδού, υπήρχε λοιπόν ένα δωμάτιο έτοιμο για μας, στο οποίο μάλιστα θα μπορούσαμε να εγκατασταθούμε την επόμενη κιόλας μέρα! Αφού επέστρεψα στο σπίτι, προσευχήθηκα κλαίγοντας ασταμάτητα.

«Θεέ μου, γιατί δεν μπορεί η καρδιά μου να είναι περισσότερο συνεπής; Γιατί έχω μια τέτοια κακιά καρδιά; Δεν ήσουν Εσύ που μου προκάλεσες την αρρώστια ή τη φτώχεια, αλλά ακόμα κι έτσι κάνω παράπονα για Σένα, Θεέ μου! Ακόμα κι αν δεν είχα πού να μείνω, θα κοιμόμουν στους δρόμους. Θα έπρεπε να ήμουν τόσο ευγνώμων που Εσύ γιάτρεψες τις αρρώστιες μου. Γιατί λοιπόν παραπονιέμαι;» Έκανα κομμάτια την καρδιά μου και μετανόησα κλαίγοντας επειδή έκανα παράπονα στον Θεό. Άρχισα μια τριήμερη νηστεία αποφασίζοντας να μην εκφράσω ποτέ ξανά κάποιο παράπονο στον Θεό, υπό οποιεσδήποτε συνθήκες.

Κανένας Συμβιβασμός για την Τήρηση της Αργίας της Κυριακής

Ο λόγος που επέλεξα να δουλέψω στα εργοτάξια ήταν για να τηρήσω την αργία της Κυριακής και να είμαι ελεύθερος να προσεύχομαι, καθώς και για να δυναμώσω το αδύναμο κορμί μου. Τον καιρό που ζούσαμε στο μικρό, άθλιο δωμάτιο, η μία μεγαλύτερη αδελφή μου μού τηλεφώνησε. Είχε ένα καλό εστιατόριο κι είχε επίσης και το κτήριο. Με ήθελε για να διευθύνω το εστιατόριο, και θα προσλάμβανε και τη σύζυγό μου. Έτσι, δεν θα είχαμε πια το πρόβλημα της επιβίωσης και θα μπορούσαμε να ανασάνουμε οικονομικά.

«Αδερφέ μου, θα σου παρέχω επίσης και μέρος να μείνεις κι έναν καλό μισθό. Γιατί δεν αναλαμβάνεις τη διεύθυνση του εστιατορίου μου; Θα πρέπει, όμως, να εργάζεσαι δυο Κυριακές το μήνα.»

«Λυπάμαι, αδερφή. Πρέπει να πηγαίνω στην εκκλησία τις Κυριακές ό,τι κι αν συμβαίνει. Δεν μπορώ να το κάνω.»

Μετά την άρνησή μου στην προσφορά της αδελφής μου για να εκκλησιάζομαι τις Κυριακές, τα νέα διαδόθηκαν στη μητέρα μου και τα άλλα μου αδέλφια. Η μητέρα μου απογοητεύτηκε που απέρριψα την πρόταση της αδερφής μου για τον μόνο λόγο ότι θα έπρεπε να δουλεύω δύο Κυριακές το μήνα. Ακόμα και τ' αδέλφια μου είπαν ότι αδυνατούσαν να με καταλάβουν και κούνησαν αποδοκιμαστικά το κεφάλι τους, επειδή αρνήθηκα μια ευκαιρία να ξεπληρώσω όλα μου τα χρέη και ν' αρχίσω να ζω μια πιο άνετη ζωή.

Πώς Μπορώ να Ζήσω Σύμφωνα με τον Λόγο του Θεού;

Πώς μπορώ ν' απαλλαγώ από την αμαρτωλή μου φύση;

Όταν τελείωσε η θρησκευτική συνάντηση αναγέννησης, άρχισα να διαβάζω τη Βίβλο πολύ προσεκτικά. Πριν διαβάσω τη Βίβλο, πλενόμουν κι έβαζα καθαρά ρούχα. Την διάβαζα σε όρθια στάση. Άρχισα να την μελετώ από το Ευαγγέλιο του Ματθαίου. Καθώς διάβαζα, έπεφτα πάνω σε Θεία Λόγια που έλεγαν πράγματα όπως «ν' αποφεύγεις κάθε μορφή κακού», «απαλλάξου από το θυμό», «μην ψεύδεσαι», «μην αισθάνεσαι μίσος», «αγάπα ακόμα και τους εχθρούς σου», και ούτω καθεξής...

Αφού ζούσα βίο Χριστιανικό για κάποιο χρονικό διάστημα, έκανα έλεγχο στον εαυτό μου κατά πόσο ακολουθούσα τον Λόγο της Βίβλου. Σε περίπτωση που δεν εφάρμοζα κάτι συγκεκριμένο από το Λόγο, το σημείωνα σ' ένα τετράδιο. Γι' αυτά τα θέματα, προσευχόμουν στον Θεό ζητώντας Του να μου δώσει δύναμη να τα εφαρμόσω και προσπαθούσα να τα κάνω πράξη.

Καθώς προσπάθησα με όλη μου την καρδιά να εφαρμόσω το Λόγο του Θεού, Εκείνος μου έδωσε τη χάρη Του έτσι ώστε να απαλλαγώ γρήγορα από ό,τι έπρεπε.

«Εγώ, εκείνους που Με αγαπούν, τους αγαπώ, κι εκείνοι που Με ζητούν, θα Με βρουν.» (Παροιμίαι 8:17).

«Αν Με αγαπάτε, φυλάξτε τις εντολές Μου.» (Κατά Ιωάννην 14:15).

«Επειδή, αυτή είναι η αγάπη τού Θεού, στο να τηρούμε τις εντολές του, και οι εντολές του δεν είναι βαριές.» (Ιωάννου Α' Επιστολή 5:3).

Αργότερα, αφότου έγινα ιερέας, διαπίστωσα το ακόλουθο, ότι δηλαδή οι αμαρτίες μπορούν γενικά να διαχωριστούν σε δύο κατηγορίες. Η μία είναι «οι πράξεις της σάρκας» οι οποίες γίνονται έμπρακτα, και η άλλη είναι «οι επιθυμίες της σάρκας» που διαπράττονται πνευματικά. Αν «οι επιθυμίες της σάρκας» αναπτυχθούν, εξελίσσονται σε «πράξεις της σάρκας».

Προσπαθώντας να Διώξω Μακριά Κάθε Μορφή Κακού

Την εποχή που βρισκόμουν στο κρεβάτι του πόνου, έπαιζα μερικές φορές με τους γείτονές μου Κορεάτικα παιχνίδια με τράπουλα για να περάσει η ώρα. Ακόμα κι όταν δέχτηκα τον Κύριο, από τη στιγμή που δεν γνώριζα το λόγο του Θεού, δεν ήξερα ότι η χαρτοπαιξία είναι αμαρτία. Έτσι, πριν γίνω πιστός, κέρδιζα σχεδόν συνεχώς, όταν όμως δέχτηκα τον Κύριο άρχισα να χάνω ό,τι κι αν έκανα. Συνειδητοποίησα ότι ο Θεός δεν ήταν ευχαριστημένος που έπαιζα τυχερά παιχνίδια και σκέφτηκα να σταματήσω να παίζω χαρτιά. Μια μέρα, όμως, δεν μπόρεσα ν' αντισταθώ στον πειρασμό κι άρχισα να παίζω στα χαρτιά το μισθό που είχα κερδίσει δουλεύοντας για δεκαπέντε μέρες. Έχασα όλα μου τα λεφτά μέχρι και την τελευταία δεκάρα, χαρτοπαίζοντας όλη τη νύχτα. Το επόμενο πρωί, όσοι είχαν χάσει παρέμειναν, προσπαθώντας να κερδίσουν τουλάχιστον το αρχικό τους ποσό. Τότε, άκουσα έναν οικείο ήχο από έξω. Ένας πάστορας από την εκκλησία είχε έρθει για να επισκεφθεί την οικογένεια του ιδιοκτήτη του σπιτιού.

Τον άκουσα, αλλά συνέχισα να παίζω σιωπηλά. Τελικά, έχασα όλα μου τα λεφτά. Ο ήχος των προσευχών που έβγαινε από το σπίτι του ιδιοκτήτη μού τρυπούσε την καρδιά. Ο πάστορας έφυγε αφού τελείωσε το κήρυγμα. «Από τη στιγμή που ήρθε ένας κληρικός έπρεπε να παρευρεθώ κι εγώ στην προσευχή στο σπίτι του ιδιοκτήτη. Πώς θα εκκλησιάζομαι τώρα με ένα τέτοιο βάρος στη συνείδησή μου;» Από εκείνη τη στιγμή υπέφερα ψυχικά. Βαριόμουν στις λειτουργίες και δεν μπορούσα να προσευχηθώ. Πριν, ήμουν χαρούμενος ακόμα κι όταν δούλευα στο εργοτάξιο, τώρα όμως δεν έβγαιναν πια από το στόμα μου ευχαριστίες. Το μόνο που ένιωθα ήταν μια στενοχώρια στην καρδιά μου. Είχαν περάσει δύο εβδομάδες και ζούσα ένα μαρτύριο. Μια νύχτα, άνοιξα το παράθυρο και κοίταξα έξω. Έβλεπα το Τούκσουμ και την όχθη του ποταμού Χαν. Κάποια ηλεκτρικά φώτα λαμπύριζαν στα νερά του ποταμού κι έμοιαζαν με κόκκινους σταυρούς. «Τι συνέβη;» Κοίταξα και πάλι, νιώθοντας παράξενα, και τα φώτα φάνταζαν με κόκκινους σταυρούς τοποθετημένους στη σειρά. «Γιατί τα φώτα μοιάζουν με σταυρούς; Και γιατί δεν ήταν έτσι πριν;» Ήταν εκείνη τη στιγμή που ο Θεός της Αγάπης μου έδωσε την επουράνια χάρη Του, και θυμήθηκα ότι όφειλα να είχα καλωσορίσει τον πάστορα από την εκκλησία που επισκέφθηκε το σπίτι μου. Την καρδιά μου, όμως, την είχαν καταλάβει τα χρήματα που είχα χάσει, και κρύφτηκα από τον ιερέα. Δεν παρακολούθησα την λατρευτική λειτουργία στο σπίτι. Μετανόησα, κλαίγοντας και χύνοντας καυτά δάκρυα. «Θεέ μου, δεν θα ξαναπιάσω τράπουλα στα χέρια μου.» Αφού μετανόησα ολόψυχα, ο Θεός μού έδωσε την πληρότητα του Αγίου Πνεύματος που είχα χάσει. Καθώς είχε πια καταρριφθεί το τείχος της αμαρτίας, ένιωσα ότι πετούσα. Ήταν δύο εβδομάδες πολύ δύσκολες, αλλά αντιλήφθηκα με όλες μου τις αισθήσεις πόσο τρομακτικό είναι να κοιτάς κατάματα τον κόσμο. Επιπλέον, σταμάτησα να παίζω χαρτιά.

Προσευχή για Απαλλαγή από τις Αμαρτωλές Σκέψεις

Οι «πράξεις της σαρκός» που γίνονται έμπρακτα, μπορούν ν' αποταχθούν σχετικά εύκολα αν έχουμε ακλόνητη αποφασιστικότητα. Μπορούμε απλά να σταματήσουμε να πράττουμε ό,τι μας λέει η Βίβλος να μην κάνουμε, και να πράττουμε ό,τι μας λέει να κάνουμε. Είχα, όμως, δυσκολία σχετικά με δυο πράγματα: το μίσος και τις μοιχές σκέψεις. Οι σκέψεις αυτές έμπαιναν στο μυαλό μου παρά τη θέλησή μου, και δεν μπορούσα να κάνω τίποτα για να μην τις σκέφτομαι.

Εκείνο τον καιρό, υπήρχαν πολλοί άνθρωποι τους οποίους ήθελα να εκδικηθώ. Από τη μια, ήταν οι αδελφοί μου, που αρνήθηκαν να μου δανείσουν χρήματα να νοικιάσω ένα δωμάτιο όταν βρισκόμουν ακόμα στο κρεβάτι του πόνου· από την άλλη, η πεθερά μου, που με αποκαλούσε «ανάπηρο γαμπρό» της· κι η οικογένεια της γυναίκας μου που με περιφρονούσε επειδή δεν ήμουν ικανός να βγάλω χρήματα. Έτρεφα ένα βαθύ μίσος για όλους αυτούς. Το μόνο που σκεφτόμουν ήταν, «Όταν θα είμαι και πάλι υγιής, θα κερδίσω πολλά χρήματα και θα τους δείξω πόσο ευκατάστατος είμαι!»

Απ' ό,τι φαινόταν, το να αγαπήσω τους εχθρούς μου δεν ήταν κάτι εύκολο, από τη στιγμή που έτρεφα τόσο μίσος κι έχθρα για την οικογένεια της συζύγου μου. Επιπλέον, υπήρχε και το μοιχό μυαλό. Ο Ιησούς είπε ότι αν κοιτάξουμε μια γυναίκα και μας προκαλέσει πονηρές σκέψεις, έχουμε ήδη διαπράξει στην καρδιά μας μοιχεία μαζί της (Κατά Ματθαίον 5:28). Δεν είχα διαπράξει μοιχεία στην πράξη, αλλά το μυαλό μου αναστατωνόταν όταν κοιτούσα φωτογραφίες πανέμορφων ηθοποιών.

Αν αναστατώνουμε την αμαρτωλή φύση του μυαλού μας κοιτάζοντας φωτογραφίες, ταινίες, γυναίκες στο διαδίκτυο ή στο δρόμο, κι αν σπαταλάμε όλο και περισσότερο χρόνο για να τις χαζεύουμε, δεν είναι αυτό μοιχεία στα μάτια του Θεού; Ήμουν σίγουρος ότι θα μπορούσα να τηρήσω τα άλλα λόγια της Βίβλου, ωστόσο ανησυχούσα γι' αυτά τα δύο θέματα.

Στη συνάντηση θρησκευτικής αναγέννησης, όμως, ο

ομιλητής είχε πει ότι μπορούμε να λάβουμε απαντήσεις για τα πάντα, αν προσευχηθούμε ειλικρινά και με πίστη. Πίστεψα ότι με την πίστη τα πάντα είναι δυνατά, κι άρχισα να νηστεύω και να προσεύχομαι για ν' απαλλαγώ από την αμαρτωλή φύση της καρδιάς μου.

«Θεέ μου, βοήθησέ με σε παρακαλώ να μην κάνω πια καμία πονηρή σκέψη, και να μην έχω κανένα πονηρό συναίσθημα ό,τι γυναίκα και να βλέπω.»

Πριν δεχτώ τον Κύριο, είχα στο σπίτι κρεμασμένες κάποιες φωτογραφίες και κάποια ημερολόγια ηθοποιών. Από τη στιγμή, όμως, που έμαθα τον Λόγο του Θεού, δεν ξανακρέμασα τίποτα από όλα αυτά. Νήστευα και προσευχόμουν μέχρι να διώξω από το μυαλό μου την αμαρτωλή του φύση. Ήθελα να δοξάσω τον Θεό με τις ευλογίες Του. Ήθελα να με κάνει ο Θεός πρεσβύτερο στην εκκλησία ώστε να μπορώ να βοηθώ όσους είχαν ανάγκη, με τις δωρεές και τις ευλογίες του Θεού. Ήθελα να βοηθήσω σε ιεραποστολές και να δοξάσω τον Θεό, που μέσω της ευλογίας Του μου έδινε όσα ήθελα. Μετά τη μετακόμισή μου σ' ένα δωμάτιο που είχε κι έναν πρόσθετο χώρο που θα μπορούσε να γίνει μαγαζί, άνοιξα ένα μικρό βιβλιοπωλείο με κόμιξ. Η γυναίκα μου έβγαινε να πουλήσει καλλυντικά και κρατούσα το μαγαζί μόνος. Τα αδέλφια μου βλέποντας τη φτωχική μου κατάσταση μού προσέφεραν βοήθεια ώστε να μπορέσω να κάνω κάτι άλλο, αλλά αρνήθηκα. «Αφού ο Θεός με κάνει καλύτερο άνθρωπο, θα μου δώσει σίγουρα τις ευλογίες Του.» Σε περίπτωση που αποδεχόμουν τη βοήθειά τους εξαιτίας της ανάγκης μου τη δεδομένη χρονική στιγμή, τι θα τους έλεγα όταν στο μέλλον ο Θεός θα ήταν εκείνος που θα με ευλογούσε οικονομικά;

Όφειλα ν' αρνηθώ τη βοήθειά τους για να ζήσω μόνο με το θέλημα του Θεού. Οι αδελφοί μου θα μου έλεγαν σίγουρα κάτι σαν «Τι ευλογίες από τον Θεό; Επέζησες επειδή εμείς σε βοηθήσαμε όταν το είχες ανάγκη.»

Πέρασαν Τρία Χρόνια για ν' Απαλλαγώ από το Πονηρό Μυαλό μου

Το βιβλιοπωλείο με τα κόμιξ μπορούσε να δουλεύει χωρίς μεγάλο κεφάλαιο. Για να μεταφερθώ σ' ένα μεγαλύτερο κατάστημα, νήστεψα για τρεις μέρες και προσευχήθηκα. Όταν η νηστεία τελείωσε, επισκέφθηκα ένα μαγαζί κάτω από το Θέατρο Κιούμχο Ντονγκ. Μου άρεσε κι υπέγραψα το συμβόλαιο. Άνοιξα καινούριο κατάστημα, και καθώς υπήρχαν πολλά μπαρ στην περιοχή η κύρια πελατεία μου ήταν γυναίκες που εργάζονταν στα μπαρ.

Μια συγκεκριμένη γυναίκα καθόταν δίπλα μου κάθε φορά που ερχόταν στο μαγαζί. Όταν το έκανε, σηκωνόμουν αμέσως. Κάθε φορά που μια γυναίκα συμπεριφερόταν σαγηνευτικά, την απέφευγα. Οι αντιδράσεις τους ήταν ποικίλες. Η καρδιά μου δεν ταραζόταν καθόλου πια.

«Με κοιτάς υποτιμητικά επειδή δουλεύω σε μπαρ;»

«Από πέτρα είσαι φτιαγμένος; Δεν έχεις καθόλου αισθήματα;»

«Έλα, σε παρακαλώ, να με βρεις στη δουλειά και θα σε

κεράσω ποτό.»

Υπήρχαν πολλών ειδών πειρασμοί, αλλά ποτέ δεν άφησα την καρδιά μου να ενδώσει. Αρνιόμουν όλες τις ανήθικες προτάσεις, κι αυτό έγινε η δύναμή μου. Αργότερα, ένιωσα ότι αυτή η αμαρτωλή φύση του πονηρού μυαλού μου είχε εξαφανιστεί εντελώς. Καθώς προσευχόμουν, η δύναμή μου μεγάλωνε όταν ξεπερνούσα τους πειρασμούς με τις πράξεις μου, και οι πονηρές μου σκέψεις ξεριζώθηκαν από μόνες τους. Αυτή ήταν η απάντηση που τελικά έλαβα, τρία χρόνια αφού ξεκίνησα να προσεύχομαι για να απαλλάξω το μυαλό και την καρδιά μου από τις αμαρτωλές σκέψεις.

Η Μοναδική μου Ευχή

Η Βίβλος θα Επρεπε να Εχει Μόνο μία Απάντηση

Η ειλικρινής μου επιθυμία ήταν να καταλάβω ολοκληρωτικά τα λόγια της Βίβλου και να ζήσω πλήρως σύμφωνα με αυτά. Έτσι κάθε φορά που μάθαινα ότι θα γινόταν μια θρησκευτική συνάντηση αναγέννησης πήγαινα όπου κι αν ήταν για να λάβω τη χάρη του Θεού.

Καθώς υπήρχαν πολλά εδάφια της Βίβλου που δεν καταλάβαινα, παρευρισκόμουν ανελλιπώς σ' αυτές τις συγκεντρώσεις. Κατά τη διάρκεια των κηρυγμάτων ένιωθα μεγάλη χαρά που ήμουν σε θέση να καταλάβω τον Λόγο του Θεού. Επίσης, πήγαινα σε συναντήσεις που διεξάγονταν σε κέντρα προσευχής.

Επειδή όμως υπήρχαν πολλά αποσπάσματα που μου ήταν δύσκολο να τα καταλάβω, ρωτούσα τον ιερέα μου. Για κάποιες ερωτήσεις μου, όμως, δεν είχε ξεκάθαρες απαντήσεις.

«Πάτερ, ποιο βιβλίο μπορεί να με βοηθήσει να κατανοήσω ξεκάθαρα τη θέληση του Θεού όσο το δυνατόν πιο γρήγορα;»

«Αδερφέ Λι, αν δείχνεις τόση προθυμία να κατανοήσεις τη Βίβλο, μπορείς να διαβάσεις έργα που αναλύουν τη Βίβλο, την επεξηγούν και την ερμηνεύουν.» Χάρηκα πολύ που το άκουσα. Είχα τόσο μεγάλο χρέος εκείνη την περίοδο που μου ήταν δύσκολο να ξοδέψω και το παραμικρό ποσό, αλλά με κάποιον τρόπο συγκέντρωσα χρήματα για ν' αγοράσω μία ανάλυση της Βίβλου. Διάβασα τα σχόλια προσευχόμενος πάνω στην πλαγιά του βουνού, αλλά μερικά σημεία εξακολουθούσαν να μου είναι δύσκολα να τα κατανοήσω. Στην πραγματικότητα, δεν κατάφερνα να κατανοήσω τίποτα σε βάθος κι απογοητεύτηκα. Οι σχολιασμοί δεν μαρτυρούσαν την αλήθεια των Λόγων του Θεού, αλλά θεωρούσαν ότι κάποια σημεία ήταν μύθοι. Επιπλέον, οι διάφορες ερμηνείες ήταν πιθανότερο να ταλαντεύσουν την πίστη μου. Αργότερα, διάβασα κι άλλα βιβλία σχολιασμών, αλλά το καθένα από αυτά έδινε διαφορετικές ερμηνείες. Η Βίβλος θα έπρεπε να παρέχει μία και μοναδική απάντηση, αλλά όλες αυτές οι ερμηνείες με μπέρδεψαν ακόμα περισσότερο.

Θεέ μου, Εξήγησέ μου, Σε Παρακαλώ, τα Λόγια της Βίβλου!

Ήταν το 1976 όταν ήθελα με ενθουσιασμό κι ανυπομονησία να κατανοήσω το θέλημα του Θεού μέσα από τον Λόγο Του. Με έκπληξη άκουσα κάτι από ένα άλλο μέλος της εκκλησίας, που γυρνούσε από μια συγκέντρωση θρησκευτικής αναγέννησης στο Ντάεγκου.

«Ένας πάστορας νήστεψε δύο φορές από 40 ημέρες, κι ένας άγγελος εμφανίστηκε σ' αυτόν και του εξηγούσε τα λόγια της Βίβλου για τρία χρόνια.» Με το άκουσμα αυτών των λόγων, η καρδιά μου άρχισε να φλέγεται, κι ένιωθα τη φλόγα να με κυριεύει. Μπορεί να ακούστηκε παράλογο που ένας άγγελος ερμήνευσε τον Λόγο του Θεού, αλλά το πίστευα. Ήμουν σε μια διανοητική κατάσταση όπου πίστευα και προσευχόμουν. Από τότε, άρχισα να προσεύχομαι στον Θεό χωρίς σταματημό.

«Θεέ μου, πιστεύω και στα 66 βιβλία της Βίβλου. Η Βίβλος είναι ο Λόγος του Θεού γραμμένος με την επιφοίτηση του Αγίου Πνεύματος. Στείλε μου λοιπόν, την επιφοίτησή Σου και δώσε μου την ερμηνεία και για τα 66 βιβλία. Ή δώσε μου τις εξηγήσεις που αναζητώ μέσω ενός αγγέλου, ή Θεέ μου, έλα σε μένα και χάρισέ μου τη γνώση.»

Αν υπήρχαν κάποια σημεία στην Αγία Γραφή τα οποία δεν ήμουν σε θέση να καταλάβω, δεν θα μπορούσα ποτέ να κατανοήσω το θέλημα του Θεού. Μόνο όταν θα καταλάβαινα το αληθινό νόημα της Βίβλου, θα ήμουν ικανός να ζήσω σύμφωνα με το θέλημα του Θεού. Μόνο όταν καταλάβουμε σωστά τον Λόγο του Θεού, μπορούμε να τηρήσουμε τον Λόγο του.

Καθώς ήθελα απελπισμένα να καταλάβω το αληθινό νόημα του Λόγου του Θεού, προσευχόμουν διακαώς. Ο Θεός με καθοδήγησε να προσεύχομαι τόσο πολύ και με παρακίνησε να νηστεύω. Όταν δεν είχα δουλειά στην οικοδομή, πήγαινα πάνω σ' ένα βουνό και προσευχόμουν.

Στις προσευχές μου, ζητούσα από τον Θεό να μου αποκαλύψει τη σημασία της Βίβλου. Κι οι προσευχές μου αυτές συνεχίστηκαν για πολλά χρόνια.

Τα Ευαίσθητα Χέρια του Θεού

Μέσα σε λίγους μήνες, έμαθα πώς να διαχειρίζομαι το μαγαζί μου, και με την πίστη που απέκτησα ένιωθα ότι μπορούσα να καταφέρω τα πάντα. Με το μαγαζί που είχα τότε, μόλις που είχα κάποιο κέρδος, αλλά δεν μπορούσα να προσδοκώ κάτι περισσότερο από αυτό. Παρόλο που δεν διέθετα πολλά χρήματα, εξαιτίας της πίστης μου ότι θα μπορούσα να κάνω τα πάντα, ήθελα να επεκτείνω τις δουλειές μου. «Θεέ μου, επέτρεψέ μου να μετακομίσω σ' ένα καλύτερο μέρος.»

Αφού πέρασαν τρεις μέρες που προσευχόμουν, κάποιος ήρθε και με ρώτησε αν ενδιαφερόμουν να του υπονοικιάσω το μαγαζί. Εκείνο τον καιρό ήταν ιδιοκτήτης ενός μεγαλύτερου καταστήματος. Το έκανα για εγγύηση 150.000 γουόν (150 δολάρια ΗΠΑ) κι εκτός από τα 50.000 γουόν που ήταν το κόστος επίπλωσης, είχα κέρδος 100.000 γουόν. Έπειτα από νηστεία τριών ημερών, η σύζυγός μου κι εγώ επισκεφτήκαμε ένα άλλο κατάστημα στην περιοχή. Υπήρχε ένα μαγαζί το οποίο πήγαινε πολύ καλά και ήταν διαθέσιμο προς ενοικίαση στην τιμή των 500.000 γουόν, συμπεριλαμβανομένων του ενοικίου και των ασφαλίστρων. Έτσι υπέγραψα συμβόλαιο με τα 100.000 γουόν που είχα, αλλά έπρεπε να πληρώσω και τα υπόλοιπα 400.000. Ήταν μεγάλο ποσό για μένα εκείνη την περίοδο. Θυμήθηκα τότε δυο μέλη της εκκλησίας, και ζήτησα από τη σύζυγό μου να δανειστεί κάποια χρήματα από εκείνους. Αρνήθηκαν, όμως, αμέσως. Η σύζυγός μου δανείστηκε 150.000 γουόν από τους γείτονές μας, αλλά δεν μπορούσαμε να βρούμε τα υπόλοιπα 250.000 γουόν. Ρωτήσαμε, *παρόλ᾽ αυτά, τον ιδιοκτήτη του κτηρίου, και κλείσαμε συμφωνία να πληρώνουμε τους τόκους για το ποσό των 250.000 γουόν.*

Τα μέλη της εκκλησίας δεν πρέπει να ανταλλάζουν χρήματα μεταξύ τους. Αργότερα κατάλαβα τον Λόγο του Θεού και την αιτία που δεν με άφησε να δανειστώ από τα μέλη της εκκλησίας μου. Ήταν επειδή δεν ήταν το θέλημά Του να δανείζουν ή να δανείζονται χρήματα τα μέλη της εκκλησίας μεταξύ τους. Ακόμα κι αδέλφια εξ᾽ αίματος έχουν γίνει εχθροί για τα χρήματα. Κι αν υπάρχουν δανεισμοί μέσα σε μια εκκλησία, ο διάβολος μπορεί να δράσει εύκολα, κάτι που ο Θεός δεν επιθυμεί. Γι᾽ αυτό λοιπόν, κατά τη διακονία μου, διδάσκω στα μέλη της εκκλησίας να μην δανείζονται χρήματα ο ένας από τον άλλον. Ωστόσο, έχω δει ότι όποτε κάποιοι δεν υπάκουαν και το έκαναν, είχαν μετά ν᾽ αντιμετωπίσουν δοκιμασίες και δυσκολίες. Εμείς, ως αδελφοί εν Χριστώ, δεν πρέπει να έχουμε κανένα χρέος πέρα από το χρέος της αγάπης μεταξύ μας. Με τα κέρδη που είχαμε από το καινούριο μαγαζί, μπορούσαμε να πληρώνουμε τους τόκους του χρέους μας, αλλά δεν θα καταφέρναμε ποτέ να ξεπληρώσουμε ολόκληρο το χρέος. Υπήρχαν πολλοί στο κέντρο της πόλης που διοικούσαν αυτά τα βιβλιοπωλεία σε μεγάλη κλίμακα, σαν μεγάλη εταιρεία. Προσευχήθηκα στον Θεό να πραγματοποιηθεί το όνειρό μου και ν᾽ αποκτήσω κι εγώ ένα μεγαλύτερο κατάστημα.

Οδηγούμενος στην Οικονομική Ευλογία

Εκείνον τον καιρό, υπήρχε στην αγορά του Κιούμχο Ντονγκ ένα διάσημο μαγαζί. Έλεγαν ότι οι πωλήσεις του ήταν οι μεγαλύτερες στην περιοχή. Αυτό το κατάστημα ήταν προς ενοικίαση και τα ασφάλιστρα μόνο ανέρχονταν σε ένα εκατομμύριο γουόν (1.000 δολάρια ΗΠΑ) κι επιπλέον υπήρχε και το νοίκι. Τους καιρούς εκείνους, το μεροκάματο ενός εργάτη ήταν 1.500 γουόν μόνο (15 δολάρια), κι έτσι ήταν ένα πραγματικά τεράστιο ποσό για μένα. Ο ιδιοκτήτης έλεγε ότι δεν μπορούσε να κατεβάσει την τιμή κάτω από 950.000 γουόν. Αργότερα, όμως, έμαθα ότι ενώ είχαν περάσει 20 μέρες από την επίσκεψή μου, κανένας άλλος δεν ενδιαφέρθηκε και δεν πήγε να δει το μαγαζί. Κάποιος μου είπε ότι θα μπορούσα να κλείσω τη συμφωνία, καθώς ο ιδιοκτήτης ήθελε να το πουλήσει γρήγορα για προσωπικούς λόγους. Διέθετα μόνο 500.000 γουόν. Ήταν αδύνατο να κλείσουμε τη συμφωνία με αυτά τα λεφτά. Αφού προσευχήθηκα ολόψυχα όλη τη νύχτα, πήγα να κάνω τη συμφωνία. Του ζήτησα να μου δώσει το κατάστημά για 500.000 γουόν, καθώς μόνο αυτό το ποσό διέθετα. Σκέφτηκε για λίγο και είπε ότι θα κλείσουμε τη συμφωνία στα 550.000 γουόν.

Τελικά υπογράψαμε συμβόλαιο για 500.000 γουόν. Συμφώνησα να πληρώσω την εγγύηση μαζί με τις μηνιαίες δόσεις του ενοικίου. Κι έτσι μεταφέραμε το μαγαζί μας στην Αγορά Κιούμχο Ντονγκ. Με το που ανοίξαμε, είχαμε πολλούς πελάτες. Πολλοί άρχισαν να λένε ότι το ήθελαν πολύ αυτό το κατάστημα, αλλά δεν γνώριζαν ότι ήταν διαθέσιμο προς ενοικίαση. Κάποιοι μου πρότειναν να τους το υπονοικιάσω προσφέροντάς μου 1,2 εκατομμύρια γουόν. Όταν εμφανίστηκε κάποιος με προσφορά 1,3 εκατομμυρίων γουόν, το συζήτησα με τη γυναίκα μου, καθώς με αυτά τα χρήματα θα μπορούσαμε ν' αγοράσουμε ακόμα και δικό μας σπίτι. Αλλά αισθανθήκαμε ότι δεν θα έπρεπε να το κάνουμε αμέσως από τη στιγμή που το θέλημα του Θεού μάς οδήγησε εκεί που βρισκόμασταν.

Έτσι λοιπόν, αποφασίσαμε να ξεπληρώσουμε το χρέος μας με τα κέρδη που θα βγάζαμε από το μαγαζί. Τον Ιούλιο του 1977, το ανοίξαμε και ξεκινήσαμε τη δουλειά. Ήμασταν κλειστά τις Κυριακές και δεν επιτρέπαμε σε κανένα σπουδαστή να εισέλθει ενώ έπινε ή κάπνιζε. Επειδή η οικογένειά μου έψελνε όλη την ώρα προσευχές στο σπίτι, ο κόσμος τις άκουγε και στο μαγαζί. Είχαμε περισσότερους πελάτες απ' όσους είχε ο προηγούμενος ιδιοκτήτης. Διατηρούσαμε το μαγαζί ανοιχτό κατά τη διάρκεια της ημέρας και το βράδυ προσευχόμασταν. Αυτή ήταν η καθημερινή μας ρουτίνα.

Εκπαίδευση για να Διακρίνω τη Φωνή του Αγίου Πνεύματος

Στον Οίκο Προσευχής Οσάνρι

Σαν ελάφι που λαχανιάζει για να φτάσει στο ρυάκι και να ξεδιψάσει, έτσι διψούσα κι εγώ για να κατανοήσω βαθύτερα τον Λόγο του Θεού. Το 1977, παρευρέθηκα σε μια θρησκευτική συγκέντρωση στον Οίκο Προσευχής Οσάνρι. Εκεί άκουσα για δεύτερη φορά την φωνή του Θεού. Άκουγα το κήρυγμα του πάστορα, που έλεγε, «Εφόσον ο Θεός μάς προίκισε με τη σοφία να κατασκευάζουμε φάρμακα, είναι το θέλημά Του να πηγαίνουμε στο νοσοκομείο και να παίρνουμε φάρμακα.» Δεν μπορούσα να το αποδεχτώ αυτό έτσι απλά μ' ένα «Αμήν». Η δική μου εμπειρία με τον παντοδύναμο Θεό που μπορεί να κάνει ο,οτιδήποτε ήταν πολύ διαφορετική. Μετά τη λειτουργία, πήγα σ' ένα δωμάτιο προσευχής και προσευχήθηκα φωνάζοντας ολόψυχα «Θεέ μου, είναι το θέλημά Σου να παίρνουμε φάρμακα ή δεν είναι;»

Δεν ξέρω πόση ώρα είχε περάσει. Ξαφνικά, άκουσα τη φωνή του Θεού να λέει, «Κοίταξε στα Χρονικά Β᾽ κεφάλαιο 16». Άνοιξα τη Βίβλο κι είδα ότι επρόκειτο για το Βασιλέα του Ισραήλ Ασά. Στις αρχές της βασιλείας του βασιζόταν μόνο στον Θεό. Έτσι, κέρδισε όλες τις μάχες και βρισκόταν σε περίοδο ειρήνης. Στα τελευταία, όμως, στάδια της βασιλείας του στηριζόταν στο στρατό κι όχι στον Θεό. Έχασε μάχες, κι επιπλέον φυλάκισε και έναν προφήτη που του είχε επισημάνει τα λάθη του. Τότε ο Ασά προσβλήθηκε από μια ασθένεια στα πόδια. Η ασθένειά του ήταν σοβαρή, παρ᾽ όλα αυτά δεν αναζήτησε τον Κύριο αλλά τους γιατρούς, και πέθανε δύο χρόνια αργότερα. Μέσα από αυτό το κεφάλαιο επιβεβαίωσα ότι ο Θεός θέλει να έχουν τα παιδιά Του ακλόνητη πίστη σ᾽ Αυτόν και μόνο σ᾽ Αυτόν, και να μη στηρίζουν την πίστη και την εμπιστοσύνη τους σ᾽ αυτόν τον κόσμο.

Εκπαίδευση για να Ακούσω τη Φωνή του Αγίου Πνεύματος

Η φωνή του Θεού, η φωνή του Κυρίου, και η φωνή του Αγίου Πνεύματος πρέπει να διαφοροποιούνται. Στην περίπτωσή μου, η φωνή του Θεού ακούστηκε μόνο σε πολύ ειδικές περιπτώσεις. Την άκουσα μόνο ελάχιστες φορές. Η φωνή του Αγίου Πνεύματος ακούγεται όλο και πιο ξεκάθαρα καθώς δεχόμαστε τον Ιησού Χριστό, λαμβάνουμε το Άγιο Πνεύμα και συνεχίζουμε να προσευχόμαστε εντατικά για ν᾽ απαλλαγούμε από τις αμαρτίες, το κακό και τις πονηρές σκέψεις.

Άρχισα ν' ακούω τη φωνή του Αγίου Πνεύματος την εποχή που ήμουν ακόμα νέος πιστός. Μια φορά, καθώς παρακολουθούσα τη λειτουργία στην εκκλησία, ο Θεός μού επέτρεψε να λάβω εκπαίδευση στο ν' ακούω τη φωνή του Αγίου Πνεύματος. Κατά τη διάρκεια της πρωινής λειτουργίας της Κυριακής, ένιωσα μια δυνατή παρότρυνση καθώς άκουγα προσεκτικά το κήρυγμα. Αφορούσε στο να δώσω 30.000 γουόν σε κάποιον συγκεκριμένο πάστορα της εκκλησίας. Το αποφάσισα, «Θεέ μου, θα βρω 30.000 γουόν και θα τα δώσω στον πάστορα!»

Αυτή την απόφαση πήρα λοιπόν κατά τη διάρκεια της λειτουργίας. Αφού, όμως, τελείωσε, και πέρασα την πύλη της εκκλησίας, το μυαλό μου κατελήφθη από άλλες σκέψεις. Στην πραγματικότητα, τα 30.000 γουόν ήταν ένα πολύ μεγάλο ποσό για μένα. Σκέφτηκα ότι αν είχα αυτά τα χρήματα θα του τα έδινα. Αλλά πού θα τα έβρισκα; Εκείνη η οικογένεια φαινόταν να είναι περισσότερο ευκατάστατη από τη δική μου. Ίσως να είχα κάνει κάποιες άσκοπες σκέψεις κατά τη διάρκεια της λειτουργίας, αλλά γρήγορα ξέχασα το γεγονός.

Την επόμενη μέρα, ωστόσο, η πεθερά του πάστορα, που ήταν πρεσβύτερη διακόνισσα της εκκλησίας, επισκέφθηκε το μαγαζί μου στην αγορά Κιούμχο Ντονγκ. «Η κόρη μου γέννησε χθες το βράδυ. Όταν πήγε στο νοσοκομείο, χρειαστήκαμε επειγόντως 30.000 γουόν. Προσπάθησα σκληρά να βρω τα χρήματα. Μόλις και μετά βίας βρήκα τα χρήματα και πήγα στο νοσοκομείο. Είχε έναν πολύ δύσκολο τοκετό.» Σοκαρίστηκα ακούγοντάς την. «Πρεσβύτερη διακόνισσα, η αλήθεια είναι ότι την ώρα που βρισκόμουν στην Κυριακάτικη πρωινή λειτουργία, το Άγιο Πνεύμα έκανε την καρδιά μου να σκιρτήσει, αλλά δεν το υπάκουσα. Πίστεψα ότι ήταν μια άκαιρη σκέψη και τίποτα παραπάνω. Αλλά τελικά δεν ήταν.»

Μετανόησα αμέσως κι αποφάσισα να υπακούσω την επόμενη φορά. Σκέφτηκα, «Άκουσα τη φωνή του Αγίου Πνεύματος, αλλά δεν υπάκουσα και να το αποτέλεσμα.» Αν είχα υπακούσει στη φωνή, θα έβρισκα εύκολα τα 30.000 γουόν για τα οποία ο Θεός θα είχε ήδη μεριμνήσει, κι η οικογένεια του πάστορα δεν θα υπέφερε όλη τη νύχτα προσπαθώντας να συγκεντρώσει τα χρήματα. Θα είχα λάβει άφθονες ευλογίες για την υπακοή μου στον Θεό. Μετάνιωσα που δεν υπάκουσα ακολουθώντας τις δικές μου σκέψεις. Από τότε, καθώς έλαβα περισσότερη εκπαίδευση τέτοιου είδους, κατάφερα ν' αποκτήσω την ικανότητα να διαχωρίζω τη φωνή του Αγίου Πνεύματος από τις δικές μου σκέψεις.

Μαθαίνοντας τη Σημασία της Υπακοής

Συνειδητοποίησα πόσο σημαντική είναι η υπακοή στο θέλημα του Θεού κι από ακόμα μία εμπειρία μου. Πήγαινα ανελλιπώς στη λειτουργία και μια μέρα με κάλεσε ο πάστοράς μου. Είπε, «Έχουμε έλλειψη από κατηχητές τις Κυριακές. Γιατί δεν διδάσκεις εσύ στα παιδιά;» Απάντησα αρνητικά, «Πάτερ, λυπάμαι, δεν είμαι σίγουρος ότι μπορώ να διδάξω στα παιδιά. Δεν έχω πάει ποτέ στο κατηχητικό. Θα το κάνω όταν θα έχω αυτοπεποίθηση.» Ήξερα ότι έπρεπε να υπακούσω τον ιερέα, αλλά ένιωθα τόσο ανίκανος που αρνήθηκα την πρότασή του. Δεν φαντάστηκα ποτέ ότι κάτι τόσο μικρό θα ύψωνε ένα μεγάλο τοίχος αμαρτίας ανάμεσα σε μένα και στον Θεό. «Προσευχήθηκα ολόψυχα, «Θεέ μου, δώσε μου το χάρισμα της γλωσσολαλιάς.»

Εκείνη την εποχή, όταν έβλεπα άλλους να προσεύχονται με ευχέρεια σε κάποια άλλη γλώσσα, τους ζήλευα. Συνέχισα να προσεύχομαι να λάβω το χάρισμα και να μπορώ να μιλώ και σε άλλη γλώσσα, αλλά δεν μπορούσα να το λάβω. Κάποια μέρα, άκουσα ότι θα μπορούσα εύκολα να λάβω το χάρισμα αυτό στο Όρος Προσευχής Χαν Ολ Σαν. Πήγα εκεί και παρευρέθηκα σε μια συγκέντρωση, αλλά το χάρισμα δεν ήρθε. Ωστόσο, ο ομιλητής, ο πάστορας Τσουν Σουκ Λι, είπε αστειευόμενος στο κήρυγμά του, «Ακόμα και ο σκύλος μου μιλά σε άλλη γλώσσα, όσοι λοιπόν δεν έχουν λάβει το χάρισμα της ξένης γλώσσας, είναι χειρότεροι από τον σκύλο μου.» Αφού τελείωσε η συγκέντρωση, ένιωσα ότι ήμουν κατώτερος κι από σκύλο και κλώτσησα μια πέτρα που βρέθηκε μπροστά μου. Δεν πήγα για μεσημεριανό και συνέχισα να περιπλανιέμαι στην κοιλάδα. Κρατήθηκα από ένα δέντρο και προσευχήθηκα στον Θεό να μου δώσει το χάρισμα της γλωσσολαλιάς. Ξαφνικά, όμως, μια σκέψη διαπέρασε το μυαλό μου. Ακόμα κι αν δεν είχα εμπιστοσύνη στον εαυτό μου, έπρεπε να είχα πει «ναι» στην πρόταση του ιερέα να διδάξω στο κατηχητικό. Λαμβάνοντας υπόψη την υπακοή μου, ο Θεός θα με είχε βοηθήσει αν το έκανα. Αλλά δεν υπάκουσα.

«Θεέ μου, Σε παρακαλώ, συγχώρεσέ με για την ανυπακοή μου στα λόγια του πάστορά μου. Δε θα το κάνω ποτέ ξανά.»

Μόλις το αντιλήφθηκα, άρχισα να μετανοώ γι' αυτό μέσα απ' την καρδιά μου. Τότε ξαφνικά, άρχισα να μιλώ σε άλλες γλώσσες. Ήταν αυτό το οποίο ήθελα τόσο πολύ! «Θεέ μου, Σ' ευχαριστώ!» Είχα επιτέλους καταλάβει ότι η υπακοή είναι προτιμότερη από τη θυσία, και συνειδητοποίησα πόσο ευχαριστημένος είναι ο Θεός όταν υπακούμε. Μέσα από αυτή την εμπειρία, αποφάσισα και πάλι να υπακούω άνευ όρων στο θέλημα του Θεού, χωρίς να λαμβάνω υπόψη την πραγματικότητα της καταστάσεως. Αλλά ακόμα και για μένα, που συνειδητοποίησα βαθιά τη σημασία της υπακοής, υπήρχε ένα θέμα στο οποίο θα μου ήταν πολύ δύσκολο να υπακούσω.

Κεφάλαιο Τέταρτο

Το κάλεσμα του Θεού

«Κύριε, πώς Διάλεξες Κάποιον σαν Εμένα;»

Μια μέρα του Μαΐου του 1978, καθώς προσευχόμουν, άκουσα τη φωνή του Θεού, σαν κεραυνό, να λέει:

«Ο υπηρέτης Μου που τον διάλεξα πριν αρχίσει ο χρόνος! Σε έκανα καλύτερο άνθρωπο επί τρία χρόνια, και τώρα εξοπλίσου με τον Λόγο μου για άλλα τρία χρόνια. Θα σε χρησιμοποιήσω. Θα διασχίσεις βουνά, ποτάμια και θάλασσες για να κηρύξεις το Ευαγγέλιο, κι Εγώ θα είμαι μαζί σου, και θα γίνεις υπηρέτης Μου για να δείξεις με σημάδια και θαύματα σε όλα τα έθνη ότι Εγώ είμαι ο αληθινός Θεός.»

Η καθαρή και δυνατή φωνή Του συνέχισε,

«Σε επέλεξα πριν ακόμα αρχίσει ο χρόνος, κι από τότε που βρισκόσουν στη μήτρα της μητέρας σου σε

παρατηρούσα με τα φλογερά Μου μάτια, κι Εγώ ο ίδιος σε καθοδηγούσα μέχρι αυτή τη στιγμή. Η σύζυγός σου μπορεί να τα βγάλει πέρα με το μαγαζί, και τώρα ξεκινάς τη διαδρομή για να γίνεις υπηρέτης Μου. Θα κερδίσεις περισσότερα από όσα κερδίζατε όταν δουλεύατε και οι δύο. Τα χρήματα δεν θα τελειώσουν ποτέ και το πιάτο σου δεν θα είναι ποτέ πια άδειο, αλλά πάντα θα ξεχειλίζει. Θα βοηθάς εκείνους που το έχουν ανάγκη. Ο Θεός ήταν αυτός που σε έριξε όσο χαμηλότερα γινόταν, ο Θεός ήταν αυτός που σε καθοδήγησε μέχρι τώρα, και θα συνεχίσει να το κάνει. Θα καταλάβεις γιατί σε είχα ρίξει σε τέτοια ταπεινότατη θέση. Με τη δύναμή Μου, θα σε ανυψώσω στην υψηλότερη. Με αγάπησες πρώτο και περισσότερο από τους γονείς σου, τα παιδιά σου, ακόμα και τη γυναίκα σου. Αγάπησες Εμένα μόνο. Επομένως, θα σου ανταποδώσω και με το παραπάνω αυτή σου την αγάπη.»

Άκουσα αυτές τις λέξεις με την πληρότητα και την επιφοίτηση που έλαβα από το Άγιο Πνεύμα και τις δέχτηκα με ένα «Αμήν». Όταν, όμως, το ξανασκέφτηκα, ήταν κάτι πολύ εντυπωσιακό. Το όνειρό μου μέχρι τότε ήταν να γίνω ένας πρεσβύτερος που θα έψαχνε και θα βοηθούσε εκείνους που υπέφεραν από την ίδια ασθένεια και φτώχεια που είχα υποφέρει κι εγώ. Άρα, ως τώρα είχα προσευχηθεί λάθος για κάτι; Είχα ακόμα ένα μεγάλο χρέος να ξεπληρώσω κι εξακολουθούσε να μου είναι δύσκολο το να τα βγάζω πέρα καθημερινά. Δεν είχα καν καλή μνήμη. Πώς θα μπορούσα να σπουδάσω τώρα θεολογία στο ιεροδιδασκαλείο; Τι θ' απογίνει η οικογένειά μου; Είχα πολλές σκέψεις κι ανησυχίες στο μυαλό μου. Στην κατάστασή μου, δεν θα μπορούσα να υπακούσω, αλλά εκείνη την ώρα ο Λόγος του

Θεού ήταν πολύ ισχυρός για να μην υπακούσω. Το μόνο που μπορούσα να σκεφτώ ήταν, «Αν αυτό είναι το θέλημά Σου, επέτρεψε μου ν' ακούσω τη φωνή Σου γι' άλλη μια φορά.»

Συζήτησα το περιστατικό με τη σύζυγό μου κι άφησα ν' αναλάβει εκείνη το μαγαζί κι όλες τις ευθύνες του. «Υπήρχε πιθανότητα να έκανα λάθος ότι άκουσα τη φωνή του Θεού; Υπάρχει κάτι που θα μπορούσε να πάει στραβά;» Άρχισα να έχω αμφιβολίες για το ότι είχα πράγματι ακούσει τη φωνή του Θεού. Άρχισα και πάλι να προσεύχομαι. «Θεέ μου, προσευχόμουν να γίνω πρεσβύτερος, αλλά Εσύ μου λες να γίνω υπηρέτης Σου! Είμαι τόσο εσωστρεφής που δεν μπορώ να διανοηθώ να κηρύττω μπροστά σε άλλους. Είμαι ήδη αρκετά μεγάλος. Δεν έχω ούτε δυνατή μνήμη και δεν είμαι καλός στο να παίρνω μέρος σε εξετάσεις.» Αν, όμως, ο Θεός συνέχιζε να με θέλει για υπηρέτη Του, ακόμα και με αυτά τα προβλήματα, Του ζήτησα, «Σε παρακαλώ, άφησέ με ν' ακούσω τη φωνή Σου ακόμα μία φορά.» ακούσω και πάλι τη φωνή του Θεού. Προσευχόμουν μια εβδομάδα, αλλά δεν έλαβα απάντηση. Πήγα σε κάποιους κληρικούς που είχαν τη φήμη του προφήτη, αλλά δεν υπήρχε καμία προφητική απάντηση για μένα. Περιπλανήθηκα σε τόπους προσευχής στα βουνά και πέρασα δύσκολες μέρες προσπαθώντας ν' ανακαλύψω αν ήταν όντως το θέλημα του Θεού να γίνω υπηρέτης Του, ειδικότερα το να γίνω ιερέας. Πέρασαν τρεις μήνες, σχεδόν τα παράτησα κι επέστεψα σπίτι απελπισμένος. Το Σάββατο, ο πάστοράς μου ήρθε να μ' επισκεφτεί στο μαγαζί μου. Υποτίθεται ότι ήταν η σειρά μου για την αντιπροσωπευτική διαμεσολαβητική προσευχή, αλλά δεν είχα καμία εμπιστοσύνη στον εαυτό μου ότι θα μπορούσα να τα καταφέρω. Του είπα ευθέως, «Πάτερ, δεν έχω λάβει απάντηση στις προσευχές μου εδώ και πολλούς μήνες. Στ' αλήθεια δεν μπορώ να πω την προσευχή στη λειτουργία της Κυριακής.» Είπε απλά, «Διάκονε Λι, ακόμα κι αν είναι έτσι, πρέπει να το κάνεις.»

Ακούγοντας τη Φωνή του Θεού

Ο πάστορας μού είπε ότι έπρεπε να πω την αντιπροσωπευτική διαμεσολαβητική προσευχή στη λειτουργία, αλλά δεν θα μπορούσα να πω «Αμήν» και να βγαίνει από την καρδιά μου. Εκείνη τη μέρα, αφού τελειώσαμε με το μαγαζί, το κλείσαμε και φύγαμε. Καθώς έβρεχε δυνατά, η σύζυγός μου κι εγώ αποφασίσαμε να προσευχηθούμε στο σπίτι αντί να πάμε στην εκκλησία. Τα μεσάνυχτα, τοποθετήσαμε ένα κάλυμμα στο γυμνό πάτωμα, γονατίσαμε κι αρχίσαμε να προσευχόμαστε και να υμνούμε τον Θεό. Προσευχόμουν με τα μάτια μου κλειστά, αλλά ξαφνικά, σε όραμα, το ταβάνι έμοιαζε να ανοίγει και να ξεχύνεται φως από τα ουράνια.

Ένιωσα πως είχε φύγει η οροφή και το σπίτι ήταν ορθάνοιχτο. Και τότε, όπως ακριβώς είναι γραμμένο στο Βιβλίο της Αποκαλύψεως, άκουσα μια επιβλητική φωνή που ηχούσε σαν καθαρά κι ήρεμα νερά να λέει, «Να πεις την αντιπροσωπευτική προσευχή στη λειτουργία αύριο.» Ήταν μια απάντηση, αλλά ήταν τελείως διαφορετική από αυτές που περίμενα στις προσευχές μου σχετικά με τις επιφυλάξεις μου να γίνω υπηρέτης του Θεού. Αυτή τη φορά, η φωνή ήταν ζεστή, άνετη κι επιτακτική, και θα ήταν δύσκολο να μην την υπακούσω. Παρ' όλα αυτά, ήταν πλημμυρισμένη από αγάπη, και ευγενή καλοσύνη.

Νιώθω ακόμα πολύ καθαρά τη φωνή, αλλά δεν μπορώ να την περιγράψω με λέξεις. Με το άκουσμά της, όλη μου η απελπισία έλιωσε σαν το χιόνι. Όλες οι σαρκικές σκέψεις έφυγαν και ήμουν γεμάτος από το Άγιο Πνεύμα. Ήμουν τόσο γεμάτος από το Άγιο Πνεύμα που ένιωθα το σώμα μου ελαφρύ σα βαμβάκι κι είχα την αίσθηση ότι μπορούσα να πετάξω. Αισθανόμουν ότι θα μπορούσα να περάσω από το ταβάνι, αν το ήθελα. Η καρδιά μου ξεχείλισε από χαρά, ευγνωμοσύνη κι ευτυχία. Εκείνη τη στιγμή, σκέφτηκα ότι έτσι θα νιώσουμε όταν ο Κύριος επιστρέψει και γίνει η Αρπαγή των πιστών! Όταν άνοιξα τα μάτια μου, τα φώτα είχαν εξαφανιστεί κι η οροφή βρισκόταν εκεί που ήταν πάντα.

Η σύζυγός μου που καθόταν δίπλα μου δεν άκουσε τη φωνή, αλλά είχε γεμίσει κι εκείνη από τη χάρη του Αγίου Πνεύματος, και κατάλαβε ότι άκουγα τη φωνή του Θεού μέσα από τα δυνατά φώτα. Εξυμνούσαμε τον Θεό όλο το βράδυ και τον δοξάζαμε στις προσευχές μας.

Πλημμυρισμένος από το Άγιο Πνεύμα

Νωρίς το επόμενο πρωί, πήγα στην εκκλησία κι έλεγξα το πρόγραμμα της λειτουργίας. Ήμουν αυτός που θα έπρεπε να κάνει την προσευχή. Έπειτα από την εμπειρία της προηγούμενης νύχτας, ένιωθα ακόμα το σώμα μου να αιωρείται μολονότι ήμουν καθισμένος. Πόσο απίστευτα εντυπωσιακό ήταν! Από τη στιγμή που άρχισα να προσεύχομαι στο μικρόφωνο, τα χείλη μου δεν ήταν δικά μου πια. Η καρδιά μου και οι σκέψεις μου κυριεύτηκαν εντελώς από το Άγιο Πνεύμα. Με την επιφοίτησή Του, σχεδόν έτρεμα κατά τη διάρκεια της προσευχής. Σε μια καθαρή επιφοίτηση, η προσευχή ήρθε στο μυαλό μου σαν χείμαρρος κι ακόμα κι αν ήθελα δεν θα μπορούσα να σταματήσω.

Εξεπλάγην ακόμα κι εγώ, καθώς η προσευχή ήταν μια επίπληξη προς τα μέλη της εκκλησίας αναφέροντας, «Η συμφορά είναι δική σας που κλέβετε τη δεκάτη από τον Θεό. Άνθρωποι με πεισματάρα καρδιά που δεν ευχαριστείτε τον Θεό! Λέτε ότι πιστεύετε στον Θεό, η πίστη σας, όμως, είναι κενή.»

Μετά βίας μπορούσα να συγκρατηθώ καθώς προσευχόμουν για πάνω από 10 λεπτά. Εκείνο τον καιρό, όταν κάποιος προσευχόταν στη λειτουργία παραπάνω από τρία λεπτά, μπορούσες ν' ακούσεις παράπονα από τα μέλη της εκκλησίας ότι η προσευχή κρατάει πολλή ώρα. Μετά την προσευχή, επέστρεψα στη θέση μου αλλά δεν μπορούσα να κοιτάξω τον πάστορα κατάματα. Δεν ήξερα τι να κάνω. Το μόνο που σκεφτόμουν ήταν, «Τι θα γίνει τώρα; Πώς τολμά ένας διάκονος να επιπλήττει ολόκληρη τη συνάθροιση της εκκλησίας!»

Ωστόσο, μόλις τελείωσε η λειτουργία, ο πάστορας με πλησίασε και μου είπε, «Η προσευχή σου με άγγιξε.» Συνήθως δεν έκανε τέτοιου είδους σχόλια, αλλά και πάλι ντράπηκα και προσπάθησα να φύγω γρήγορα και διακριτικά, αλλά πολλοί άνθρωποι με πλησίασαν για να με χαιρετήσουν λέγοντας, «Διάκονε, ήσουν πλήρως εμπνευσμένος από το Άγιο Πνεύμα. Η προσευχή σου με συγκίνησε.»

Μόνο με Υπακοή

Είχα πλέον την διαβεβαίωση ότι ο Θεός με κάλεσε για υπηρέτη Του. Εξομολογήθηκα λέγοντας, «Θεέ μου, εφόσον με κάλεσες να γίνω υπηρέτης Σου, θα κάνω όπως μου είπες. Αλλά Θεέ μου, μερίμνησε για όλα εκείνα που με ανησυχούν, όπως η θεολογική σχολή, η μνήμη μου κι όλα τα άλλα.»

Στην ηλικία των 36 ετών, πείστηκα ότι ο Θεός ήθελε να Τον υπηρετήσω, κι έτσι νοίκιασα αμέσως ένα δωμάτιο κι άρχισα να ζω μόνος. Βρισκόταν σε απόσταση πέντε λεπτών από το σπίτι μου. Νήστευα και μελετούσα προσεχτικά τη Βίβλο, ενώ προσευχόμουν στον Θεό να μου δώσει δυνατή μνήμη. Ήθελα να σταυρώσω τη σάρκα μου με τα πάθη και τις επιθυμίες της. Πήρα την απόφαση ν' ακολουθώ μόνο το θέλημα του Θεού, ως υπηρέτης Του. Δεν μου ήταν εύκολο ν' απομονωθώ από τα μέλη της οικογένειάς μου, αλλά όλα αυτά έγιναν υπό την καθοδήγηση του Αγίου Πνεύματος. Συμβουλεύτηκα τον πνευματικό μου στην εκκλησία Όκσου Ντονγκ, την εκκλησία όπου εκκλησιαζόμουν εκείνο το διάστημα. Αποφάσισα να μπω στην Θεολογική Ιερατική Σχολή Σουνγκ-Κιουλ (Αγιότητα) κι άρχισα να διαβάζω για τις εισαγωγικές εξετάσεις.

Τελικά ο καιρός πέρασε κι έδωσα εξετάσεις. Απάντησα στις ερωτήσεις που αντλούσαν τα θέματά τους απευθείας από τη Βίβλο. Αλλά για τα άλλα θέματα, δεν ήθελα να γράψω ασαφείς απαντήσεις, κι έτσι έγραψα μόνο το όνομά μου και παρέδωσα λευκή κόλλα. Στην συνέντευξη, ο κοσμήτορας του ιεροδιδασκαλείου με ρώτησε για ποιο λόγο είχα παραδώσει λευκή κόλλα σε όλα τα άλλα εκτός από την εξέταση που αφορούσε στη Βίβλο. Του εξήγησα τότε πώς είχα χάσει τη μνήμη μου.

«Πώς θα μπορέσεις να γίνεις ιερέας μην έχοντας καλή μνήμη;» ρώτησε.

Απάντησα, «Ο Θεός με προέτρεψε ν' ακολουθήσω αυτό το δρόμο στη ζωή μου.»

«Λοιπόν, πέτυχες 100, την άριστη βαθμολογία στην εξέταση της Βίβλου!» αναφώνησε.

Ήμουν ο μοναδικός που πήρε εκατό τοις εκατό σ' αυτήν την εξέταση. Καθώς συγκέντρωσα την άριστη βαθμολογία στο διαγώνισμα της Βίβλου, πέρασα, κι είχα τα προσόντα για να μπω στη σχολή. Πέρασα πράγματι τις εισαγωγικές εξετάσεις παρ' όλες τις ανησυχίες που είχα για το αν θα τα κατάφερνα.

Fui a único a tirar cem por cento na prova Bíblica e, por isso, passei e consegui entrar para o seminário, ao contrário das minhas preocupações.

Ο Θεός μάς Αφήνει να Θερίσουμε ό,τι Σπείραμε

Η Ζωή στην Ιερατική Σχολή

Οι υπηρέτες του Θεού πρέπει να ζουν με φανερά διαφορετικό τρόπο απ' ό,τι ο υπόλοιπος κόσμος. Οι συμφοιτητές μου, όμως, ακολουθούσαν τις τάσεις του κόσμου. Μετά τα μαθήματα, συγκεντρώνονταν σε καφετέριες και συζητούσαν για επίγεια θέματα. Στις διακοπές, αντί να προσεύχονται και να διαβάζουν τη Βίβλο, κανόνιζαν πώς θα διασκεδάσουν. Τους συμβούλευα πάντοτε να μη σπαταλούν έτσι το χρόνο τους και να συγκεντρωθούν στις προσευχές, αλλά κανένας τους δεν έδινε σημασία. Όπως ήταν φυσικό, ήμουν μόνος κι απομονωμένος από τους υπόλοιπους φοιτητές.

Το 1979, μπήκα στην σχολή σε ηλικία 37 ετών, κι από την πρώτη κιόλας χρονιά, προσευχόμουν στον Θεό να μου δώσει το όνομα της εκκλησίας που θα ίδρυα. Η αδερφή μου μού είπε ότι θα με βοηθούσε ν' ανοίξω μια εκκλησία, κι έτσι έψαχνα σε διάφορα μέρη, αλλά τίποτα δεν είχε αποτέλεσμα.

Ικανοποιώντας τον Θεό, Αποταμιεύοντας για τη Βασιλεία των Ουρανών

Πίστευα ότι ο Θεός θα με άφηνε να θερίσω ό,τι θα έσπερνα και θα με αντάμειβε ανάλογα με τις πράξεις μου, κι έτσι προσπαθούσα πάντα να αποταμιεύω τις αμοιβές μου για την βασιλεία των ουρανών. Ακόμα κι όταν εργαζόμουν ως οικοδόμος, εάν λάμβανα χάρη στις συγκεντρώσεις θρησκευτικής αναγέννησης, έκανα ευχαριστήριες προσφορές με όλη μου την καρδιά. Σε περίπτωση που δεν διέθετα χρήματα, έδινα την υπόσχεση ότι θα τα προσφέρω στον Θεό σε ένα συγκεκριμένο χρονικό διάστημα. Φυσικά, έδινα πάντα ό,τι είχα υποσχεθεί. Κι όταν δεν είχα τα χρήματα για να τηρήσω την υπόσχεσή μου, έπαιρνα δάνειο για να είμαι ήσυχος ότι ήμουν εντάξει στις υποχρεώσεις μου.

Ποτέ δεν πήγαινα με άδεια χέρια μπροστά στον Θεό. Όποτε είχα εισόδημα, δώριζα πάνω από το ένα δέκατο αυτού ως δωρεά της δεκάτης. Πολλές φορές έδινα και τα δύο ή και τα τρία δέκατα του εισοδήματός μου. Ποτέ δεν ένιωσα ότι σκορπούσα τα χρήματά μου δίνοντάς τα στον Θεό, κι έτσι δεν ήθελα να τα υπολογίζω όταν του τα προσέφερα.

Μια μέρα, με επισκέφθηκε στο σπίτι μου ο πάστορας. Δεν γνώριζε για τη δύσκολη οικονομική μας κατάσταση κι ότι είχαμε τόσο μεγάλα χρέη. Μου εξήγησε ότι η εκκλησία είχε ανάγκη, και ρώτησε αν θα μπορούσαμε να μεριμνήσουμε για ένα αρκετά υψηλό ποσό για την κατασκευή της εκκλησίας. Συμφωνήσαμε λέγοντας «Αμήν. Θα το κάνω.» Υπακούσαμε με χαρά τον ιερέα. Παρόλο που είχαμε χρέη, δώσαμε άλλον έναν όρκο προσφοράς έπειτα από την εισήγηση του ιερέα, κι έτσι πήραμε ακόμα ένα δάνειο. Προσπαθούσαμε με αυτό τον τρόπο να αποταμιεύουμε για το βασίλειο των ουρανών. Όταν έφτασε η ώρα, ο Θεός άνοιξε την πύλη της ευλογίας.

Ακολουθώντας το Θέλημα του Θεού ακόμα και στις Μικρές Επιχειρήσεις

Υπήρχε κάποιος που παρέδιδε τακτικά βιβλία στο μαγαζί μου, κι έμενε άφωνος βλέποντάς το κλειστό κάθε Κυριακή. Προειδοποίησε ότι αργά ή γρήγορα το μαγαζί μου θα κήρυττε πτώχευση. Μολονότι ήταν μια μικρή επιχείρηση, ο Θεός ήταν ευχαριστημένος με το μαγαζί μας και μας ευλογούσε πολύ επειδή τηρούσαμε την αργία της Κυριακής σωστά και κάναμε τις δωρεές που έπρεπε.

Το μαγαζί ήταν πάντοτε γεμάτο από το πρωί ως αργά το βράδυ. Πολλοί άνθρωποι έρχονταν για να μάθουν κάτι από μας, καθώς να νέα είχαν διαδοθεί στις γειτονικές περιοχές της πόλης. Αλλά το μόνο που συνέβαινε ήταν να γίνονται ακόμα περισσότερο περίεργοι, επειδή κλείναμε τις Κυριακές, κι επειδή οι υπηρεσίες μας δεν φαίνονταν ιδιαιτέρως καλές. Δεν είχαμε καθόλου υλικό για ενηλίκους και το κάπνισμα απαγορευόταν αυστηρά. Έτσι διατηρούσαμε ένα καθαρό κι υγιές περιβάλλον. Γι' αυτό το λόγο έρχονταν στο μαγαζί μας πολλοί από τους καλύτερους μαθητές του κολλεγίου.

«Ποιο ήταν το μυστικό της επιτυχίας του καταστήματός σας;»

Δεχόταν την ευλογία του Θεού επειδή το κλείναμε την Κυριακή και πηγαίναμε στην εκκλησία, και μ' αυτό τον τρόπο απαντούσαμε σε όσους μας έκαναν αυτήν την ερώτηση. Ήταν, ωστόσο, δύσκολο για εκείνους που δεν πίστευαν να καταλάβουν. Όταν είχαμε το μαγαζί, μπορούσαμε να εκχριστιανίσουμε πολλούς πελάτες. Όταν ίδρυσα την εκκλησία ήρθαν μαζί μου κι αποτέλεσαν τα πρώτα μέλη της αποστολής των νέων.

Μερικούς μήνες αφού ανοίξαμε το μαγαζί, αποκτήσαμε τη δυνατότητα να ξεπληρώσουμε όλο το χρέος, το οποίο ήταν πράγματι πάρα πολύ μεγάλο για να κατορθώσουμε να το ξεπληρώσουμε τόσο σύντομα. Αυτό ήταν πριν μπω στην Ιερατική Σχολή. Αφού είχαμε ξεχρεώσει, μπορούσαμε τότε να κάνουμε ελεύθερα δωρεές στην εκκλησία όπου πηγαίναμε. Προσπαθήσαμε να βοηθήσουμε τις οικογένειες που το είχαν ανάγκη. Όταν πηγαίναμε για πικ-νικ με τη Σχολή, ετοίμαζα πολλά γεύματα για τον καθηγητή και πολλούς φοιτητές. Τις Κυριακές, παρείχαμε γεύματα στα μέλη της χορωδίας. Βοηθούσαμε κρυφά όσους φοιτητές είχαν ανάγκη. Αν και ζούσαμε στο ενοίκιο, στις γιορτές και στις ειδικές διοργανώσεις, η σύζυγός μου φρόντιζε όλη την κωμόπολη. Σε περίπτωση που κάποια οικογένεια ήταν τόσο φτωχή που δεν μπορούσε να ετοιμάσει φαγητό για τις γιορτές, της έλεγα να τους δώσει κέικ ρυζιού και φαγητό, ακόμα κι αν δεν ήταν θρησκευόμενοι. Δεν ήταν επειδή ήμασταν οικονομικά ευκατάστατοι. Το κάναμε από πίστη και μόνον. Αφού είχαμε σπείρει με αυτόν τον τρόπο, την επόμενη μέρα, ο Θεός, που μας αφήνει να θερίζουμε ό,τι σπέρνουμε, μερίμνησε για εμάς και είχαμε μεγαλύτερο εισόδημα απ᾽ τις υπόλοιπες μη γιορτινές μέρες.

Ο Θεός με Ξύπνησε κατά τη Διάρκεια μιας Αγρυπνίας 200 Ημερών

Αφού αποδέχτηκα τον Θεό, δεν συμβιβάστηκα ποτέ με τον κόσμο υπό οποιεσδήποτε συνθήκες. Προσπάθησα να ακολουθήσω το νόμο του Θεού με αυστηρότητα στο μέτρο που καταλάβαινα τον Λόγο Του. Κατά την διάρκεια των τεσσάρων χρόνων που φοίτησα στη Σχολή, προσευχόμουν πάντοτε όλη νύχτα και νήστευα αρκετά συχνά. Κατά τη διάρκεια των διακοπών, μάζευα τα πράγματά μου και πήγαινα στα βουνά για να προσευχηθώ. Περνούσα το μεγαλύτερο διάστημα των διακοπών μου σε οίκους προσευχής που βρίσκονταν πάνω στα βουνά. Άλλες φορές πάλι, προσέφερα προσευχές κι όρκους καθ᾽ όλη τη διάρκεια της νύχτας. Προσευχόμουν από τα μεσάνυχτα έως τις τέσσερις το πρωί και δεν αργούσα ποτέ, ούτε κατά ένα λεπτό.

Μετά την προσευχή, επέστρεφα μόνος στο δωμάτιό μου και πήγαινα για ύπνο κατά τις 5. Αλλά έπρεπε να σηκωθώ στις 7. Η κόρη μου η Μιγιούνγκ, που τότε ήταν μαθήτρια στο δημοτικό σχολείο, μου έφερνε πρωινό στις 7:20. Μετά το πρωινό, έπαιρνα μαζί το κουτί με το φαγητό μου και πήγαινα στη Σχολή. Όταν τελείωναν τα μαθήματα και γύριζα σπίτι, έπρεπε να μελετήσω για την επόμενη μέρα. Επιπλέον, έπρεπε μερικές φορές να διευθετήσω και θέματα του μαγαζιού. Υπήρχαν πολλά πράγματα που έπρεπε να κάνω. Καθώς ο τρόπος της ζωής μου ήταν τέτοιος συνεχώς, κουράστηκα. Κοιμόμουν στις 5 και μου ήταν δύσκολο να ξυπνήσω στις 7. Τότε ο Θεός με ξυπνούσε στις 7.

«Μπαμπά!» Άκουσα την κόρη μου να φωνάζει απ' έξω κρατώντας το πρωινό.

«Εσύ είσαι, Μιγιούνγκ;» Ήμουν σίγουρος ότι είχα ακούσει τη φωνή της κόρης μου, κι έτσι άνοιξα την πόρτα, αλλά δεν υπήρχε κανένας έξω. Κοίταξα τριγύρω αναζητώντας την, αλλά δεν μπόρεσα να τη βρω πουθενά. Αφού έριξα νερό στο πρόσωπό μου κι έπειτα από 20 λεπτά, έφτασε η Μιγιούνγκ. Την επόμενη μέρα, και πάλι στις 7 η ώρα, άκουσα, «Μπαμπά!» Άνοιξα την πόρτα, αλλά δεν ήταν κανείς εκεί. Εκείνη τη στιγμή συνειδητοποίησα ότι με ξύπνησε ο Θεός μέσω ενός αγγέλου.

Καθώς, όμως, αυτό συνεχιζόταν, γινόμουν ολοένα και λιγότερο ευαίσθητος. Τελικά, δεν μπορούσα να ξυπνήσω ακόμα κι όταν άκουγα τη φωνή να με καλεί, «Μπαμπά!» Τότε, ο Θεός χρησιμοποίησε μιαν άλλη μέθοδο. Άκουγα τον ήχο των βημάτων πολλών ανθρώπων έξω από την πόρτα μου, αλλά όταν άνοιγα να δω, δεν ήταν κανείς. Η ώρα ήταν ακριβώς 7 το πρωί.

Καθώς προσέφερα μία αγρυπνία διάρκειας 100 ημερών, την 90η ημέρα, άκουσα στις ειδήσεις ότι ο πεθερός μου είχε πεθάνει. Πήγα με τη σύζυγό μου στο πατρικό της σπίτι στο Μόκπο. Εκεί, προσευχηθήκαμε μαζί από τα μεσάνυχτα ως τις τέσσερις το πρωί. Μετά το τέλος της κηδείας, επιστρέψαμε στο σπίτι και συμπληρώσαμε το υπόλοιπο των ημερών που είχα δώσει υπόσχεση να προσευχηθώ. Παρ' όλα αυτά, όμως, δεν ήμουν ικανοποιημένος. Ένιωθα ότι δεν μπορούσα να ικανοποιήσω πραγματικά τον Θεό. Έτσι, έδωσα όρκο γι' άλλες 100 ημέρες ολονύχτιας προσευχής και τις τελείωσα. Μετά από αυτό, οι αγρυπνίες μου κρατούσαν 200 ημέρες.

Πέταξε Αυτά τα Λεφτά στην Τουαλέτα

Η οικογένειά μου γνώριζε πολύ καλά ότι δεν θα μπορούσα να δεχτώ τίποτα που να είναι ενάντια στον Λόγο του Θεού. Αλλά υπήρξε κάποια Κυριακή που η σύζυγός μου και οι τρεις κόρες μας θέλησαν να πάρουμε κάτι να φάμε μετά την Κυριακάτικη λειτουργία. Η γυναίκα μου προσπάθησε να ερμηνεύσει τους μορφασμούς μου λέγοντας,

«Τα παιδιά θέλουν να τσιμπήσουν κάτι πρόχειρο. Θέλουμε να πάρουμε κάτι να φάμε.»

«Κόρες μου, θέλετε στ' αλήθεια κάτι να φάτε;» ρώτησα.

«Ναι!» απάντησαν όλες με ενθουσιασμό.
Οι τρεις κόρες μου πίστευαν ότι θα τους το επέτρεπα μόνο για εκείνη την ημέρα, μολονότι ήξεραν ότι ήταν Κυριακή. Τους είπα να μου φέρουν τα λεφτά από το συρτάρι. Έφεραν τα λεφτά για ν' αγοράσουν κολατσιό.

Τότε τους είπα, «Θα πάτε και οι τρεις στην τουαλέτα και θα πετάξετε εκεί τα χρήματα.» Πέταξαν γύρω στα 200 γουόν (δηλαδή περίπου 2000 γουόν ή 2 δολάρια με τη σημερινή αξία) κι επέστρεψαν.

«Ξέρετε γιατί σας έβαλα να το κάνετε αυτό;»

«Ναι, ξέρουμε.» απάντησαν και οι τρεις.

Συνέχισα λέγοντας, «Η Κυριακή είναι η μέρα του Θεού. Ο Θεός απαγορεύει να αγοράζουμε και να πουλάμε πράγματα. Θα παρακούσετε την εντολή του Θεού; Αν δεν μπορείτε ν' αντισταθείτε σε έναν απλό πειρασμό να φάτε κάτι, αργότερα οι πειρασμοί θα γίνουν δύο και τρεις. Ο Θεός δεν θα είναι ευχαριστημένος με αυτά. Ήδη παραβιάσατε την αργία της Κυριακής ζητώντας μου να αγοράσουμε φαγητό. Κι αυτό επειδή το ότι το ζητήσατε, είναι το ίδιο στην ψυχή σας με το να το αγοράσετε και να το φάτε. Γι' αυτό τον λόγο σας είπα να πετάξετε τα λεφτά.» Αργότερα, οι τρεις κόρες μου παραδέχτηκαν ότι αυτό το περιστατικό χαράχτηκε βαθιά στην καρδιά τους και τους έγινε μάθημα.

Το Πλήθος Συνωστίζεται

Επειδή το μαγαζί βρισκόταν στη γωνία ενός πολυσύχναστου δρόμου, μας επισκέπτονταν συχνά όχι μόνο οι πελάτες μας, αλλά και ποιμένες ή μέλη της εκκλησίας. Όταν παρακολουθούσα τη Σχολή, κάποιες διακόνισσες έκλεισαν ραντεβού για μια συμβουλευτική συνεδρία μαζί μου. Μου είπαν ότι κάποιοι πιστοί ίδρυαν ένα είδος δανειστικής ένωσης στην εκκλησία. Τις συμβούλεψα να μην εισχωρήσουν σε αυτή την ομάδα λέγοντας τα ακόλουθα:

«Ο Ιησούς είπε ότι ο Ναός του Θεού είναι οίκος της προσευχής κι επέπληξε τους εμπόρους που πωλούσαν αγαθά στο Ναό. Δεν είναι σωστό να κάνουμε στο χώρο της εκκλησίας τίποτε που να επιφέρει χρηματικό κέρδος. Ο Θεός μας συμβουλεύει να μην έχουμε κανένα απολύτως χρέος εκτός από το χρέος της αγάπης, κι έτσι να μην κάνουμε καμία χρηματική συναλλαγή στην εκκλησία. Από τη στιγμή που τα χρήματα εμπλέκονται σε μια ανθρώπινη σχέση, ο Σατανάς ξεκινά το σχέδιό του κι η εκκλησία αντιμετωπίζει προβλήματα.»

Σύντομα, εκείνη η πιστωτική ένωση προκάλεσε πολλά προβλήματα κι οδήγησε την εκκλησία σε δύσκολη θέση. Από τότε που ίδρυσα την εκκλησία μου, έχω απαγορεύσει κάθε είδους συναλλαγή, οποιοσδήποτε κι αν είναι ο σκοπός της. Δίδασκα πάντοτε στα μέλη ν' αποφεύγουν τις δοσοληψίες μεταξύ των πιστών. Καθώς τα νέα από τις συμβουλές μου είχαν διαδοθεί, πολλοί ήταν εκείνοι που σχημάτισαν ουρές για να με συμβουλευτούν. Μία πιστή ήταν φαλακρή κι ήρθε με ένα μαντήλι στο κεφάλι. Αλλά μέσα σε λίγους μήνες από τότε που έλαβε την προσευχή μου, τα μαλλιά της βγήκαν και πάλι κι έβγαλε το μαντήλι από το κεφάλι της.

Μια φορά, ήταν ένας πιστός που πήγαινε μερικές φορές σε μάντισσες και δεν τηρούσε την αργία της Κυριακής. Ενεπλάκη μια φορά σε ένα τροχαίο ατύχημα κι ήρθε σε μένα. Μου ζήτησε να προσευχηθώ για εκείνον, επειδή πονούσε τρομερά μετά το ατύχημα. Αφού προσευχήθηκα ολόψυχα για εκείνον, μου εξομολογήθηκε ότι ο πόνος του εξαφανίστηκε κι είχε γιατρευτεί.

Τηρώντας την αργία της Κυριακής, αναγνωρίζουμε την πνευματική κυριαρχία του Θεού. Έτσι ο Θεός θα μας προστατεύει από κάθε είδους ατύχημα όλη την εβδομάδα. Αν, όμως, δεν την τηρούμε σωστά, ο Θεός της δικαιοσύνης δεν θα μας προστατέψει. Ειδικά από τη στιγμή που ο συγκεκριμένος άνθρωπος είχε πάει σε μάντισσες, είχε διαπράξει πνευματική μοιχεία προς τον Θεό. Στον Θεό δεν αρέσει καθόλου αυτό. Προσπάθησα με τον Λόγο του Θεού, να εμφυσήσω την πίστη σε εκείνους που ήρθαν να με επισκεφτούν.

Ένας συγκεκριμένος ιερέας σταμάτησε να με επισκεφθεί στον πηγαιμό για έναν οίκο προσευχής στο βουνό, όπου θα πήγαινε αναζητώντας μια λύση σε κάποιο πρόβλημά του. Μετά την επίσκεψή του μπόρεσε να πάει σπίτι του αισθανόμενος αγαλλίαση, καθώς έλαβε απάντηση και το πρόβλημά του λύθηκε. Συμβούλευα τόσους πολλούς ανθρώπους που μερικές φορές δεν είχα χρόνο να πηγαίνω καν στη Σχολή. Όταν ήμουν σπίτι, όσοι ήθελαν συμβουλές και να προσευχηθώ για εκείνους σχημάτιζαν ουρές γύρω από το σπίτι μου. Γι' αυτό τον λόγο έπρεπε κατά τη διάρκεια των διακοπών να μαζεύω τα πράγματά μου και να καταφεύγω στα βουνά. Έπρεπε να αποφεύγω τους ανθρώπους για να συγκεντρωθώ στον Λόγο του Θεού και στην προσευχή σαν φοιτητής του Ιεροδιδασκαλείου που ήμουν.

Υπερβολική Νηστεία υπό την Επιφοίτηση του Αγίου Πνεύματος

Μπορούμε να Εκδιώξουμε τις Αμαρτίες ακόμα κι από την Σκέψη μας

Τον Αύγουστο του 1979, κατά τη διάρκεια των καλοκαιρινών διακοπών στο πρώτο έτος της θεολογικής σχολής, συμμετείχα στην καλοκαιρινή σχολή ιερέων της Γεωργικής Σχολής Χαναάν μαζί με τον κληρικό της ενορίας μου. Νερό ανάβλυζε από ένα συντριβάνι προς τον καθαρό γαλανό ουρανό. Άκουγα μερικούς πάστορες να μιλάνε μεταξύ τους. Εξεπλάγην ακούγοντάς τους να συζητούν για πολλά και διάφορα επίγεια θέματα. Εκείνη την εποχή πίστευα ότι όλοι οι ποιμένες ήταν άγιοι όπως ο Κύριος. Έμεινα έκπληκτος κι απογοητεύτηκα ακούγοντάς τους να συμμετέχουν σε συζητήσεις όπως:

«Και που είμαστε ποιμένες, στην πραγματικότητα δεν

μπορούμε να κάνουμε τίποτα για την αμαρτωλή φύση του πονηρού μυαλού και τις σκέψεις που προέρχονται από αυτό. Έτσι λοιπόν, κατά τη γνώμη μου και σύμφωνα με την πίστη μου, αυτό δεν αποτελεί αμαρτία.»

«Σωστά», αποκρίθηκε κάποιος άλλος, «Η αμαρτία διαπράττεται όταν διαπράττουμε την πράξη. Η σκέψη από μόνη της δεν αποτελεί αμαρτία.»

Έμεινα εμβρόντητος καθώς είχα κατορθώσει πριν ακόμα μπω στην θεολογική σχολή, ν' απαλλαγώ από την αμαρτωλή φύση του πονηρού μυαλού μου μέσω της νηστείας και της προσευχής. Κι επειδή οι αρχέγονες ρίζες της αμαρτίας είχαν ξεριζωθεί, ο διάβολος-εχθρός κι ο Σατανάς δεν μπορούσαν πια να μου προκαλέσουν καμία τέτοιου είδους σκέψη. Είναι δυνατό να μας έδινε ο Θεός την εντολή να μη διαπράττουμε μοιχεία αν δεν ήμασταν ικανοί να την τηρήσουμε; Γιατί έλεγαν τέτοια πράγματα αν πίστευαν ότι οι αμαρτωλές σκέψεις εκδιώκονται με τη νηστεία και την προσευχή; Ο Ιησούς είπε ότι όταν ένας άντρας κοιτάξει με λαγνεία μια γυναίκα, στην καρδιά του, έχει ήδη διαπράξει μοιχεία. Επιπλέον, είπε ότι τίποτα δεν είναι αδύνατο για όποιον πιστεύει, κι έτσι μπορούμε να απαλλαγούμε από τις αμαρτίες, ακόμα και μαχόμενοι ώσπου να χύσουμε αίμα.

Επιπροσθέτως, όταν οι φοιτητές της θεολογικής σχολής ρώτησαν τον καθηγητή σχετικά με αυτό το θέμα, είπε και εκείνος ότι οι άνθρωποι δεν μπορούν να κάνουν τίποτα για να ελέγξουν τις σκέψεις τους, κι επομένως η σκέψη από μόνη της δεν αποτελεί αμαρτία. Πήρα τότε την απόφαση να διδάξω στους πιστούς ότι μπορούμε να διώξουμε μακριά τις αμαρτωλές σκέψεις αν λάβουμε τη χάρη και τη δύναμη του

Θεού.

«Θεέ μου, Σ' ευχαριστώ. Αν είχα ακούσει πριν από καιρό ότι δεν μπορούμε να διώξουμε τις πονηρές σκέψεις από το μυαλό μας, θα τα είχα παρατήσει και θα συνέχιζα να διαπράττω το αμάρτημα της μοιχείας με τη σκέψη μου. Αλλά Εσύ με άφησες να προσπαθήσω και να προσευχηθώ για να ζήσω σύμφωνα με τον Λόγο του Θεού, και μου έδωσες την ικανότητα να απαλλαγώ από το πονηρό μου μυαλό μέσω της νηστείας και της προσευχής. Σ' ευχαριστώ, Θεέ μου!»

Συνειδητοποίησα ότι η Νηστεία ήταν Θέλημα Θεού

Ακόμα κι αφού μπήκα στη θεολογική σχολή, προσευχόμουν πολύ και νήστευα για τρεις μέρες, επτά μέρες, 15 μέρες και 21 μέρες. Τον πρώτο μου καιρό ως θρησκευόμενος, δεν γνώριζα καν γιατί έπρεπε να νηστεύω, απλά ακολουθούσα την καθοδήγηση του Αγίου Πνεύματος και νήστευα. Όταν έγινα διάκονος, έμαθα γιατί έπρεπε να νηστεύω και τι οφέλη θα είχα. Έτσι, όταν έπιανα τον εαυτό μου να μην είναι ειλικρινής, νήστευα για για τρεις, για πέντε και για επτά ημέρες για να απαλλαγώ από αυτό. Όταν, για παράδειγμα, αντιλήφθηκα ότι είχα από τη φύση μου την τάση και τη συνήθεια να λέω ψέματα, άρχισα αμέσως μία τριήμερη νηστεία. Έτσι, επειδή ήταν πολύ δύσκολο να νηστεύω κατά αυτόν τρόπο, μπόρεσα να απαλλαγώ γρήγορα από τη συνήθεια του να λέω ψέματα.

Είναι σημαντικό για εμάς, μετά από νηστεία να

τρεφόμαστε προσεκτικά ώστε να ανακάμψει ο οργανισμός μας. Τέτοιες τροφές είναι το κουρκούτι από πλιγούρι, ή ο λεπτόρρευστος χυλός από ρύζι και ή βρώμη. Πρέπει να τις τρώτε για τόσο διάστημα όσο ήταν και η νηστεία που προηγήθηκε. Ως αποτέλεσμα, δεν είχα πολλές ημέρες περιθώριο να τρέφομαι με στερεή τροφή. Βρισκόμουν σε μια σχεδόν συνεχή νηστεία. Είχα μάθει για τη νηστεία στο πρώτο κήρυγμα θρησκευτικής αναγέννησης που είχα παρευρεθεί, αλλά δεν ήξερα τίποτα για την ειδική διατροφή που ακολουθεί. Στην πραγματικότητα δεν ήξερα γιατί έπρεπε να νηστεύω, αλλά υπό την καθοδήγηση του Αγίου Πνεύματος, αποφάσισα να νηστέψω για επτά μέρες και πήγα στο βουνό Τσουνγκ-γκιε με μια κουβέρτα και τη Βίβλο.

Σε μικρή απόσταση από τον οίκο προσευχής, υπήρχαν κάποια ιδιωτικά δωμάτια που τα αποκαλούσαν «κελιά προσευχής» και ήταν προορισμένα για ατομική προσευχή. Ο χώρος ήταν υγρός, και στο πάτωμα υπήρχαν κάτι τρύπιες σανίδες, κι ήταν επομένως γεμάτο έντομα. Προσευχήθηκα με δυνατή φωνή και τελείωσα εκεί την επταήμερη νηστεία μου. Τα πόδια μου έτρεμαν την ώρα που κατέβαινα το βουνό, αλλά ήμουν χαρούμενος που είχα ολοκληρώσει τη νηστεία. Όταν έφτασα στη στάση του λεωφορείου, είδα έναν μικροπωλητή να πουλά λουκουμάδες και τηγανιτές πατάτες. Αγόρασα μερικούς λουκουμάδες κι επέστρεψα σπίτι.

«Αγάπη μου, θα μου Φέρεις λίγο Φαγητό;»

Η σύζυγός μου, μού είχε ετοιμάσει ένα γεύμα κι έτσι

προσευχήθηκα, «Πιστεύω να το χωνέψω καλά», κι έφαγα δύο μπωλ ρύζι. Μπορεί να μου έπεφταν πολύ βαριά στο στομάχι, αλλά τα χώνεψα καλά. Λίγο καιρό αργότερα, άκουσα ότι ο Οίκος Προσευχής Οσάνρι εγκαταστάθηκε στο Πάτζου, στο Καγιόνγκ-γκι Ντο. Πήγα κι εκεί για να νηστέψω και να προσευχηθώ. Καθώς παρακολουθούσα ένα κήρυγμα κατά τη διάρκεια μιας τριήμερης νηστείας, άκουσα πόσο απαραίτητο είναι να τρώμε συγκεκριμένες τροφές «ανάκαμψης» μετά από τη νηστεία. Ο πάστορας είπε ότι πρέπει να τρώμε μαλακιές κι ελαφριές τροφές όπως κουρκούτι από πλιγούρι, χυλό και λαχανικά. Είχα, ωστόσο, διαφορετική άποψη επί του θέματος.

Όταν επέστρεψα σπίτι μετά από τη νηστεία, έφαγα το συνηθισμένο μου γεύμα με ρύζι, αφού προσευχήθηκα «πιστεύω να το χωνέψω καλά». Ξαφνικά, όμως, το πρόσωπό μου πρήστηκε κι εμφάνισα κι άλλα συμπτώματα σε όλο μου το σώμα. Γονάτισα αμέσως κι άρχισα να προσεύχομαι. Άκουσα τη φωνή του Αγίου Πνεύματος.

«Όταν δεν γνώριζες για την ειδική διατροφή που ακολουθεί τη νηστεία, σε άφησα να πιστεύεις σε αυτό που νόμιζες, αλλά τώρα γνώριζες και δεν υπάκουσες εξαιτίας της υπεροψίας σου.» Μετανόησα ειλικρινά που δεν υπάκουσα σε ό,τι είχα μάθει, και ξεκίνησα αμέσως άλλη μία νηστεία.

Τα Οφέλη της Νηστείας Μετά Προσευχής

Η νηστεία μετά προσευχής παίζει έναν πολύ σημαντικό ρόλο στο να λαμβάνουμε απάντηση στις προσευχές μας, κι έχει πολλά οφέλη. Πρώτον, είναι πολύ δύσκολο να νηστεύουμε και μετά να ακολουθούμε τη σωστή διατροφή για κάποιο χρονικό διάστημα, χωρίς να επιβάλλουμε πειθαρχία στο σώμα μας. Καθώς νηστεύουμε αποκοβόμαστε από τη σάρκα μας κι αποκτούμε τη δύναμη του αυτοελέγχου. Το πνεύμα μας δραστηριοποιείται περισσότερο και μας βοηθά ώστε να γίνουμε άνθρωποι του πνεύματος. Επίσης, από σωματική άποψη, το στομάχι μας ξεκουράζεται, και αυτό είναι καλό για την υγεία μας. Το μυαλό καθαρίζει κι αυτό, κι επομένως η νηστεία είναι ωφέλιμη και για τη σωματική και για την πνευματική μας υγεία. Καθώς το πνεύμα μας γίνεται πιο ενεργό, γεμίζουμε με την πληρότητα του Αγίου Πνεύματος και μπορούμε έτσι να λάβουμε δύναμη από τον Θεό. Μέσω των ένθερμων προσευχών, θα λάβουμε απαντήσεις σε διάφορα προβλήματα και μπορούμε να αποτρέψουμε επερχόμενες δοκιμασίες. Ο Θεός φροντίζει για το καλό των πάντων.

Νήστευα όσο συχνά έτρωγα, αλλά δεν άλλαζα ποτέ γνώμη αν είχα ήδη αποφασίσει να νηστέψω για κάποιο χρονικό διάστημα. Αποκτούμε μια σχέση εμπιστοσύνης με τον Θεό όταν τηρούμε τις αποφάσεις μας προς Αυτόν. Όταν παίρνουμε απαντήσεις μέσω της προσευχής και της νηστείας, κερδίζουμε την επιβεβαίωση της πίστης, και αποκτούμε κουράγιο και δύναμη στη ζωή μας. Είναι επομένως ένας σύντομος δρόμος για να έχουμε εμπειρίες στη Χριστιανική μας ζωή κι ένας καλός τρόπος να κερδίζουμε στη ζωή μας μέσω της πίστης.

Άρα λοιπόν, η νηστεία μετά προσευχής είναι θέλημα του Θεού κι ένας από τους καλύτερους τρόπους να εξασφαλίσουμε το βασίλειο και την καλοσύνη του Θεού.

Τρόπος Νηστείας Μετά Προσευχής

Η νηστεία μετά Προσευχής είναι να προσεύχεσαι ενώ το μόνο που λαμβάνει το σώμα σου είναι νερό. Πιο συγκεκριμένα, είναι το να προσεύχεσαι με την αποφασιστικότητα που λέει, «Αν πεθάνω, πέθανα.» Γι' αυτό δεν πρέπει να υποβάλλουμε τον εαυτό μας σε μακρές νηστείες μεγαλύτερες των 10 ημερών χωρίς σκέψη, αλλά έχοντας υπεύθυνα υπόψη μας το θέλημα του Θεού και την καθοδήγηση του Αγίου Πνεύματος.

Ο Ησαΐας στο εδάφιο 58:6 λέει, «*Η νηστεία που εγώ διάλεξα, δεν είναι τούτη; Το να λύνεις τούς δεσμούς της κακίας, το να διαλύεις βαριά φορτία, και το να αφήνεις ελεύθερους τους καταδυναστευμένους, και το να συντρίβεις κάθε ζυγό;*» Οι δεσμοί κακίας αναφέρονται σε αυτή την περίπτωση σε όλα τα προβλήματα που προκαλούνται εξαιτίας της απομάκρυνσης από τον Λόγο του Θεού. Αν δηλαδή, προσφέρουμε μία νηστεία στον Θεό για να Τον ευχαριστήσουμε, τα προβλήματά μας θα λυθούν. Κάποιοι άνθρωποι, όμως, νηστεύουν για 40 ημέρες ακολουθώντας το δικό τους τρόπο σκέψης, κι αντιμετωπίζουν προβλήματα επειδή δεν είναι προστατευμένοι από τον Θεό. Επομένως, τι είδους νηστεία ευχαριστεί πραγματικά τον Θεό;

Πρώτον, πρέπει να το κάνουμε με αμετάβλητη καρδιά.

Όταν αποφασίσουμε πόσες μέρες θα είναι η διάρκεια της νηστείας μας, δεν πρέπει να αλλάξουμε γνώμη στα μισά. Δεν πρέπει να σταματήσουμε, ούτε να τα παρατήσουμε στη μέση επειδή απλά είναι δύσκολο. Σε περίπτωση που πρέπει να σταματήσεις εξαιτίας αναπόφευκτων αιτιών, πρέπει να ξεκινήσεις ολόκληρη τη νηστεία από την αρχή, μέχρι να συμπληρωθούν οι μέρες που είχες υποσχεθεί στον Θεό. Αν υποσχεθείς κάτι ενώπιον του Θεού και μετά το αλλάξεις για τον έναν ή τον άλλον λόγο, πώς θα μπορέσει ο Θεός να σ' εμπιστευτεί και να σε αγαπήσει; Όποια απόφαση κι αν πάρουμε ενώπιον του Θεού, πρέπει να την τηρήσουμε. Εφαρμόζοντάς το αυτό, μαθαίνουμε την αντοχή και πώς να διατηρούμε μια σχέση εμπιστοσύνης με τον Θεό. Επιπλέον, κάνοντάς το αυτό, μπορούμε κι ακολουθούμε το θέλημα του Θεού.

Δεύτερον, πρέπει να προσευχόμαστε με δυνατή φωνή κατά τη διάρκεια της νηστείας.

Υπάρχουν άνθρωποι που δεν προσεύχονται όπως θα 'πρεπε κι έχουν την τάση να κοιμούνται περισσότερο κατά τη διάρκεια της νηστείας τους. Απλώς το να μην τρως δεν έχει κανένα νόημα. Μόνον όταν φωνάζουμε δυνατά στην προσευχή, θα μας στείλει ο Θεός τη χάρη Του και το σθένος για να συνεχίσουμε να νηστεύουμε. Θα μας δώσει ακόμα απάντηση στις προσευχές μας καθώς και τις ευλογίες Του.

Όπως ακριβώς τρώμε τρεις φορές την ημέρα, έτσι θα πρέπει να προσφέρουμε τις προσευχές μας τουλάχιστον τρεις φορές την ημέρα κατά τη διάρκεια της νηστείας. Με αυτόν τον τρόπο μας παρέχεται το πνευματικό μάννα και το επουράνιο νερό που συμπληρώνεται από το Άγιο Πνεύμα, κι ο διάβολος φεύγει μακριά. Στην περίπτωση νηστείας με μεγάλη διάρκεια, πρέπει να προσευχόμαστε τουλάχιστον πέντε φορές την ημέρα για να λάβουμε τον πνευματικό άρτο από τον Θεό. Επιπλέον, η νηστεία μας δεν πρέπει να είναι μόνο μία εξωτερική πράξη. Όταν σκίζουμε την καρδιά μας και προσευχόμαστε από τα βάθη της, ο Θεός μάς δίνει χάρη και δύναμη. (Ιωήλ 2:12-13).

Τρίτον, δεν πρέπει να διασκεδάζουμε.

Ο Ησαΐας στο εδάφιο 58:3 λέει, «*Γιατί νηστέψαμε, λένε, και δεν είδες; Ταλαιπωρήσαμε την ψυχή μας, και δεν γνώρισες; Δέστε, κατά την ημέρα της νηστείας σας βρίσκετε ηδονή, και καταθλίβετε όλους τους μισθωτούς σας.*» Αν βλέπεις τηλεόραση, θυμώνεις, ή βρίζεις τους άλλους κατά τη διάρκεια της νηστείας σου, ο Θεός δεν μπορεί να την δεχτεί με χαρά, γι' αυτό και δεν θα πρέπει να περιμένεις καμία απάντηση. Επομένως, πρέπει να απέχουμε από τη διασκέδαση, από συζητήσεις χωρίς νόημα ή από οτιδήποτε κάνουμε χωρίς ειλικρίνεια. Με μία τέτοια καρδιά μπορεί να ευχαριστηθεί ο Θεός.

Τέταρτον, όταν προσευχόμαστε, πρέπει πρώτα να προσευχόμαστε για το βασίλειο του Θεού και την καλοσύνη Του.

Αν προσευχόμαστε με απληστία, ακολουθώντας τους πόθους μας, ο Θεός δεν αποδέχεται την προσευχή μας. Κατά συνέπεια, δεν μπορούμε να λάβουμε απαντήσεις. Η νηστεία τότε μάλλον θα βλάψει το σώμα μας, οπότε πρέπει να είμαστε πολύ προσεκτικοί. Δεν πρέπει να προσευχόμαστε για τη φήμη μας, για κοσμική κυριαρχία, ούτε για γνώση, παρά μόνο για το πώς θα καθαγιαστούμε και για το πώς θα γίνουμε εργαλεία στην υπηρεσία του Θεού. Πρέπει να προσευχόμαστε για τη σωτηρία κι άλλων ψυχών, για να λάβουμε περισσότερη δύναμη από τον Θεό και για να δεχτούμε τα δώρα του Αγίου Πνεύματος. Ο Θεός θα λάβει με χαρά την προσευχή μας όταν αυτή αναφέρεται στο βασίλειό Του και στην καλοσύνη Του, και στους ποιμένες των εκκλησιών.

Πέμπτον, πρέπει να προσευχόμαστε με πνευματική αγάπη.

Ο Ησαΐας στο εδάφιο 58:7 λέει, «*Δεν είναι το να μοιράζεις το ψωμί σου σ' αυτόν που πεινάει, και να βάζεις μέσα στο σπίτι σου τους άστεγους φτωχούς; Όταν βλέπεις τον γυμνό, να τον ντύνεις, και να μη κρύβεις τον εαυτό σου από τη σάρκα σου;*» Ο Θεός θα ανησυχήσει στοργικά όταν τα παιδιά Του σταματήσουν να τρώνε για να Τον εξυμνήσουν. Αν ενεργούμε με καλοσύνη και δείχνουμε αγάπη προς τον συνάνθρωπο, πόσο αξιαγάπητοι θα γίνουμε τότε στα μάτια του Θεού; Θα δεχόταν τότε με περισσότερη χαρά τη νηστεία, και θα παρείχε πιο γρήγορα απαντήσεις.

Έκτον, πρέπει να ακολουθούμε ειδική διατροφή μετά τη νηστεία.

Αφού τελειώσουμε τη νηστεία μας, πρέπει να τρώμε ειδικές τροφές για την ανάκαμψή μας για τόσες μέρες όσες ήταν κι οι μέρες της νηστείας, ώστε να την ολοκληρώσουμε. Όταν ακολουθούμε τη σωστή διατροφή, μπορούμε να αποκτήσουμε αυτοέλεγχο. Δεν θα βλάψει το σώμα μας, αντιθέτως, θα το κάνει πιο υγιές και το πνεύμα μας θα είναι καθαρότερο.

Μερικοί λένε, «Έχω δυνατό στομάχι, οπότε δεν χρειάζεται ν' ακολουθήσω καμιά ειδική διατροφή μετά από τη νηστεία.» Αλλά αυτή η ιδέα είναι πραγματικά λανθασμένη. Όταν τρώμε τις ειδικές αυτές τροφές, ο Θεός δυναμώνει τα αδύναμα στομάχια και θεραπεύει τις μικρότερης σημασίας ασθένειες.

Ακόμα κι όταν έχομε ολοκληρώσει καλά τη νηστεία, αν δεν ακολουθήσει η ειδική διατροφή, θα χάσουμε την ενέργειά μας σε τέτοιο βαθμό που το σώμα μας θα υποστεί βλάβη κι ίσως ν' αντιμετωπίσουμε τότε άλλα προβλήματα. Επιπλέον, κατά τη διάρκεια της περιόδου ανάκαμψης, δεν πρέπει να δουλεύουμε ή να αθλούμαστε σκληρά. Ίσως, ακόμα, να μας περιμένει κάποια δοκιμασία μετά τη νηστεία, οπότε θα ήταν καλύτερο να προσευχόμαστε και γι' αυτό κατά τη διάρκειά της.

Η Κατάλληλη Διατροφή μετά τη Νηστεία

Αν φάμε πολύ την περίοδο μετά τη νηστεία, το πρόσωπό μας θα πρηστεί και δεν είναι καλό ούτε για το στομάχι μας. Θα πρέπει επομένως, να είμαστε προσεκτικοί. Συνήθως τρώμε τρία γεύματα την ημέρα, αλλά σε τέτοιες περιόδους, μπορούμε να τρώμε μαλακό και λεπτόρρευστο χυλό από ρύζι τέσσερις φορές την ημέρα.

Καλό θα ήταν να αποφεύγουμε το κρέας, τα αυγά, το ψωμί, τα ανθρακούχα ποτά, και τα βαριά φαγητά που είναι λαδερά, καυτερά, αλμυρά ή ξινά. Πρέπει να αποφεύγουμε τροφές με όξινο γλουταμινικό νάτριο[1] (MSG) και μπαχαρικά. Είναι καλύτερο να καταφύγουμε στα λαχανικά.

Μετά από τριήμερη νηστεία, μπορούμε να φάμε χυλό από ρύζι, αλλά έπειτα από μακρά νηστεία το στομάχι μας γίνεται σαν το στομάχι ενός νεογέννητου μωρού. Γι' αυτό, για τουλάχιστον δύο ημέρες πρέπει να τρώμε μία πολύ αραιωμένη σούπα με ρύζι, σχεδόν σαν νερό, περίπου τέσσερις φορές την ημέρα. Ίσως μπορούμε να πίνουμε και χυμό από μήλο, χωρίς όμως τη σάρκα του, επίσης τέσσερις φορές την ημέρα.

Έπειτα από τρεις-τέσσερις ημέρες, μπορούμε να φάμε λίγο πιο παχύρρευστη σούπα από ρύζι. Αργότερα

---

[1] Σ.τ.Ε. Το όξινο γλουταμινικό νάτριο, γνωστό ως MSG με κωδικό Ε 621, είναι ένα άλας του γλουταμινικού οξέος και χρησιμοποιείται ως ενισχυτικό γεύσης σε πλήθος τροφίμων, ειδικά στην Ανατολική Ασία.

μπορούμε να προσθέσουμε ρυζάλευρο ή μαγειρεμένη κολοκύθα στο χυλό και ν' αυξήσουμε τις ποσότητες. Θα πρέπει να αποφεύγεται το κρέας ως συμπλήρωμα, και να μην προσθέτουμε καθόλου όξινο γλουταμινικό νάτριο. Σε περίπτωση που θέλουμε να φάμε κρέας, μπορούμε να φάμε λίγο ψάρι, το οποίο, όμως, θα έχουμε αλατίσει ελάχιστα.

Επιπλέον, είναι καλές ορισμένες σούπες λαχανικών, ειδικά αν αφαιρέσουμε τη φλούδα από τους σπόρους του σουσαμιού και τους προσθέσουμε στο χυλό του ρυζιού. Με αυτό τον τρόπο θα ανακτήσουμε γρηγορότερα τη χαμένη μας ενέργεια και θα αισθανόμαστε ότι το σώμα μας γίνεται όλο και πιο υγιές.

Προσευχή για την Καθοδήγηση του Αγίου Πνεύματος

Ήμουν εσωστρεφής άνθρωπος. Δεν μπορούσα να προσευχηθώ δυνατά σε περίπτωση που καθόταν κάποιος δίπλα μου. Αυτός είναι κι ο λόγος που προσευχόμουν μόνος καθ' όλη τη διάρκεια της νύχτας. Τριάντα λεπτά αφότου ξεκινούσα την προσευχή, λάμβανα την πληρότητα και την επιφοίτηση από το Άγιο Πνεύμα, ώστε να έχω βαθιά πνευματική επικοινωνία με τον Θεό. Μερικές φορές, η επιφοίτηση που δεχόμουν ήταν τόσο μεγάλη που άρχιζα να τραγουδώ σε άλλη γλώσσα, ενώ άλλες φορές άρχιζα να χορεύω με τον ρυθμό που μου έδινε το Άγιο Πνεύμα τραγουδώντας το Αλληλούια.

Προσευχόμουν κυρίως για τον πάστορα της ενορίας μου, για τους άλλους ποιμένες, για τους πρεσβυτέρους και την αναγέννηση της εκκλησίας και των άλλων ψυχών, για τις άλλες εκκλησίες, για το έθνος και για το λαό μας. Προς το τέλος της προσευχής, προσευχόμουν εν συντομία για την οικογένειά μου και για τη δουλειά μου. Όποτε είχα χρόνο, πήγαινα στα κέντρα προσευχής και παρακολουθούσα τις προσευχές το ξημέρωμα. Στη συνέχεια ανέβαινα στις κορυφές των λόφων. Θεωρούσα ότι ήταν χάσιμο χρόνου το να περιμένω ώσπου να τελειώσω το γεύμα μου, κι έτσι έπαιρνα μαζί μου μια κουβέρτα νωρίς το πρωί και παρέκαμπτα το μεσημεριανό.

Το βράδυ δειπνούσα στο κέντρο προσευχής, και παρευρισκόμουν στην εκεί λειτουργία. Όταν είχα στην καρδιά μου τη σφοδρή επιθυμία να νηστέψω, συνέχιζα να το κάνω και το βράδυ.

«Παρόμοια, όμως, και το Πνεύμα συμβοηθάει στις ασθένειές μας, επειδή, το τι να προσευχηθούμε, καθώς πρέπει, δεν ξέρουμε, αλλά το ίδιο το Πνεύμα ικετεύει για χάρη μας με στεναγμούς αλάλητους. Κι αυτός που ερευνά τις καρδιές ξέρει τι είναι το φρόνημα του Πνεύματος, ότι ικετεύει σύμφωνα με το θέλημα του Θεού για χάρη των αγίων.» (Προς Ρωμαίους 8:26-27).

Εκείνο τον καιρό δεν γνώριζα τίποτα για το Άγιο Πνεύμα· το μόνο που έκανα ήταν να ακολουθώ την καθοδήγησή Του και να προσεύχομαι. Ο Θεός ερευνά την καρδιά. Καθώς το Άγιο Πνεύμα προσευχόταν μέσα μου, εγώ προσευχόμουν ακολουθώντας την επιφοίτησή Του.

Τα Χέρια του Θεού Προετοιμάζουν το Άνοιγμα της Εκκλησίας

Ξεπερνώντας τις Δοκιμασίες της Πίστεως

Ο Θεός επέτρεψε να περάσουμε από διάφορες δοκιμασίες πίστεως, έτσι ώστε να αποκτήσει περισσότερη πίστη η οικογένειά μου. Η μικρότερή μου κόρη, η Σουτζίν, ήταν έξι ετών. Ήταν το 1980. Περπατούσε στο δρόμο με την αδελφή της, ενώ υπήρχαν εκεί κοντά κάποια αγόρια από το λύκειο που έπαιζαν με μια μπάλα. Κάποιο από αυτά τα αγόρια, στην προσπάθειά του να πιάσει τη μπάλα γύρισε ξαφνικά προς τα πίσω και χτύπησε τη Σουτζίν. Εκείνη έπεσε χτυπώντας το κεφάλι της στο τσιμέντο κι έπαθε διάσειση. Οι γονείς του μαθητή ήρθαν και μετέφεραν τη Σουτζίν στο νοσοκομείο.

Η σύζυγός μου έμαθε τα νέα και πήγε στο νοσοκομείο. Οι γιατροί είπαν ότι η Σουτζίν έπρεπε να μεταφερθεί σε γενικό νοσοκομείο. Είπε ότι ο εγκέφαλός της είχε υποστεί εκτεταμένη βλάβη κι ίσως να είχε κάποιες διανοητικές δυσλειτουργίες εξαιτίας της ζημιάς αυτής. Ακόμα κι αν γινόταν επέμβαση, υπήρχαν πολύ σοβαρές πιθανότητες να μείνει διανοητικά ανάπηρη.

Εγώ ήμουν στο μαγαζί, και μου είπαν ότι η Σουτζίν μιλούσε μέσα σε παραλήρημα. Εξαιτίας, όμως, της πίστης που είχα ότι θα μπορούσε να γιατρευτεί με την προσευχή, την πήγα στο σπίτι αντί να τη μεταφέρω στο γενικό νοσοκομείο. Η μητέρα του μαθητή που τη χτύπησε δεν ήξερε τι να κάνει. Εργαζόταν ως οικιακή βοηθός και βρισκόταν κι εκείνη σε δύσκολη οικονομική κατάσταση, ακριβώς όπως κι εμείς. Αφού την παρηγόρησα ώστε να ηρεμήσει, άπλωσα το χέρι μου και προσευχήθηκα για τη Σουτζίν. Βρισκόταν σε παραλήρημα και βογκούσε. Δεν ξύπνησε ούτε την επόμενη μέρα, ενώ η γυναίκα μου κι εγώ συνεχίσαμε να προσευχόμαστε καθ' όλη τη διάρκεια της νύχτας. Την Τετάρτη, καθώς έφευγα από το σπίτι για να πάω στη Σχολή, άκουσα ξαφνικά τη φωνή της να μου λέει καθαρά, «Μπαμπά, σήμερα δεν είναι η μέρα που πάμε στην εκκλησία;» Είχε ανακτήσει τις αισθήσεις της.

«Σε ευχαριστώ, Θεέ μου! Απάντησες στις προσευχές μου και η Σουτζίν συνήλθε.» Όταν επέστρεψα στο σπίτι από τα μαθήματα, η Σουτζίν έλειπε. Είχε πάει στην εκκλησία για να παρευρεθεί στη λειτουργία της Τετάρτης.

Η Δεύτερή μου Κόρη Χτυπήθηκε από Φορτηγό

Το 1981, η δεύτερή μου κόρη, η Μικγιούνγκ, ενεπλάκη σε ένα τροχαίο ατύχημα. Είχε κατεβεί από το λεωφορείο και διέσχιζε το δρόμο. Ο οδηγός του φορτηγού δεν την είδε και χτυπήθηκε από το φορτηγό. Έπεσε στο έδαφος. Συγκεντρώθηκε πολύς κόσμος κι ο οδηγός του φορτηγού τη μετέφερε στο νοσοκομείο.

Όταν έφτασε στο νοσοκομείο η σύζυγός μου, το πρόσωπο της Μικγιούνγκ ήταν τόσο πρησμένο που έμοιαζε σα να είχε δύο σαγόνια. Είχε σχιστεί όλο της το στόμα. Ήταν φρικτό! Οι γιατροί είπαν ότι έπρεπε να νοσηλευτεί, αλλά η γυναίκα μου την έφερε στο σπίτι. Η Μικγιούνγκ ήταν γεμάτη αίματα και δεν μπορούσε ν' ανοίξει τα μάτια της. Το πρόσωπό της είχε παραμορφωθεί από τα πολλά τραύματα και τις πολλές πληγές.

Δεν μπορούσε να φάει τίποτα. Το μόνο που μπορούσε να κάνει έστω και με δυσκολία ήταν να πιει γάλα ή να ρουφήξει λίγη σούπα με το καλαμάκι. Όταν της άνοιξα λίγο το στόμα για να ρίξω μια ματιά, το θέαμα που αντίκρισα ήταν φρικτό. Προσευχήθηκα ακουμπώντας πάνω της το χέρι μου, από τα βάθη της καρδιάς μου. Ακόμα και με όλα τα τραύματά της, πήγε στο σχολείο. Η δασκάλα της σοκαρίστηκε και της είπε να πάει στο νοσοκομείο. Η σύζυγός μου κι εγώ νηστέψαμε και προσευχηθήκαμε ολόψυχα όλη τη νύχτα. Η Μικγιούνγκ συνέχισε να πηγαίνει στο σχολείο, κι έπειτα από μία ημέρα το πρόσωπό της ήταν μαβί σαν μελανιασμένο, ενώ έπειτα από πέντε ημέρες, τα κάκαδα έπεσαν και ανάρρωσε πλήρως. Το στόμα της επανήλθε στην κανονική του θέση, το πρήξιμο εξαφανίστηκε, και το εσωτερικό του στόματός της είχε κι αυτό επουλωθεί και καθαρίσει.

Εκείνη τη χρονιά, κατά τη διάρκεια των καλοκαιρινών διακοπών, λάβαμε ένα γράμμα από τη δασκάλα της Μικγιούνγκ. Ανέφερε ότι συνειδητοποίησε ότι ο Θεός υπάρχει κι η δύναμή Του είναι μεγάλη· κι αυτό συνέβη επειδή είδε πόσο γρήγορα θεραπεύτηκε η Μικγιούνγκ χωρίς να λάβει καμιά ιατρική φροντίδα ούτε φάρμακα. Στο τέλος του γράμματος ανέφερε ότι από εδώ και στο εξής θα πήγαινε στην εκκλησία.

Η Πρώτη μας Κόρη Θεραπεύτηκε μετά τη Μετάνοια της Συζύγου μου

Το 1981, η πρώτη μου κόρη, η Μιγιούνγκ, πήγαινε στο δημοτικό σχολείο. Κατά τη διάρκεια των καλοκαιρινών μου διακοπών, πήγα για νηστεία μετά προσευχής στον οίκο προσευχής Οσάνρι κι επέστρεψα. Βρήκα τη Μιγιούνγκ να έχει βγάλει «καλόγερους» σε όλο της το σώμα. Το εξάνθημα ήταν τόσο εξαπλωμένο που το δέρμα της έμοιαζε με φλοιό πεύκου, και κάτω από τα σκληρά εξανθήματα είχε υποστεί μόλυνση και έβγαινε πύον. Ήταν τρομερό. Καθώς αιμορραγούσε με την παραμικρή κίνηση που έκανε, έπρεπε να παραμείνει σε μια γωνία του δωματίου.

Επειδή η σύζυγός μου είχε την πίστη ότι θα τη θεράπευε ο Θεός, δεν της έβαλε καμία φαρμακευτική αλοιφή ούτε τη μετέφερε στο νοσοκομείο. Προσευχήθηκα για τη Μιγιούνγκ αλλά δεν γιατρεύτηκε. Προσευχήθηκα για εκείνη και πάλι την επόμενη μέρα, αλλά δεν παρουσίασε καμία απολύτως βελτίωση.

«Δέστε, το χέρι τού Κυρίου δεν μίκρυνε, ώστε να μη μπορεί να σώσει, ούτε βάρυνε το αυτί του, ώστε να μη μπορεί να ακούσει, αλλά, οι ανομίες σας έβαλαν χωρίσματα ανάμεσα σε σας και στον Θεό σας, και οι

αμαρτίες σας έκρυψαν το πρόσωπό του από σας, για να μην ακούει.» (Ησαΐας 59:1-2).

Έψαξα μέσα μου αναζητώντας κάτι για το οποίο έπρεπε να μετανοήσω, αλλά δεν μπορούσα να σκεφτώ τίποτα. Ήμουν σίγουρος ότι η Μιγιούνγκ δεν είχε κάνει κάτι κακό. Πάντοτε ήταν πολύ καλό κορίτσι. Η σύζυγός μου είπε ότι παρευρέθηκε με απροθυμία στην πρωινή λειτουργία επειδή ήταν πολύ απασχολημένη και μετανόησε γι' αυτό μπροστά στον Θεό. Αφού μετανόησε κι εκείνη, προσευχήθηκα για τη Μιγιούνγκ, κι ο Θεός αυτή τη φορά φανέρωσε το έργο Του. Το δέρμα της με τα βαριά εξανθήματα, που είχε γίνει κίτρινο εξαιτίας της μόλυνσης, έγινε άσπρο μέσα σε μια νύχτα και τα κάκαδα έπεσαν. Είχε καθαρίσει εντελώς πριν από το τέλος των διακοπών.

Όταν στηριζόμασταν εξ' ολοκλήρου στον Θεό, δεν μας έφερε ποτέ αντιμέτωπους με δύσκολες καταστάσεις. Συνειδητοποιήσαμε ότι ήταν μια δοκιμασία της πίστης μας έτσι ώστε να ενδυναμωθεί η πίστη όλων των μελών της οικογένειας - ακριβώς όπως ο Θεός είχε μετατρέψει τον Ιώβ σε ένα καλύτερο άτομο γεμίζοντάς τον με «καλόγερους» - κι ευχαριστήσαμε τον Θεό για την αγάπη Του. Πριν την ίδρυση της εκκλησίας, ο Θεός έβαλε σε δοκιμασίες και τις τρεις μου κόρες για να αποκτήσουμε μεγαλύτερη πίστη.

Τι Πρέπει να Κάνω;

Αναγνώριζα την ύπαρξη του Θεού σε όλα τα πράγματα κι έβρισκα πάντα χαρά και ικανοποίηση στο να αναζητώ το θέλημά Του και να υπακούω σ' αυτό. Καθώς διάβαζα τη

Βίβλο, με άγγιξε πολύ το γεγονός ότι ο Δαβίδ στηριζόταν εξ' ολοκλήρου στον Θεό.

«Και ύστερα απ' αυτά ο Δαβίδ ρώτησε τον Κύριο, λέγοντας: Να ανέβω σε κάποια από τις πόλεις του Ιούδα; Και ο Κύριος του είπε, ανέβα. Και ο Δαβίδ είπε: Πού να ανέβω; Κι εκείνος του είπε: Στη Χεβρών.» (Σαμουήλ Β' 2:1).

«Και ο Δαβίδ ρώτησε τον Κύριο, λέγοντας: Να ανέβω προς τους Φιλισταίους; Θα τους παραδώσεις στο χέρι μου; Και ο Κύριος είπε στον Δαβίδ: Ανέβα, επειδή, σίγουρα θα παραδώσω τους Φιλισταίους στο χέρι σου.» (Σαμουήλ Β' 5:19).

Ο Δαβίδ ρωτούσε τον Θεό για τα πάντα, ακόμα και για τα πιο ασήμαντα θέματα. Όπως ένα μικρό παιδί ρωτά τους γονείς του τι να κάνει, έτσι κι ο Δαβίδ ζητούσε τη γνώμη και την καθοδήγηση του Θεού. Κάθε φορά που Τον ρωτούσε, ο Θεός τον συμβούλευε πάντα τι να κάνει, όπως θα έκανε ένας στοργικός πατέρας. Ρωτούσα κι εγώ τον Θεό για κάθε ζήτημα, κι ο Θεός μού επέτρεπε να ακούω καθαρά τη φωνή του Αγίου Πνεύματος.

Νηστεία 40 Ημερών

Κατά τη διάρκεια των χειμερινών διακοπών του δεύτερου έτους της σχολής, το 1981, ο Θεός με παρακίνησε να ξεκινήσω μια νηστεία διάρκειας 40 ημερών. Έβαλα στο σάκο μου τη Βίβλο μου, ένα υμνολόγιο και άλλα θρησκευτικά βιβλία, και πήγα σε ένα κέντρο προσευχής. Καθώς ήμουν έτοιμος να αποχωρήσω, άκουσα ξαφνικά τη δυνατή φωνή του Αγίου Πνεύματος.

«Να μην πάρεις και να μην διαβάσεις κανένα άλλο βιβλίο εκτός από τη Βίβλο και το υμνολόγιο κατά τη διάρκεια της σαρανταήμερης νηστείας.»

Άνοιξα γρήγορα το σάκο κι έβγαλα όλα τα άλλα βιβλία εκτός από τη Βίβλο και το υμνολόγιο, και πήγα στον Οίκο Προσευχής Οσάνρι. Καθώς βρισκόμασταν σε περίοδο διακοπών, υπήρχαν χιλιάδες πιστών. Ήταν εκείνη την χρονιά που έκανε το περισσότερο κρύο εδώ και 60 χρόνια. Παρακολούθησα όλες τις επίσημες λειτουργίες του οίκου, και είχα ορίσει να προσεύχομαι τρεις φορές την ημέρα (το ξημέρωμα, το απόγευμα και στις 11 το βράδυ). Όταν πήγαινα σε κάποιο κελί προσευχής και γονάτιζα, ένιωθα όλο μου το σώμα να παγώνει, αλλά προσευχόμουν δυνατά χωρίς να παραλείψω ποτέ ούτε μία προσευχή κατά τη διάρκεια των ημερών αυτών.

Το κελί της προσευχής ήταν γεμάτο πάγο και έμοιαζε με μεγάλο παγάκι. Παρ' όλα αυτά, ενώ δυσκολευόμουν να προσευχηθώ δυνατά κατά τα πρώτα 30 με 40 λεπτά, ο Θεός μού έδωσε τη χάρη Του ώστε να μπορώ να προσευχηθώ για δύο περίπου ώρες. Είχα νηστέψει πολλές φορές από τότε που ήμουν νεοφώτιστος, για πέντε, επτά, 15 και 21 ημέρες. Νήστευα συχνά, ενώ παράλληλα παρακολουθούσα και τα μαθήματα της Σχολής. Θεωρούσα ότι ακόμα και μία νηστεία 40 ημερών θα ήταν εύκολη υπόθεση αν με βοηθούσε ο Θεός. Προσευχόμουν για τη βασιλεία και την καλοσύνη του Θεού, καθώς επίσης και για να μου εξηγήσει ο Θεός τον Λόγο Του. Με είχε αποκαλέσει υπηρέτη Του αλλά δεν μπορούσα να κάνω τίποτα στηριζόμενος μόνο στις δικές μου δυνάμεις, κι έτσι προσευχόμουν με ειλικρίνεια για να λάβω τη δύναμη Του ώστε να δουλέψω για Εκείνον. Προσευχήθηκα, επίσης, και για το άνοιγμα μιας εκκλησίας, κι ο Θεός μού έστειλε το όραμα μιας εκκλησίας που θα εκπλήρωνε παγκόσμια αποστολή:

«Υπάρχουν πολλές ψυχές που υποφέρουν από αρρώστιες και από φτώχεια. Άφησε την εκκλησία σου να βοηθήσει όσους το έχουν ανάγκη, να θεραπεύσει το σώμα και το πνεύμα των ανθρώπων και να γίνει ο μάρτυρας που θα κηρύττει όλα αυτά τα χαρμόσυνα νέα σε ολόκληρο τον κόσμο και θα εκπληρώσει μια παγκόσμια αποστολή. Άφησε την εκκλησία σου να ανατείλει και να λάμψει. Σε επέλεξα, και θα σε καθοδηγήσω από την αρχή ως το τέλος. Θα τα καταφέρεις κι όλα αυτά θα γίνουν πραγματικότητα μόλις ιδρύσεις την εκκλησία σου.»

Καθώς είχα υποφέρει από φριχτούς πόνους κι ασθένειες για πολύ καιρό, μπορούσα να καταλάβω εκείνους που είχαν προσβληθεί από κάποια αρρώστια. Για να εμφυτεύσω την πίστη στους άπιστους, για να θεραπεύσω τόσους πολλούς ανθρώπους από τις ασθένειες και τις αδυναμίες τους, και για να τους ελευθερώσω από τα δεσμά της αδικίας που τους δένουν σ' αυτόν τον αμαρτωλό κόσμο, έπρεπε να λάβω μεγάλη κι απεριόριστη δύναμη από τον Θεό, κι έτσι προσευχήθηκα,

«Θεέ μου, δώσε μου τη δύναμη Σου, έτσι ώστε οι

άνθρωποι που τους αγγίζει η σκιά μου ή ακουμπούν μια άκρη από τα ρούχα μου να θεραπεύονται, και με μία διαταγή του Λόγου Σου ο εχθρός διάβολος να φεύγει μακριά.» Την ώρα που προσευχόμουν τόσο έντονα, έλαβα την υπόσχεση ότι Αυτός θα μου έδινε την εξουσία να απομακρύνω τις δυνάμεις του διαβόλου. Το όνειρό μου ήταν να λάβω περισσότερη δύναμη από τον Θεό, για να μπορώ να κηρύττω τα χαρμόσυνα νέα, και να εμφυτεύω την πίστη σε όσους δεν γνώριζαν τον Θεό κι υπέφεραν από ασθένειες, φτώχεια κι εγκόσμιες ανησυχίες, καθώς και για να ιδρύσω μια εκκλησία που θα μεγάλωνε διαρκώς και θα κήρυττε το Ευαγγέλιο σε κάθε γωνιά του κόσμου. Για να επιτύχω το όνειρο μιας παγκόσμιας αποστολής έπρεπε να λάβω την απεριόριστη δύναμη του Θεού, κι έτσι περίμενα ανυπόμονα και προσευχόμουν, για να λάβω τη δύναμη που είχε στείλει και σε άλλους ανθρώπους που είχε επιλέξει και αγαπήσει, όπως ο Μωυσής, ο Ιησούς του Ναυή, ο Ηλίας, ο Ελεισά, ο Πέτρος, κι ο Παύλος, και τους έδωσε την ικανότητα να κάνουν θαύματα και να ερμηνεύουν σημάδια.

Επιπλέον, ως υπηρέτης του Θεού, δεν ζήτησα μόνο τη δύναμη και την εξουσία για να υπερνικήσω τα εγκόσμια, αλλά ζήτησα επίσης να λάβω και 12 χαρίσματα του Αγίου Πνεύματος. Από την έκτη, όμως, μέρα, ο Θεός δεν έμεινε μαζί μου. Από τη στιγμή που δεν με βοηθούσε, με παρενοχλούσε ο διάβολος. Καθώς πέρασαν η έβδομη και όγδοη μέρα, είχα ζαλάδες και κράμπες στα χέρια και στα πόδια. Ένιωθα ότι τρελαινόμουν και δεν μπορούσα να κοιμηθώ τα βράδια. Σκέφτηκα ότι ίσως πράγματι να τρελαινόμουν κι έδινα μάχη για να διατηρήσω τη λογική μου. Σε ένα όνειρο, κάποιος με τάιζε με τη βία ρύζι. Αφού ξύπνησα, μετανόησα που είδα τέτοιο όνειρο.

Μου πέρασε από το μυαλό η σκέψη να παραιτηθώ επειδή πίστευα ότι μπορεί να ντρόπιαζα τον Θεό· αν όμως σταματούσα εκείνη τη στιγμή, θα έπρεπε να ξαναρχίσω από την αρχή. Έτσι, πάλευα καθημερινά ενάντια στον πόνο. Τα συμπτώματα αυτά σταμάτησαν μετά από εννέα ημέρες. Έπειτα από 20 ημέρες δεν είχα κουράγιο ούτε καν να διαβάσω τη Βίβλο, κι έτσι αγόρασα κάποια βιβλία με κηρύγματα από έναν πάστορα. Διάβασα ένα-δύο κεφάλαια, μην έχοντας τη δύναμη να διαβάσω περισσότερο. Πήγα στο κελί για να προσευχηθώ αλλά δεν είχα τη δύναμη να φωνάξω δυνατά. Έδωσα μεγάλη μάχη για να καταφέρω να προσευχηθώ. Προσευχήθηκα, «Θεέ μου, δώσε μου τη δύναμη να προσευχηθώ δυνατά.»

Δεν κατάλαβα πόση ώρα είχε περάσει, αλλά καθώς προσπαθούσα ακόμη, άκουσα μια φωνή στην καρδιά μου να λέει, *«Σου είχα πει να μην πάρεις μαζί σου και να μην διαβάσεις κανένα άλλο βιβλίο εκτός από τη Βίβλο και τους ύμνους. Γιατί λοιπόν διάβασες βιβλίο γραμμένο από άνθρωπο;»* Μόλις άκουσα τη φωνή ανέκτησα τις αισθήσεις μου και είπα, «Θεέ μου, νόμισα ότι δεν πείραζε και δεν υπάκουσα. Συγχώρεσέ με, Σε παρακαλώ.» Μου ήταν δύσκολο να διαβάσω τη Βίβλο και πίστεψα ότι θα μπορούσα να διαβάσω κάποιο άλλο βιβλίο. Συνειδητοποίησα ότι έπραξα ανυπακοή και μετανόησα ειλικρινά. Τότε, οι δυνάμεις μου επανήλθαν και μπορούσα και πάλι να προσευχηθώ.

Την 28η ημέρα, είχα μείνει πετσί και κόκκαλο. Το βάρος μου είχε μειωθεί σημαντικά. Την 30ή ημέρα, τα έντερά μου ήταν στεγνά και κολλημένα, επομένως δεν μπορούσα να καταπιώ ούτε νερό κι ένιωθα φουσκωμένος σα να υπέφερα από δυσπεψία. Με το που έπινα λίγο νερό έκανα αμέσως εμετό βγάζοντας μαύρο αίμα. Νομίζω ότι αυτό συνέβαινε επειδή είχαν σπάσει κάποιες φλέβες στο στομάχι μου και το ξερό αίμα έβγαινε κι αυτό καθώς έκανα εμετό.

Την 32η ημέρα, ήρθε να με επισκεφθεί η πρώτη μου κόρη που πήγαινε εκείνη την εποχή στο δημοτικό. Μοιραζόμουν ένα δωμάτιο με πολλούς άλλους ανθρώπους, και φαντάστηκα ότι θα ένιωθαν άσχημα βλέποντάς με να ξερνάω. Επέστρεψα στο σπίτι μαζί με την κόρη μου. Συνέχισα τη νηστεία μου στο δωμάτιο που νοίκιαζα κοντά στο σπίτι μου. Ήταν μια μεγάλη μάχη ενάντια στη θέλησή μου. Αλλά την 39η ημέρα, στις 11 το βράδυ, σαν από θαύμα, εξαφανίστηκαν όλοι μου οι πόνοι κι ο Θεός μού χάρισε επουράνια δύναμη. Ένιωθα δυνατός σα να είχα ανακάμψει πλήρως. Έκανα τότε ένα μπάνιο κι άλλαξα ρούχα. Τα μεσάνυχτα, προσέφερα μια ευχαριστήρια λειτουργία στον Θεό και ολοκλήρωσα τη νηστεία μου.

Σαν Αετός που Εκπαιδεύει τα Μικρά του

Αργότερα, ήμουν περίεργος να μάθω γιατί ο Θεός δεν με είχε στηρίξει κατά τη διάρκεια της σαρανταήμερης νηστείας μου. Μέχρι τότε, νήστευα πάντοτε χωρίς μεγάλη δυσκολία, επειδή ο Θεός με στήριζε και με βοηθούσε. Έτσι λοιπόν, Τον ρώτησα στην προσευχή μου γιατί έπρεπε να νηστέψω βασιζόμενος μόνο στις δικές μου δυνάμεις και με τόσο πολύ πόνο. Έλαβα από τον Θεό τα εξής λόγια.

«Δεν σου γύρισα την πλάτη, αλλά είχα την πρόθεση να σε εκπαιδεύσω. Αν συγκρίνεις μια νηστεία που ολοκληρώνεις εύκολα με τη δική Μου βοήθεια και μια νηστεία που ολοκληρώνεται αποκλειστικά με τις δικές σου δυνάμεις και τη δική σου αντοχή, η διάφορα έγκειται στο ότι η δύναμη που κερδίζεις είναι πάρα πολύ μεγαλύτερη.»

Ολοκληρώνοντας, λοιπόν, μια νηστεία με τη δική μου δύναμη και θέληση, θα μπορούσα να αποκτήσω μεγαλύτερη δύναμη και αντοχή, και να αντιμετωπίσω κάθε λογής δυσκολία. Καθώς άκουσα αυτά τα λόγια, μου ήρθε στο μυαλό το Δευτερονόμιον, κεφάλαιο 32:11-12.

«Όπως ο αετός σκεπάζει τη φωλιά του, περιθάλπει τους νεοσσούς του, καθώς απλώνει τις φτερούγες του, τους παίρνει και τους σηκώνει επάνω στα φτερά του, έτσι, ο Κύριος, μόνος, τον οδήγησε, και δεν ήταν μαζί του ξένος θεός.»

Οι αετοί φτιάχνουν τις φωλιές τους στην κορυφή ενός ψηλού γκρεμού. Όταν τα μικρά τους μεγαλώσουν λίγο, η μητέρα τους τα σπρώχνει έξω από τη φωλιά. Καθώς τα μικρά πέφτουν, κουνούν ενστικτωδώς τα φτερά τους για να σωθούν. Με αυτή την εκπαίδευση, οι μικροί αετοί γίνονται δυνατοί ώστε να τα καταφέρουν στον αγώνα τους για επιβίωση, πετώντας ψηλά στον ουρανό. Δεν μπορούσα να συγκρατήσω τα δάκρυά μου αναλογιζόμενος την αγάπη του Θεού που με εκπαίδευσε σκληρά, όπως εκπαιδεύει ένας αετός τα μικρά του.

Κεφάλαιο Πέμπτο

Το ξεκίνημα της εκκλησίας

Προετοιμασία Τριών Ετών για τον Λόγο του Θεού

Σε Ολοκλήρωσα

Σκεφτόμουν ποιο θα μπορούσε να είναι το νόημα των «τριών ετών». Στις 9 Ιουλίου του 1974, στα γενέθλια του πατέρα μου, είχε συμβεί εκείνο το γεγονός που ξεκίνησε τη διαδικασία διαζυγίου ανάμεσα στη σύζυγό μου κι εμένα. Και στις 10 Ιουλίου του 1977, ανοίξαμε το μαγαζί στην αγορά Κιούμχο Ντονγκ και ξεκινήσαμε να έχουμε οικονομική σταθερότητα. Τα δύο αυτά γεγονότα απέχουν μεταξύ τους ακριβώς τρία χρόνια, ούτε μία μέρα περισσότερη ή λιγότερη. Από τη στιγμή που η Ιερατική Σχολή είναι τέσσερα χρόνια, δεν μπορούσα αρχικά να καταλάβω γιατί ο Θεός είχε πει ότι θα είναι μαζί μου «και θα ακολουθούν σημεία και θαύματα» αφού προετοιμάσω τον εαυτό μου με τον Λόγο Του για τρία χρόνια. Σύντομα, όμως, αντιλήφθηκα το νόημα κι αυτών των λόγων. Τον

Φεβρουάριο του 1982, ύστερα από αίτηση του πάστορα της εκκλησίας Ίλμαν του Μασάν, μίλησα στην συγκέντρωση θρησκευτικής αναγέννησης που έλαβε χώρα εκεί. Τελείωσα τον τρίτο χρόνο της σχολής τον Φεβρουάριο του 1982, επομένως είχαν περάσει ακριβώς τρία χρόνια από τότε που μπήκα στην θεολογική σχολή. Κάποιος πρεσβύτερος της εκκλησίας μού είπε,

«Πάτερ, έλα σε παρακαλώ στην εκκλησία μου για να μιλήσεις στους πιστούς σε μια λειτουργία αναγέννησης.»

«Δεν είμαι χειροτονημένος ιερέας ακόμη. Είμαι απλά σπουδαστής στην Ιερατική Σχολή, άρα πώς μπορώ να έρθω και να μιλήσω στη λειτουργία; Ζητήστε το από κάποιον άλλον, σας παρακαλώ.»

«Όχι. Προσευχόμουν για κάποιο διάστημα γι' αυτή τη θρησκευτική συγκέντρωση αναγέννησης, κι ο Θεός έφερε εσένα στο μυαλό μου. Είναι θέλημα Θεού να μιλήσεις εσύ σε αυτήν τη συγκέντρωση.»

«Τότε θα προσευχηθώ γι' αυτό και θα σας απαντήσω.»

Καθώς ήταν η πρώτη συγκέντρωση θρησκευτικής αναγέννησης κι ήμουν ακόμα φοιτητής, δεν ένιωθα πολύ σίγουρος για τον εαυτό μου. Νήστεψα για τρεις ημέρες στον Οίκο Προσευχής Οσάνρι και τότε απέκτησα αυτοπεποίθηση και σιγουριά. Αφού επέστρεψα σπίτι, γονάτισα για να προσευχηθώ για την προετοιμασία των μηνυμάτων που θα κήρυττα. Εκείνη τη στιγμή, με καθαρή επιφοίτηση, ο Θεός μού έδωσε 11 μηνύματα, μαζί με τα χωρία στα οποία αναφέρονταν και τους τίτλους με κάθε λεπτομέρεια, καθώς επίσης και μηνύματα προορισμένα για την πρωινή λειτουργία. Αυτή η επιφοίτηση από τον Θεό, μού θύμισε ένα βιβλίο που είχα κάποτε διαβάσει, «Έχεις διαβάσει αυτό το βιβλίο, δώσ' το ως παράδειγμα.» Ήμουν πολύ εντυπωσιασμένος. Συνειδητοποίησα για άλλη μια φορά ότι τίποτα δεν είναι αδύνατο για τον Θεό. Τελείωσα με όλες τις προετοιμασίες, από τον πρόλογο ως τον επίλογο του κάθε κηρύγματος. Μίλησα στη συνάντηση αναγέννησης και ηγήθηκα αυτής με τη χάρη του Θεού. Όλα τα μέλη με ευχαρίστησαν λέγοντας ότι έλαβαν μεγάλη χάρη. Πολλοί εξομολογήθηκαν ότι ήταν ο Λόγος της Ζωής που δεν είχαν γνωρίσει πριν. Τους άλλαξα τη διάθεση και τον τρόπο σκέψης, και τα προβλήματά τους λύθηκαν.

Αυτή η συγκέντρωση ήταν η αρχή. Στη συνέχεια με προσκάλεσαν πολλές εκκλησίες για να μιλήσω στις συναντήσεις τους. Κάθε φορά, το Άγιο Πνεύμα, σαν ένας δυνατός ανεμοστρόβιλος, ακολουθούσε την ομιλία που αναφερόταν στα έργα του Θεού, τα σημάδια και τα θαύματα. Όταν ο Θεός με είχε αποκαλέσει δούλο Του, είχε πει, «Για τρία χρόνια, γι' αυτό προετοιμάσου με τον Λόγο για τρία χρόνια.»

Για μια Επιτυχημένη Θητεία Κληρικού

Προς το τελευταίο έτος της σχολής, οι συμφοιτητές μου προετοιμάζονταν κι εκείνοι να ανοίξουν εκκλησία. Ήταν πολύ απασχολημένοι με το να συλλέγουν γνώσεις και πληροφορίες σχετικά με την ίδρυση εκκλησίας. Παρακολουθούσαν ανάλογα συνέδρια και μελετούσαν γύρω από το θέμα της ανάπτυξης και αναγέννησης της εκκλησίας. Οι συμφοιτητές μου με συμβούλεψαν. «Πάτερ, πώς θα γίνεις ένας κληρικός με δύναμη όταν το μόνο που κάνεις είναι να νηστεύεις και να προσεύχεσαι συνεχώς πάνω στα βουνά; Γιατί δεν έρχεσαι μαζί μας να μάθεις περισσότερα πράγματα;» Φυσικά και είναι ωφέλιμο να αποκτάς γνώσεις και να μαζεύεις πληροφορίες που είναι απαραίτητες για την ίδρυση μιας εκκλησίας, αλλά εγώ είχα άλλη γνώμη.

Δεν ήθελα να μάθω για τις μεθόδους των ανθρώπων, αλλά για τη μέθοδο του Θεού που υπάρχει στη Βίβλο σχετικά με την ανάπτυξη μιας εκκλησίας. Σύμφωνα με τα όσα διάβασα στη Βίβλο, οι πατέρες της πίστεως όπως ο Πέτρος κι ο Παύλος, προσπαθούσαν πάντοτε να προσεύχονται κάθε στιγμή. Κατανόησα τον Λόγο του Θεού διαλογιζόμενος πάνω στη Βίβλο, και κήρυττα επιμελώς το Ευαγγέλιο.

Στις Πράξεις Των Αποστόλων, από το εδάφιο 8:26 κι εξής, ο Φίλιππος διασχίζει έναν ερημικό δρόμο υπό την καθοδήγηση του Αγίου Πνεύματος. Συνάντησε έναν Αιθίοπα ευνούχο, αξιωματικό στην υπηρεσία της Κανδάκης, της βασίλισσας των Αιθιόπων. Ήταν υπεύθυνος για όλους τους θησαυρούς της. Ο ευνούχος διάβαζε τα γραπτά του Ησαΐα κι ήθελε να κατανοήσει τον Λόγο του Θεού. Έτσι λοιπόν, ο Φίλιππος τού δίδαξε για τον Ιησού και τον βάπτισε. Επιπλέον, ο απόστολος Παύλος ήθελε να κηρύξει στην Ασία, το Άγιο Πνεύμα, όμως, δεν τον άφησε να το κάνει και τον οδήγησε στη Μακεδονία (Πράξεις Των Αποστόλων 16:6-10)

Αυτό που μου αποκαλύφθηκε έπειτα από διαλογισμό πάνω στον Λόγο του Θεού, ήταν ότι ο Θεός ο Ίδιος καθοδηγεί τους δούλους Του. Κατάλαβα ότι για να γίνει κάποιος επιτυχημένος κληρικός, το πιο σημαντικό είναι να έχει βαθιά επικοινωνία με τον Θεό και ν' ακολουθεί το θέλημά Του. Γι' αυτό το λόγο προσευχόμουν κι εγώ όποτε είχα χρόνο, και προσπαθούσα να κατανοήσω πνευματικά τον Λόγο του Θεού.

Η Σύζυγός μου Ενδιαφέρεται με Αγάπη για τις Ψυχές

Το Μάρτιο του 1982, αφού είχε τελειώσει η σαρανταήμερη νηστεία και η περίοδος αναπροσαρμογής με την ειδική διατροφή, άρχισε η νέα ακαδημαϊκή χρονιά. Την καινούρια χρονιά είχαν οργανωθεί από την αρχή οι ομάδες των κελιών στην εκκλησία όπου πήγαινα. Η σύζυγός μου έγινε αρχηγός της λειτουργίας του κελιού κι η διακόνισσα Άιτζα Αν έγινε η αρχηγός του κελιού. Ήμασταν πέντε μέλη στο ίδιο κελί. Μέχρι τον Απρίλιο τα μέλη είχαν ανέλθει σε 25.

Η σύζυγός μου εκχριστιάνιζε ανθρώπους με επιμέλεια κι ενδιαφερόταν για τα μέλη. Επίσης, είχε ορίσει μία ώρα για να προσεύχεται στο σπίτι καθημερινά με τη διακόνισσα Άιτζα Αν. Μέσα από αυτές τις συναντήσεις για προσευχή, πολλά προβλήματα που υπήρχαν μέσα στις οικογένειες λύνονταν, και περισσότερα οικογενειακά μέλη εκχριστιανίζονταν, ήταν επομένως επιτυχημένες. Επιπλέον, καθώς η σύζυγός μου ήταν σπουδαία μαγείρισσα, μαγείρευε σε κάθε συνάντηση νοστιμότατα πιάτα και σέρβιρε τα μέλη.

Τις Κυριακές, στέλναμε το πρωί τις τρεις κόρες μας

σε κάθε σπιτικό με το μήνυμα, «Σήμερα είναι η μέρα που πρέπει να πάτε στην εκκλησία, γι' αυτό ελάτε παρακαλώ στο σπίτι μας μέχρι τις 10». Αν δεν έρχονταν μέχρι τις 10, οι μικρές μου κόρες πήγαιναν και πάλι στα σπίτια τους, χτυπούσαν την πόρτα και τους παρακινούσαν να πάνε στην εκκλησία μαζί. Σε ορισμένες περιπτώσεις, δεν μπορούσαν να το αρνηθούν στα κορίτσια κι έρχονταν στην εκκλησία. Έτσι, τις Κυριακές, υπήρχαν γύρω στα 30 άτομα που εκκλησιάζονταν στο κελί μου. Η σύζυγός μου τους φρόντιζε και τους περιποιόταν με αγάπη και με αυτόν τον τρόπο εκπαιδεύτηκε και σα σύζυγος ιερέα..

Με Επτά Δολάρια

Κάτι Εκπληκτικό Συνέβη

Όταν ξεκίνησα το τελευταίο έτος της σχολής, την 1η Μαρτίου, το μαγαζί μου ενώ ήταν πάντα γεμάτο από πελάτες, έχασε ξαφνικά όλη του την πελατεία. Ήταν εντελώς άδειο. Αρχικά, σκέφτηκα μήπως είχαμε διαπράξει κάποια αμαρτία κι υπέθεσα ότι όλα θα ήταν και πάλι εντάξει την επόμενη μέρα. Αλλά ήταν ακριβώς το ίδιο. Η σύζυγός μου κι εγώ προσευχηθήκαμε στον Θεό, απάντηση, όμως, δεν λάβαμε. Καθώς δεν είχαμε εισόδημα, πληρώσαμε το νοίκι από το ποσό της εγγύησης. Αργότερα καταλάβαμε ότι ήταν η Θεία Πρόνοια. Κλείσαμε το μαγαζί για να ξεκινήσουμε την εκκλησία στις 25 Ιουλίου, και μέχρι τότε, όλη η εγγύηση είχε τελειώσει. Αφού πληρώσαμε κι όλους τους φόρους, μείναμε με επτά δολάρια στην τσέπη. Ο Θεός μετέτρεψε όλα όσα είχαμε κερδίσει σε αυτόν τον κόσμο σε ένα τίποτα, και μας έβαλε να ανοίξουμε την εκκλησία έχοντας μόνο επτά δολάρια.

Έρχονταν Άρρωστοι Άνθρωποι

Γιατί η μαμά της Μιγιούνγκ είναι πάντα χαρούμενη; Επειδή κάποτε δεν έκανα τίποτα άλλο από το να προσμένω τον θάνατό μου, η σύζυγός μου ξεκίνησε τη χριστιανική της ζωή βλέποντάς με να θεραπεύομαι από όλες τις αρρώστιες μου. Τώρα, ήταν πάντα χαρούμενη κι ευτυχισμένη. Ακόμα κι όταν δεν είχαμε τίποτα για να φάμε την επόμενη μέρα, ακόμα και τότε ήμασταν ευγνώμονες. Όταν έπλενε τα πιάτα ή έκανε οποιαδήποτε εργασία, πάντα τραγουδούσε εξυμνώντας τον Θεό. Όποιον κι αν συναντούσε, του εξιστορούσε για το πώς γνώρισε τον αληθινό Θεό και κήρυττε το Ευαγγέλιο. Περνούσε όλες της τις μέρες έχοντας την πληρότητα του Αγίου Πνεύματος.

Πριν από τη δημιουργία της εκκλησίας, τα νέα περί της οικογένειάς μου είχαν διαδοθεί, και υπήρχαν όλο και περισσότεροι άνθρωποι που ήθελαν να λάβουν την ευλογία μου. Τον Απρίλιο του 1982, με επισκέφθηκε μία πιστή. Ήταν τόσο αδύνατη, πετσί και κόκκαλο. Είπε ότι δεν μπορούσε να περπατήσει γρήγορα εξαιτίας μιας καρδιακής ασθένειας που είχε εκ γενετής.

«Πάτερ, τρεις μέρες αφότου γέννησα το παιδί μου, το σώμα μου πρήστηκε κι ήμουν σε πολύ άσχημη κατάσταση. Δεν μπορώ ούτε να κρατήσω το μωρό.» «Πάρε την ευχή μου έχοντας πίστη. Ο Θεός θα σε γιατρέψει.»

Έλαβε μία και μοναδική ευχή και γιατρεύτηκε από την ασθένεια στην καρδιά της. Σήμερα, είναι η πρεσβύτερη διακόνισσα Σιονγκ Τζα Κιμ, ένα αφοσιωμένο πλέον μέλος της εκκλησίας μας. Κάποια άλλη μέρα, επισκέφθηκε το μαγαζί μου μία μεσήλικη γυναίκα. Μου είπε ότι είχε μάθει για μένα και την οικογένειά μου κι έψαξε να με βρει. Είχε μία κόρη λίγο παραπάνω από 20 ετών, της οποίας το κόκκαλο του γοφού είχε εξαρθρωθεί. Τα πόδια της διέφεραν στο μήκος, κι έτσι δεν μπορούσε να περπατήσει σωστά. Ο πόνος είχε γίνει τόσο μεγάλος που αναγκάστηκε να ακολουθήσει φαρμακευτική αγωγή με μορφίνη. Είχε πλέον εθιστεί στη μορφίνη, και δεν της προσέφερε καμία ανακούφιση πια. Κανένα παυσίπονο, ούτε τα πιο δυνατά, δεν είχαν αποτέλεσμα. Η μητέρα της μου ζήτησε να προσευχηθώ για εκείνη. Έκανα μια λειτουργία στο σπίτι της. Το Άγιο Πνεύμα με παρακίνησε να προσευχηθώ γι' αυτή την οικογένεια για 21 ημέρες.

Εκείνο τον καιρό παρακολουθούσα τα μαθήματα της σχολής, κι ήμουν επίσης απασχολημένος με τις ολονύχτιες προσευχές. Αλλά ακόμα κι έτσι, κήρυττα τον Λόγο του Θεού σε αυτή την οικογένεια και προσευχόμουν για τα μέλη της για 21 ημέρες. Τότε, η κόρη άρχισε σιγά-σιγά να αποκτά πίστη, και σταμάτησε να παίρνει όλα εκείνα τα φάρμακα που έπαιρνε. Άρχισε να στηρίζεται μόνο πάνω στον Θεό. Την 20η ημέρα, εξαφανίστηκαν όλοι της οι πόνοι. Και την επόμενη, εξομολογήθηκε τα εξής:

«Πάτερ, αυτό το σπίτι είναι τόσο παλιό που υπάρχουν πολλοί αρουραίοι στη σοφίτα και στο ταβάνι. Και κάνουν πάντα φασαρία. Τις νύχτες, έρχονται ακόμα και στα δωμάτιά μας και προκαλούν αναστάτωση. Πέρασα δύσκολες στιγμές εξαιτίας αυτής της κατάστασης. Χθες το βράδυ, όμως, είδα ένα όνειρο και όταν ξύπνησα το πρωί συνέβη κάτι εκπληκτικό!»

Υπήρχαν τόσοι πολλοί αρουραίοι ώστε έβαλαν ποντικοφάρμακο, και είχαν δοκιμάσει και άλλους πολλούς τρόπους για να τους ξεφορτωθούν χωρίς, όμως, κανένα αποτέλεσμα. Ειδικά εκείνη η κοπέλα, ήταν πάντοτε νευρική και ανήσυχη εξαιτίας του ότι πονούσε. Τα βράδια, δεν μπορούσε να κοιμηθεί από το θόρυβο των αρουραίων. Αλλά κατά τη διάρκεια της νύχτας ονειρεύτηκε ότι της έδινα την ευχή μου, και καθώς προσευχόμουν για εκείνη, αρουραίοι διαφόρων μεγεθών έφυγαν ομαδικά, και στο τέλος έφυγε και ένας πολύ μεγάλος αρουραίος που έμοιαζε να είναι ο αρχηγός τους. Τότε, εξαφανίστηκε αμέσως κάθε πόνος που την ταλαιπωρούσε, και όλοι οι αρουραίοι της σοφίτας εξαφανίστηκαν και στην πραγματικότητα. Η αδελφή της είχε εκπλαγεί κι ενθουσιαστεί τόσο πολύ με το έργο του Θεού που δεν μπορούσε να κρύψει τα συναισθήματά της. Μερικές μέρες αργότερα, ήρθε η μητέρα της νεαρής κοπέλας και μου είπε, «Πάτερ, η κόρη μου πεθαίνει! Ελάτε αμέσως, σας παρακαλώ, να προσευχηθείτε για εκείνη!»

Ήταν μεσάνυχτα όταν έφτασα στο σπίτι της. Η κόρη της κειτόταν στο πάτωμα σπαρταρώντας από τον πόνο. Είχε νηστέψει για τρεις ημέρες, κι έπειτα θα έπρεπε να είχε ακολουθήσει την ειδική διατροφή για τις επόμενες τρεις, αλλά έφαγε τηγανητό κοτόπουλο αμέσως μετά τη νηστεία. Είχε οξεία δυσπεψία. Όταν άπλωσα το χέρι μου επάνω της και προσευχήθηκα, μπορούσα με την επιφοίτηση του Αγίου

Πνεύματος να διακρίνω καθαρά ένα κόκκαλο στο στομάχι της και να το βλέπω να λιώνει. Μόλις τελείωσε η προσευχή, έκανε εμετό ό,τι είχε φάει. Πήρε μια βαθιά ανάσα και το πρόσωπό της επανήλθε στη φυσιολογική του κατάσταση.

Κατασκευάζοντας ένα Καθαρό Δοχείο

Νήστευα πολύ συχνά κι έβαζα τα δυνατά μου ώστε να κρατάω μακριά κάθε μορφή κακού και να υπακούω στις εντολές του Θεού. Είχα τους εννέα καρπούς του Αγίου Πνεύματος κι ανακάλυψα ότι διέθετα τη δύναμη και τα χαρίσματα που μου είχε προσφέρει το Άγιο Πνεύμα. Εκείνη την εποχή, έπειτα δηλαδή από επτά χρόνια προσευχής στον Θεό ώστε να μου δώσει την ικανότητα να κατανοήσω το θέλημά Του, μου έστειλε έναν προφήτη. Τον Απρίλιο του 1982, με επισκέφθηκε μία γυναίκα, μέλος της εκκλησίας, την οποία είχε εκχριστιανίσει η σύζυγός μου, και μου είπε,

«Πάτερ, κάποιος φώναξε το όνομά μου τρεις φορές μέσα στη νύχτα κι έτσι άνοιξα τα μάτια μου. Δυσκολεύτηκα να τα ανοίξω γιατί υπήρχε ένα έντονο φως και μέσα από αυτό εμφανίστηκε ο Θεός και είπε, *Θα σε επιλέξω, θα σε κάνω ξακουστό σε πολλά έθνη και θα είσαι μάρτυς Μου σε ολόκληρο τον κόσμο.'* Δεν έχω την παραμικρή ιδέα τι σημαίνουν όλα αυτά.»

Εκείνον τον καιρό, δεν γνώριζε καν τι ήταν η Γένεσις και ποιος ήταν ο Ματθαίος, αλλά είχε θεραπευτεί από μια ασθένεια στο στομάχι μέσω της προσευχής. Όταν είχαμε συναντήσεις προσευχής για το ξεκίνημα της εκκλησίας, ο

Λόγος του Θεού έφτασε μέσα από τα χείλη της, κι έμεινα έκπληκτος ακούγοντας τις ίδιες λέξεις που είχε πει και σε μένα ο Θεός όταν με είχε αποκαλέσει δούλο Του, λέγοντας, «Δε ζήτησες 12 δώρα από το Άγιο Πνεύμα; Σου τα έδωσα όλα, γι' αυτό πρόσφερε μία ευχαριστήρια προσευχή.»

Επιπλέον, μέσω της προφητείας, ο Θεός μού μίλησε για πράγματα που μόνο εγώ γνώριζα. Μερικά από αυτά τα αγνοούσε ακόμα και η σύζυγός μου. Μέσα από αυτό, αντιλήφθηκα ότι ο Θεός μού έδωσε το χάρισμα της προφητείας. Ο Θεός με έκανε να πιστέψω απόλυτα ότι τα λόγια που μου είπαν ήταν τα δικά Του. Μέχρι τότε, ζητούσα τα 12 χαρίσματα. Σε αυτά συμπεριλαμβάνονταν τα Εννέα Χαρίσματα του Αγίου Πνεύματος όπως αναφέρονται στο δωδέκατο κεφάλαιο της Α' Προς Κορινθίους Επιστολής, καθώς επίσης το χάρισμα της διορατικότητας, της θεϊκής ενόρασης και το χάρισμα της αγάπης.

Τι Είναι η Προφητεία;

Η Βίβλος αναφέρει πολλές μεθόδους για να ακούσει κάποιος τη φωνή του Θεού. Υπάρχει η φωνή του ίδιου του Θεού και υπάρχει κι η φωνή του Αγίου Πνεύματος. Επιπλέον, ο Θεός μάς μιλά κάποιες φορές μέσω ενός αγγέλου που εμφανίζεται με ανθρώπινη φωνή. Ο Θεός μάς μιλά ακόμα και μέσω μιας προφητείας.

«Το χέρι του Κυρίου στάθηκε επάνω μου, και με έβγαλε έξω διαμέσου του πνεύματος του Κυρίου, και με έβαλε στο μέσον μιας πεδιάδας, κι αυτή ήταν γεμάτη από

κόκκαλα. Και με έκανε να περάσω κοντά τους, γύρω-γύρω, και να, ήσαν πολλά σε υπερβολικό βαθμό επάνω στο πρόσωπο της πεδιάδας, και να, ήσαν κατάξερα. Και είπε σε μένα: Γιε ανθρώπου, μπορούν αυτά τα κόκκαλα να αναζήσουν; Και είπα: Κύριε Θεέ, εσύ ξέρεις. Και μου είπε: Προφήτευσε προς αυτά τα κόκκαλα, και πες τους: Τα κόκκαλα τα ξερά, ακούστε τον λόγο του Κυρίου, έτσι λέει ο Κύριος ο Θεός προς αυτά τα κόκκαλα: Δέστε, εγώ θα βάλω μέσα σε σας πνεύμα, και θα αναζήσετε, και θα βάλω επάνω σας νεύρα, και θα βάλω επάνω σας σάρκα, και θα σας περισκεπάσω με δέρμα, και θα βάλω σε σας πνεύμα, και θα αναζήσετε, και θα γνωρίσετε ότι εγώ είμαι ο Κύριος. Και προφήτευσα, καθώς προστάχθηκα, και, καθώς προφήτευσα, έγινε ήχος, και ξάφνου, ένας σεισμός, και τα κόκκαλα συγκεντρώθηκαν μαζί, το ένα κόκκαλο μαζί με το άλλο κόκκαλο.» (Ιεζεκιήλ 37:1-7).

«Επειδή, η μαρτυρία του Ιησού είναι το πνεύμα της προφητείας.» (Αποκάλυψις Ιωάννου 19:10).

Προφητεία είναι να μιλάς για λογαριασμό κάποιου άλλου. Ανάμεσα στους προφήτες υπάρχουν μερικοί που μιλούν εκπροσωπώντας κάποιον άνθρωπο κι εκείνοι που εκπροσωπούν τον Θεό.

Στον Ιεζεκιήλ, στο κεφάλαιο 37, βλέπουμε το Πνεύμα του Θεού να βρίσκεται με τον Ιεζεκιήλ και τον Θεό να μιλάει δια του στόματος του Ιεζεκιήλ. Επειδή ο Θεός μιλούσε μέσα από τα χείλη ενός ανθρώπου, οι προτάσεις είναι στην προστακτική. Η προφητεία δεν γίνεται από ανθρώπους, αλλά από το Πνεύμα του Θεού, δηλαδή το Άγιο Πνεύμα. Το Άγιο Πνεύμα συνεργάζεται αρμονικά με τον άνθρωπο για να μεταφέρει το θέλημα του Θεού. Επομένως, πρόκειται για τον αληθινό Λόγο που προέρχεται από τον Θεό. Τι αποτελεί λοιπόν το πνεύμα μιας προφητείας;

Όταν λες την αλήθεια μέσω του Αγίου Πνεύματος, είναι σα να εξομολογείσαι στον Ιησού, ο οποίος είναι η ίδια η Αλήθεια. Έτσι, επειδή το Πνεύμα του Ιησού κατατίθεται μέσω του ανθρώπου, ο οποίος λέει την αλήθεια μέσω του Αγίου Πνεύματος, ο άνθρωπος αυτός προφητεύει. Αυτό αποτελεί το πνεύμα μιας προφητείας. Ακριβώς όπως ο προφήτης Ιεζεκιήλ υπάκουσε στον Λόγο του Θεού και προφήτευσε, αν υπάρξει κάποιος που να μπορεί να προφητεύσει το λόγο του Θεού, τότε θα έχουμε πολλές αποκαλύψεις.

Διαπιστώνουμε ότι ο Ιησούς επιθυμεί να λαμβάνουμε αποκαλύψεις, σύμφωνα με τα όσα είπε στο Κατά Ματθαίον Ευαγγέλιο 11:27, «Και κανένας δεν γνωρίζει τον Υιό, παρά μονάχα ο Πατέρας, ούτε τον Πατέρα γνωρίζει κάποιος, παρά μονάχα ο Υιός, και σε όποιον ο Υιός θέλει να τον αποκαλύψει.» Ακόμα, ο απόστολος Παύλος είπε στην προς Κορινθίους Β' Επιστολή 12:1, «Να καυχώμαι, βέβαια, δεν με συμφέρει, επειδή, θα 'ρθω σε οπτασίες και αποκαλύψεις του Κυρίου.»

Αν μπορούμε να λάβουμε την αποκάλυψη του Θεού όπως ο απόστολος Παύλος, τότε θα είμαστε σε θέση να καταλάβουμε πλήρως τον Θεό και να γνωρίζουμε ακόμα και τα μελλούμενα. Μόνο όταν ξέρουμε τι πρόκειται να συμβεί στο μέλλον, μπορούμε να προετοιμαστούμε για τη στιγμή που θα επιστρέψει ο Κύριος γιατί θα έρθει αθόρυβα, σαν κλέφτης.

Λαμβάνοντας Απάντηση για το Άνοιγμα της Εκκλησίας

Θέλουν να σε Αποβάλουν

Καθώς προετοιμαζόμουν για τα εγκαίνια της εκκλησίας, οργανώσαμε πολλές συναθροίσεις για προσευχή. Είχαμε μια θεραπευτική συγκέντρωση στο σπίτι της διακόνισσας Άιτζα Αν, και το σπίτι πλημμύρισε από κόσμο. Η δεύτερη συνάθροιση προσευχής ήταν στο μαγαζί μου. Κάποιος που είχε το σπασμένο χέρι του σε γύψο, θεραπεύτηκε κι έβγαλε το γύψο. Μία γυναίκα που δεν κατάφερνε να συλλάβει παιδί, ήρθε κι έλαβε την ευχή μου. Λίγο καιρό αργότερα, έμαθα ότι ήταν έγκυος. Η τρίτη συνάθροιση έλαβε χώρα σε μια ορεινή τοποθεσία. Υπήρχαν πάνω από 40 άτομα που παρευρέθηκαν εκεί. Αρκετοί από αυτούς ήταν σπουδαστές και ποιμένες στην Ιερατική Σχολή. Υπήρχε και μια γυναίκα που είχε κάνει επέμβαση στη σπονδυλική της στήλη αλλά το πρόβλημα είχε επανεμφανιστεί.

Η κατάστασή της ήταν, καθώς έλεγαν, πολύ κρίσιμη, αλλά εκείνη επέμενε να παρευρεθεί στη συνάθροιση για προσευχή. Κάποιο από τα μέλη την μετέφερε με δυσκολία πάνω στο βουνό και προσευχήθηκα για εκείνη. Εκεί, πάνω στο βουνό, θεραπεύτηκε εντελώς και επέστρεψε μόνη της, χωρίς καμιά βοήθεια!

Η τέταρτη συγκέντρωση για προσευχή πραγματοποιήθηκε κι εκείνη σε βουνό, και την παρακολούθησαν πολλοί σπουδαστές της Ιερατικής Σχολής. Ο Θεός μάς έστειλε τον Λόγο του,

«Μετά από αυτή τη συνάθροιση, θα περάσεις από μια δοκιμασία. Αλλά μην ανησυχείς. Έχε μόνο πίστη σε Μένα και προσευχήσου. Θα σε ανταμείψω με ευλογίες.»

Η δοκιμασία ήρθε σύντομα. Τον Ιούνιο του 1982, έδωσα τις τελικές εξετάσεις του εξαμήνου κι επέστρεψα σπίτι. Αλλά ένας από τους καθηγητές μου έκανε όλο αυτόν το δρόμο κι ήρθε σπίτι μου. Κατάλαβα ότι κάτι συνέβαινε. Άρχισε λέγοντας, «Έχω πάει σε πολλές προσευχές στα βουνά κι έχω προσευχηθεί πολύ, κι έτσι γνωρίζω κι εγώ κάποια πράγματα για τον πνευματικό κόσμο. Είσαι ένας βαθιά πνευματικός άνθρωπος και ξέρω ότι είσαι ευλογημένος με πολλά πνευματικά χαρίσματα. Καθώς ετοιμάζεσαι να ανοίξεις μια εκκλησία, ο διάβολος κι ο Σατανάς έχουν στραφεί εναντίον σου. Πάτερ, νομίζω ότι θα ήταν καλύτερα να σταματήσεις τα σχέδια σου για την εκκλησία. Είχαμε μια συγκέντρωση των καθηγητών σήμερα, και θέλουν να σε αποβάλουν. Ξέρω ότι δεν είσαι τέτοιος άνθρωπος, αλλά...»

Το Έργο του Διαβόλου Διαταράσσει την ´ Ιδρυση της Εκκλησίας

Καθώς μου εξηγούσε λεπτομερώς την κατάσταση, συνειδητοποίησα ότι κι ο καθηγητής μου αλλά κι ο πάστορας της ενορίας μου με είχαν παρεξηγήσει. Με ρώτησε, «Πάτερ, κατά τη διάρκεια των συναθροίσεων στα βουνά είπατε ποτέ ότι είσαστε ο Χριστός; Πήρατε μαζί σας κάποια γυναίκα και την αφήσατε να αγγίξει με το χέρι της τους άλλους πάστορες;»

«Δεν είπα ποτέ ότι είμαι ο Χριστός και ποτέ μου δεν άφησα καμιά γυναίκα ν' ακουμπήσει τους άλλους πάστορες.»

Επειδή πολλοί ήταν εκείνοι που θεραπεύονταν όποτε προσευχόμουν για τους ανθρώπους στις συγκεντρώσεις, ένας από τους συμφοιτητές μου, ο οποίος με φθονούσε γι' αυτό, έκανε μια αναφορά στον επιτηρητή μου με ψευδείς κατηγορίες. Στην αναφορά του συμπεριέλαβε πράγματα όπως, «Ο πάστορας Τζέροκ Λι κάνει πράγματα που προκαλούν διαμάχες και σχίσματα. Λέει ότι είναι ο ίδιος ο Χριστός.»

Οι εντελώς φανταστικές φήμες διαδόθηκαν πολύ γρήγορα. Επιπλέον, οι καθηγητές που μου δίδασκαν επί τέσσερα ολόκληρα χρόνια αποφάσισαν να με αποβάλουν στηριζόμενοι μόνο στις φήμες που είχαν ακούσει και χωρίς να ακούσουν ποτέ τη δική μου εξήγηση. Αλλά ακόμα και τότε δεν επισκεπτόμουν κανέναν, ούτε μιλούσα σε ανθρώπους για να πείσω για την αθωότητά μου. Καταλάβαινα ότι ήταν μια πολύ δύσκολη κατάσταση αλλά όταν προσευχήθηκα στον Θεό, μου είπε να αισθανθώ αγαλλίαση, να ευχαριστήσω και να προσευχηθώ με αγάπη για αυτούς τους ανθρώπους.

Το Σεπτέμβριο άρχισε το νέο εξάμηνο. Όταν πήγα στη σχολή, άκουσα τους συμφοιτητές μου να συζητούν για το πρόβλημά μου και να διαφωνούν. Είπαν ότι ο συμφοιτητής μου που με κατηγόρησε άδικα αποφάσισε να μην εγγραφεί για εκείνο το εξάμηνο ως ένδειξη μετάνοιας. Έτσι λοιπόν τον επισκέφθηκα για να τον πείσω να κάνει την εγγραφή του, γιατί δεν ένιωθα καμία κακία και καμία πικρία για όσα μου είχε κάνει. Ο Θεός εργάστηκε έτσι ώστε να επιλυθούν όλα με ήπιο τρόπο. Ακόμα κι αυτός που με κατηγόρησε είχε αντιληφθεί το λάθος του. Αφού άνοιξα την εκκλησία κι έγινε η πρώτη λειτουργία, πολλοί καθηγητές, ακόμα κι εκείνοι που με είχαν παρεξηγήσει, ήρθαν και γιορτάσαμε μαζί. Στην αποφοίτηση, η γιορτή για να ευχαριστήσουμε τους καθηγητές, έγινε στην εκκλησία μου.

Έλαβα μια Απάντηση, «Μάνμιν, η Εκκλησία 'Όλης της Πλάσης'»

Καθώς είχα εισαχθεί στην Ιερατική Σχολή σε αρκετά μεγάλη ηλικία, ήθελα να ανοίξω σύντομα την εκκλησία. Κι επειδή ήδη δεν ήμουν πια πολύ νέος, προσευχόμουν από το πρώτο κιόλας έτος της σχολής για το όνομα της εκκλησίας. Αλλά δεν πήρα καμία απάντηση. Ήταν μόλις λίγο πριν από το άνοιγμα της εκκλησίας όταν ήρθε η απάντηση.

«Να την ονομάσεις 'Εκκλησία Μάνμιν'. Όταν έρθει εκείνη η ώρα που θα πας σε προσκύνημα, τότε θα

καταλάβεις γιατί σου έδωσα το όνομα 'Μάνμιν'».

Μετά από καιρό, το 1989, πήγα να προσκυνήσω στους Αγίους Τόπους. Ο Ιησούς προσευχήθηκε στη Γεσθημανή μέχρι να μετατραπεί ο ιδρώτας του σε σταγόνες αίματος που έπεφταν στο έδαφος, για να εκπληρώσει τη Θεία Πρόνοια στο σταυρό και για να σώσει όλα τα έθνη κι όλους τους λαούς. Σε αυτό το μέρος, αντίκρισα φανερά συγκινημένος την «Εκκλησία όλων των Εθνών». Ο Θεός έστειλε τον Ιησού Χριστό ως μια θυσία εξιλέωσης για να σώσει όλα τα έθνη κι όλους τους ανθρώπους. Ο Θεός θέλει να ολοκληρώσει την Πρόνοιά Του κατά τη διάρκεια των τελευταίων ημερών, και να εκπληρώσει την αποστολή σε όλο τον κόσμο με το Ιερό Ευαγγέλιο. Μας έδωσε το όνομα «Μάνμιν» που σημαίνει «όλη η πλάση».

Στο ξεκίνημα της εκκλησίας, την ονομάσαμε «Εκκλησία Μάνμιν» και καθώς προσδοκούσαμε να ιδρύσουμε και πολλές άλλες περιφερειακές εκκλησίες την ονομάσαμε «Εκκλησία Μάνμιν Τζουνγκ-ανγκ (Κεντρική)».

Γιατί Θέλεις να το Κάνεις με το Δύσκολο Τρόπο;

«Πάτερ, γιατί θέλεις να ανοίξεις εκκλησία; Ξέρεις πόσο δύσκολο είναι να ανοίξεις εκκλησία;» «Θα είσαι αναγκασμένος να τρως μόνο κουρκούτι για πολλά χρόνια. Δεν θέλεις να σπουδάσουν τα παιδιά σου; Ξέρεις πόσο δύσκολο είναι να συγκεντρώνεις πιστούς την σήμερον ημέρα;» Κι οι συμβουλές συνεχίζονταν, «Επιπλέον, ξέρεις πόσο ανυπάκουοι είναι οι πιστοί στις μέρες μας; Ας εργαστούμε όλοι μαζί εδώ, στην υπάρχουσα εκκλησία.»

«Πάτερ, μόλις ανοίξεις την εκκλησία θα χύσεις πολλά δάκρυα.»

Όταν ήμουν έτοιμος να ανοίξω την εκκλησία, πολλοί ήταν εκείνοι που προσπάθησαν να με σταματήσουν. Ήταν γεγονός το ότι υπήρχαν πολλές νέες εκκλησίες που αντιμετώπιζαν αυτά τα προβλήματα. Μερικοί πάστορες άνοιξαν εκκλησίες παίρνοντας δάνεια για να καλύψουν τα έξοδα κατασκευής και λειτουργίας. Όταν, όμως, η εκκλησία δεν αναπτυσσόταν όπως περίμεναν, υπέφεραν εξαιτίας του χρέους. Πολλοί από αυτούς περιφέρονταν δεξιά κι αριστερά απελπισμένοι και αβοήθητοι. Καθώς, όμως, πίστευα στον παντοδύναμο Θεό, η καρδιά μου δεν κλονίστηκε καθόλου. Δεν μπορούσα βέβαια να διαφωνήσω ευθέως με όλους εκείνους που με συμβούλευαν, επειδή δεν ήθελα να τους φέρω σε δύσκολη θέση. Έδινα απαντήσεις μόνο στον εαυτό μου. «Μόλις ανοίξω την εκκλησία, θα πάνε όλα καλά και δεν θα έχω να αντιμετωπίσω κανένα πρόβλημα. Θα σώσω πολλές ψυχές κι η εκκλησία θα αναπτυχθεί γρήγορα. Στη συνέχεια θα δοξάζουμε το μεγαλοδύναμο Θεό.»

Στηρίχθηκα στον Λόγο του Θεού που λέει στην Προς Φιλιππησίους Επιστολή 4:13, *«Όλα τα μπορώ διαμέσου του Χριστού που με ενδυναμώνει,»* και στο Κατά Ματθαίον Ευαγγέλιο 9:29 που λέει ότι τα πράγματα θα γίνουν όπως πιστεύαμε ότι θα γίνουν, και στο εδάφιο 13:8 στο οποίο ο λόγος του Θεού με διαβεβαίωσε ότι αν σπείρουμε, ο Θεός μας υπόσχεται ότι θα μας ανταμείψει με σοδειά 30, 60, ή ακόμα και 100 φορές μεγαλύτερη. Αν κοιτάξουμε τους αγαπημένους δούλους του Θεού, όπως τον Μωυσή και τον απόστολο Παύλο, θα διαπιστώσουμε ότι οι άνθρωποι έβλεπαν και τους ίδιους σα θεούς επειδή ο Θεός ήταν μαζί τους (Έξοδος 7:1, Πράξεις Των Αποστόλων 14:11).

Όταν ο Θεός είναι μαζί μας, τίποτα δεν είναι αδύνατο. Αυτό ήταν κάτι που το πίστευα. Πίστευα ότι ως δούλος Του που ήμουν, αν συγκεντρωνόμουν στον Λόγο Του, αν προσευχόμουν κι ακολουθούσα το θέλημά Του, τότε ο Θεός θα μου απαντούσε και θα φρόντιζε για όλα τα οικονομικά ζητήματα, για την τοποθεσία και για όσους θα εργάζονταν στην εκκλησία. Επειδή λοιπόν είχα την πίστη ότι θα μπορούσα να κάνω τα πάντα για Εκείνον που μου έδωσε τη δύναμη, είχα ένα όραμα. Προσευχήθηκα λεπτομερώς για το όραμα και για το όνειρο που είδα, και το εξομολογήθηκα με τα χείλη μου.

Υπακούοντας στην Καθοδήγηση του Αγίου Πνεύματος

Το Μάιο του 1982, ο Θεός μού είπε να ανοίξω την εκκλησία όταν ο ήλιος θα ήταν καυτός, και με καθοδήγησε στην υποπεριφέρεια του Σίντεμπανγκ, στην περιφέρεια του Ντόντζακ στην πόλη της Σεούλ. Ήταν ένα μέρος που δεν είχα ξανακούσει ποτέ πριν. Καθώς δεν γνώριζα την περιοχή, ρώτησα πολλά άτομα πώς θα μπορούσα να πάω εκεί. Κι επειδή η περιοχή δεν ήταν πολύ αναπτυγμένη εκείνο τον καιρό, δεν υπήρχαν πολλά κτήρια ούτε μεγάλη κίνηση στους δρόμους. Υπήρχε μια τοποθεσία συνολικού χώρου 83 τμ. Το μηνιαίο ενοίκιο ήταν 150.000 γουόν (150 δολάρια ΗΠΑ) ενώ ζητούσαν τρία εκατομμύρια γουόν (3.000 δολάρια) σαν εγγύηση. Συναντήθηκα με τον ιδιοκτήτη για να υπογράψουμε το συμβόλαιο, και μου μείωσε το ενοίκιο στα 120.000 γουόν.

Ο Θεός Μερίμνησε για τα Χρήματα για το Άνοιγμα της Εκκλησίας

Ο Θεός μάς έδωσε τα χρήματα που απαιτούνταν για την έναρξη λειτουργίας της εκκλησίας μέσω της διακόνισσας Άιτζα Αν. Προσευχόταν περίπου πέντε ώρες την ημέρα. Ο γιος της είχε ένα τροχαίο ατύχημα κι έλαβε τρία εκατομμύρια γουόν ως αποζημίωση. Είχε υποσχεθεί στον εαυτό της να προσφέρει αυτά τα χρήματα στον Θεό ως δωρεά για την κατασκευή μιας εκκλησίας. Αλλά επειδή ο άπιστος σύζυγός της ξόδεψε τα χρήματα για κάποιον άλλο σκοπό, είχε πάντοτε αυτό το βάρος στην καρδιά της. Σκεφτόταν πάντα ότι έπρεπε να δώσει τρία εκατομμύρια γουόν ως προσφορά για την κατασκευή. Στο μεταξύ είχε γνωριστεί με την οικογένειά μου και ήρθε μαζί μου όταν άνοιξα την εκκλησία.

Λόγω του ότι το εργοστάσιο κατασκευής επίπλων του συζύγου της δεν πήγαινε καλά, το σπίτι της ήταν υποθηκευμένο. Σε περίπτωση που δεν πλήρωναν το χρέος τους, το σπίτι τους θα πουλιόταν σε πολύ χαμηλή τιμή. Έτσι αποφάσισαν να το θέσουν προς πώληση στην τιμή των 20 εκατομμυρίων γουόν (20.000 δολάρια ΗΠΑ) αλλά κανείς δεν ενδιαφέρθηκε να δει το σπίτι. Έριξαν την τιμή στα 15 εκατομμύρια γουόν, αλλά και πάλι κανείς δεν θέλησε να το αγοράσει. Στο μεταξύ ο Λόγος του Θεού έφτασε στη διακόνισσα Άιτζα Αν στη συνάθροιση προσευχής στο όρος Σαμγκάκ,

«Κάνε μια τριήμερη νηστεία και βάλε πάλι το σπίτι σου προς πώληση. Ανέβασε την τιμή στο ύψος της πίστης σου

και τα υπόλοιπα θα τα φροντίσω εγώ. Χρησιμοποίησε
τρία εκατομμύρια γουόν από αυτά που θα λάβεις για το
άνοιγμα της εκκλησίας.»

Ανακοίνωσαν και πάλι ότι το σπίτι τους ήταν διαθέσιμο προς πώληση, αλλά, επειδή τόσα χρόνια κανένας δεν είχε θελήσει να το αγοράσει, νόμισαν ότι αν ανέβαζαν την τιμή οι μεσίτες θα γελούσαν μαζί τους. Η διακόνισσα Άιτζα Αν το σκέφτηκε καλά και τελικά ανέβασε την τιμή κατά τρία εκατομμύρια γουόν. Έτσι, έφτασε στα 18 εκατομμύρια γουόν. Ο μεσίτης είχε μείνει άναυδος. Καθώς, όμως, επέστρεφε από το μεσιτικό γραφείο, κάποιος την ακολούθησε και είδε το σπίτι. Είπε ότι βρήκε επιτέλους τον αγαπημένο του τύπο σπιτιού και υπέγραψε το συμβόλαιο για 18 εκατομμύρια γουόν. Η διακόνισσα λυπήθηκε με τη σκέψη ότι θα μπορούσε να το είχε πουλήσει ακόμα και για 20 εκατομμύρια γουόν αν έδειχνε περισσότερη πίστη. Ο Θεός φρόντισε για εκείνη ώστε να πουλήσει το σπίτι της, κάτι που αδυνατούσε να κάνει για πολύ καιρό. Τώρα πλέον, μπορούσε να ξεπληρώσει το οικογενειακό χρέος και δώρισε τρία εκατομμύρια γουόν, όσο ήταν και το ποσό που χρειαζόταν για να ανοίξει η εκκλησία.

Μετανοώντας Ειλικρινά και από Καρδίας που Στηρίχθηκα στους ανθρώπους

Καθώς ετοιμαζόμουν για την έναρξη της λειτουργίας της εκκλησίας, περίμενα 40 περίπου άτομα να είναι μαζί μου στο ξεκίνημα. Πίστευα ότι θα έρχονταν να εκκλησιάζονται από την έναρξη, καθώς νόμιζα ότι με γνώριζαν καλά και με αγαπούσαν. Η πραγματικότητα, όμως, αποδείχθηκε πολύ διαφορετική. Στις 25 Ιουλίου του 1982 πραγματοποιήθηκε η εναρκτήρια λειτουργία, αλλά εντελώς απροσδόκητα, κανένας από τους ανθρώπους που πίστευα ότι θα έρθουν δεν παρευρέθηκε στη λειτουργία. Όταν διαπίστωσα ότι ούτε οι καλές μου αδελφές που μου είχαν υποσχεθεί ότι θα έρχονταν, δεν παρακολούθησαν την λειτουργία, συνειδητοποίησα ότι ο Θεός τις είχε σταματήσει. Ο Θεός δεν ήθελε να στηρίζομαι σε κανένα από τα αδέλφια μου. Προσευχήθηκα, «Θεέ μου, Σε ευχαριστώ που μου έδωσες να καταλάβω ότι έχω την επιθυμία να στηρίζομαι στους συγγενείς μου. Σε παρακαλώ, συγχώρεσέ με που προσπάθησα να βασιστώ σε ανθρώπους. Τώρα συνειδητοποίησα το θέλημά Σου. Δεν θα στηρίζομαι πλέον σε κανέναν άνθρωπο παρά μόνο σε Σένα, Θεέ μου, και θα καταφέρνω τα πάντα με την προσευχή μου.»

Μετά από την εναρκτήρια λειτουργία, αντιλήφθηκα ότι ήθελα ακόμα να στηρίζομαι στους ανθρώπους, και μετανόησα ολόψυχα ενώπιον του Θεού. Προσευχήθηκα στον Θεό να στείλει μέλη στην εκκλησία, και ο ναός ήταν γεμάτος από πιστούς που έστελνε ο Θεός κάθε εβδομάδα.

Ξεκινώντας από το Μηδέν

Εννέα Ενήλικες και Τέσσερα Παιδιά

Όταν πραγματοποιήθηκε η εναρκτήρια λειτουργία της εκκλησίας, η κατασκευή του κτηρίου δεν είχε ολοκληρωθεί ακόμα. Δεν υπήρχαν τζάμια στα παράθυρα, δεν υπήρχε άμβωνας, ούτε μοκέτα στο πάτωμα. Ήταν σαν άγονη γη. Χωρίσαμε το χώρο στα δύο με μία κουρτίνα. Το ένα μέρος ήταν η κατοικία της οικογένειάς μου και το άλλο χρησίμευε σα χώρος του ιερού και προσευχής. Συμπεριλαμβανομένης της οικογένειάς μου, υπήρχαν εννέα ενήλικα άτομα και τέσσερα παιδιά στην εναρκτήρια λειτουργία. Αν εξαιρέσουμε την οικογένειά μου, πολλοί λίγοι ήταν εκείνοι που παρευρέθηκαν. Κήρυξα το μήνυμα με τίτλο «Η Πίστη Είναι ο Πολυτιμότερος Θησαυρός». Η ιστορία της Κεντρικής Εκκλησίας Μάνμιν ξεκίνησε από το μηδέν. Καθώς μόλις είχε ανοίξει, δεν είχαμε καθόλου χρήματα, είχαμε, όμως, πολλές δαπάνες. Παρ' όλα αυτά, δεν δανείστηκα ποτέ μου ούτε από συγγενείς, ούτε από κανέναν άλλον. Το μόνο που έκανα ήταν να προσεύχομαι στον Θεό. Ήμουν πρόθυμος ακόμα και να νηστέψω αν ο Θεός δε μου προσέφερε κάτι. Ωστόσο, όταν δεν είχαμε τίποτα να φάμε, ο Θεός, με κάποιο τρόπο, μας έδινε φαγητό μέσω κάποιου άλλου. Μπορούσα να τρώω ακόμα και καρπούζι το οποίο μου άρεσε, καθ' όλη τη διάρκεια του καλοκαιριού.

Προσευχόμασταν Μαζί Πέντε με Έξι Ώρες την Ημέρα

Ύστερα από την εναρκτήρια λειτουργία της εκκλησίας, οι εβδομαδιαίες προσφορές ανέρχονταν σε τριάντα με σαράντα χιλιάδες γουόν, αλλά με αυτά τα χρήματα δεν μπορούσα να πληρώσω ούτε το μηνιαίο ενοίκιο για το ναό. Συγκεντρώνονταν τέσσερα με πέντε μέλη και προσεύχονταν μαζί για πέντε με έξι ώρες την ημέρα, ιδρώνοντας από την πολλή ζέστη. Εφόσον δεν υπήρχαν μέλη στην εκκλησία, δεν είχα ούτε να επισκεπτώ ούτε να φροντίσω κανέναν. Όταν προσευχόμασταν στα δωμάτια προσευχής γινόμασταν μούσκεμα στον ιδρώτα. Ο Ιερεμίας λέει στο εδάφιο 33:3, *«Κράξε σε μένα, και θα σου απαντήσω, και θα σου δείξω μεγάλα και απόκρυφα πράγματα, που δεν γνωρίζεις.»* Όταν φωνάξαμε τον Θεό στις προσευχές μας, ο Θεός μάς έστειλε πιστούς και μας έδωσε πράγματα τα οποία ήταν απαραίτητα για την εκκλησία.

«Θεέ μου, Δώσε Μας ένα Μικρόφωνο»

Μετά από μια εβδομάδα προσευχής, αποκτήσαμε ένα μικρόφωνο. Την επόμενη εβδομάδα χρειαζόμασταν ένα τηλέφωνο, προσευχηθήκαμε γι' αυτό και το αποκτήσαμε. Επειδή δεν υπήρχαν πολλά μέλη στην εκκλησία εκείνον τον καιρό, ο Θεός συνεργούσε μέσω της ολονύχτιας λειτουργίας της Παρασκευής. Τα άλλα μέλη που παρευρίσκονταν στην ολονυχτία της Παρασκευής, έλαβαν μεγάλη χάρη από τον Θεό, κι ένας ένας με τη σειρά προσέφεραν ό,τι χρειαζόταν η εκκλησία. Με αυτό τον τρόπο, αποκτήσαμε κουρτίνες, έναν άμβωνα, ένα πιάνο, ανεμιστήρες, ακόμα κι ένα καμπαναριό με σταυρό. Δύο μήνες μετά τα εγκαίνια, είχαμε όλα όσα χρειαζόμασταν.

Στις Πράξεις των Αποστόλων, αναφέρεται ότι οι υπηρέτες του Θεού πρέπει να συγκεντρώνονται στον Λόγο του Θεού και στην προσευχή. Έτσι άφησα οτιδήποτε αφορούσε τη συντήρηση της εκκλησίας στα μέλη, κι εγώ επικεντρώθηκα μόνο στον Λόγο του Θεού και στην προσευχή. Και καθώς δεν γνώριζα και πολλά για τον Λόγο του Θεού εκείνη την εποχή, κήρυττα ό,τι κατανοούσα σχετικά με το θέλημα του Θεού στην ολονύχτια λειτουργία της Παρασκευής και στις λειτουργίες της Κυριακής, με την επιφοίτηση του Αγίου Πνεύματος.

Μολονότι δεν διέθετα δεινή ρητορική ικανότητα, οι ακροατές αποκτούσαν μεγαλύτερη πίστη από τα κηρύγματα, επειδή περιείχαν αγνά και πνευματικά μηνύματα. Υπήρχαν και πράξεις που ακολουθούσαν τον Θείο Λόγο. Καθώς τα μέλη έκαναν πράξη τον Λόγο του Θεού η πίστη τους μεγάλωνε, κι άρχισαν να παίρνουν απαντήσεις στις προσευχές τους. Από τον καιρό που άνοιξε η εκκλησία, ο Θεός μάς έστελνε κάθε εβδομάδα και νέους πιστούς, οι οποίοι κέρδιζαν ζωή μέσα από τα μηνύματα. Βλέποντας τα θαύματα του Θεού που γίνονταν στις ολονυχτίες της Παρασκευής, η πίστη τους δυνάμωνε και λάμβαναν χάρη από τον Θεό.

Βρίσκοντας την Απάντηση στη Βίβλο

Καθώς οι πρώτες εκκλησίες είχαν εδραιωθεί από τους αποστόλους που είχαν διδαχθεί απευθείας από τον Ιησού, ακολουθούσαν το θέλημα του Κυρίου. Ο Θεός ήταν ευχαριστημένος μαζί τους και πρόσθεσε στα μέλη της εκκλησίας εκείνους που είχαν σωθεί. Οι πρώτες εκείνες εκκλησίες αποτελούσαν το σκοπό μου και το μοντέλο που ήθελα να ακολουθήσω μέχρι να επιστρέψει ο Κύριος. Ο τύπος της εκκλησίας που ευχαριστεί περισσότερο τον Θεό, δεν είναι εκείνη που στεγάζεται σε μεγαλοπρεπές κτήριο, ούτε εκείνη που έχει πολλά μέλη. Είναι η εκκλησία που έχει κοινά χαρακτηριστικά με τις πρώτες που είχαν ιδρυθεί. Όταν ακολουθούμε το παράδειγμα των πρώτων εκκλησιών που ακολουθούσαν το θέλημα του Θεού, ο Θεός μάς ευλογεί κι η εκκλησία μας αποκτά συνεχώς νέα μέλη.

«Και κάθε ψυχή την κατέλαβε φόβος, και διαμέσου των αποστόλων γίνονταν πολλά τέρατα και σημεία. Και όλοι εκείνοι που πίστευαν ήσαν μαζί, και είχαν τα πάντα κοινά, και πουλούσαν τα κτήματα και τα υπάρχοντά τους και τα μοίραζαν σε όλους, σύμφωνα με ό,τι κάθε ένας είχε ανάγκη. Και καθημερινά έμεναν σταθερά ως μια ψυχή μέσα στο ιερό, και έκοβαν τον άρτο σε σπίτια,

και έτρωγαν μαζί την τροφή με αγαλλίαση και απλότητα καρδιάς, δοξολογώντας τον Θεό, και βρίσκοντας χάρη μπροστά σε ολόκληρο τον λαό. Και ο Κύριος πρόσθετε καθημερινά στην εκκλησία αυτούς που σώζονταν.» (Πράξεις Των Αποστόλων 2:43-47).

Ακολουθώντας το παράδειγμα των πρώτων εκκλησιών που προσπαθούσαν να συγκεντρώνονται καθημερινά στο ιερό, είχαμε συναντήσεις προσευχής κάθε μέρα και διαδίδαμε τον Λόγο του Θεού, λαμβάνοντας τον άρτο της αγάπης, που ήταν ο Λόγος του Θεού (Κατά Ιωάννην Ευαγγέλιο 6:48) και τον ακολουθούσαμε. Ο Θεός ήταν μαζί μας, μας έδειχνε σημεία και θαύματα, κι επειδή κάθε εβδομάδα έρχονταν νέα μέλη, η εκκλησία μεγάλωσε πολύ γρήγορα.

Στηριζόμενος Μόνο στο Λόγο του Θεού

Μετά το άνοιγμα της εκκλησίας, έπρεπε να αποταμιεύουμε και την τελευταία δεκάρα. Γνώριζα, όμως, το μυστικό του να δέχεσαι ευλογίες, όπως αναφέρεται στο Ευαγγέλιο του Λουκά, εδάφιο 6:38, «Δίνετε, και θα σας δοθεί, καλό μέτρο, πιεσμένο, και συγκαθισμένο και υπερξεχειλιζόμενο θα δώσουν στον κόρφο σας, επειδή, με το ίδιο μέτρο με το οποίο μετράτε, θα αντιμετρηθεί σε σας.» Προσπάθησα να βοηθήσω όσους το είχαν ανάγκη στηριζόμενος σε αυτόν τον Λόγο.

Εκείνη την εποχή, είχαμε δέκα σπουδαστές της Ιερατικής Σχολής στην εκκλησία μας, κι έπρεπε να τους βοηθήσουμε. Δυσκολευόμασταν ακόμα και στο να πληρώσουμε το ενοίκιο του ναού, το οποίο ανερχόταν στα 120.000 γουόν

(120 δολάρια ΗΠΑ). Αφού πέρασαν δύο εβδομάδες από τότε που είχε αρχίσει την λειτουργία της η εκκλησία, είχαμε κάποιες προσφορές, και με την πίστη ότι είχαμε την ευλογία του Θεού, πήραμε ένα μέρος των δωρεών αυτών και το στείλαμε σε άλλες καινούριες εκκλησίες του δόγματός μας. Από την ιδρυτική κιόλας λειτουργία, κάθε μέλος είχε δώσει όρκο να προσφέρει ένα εκατομμύριο γουόν (1.000 δολάρια) για το κτήριο της Ιερατικής Σχολής του δόγματος στο οποίο ανήκαμε. Κάνοντας ό,τι καλύτερο μπορούσαμε, γίναμε μια εκκλησία που βοηθούσε τις άλλες, στηριζόμενη στον Λόγο του Θεού.

Όταν ίδρυσα την εκκλησία, έψαξα στη Βίβλο για ένα μοντέλο εκκλησίας για να το ακολουθήσω, και βρήκα αυτό που έψαχνα στην πρώτη εκκλησία, στις Πράξεις των Αποστόλων.

«Εάν Εσείς οι Άνθρωποι δεν Δείτε Σημεία και Τέρατα, δεν θα Πιστέψετε»

Η Ιδρυτική Λειτουργία

Όταν προσευχήθηκα για την ιδρυτική λειτουργία της εκκλησίας, ο Θεός μού έστειλε τον Λόγο Του λέγοντάς μου, *«Να κάνεις την πρώτη λειτουργία της ίδρυσης της εκκλησίας, όταν θα έχουν ωριμάσει όλες οι σοδειές, πριν από τον πρώτο παγετό.»* Έτσι, η λειτουργία πραγματοποιήθηκε στις 10 Οκτωβρίου του 1982, και είχαμε ήδη περισσότερα από 100 μέλη. Από τότε που άνοιξε η εκκλησία, ο Θεός μάς έστελνε πολλά μέλη και ο ναός ήταν ήδη αρκετά μικρός για τις ανάγκες μας. Στις ολονυχτίες της Παρασκευής είχαμε πάνω από 100 εκκλησιαζόμενους σε 50 τμ, κι έτσι υπήρχαν άνθρωποι μέσα στα κελιά της προσευχής, ή στέκονταν στα σκαλοπάτια. Έτσι, από την ιδρυτική λειτουργία και μετά, αναγκαστήκαμε να νοικιάσουμε και το υπόγειο.

Όταν προσευχήθηκα για τη γιορτή των Χριστουγέννων,

Λειτουργία για την Ίδρυση

ο Θεός μάς έστειλε πολλά ταλαντούχα άτομα για να ετοιμάσουν ένα θεατρικό έργο από τη Βίβλο, κι έτσι θα είχαμε μία πολύ ωραία γιορτή. Ο Θεός μάς έστειλε ένα άτομο με καλές ικανότητες στην ανθοδετική, και μία ηθοποιό που ήταν επίσης και πολύ καλή χορεύτρια. Δίδαξε κάποιους χορούς και μερικές κινήσεις των χεριών στο κατηχητικό της Κυριακής. Σύντομα, τα μέλη μπορούσαν να προετοιμαστούν από μόνοι τους για τη γιορτή. Εκείνο τον καιρό, έπρεπε να κηρύττω πάνω από 10 φορές την εβδομάδα σε διάφορες λειτουργίες, συμπεριλαμβανομένων και των όρθρων. Είχα ακόμα και την παρακολούθηση των μαθημάτων στη σχολή, καθώς δεν είχα αποφοιτήσει ακόμη από την Ιερατική Σχολή. Επιπλέον, είχαμε και τις νυχτερινές λειτουργίες, αλλά στις 4 το πρωί ήμουν υπεύθυνος πάντοτε και για τον όρθρο. Καθώς τα νέα που σχετίζονταν με τις θεραπείες που επιτυγχάναμε διαδίδονταν πολύ γρήγορα, πολλοί ήταν οι ασθενείς που έρχονταν από ολόκληρη τη χώρα. Προσευχόμουν για τον καθένα από αυτούς ξεχωριστά, πολλές φορές την ημέρα.

Μια Αλλαγή στην Οικογένεια

Ο κύριος Γιουνγκσούκ Κιμ, είχε τη συνήθεια να πίνει πολύ πριν γνωρίσει τον Ιησού. Όταν άρχισε να υποφέρει από ασταμάτητο βήχα πήγε στο νοσοκομείο. Η διάγνωση ήταν φυματίωση του λεμφικού συστήματος. Έπρεπε να υποβληθεί σε χειρουργική επέμβαση και να αναπαυτεί για περισσότερο από ένα χρόνο, κάτι που η οικονομική του κατάσταση δεν του επέτρεπε.

Η σύζυγός του υπέφερε από ουρολοίμωξη μετά από γέννα. Ήταν τόσο απελπισμένη που αποπειράθηκε να αυτοκτονήσει, ευτυχώς, όμως, επιβίωσε. Τον Οκτώβριο του 1982, ο Γιουνγκσούκ Κιμ έμαθε για την εκκλησία μας κι έγινε μέλος. Υποσχέθηκε να νηστέψει 10 μέρες και να προσεύχεται την αυγή. Είχε πολύ υψηλό πυρετό κι έβηχε διαρκώς. Βλέποντας, ωστόσο, τόσους πολλούς ανθρώπους να θεραπεύονται απέκτησε την πίστη ότι θα μπορούσε να θεραπευτεί κι εκείνος. Προσευχόμουν συχνά για εκείνον. Τη 10η μέρα, ο πυρετός κατέβηκε κι ο βήχας σταμάτησε. Είχε την πεποίθηση ότι γιατρεύτηκε και πήγε για ακόμα μία διάγνωση. Του είπαν ότι δεν είχε πια φυματίωση. Είχε θεραπευτεί ολοκληρωτικά από τη φλόγα του Αγίου Πνεύματος. Τότε, έγινε μέλος στην εκκλησία και η γυναίκα του, η οποία επίσης θεραπεύτηκε από την ουρολοίμωξη. Και η κόρη τους που είχε κάποια προβλήματα, θεραπεύτηκε. Ο Γιουνγκσούκ Κιμ άρχισε να μελετά θεολογία κι ευγνωμονούσε τον Θεό για τη χάρη Του. Τώρα είναι πάστορας.

Ολονυχτία της Παρασκευής με Θαυματουργά Σημάδια από τη Βίβλο

Η εκκλησία ήταν γεμάτη κόσμο από κάθε γωνιά της χώρας στην ολονυχτία της Παρασκευής. Έγινε ένα είδος διαδογματικής λειτουργίας. Ο στενός χώρος του ιερού είχε πλημμυρίσει από ανθρώπους. Η θερμότητα του Αγίου Πνεύματος ήταν τόσο καυτή που το ταβάνι είχε γεμίσει με σταγονίδια νερού. Καθώς οι εκκλησιαζόμενοι δόξαζαν με πάθος τον Θεό και προσεύχονταν σε Αυτόν, η λειτουργία που άρχιζε στις 11 το βράδυ συνεχιζόταν μέχρι τις 6 το πρωί. Καθώς γίνονταν μάρτυρες πολλών περιπτώσεων άρρωστων ανθρώπων που θεραπεύονταν και σηκώνονταν όρθιοι και περπατούσαν και χοροπηδούσαν σε κάθε ολονυχτία της Παρασκευής, έρχονταν στην εκκλησία όλο και περισσότερα άτομα.

Εκείνοι οι οποίοι είχαν καταδικαστεί σε θάνατο από τους γιατρούς και τα νοσοκομεία, γιατρεύονταν με το που πατούσαν το πόδι τους στην εκκλησία, κι όσοι χρησιμοποιούσαν δεκανίκια άρχιζαν να περπατούν και να χοροπηδούν. Οι τυφλοί έβρισκαν το φως τους, οι μουγκοί τη λαλιά τους, κι όσες γυναίκες δεν μπορούσαν να συλλάβουν παιδί, έμεναν έγκυοι. Κάποιος που είχε σπάσει το χέρι του, άρχισε να το κουνά χωρίς δυσκολία αφού έλαβε την προσευχή.

Θεραπεύτηκε Ασθενής με Λευχαιμία

Κάποτε, ήρθε μία πάρα πολύ χλωμή γυναίκα για να λάβει την ευχή μου. Μου εκμυστηρεύτηκε ότι ο γιατρός τής είπε ότι θα ζούσε μόνο για άλλες 15 ημέρες. Η ιστορία της ζωής της είναι η ακόλουθη: ήταν χριστιανή από μικρή ηλικία και πήγαινε στο κατηχητικό. Κάποια στιγμή, όμως, στη ζωή της, ένας άντρας που δεν πίστευε στον Θεό, της έκανε πρόταση γάμου. Εκείνη είπε ότι θα παντρευόταν μόνο με πιστό, κι έτσι εκείνος έγινε μέλος σε μια εκκλησία κι εκκλησιαζόταν για κάποιο χρονικό διάστημα.

Η γυναίκα νόμισε ότι ο σύζυγός της θα ακολουθούσε μία συνετή, χριστιανική ζωή, ωστόσο, ύστερα από κάποιους μήνες, η πεθερά της την ανάγκασε να πιστέψει στο Βούδα, λέγοντας, «Όλα τα μέλη της οικογένειάς μας είναι Βουδιστές εδώ και πολλές γενεές, γι᾽ αυτό πρέπει κι εσύ να ασπαστείς το Βουδισμό.» Επειδή δεν υπάκουσε στα λόγια της πεθεράς της, ο σύζυγός της πήρε το μέρος της μητέρας του και την ανάγκαζε να μην πηγαίνει στην εκκλησία. Τη χτυπούσε και την καταδίωκε. Για το οποιοδήποτε πρόβλημα που εμφανιζόταν στην οικογένεια, όλοι τους κατηγορούσαν εκείνη.

Την είχαν πετάξει έξω από το σπίτι πολλές φορές, αλλά υπέμενε τα πάντα. Όταν, όμως ο σύζυγός της σύναψε σχέση με μια άλλη γυναίκα, δεν μπορούσε να το ανεχτεί άλλο και σταμάτησε να πηγαίνει στην εκκλησία. Ήξερε πολύ καλά ότι έπρεπε να εκκλησιάζεται, αλλά ήταν πολύ απελπισμένη και τελικά προσβλήθηκε από λευχαιμία.

Μολονότι δεν πήγαινε πια στην εκκλησία, ο σύζυγός της εξακολουθούσε να έχει παράλληλη σχέση και συνέχιζε να τη χτυπάει.

Παρ' όλο που έπασχε από λευχαιμία, οι σχέσεις της με το σύζυγό της και την πεθερά της παρέμεναν ψυχρές, και δεν την πήγαιναν ούτε καν στο νοσοκομείο. Αφού της ανακοίνωσαν από το νοσοκομείο ότι η ασθένεια βρισκόταν στο τελευταίο στάδιο και ότι ήταν καταδικασμένη σε θάνατο, άκουσε τα νέα για την εκκλησία μας και ήρθε για να λάβει την ευχή μου ως τελευταία της ελπίδα να έρθει κοντά στον Θεό. Ο Θεός θεράπευσε αυτή τη γυναίκα. Έπειτα από λίγο καιρό, με επισκέφθηκε με πρόσωπο να λάμπει από υγεία, με ευχαρίστησε κι επέστρεψε στο σπίτι της.

Δύο Διαφορετικών Ειδών Σημάδια

Ο Ιησούς γιάτρεψε αρρώστους κι ανέστησε νεκρούς. Έκανε πολλά θαύματα κατά τη διάρκεια του έργου του. Είπε, «*Αν δεν δείτε σημεία και τέρατα, δεν θα πιστέψετε*» (Κατά Ιωάννην 4:48). Θαύματα («τέρατα») είναι τα έργα του Θεού που κινούν ή προκαλούν μια ραγδαία αλλαγή στα καιρικά φαινόμενα. Την εποχή του Ιησού του Ναυή, έγινε μια μάχη στη Γαβαών, κι ο ήλιος παρέμεινε στη μέση του ουρανού (Ιησούς του Ναυή 10:13). Την εποχή του Ησαΐα, η σκιά του ήλιου πήγε 10 βαθμούς προς τα πίσω (Βασιλέων Β' 20:11), ενώ οι τρεις μάγοι έφτασαν στη Βηθλεέμ ακολουθώντας ένα αστέρι (Κατά Ματθαίον 2). Τα σημάδια («σημεία») είναι τα έργα του Θεού τα οποία αφήνουν ορατά ίχνη και αποδείξεις. Μερικές φορές, ο Πατέρας Θεός παίζει τον κυρίαρχο ρόλο σε ό,τι αφορά τα σημάδια. Περιπτώσεις τέτοιων σημείων υπάρχουν στα κείμενα της Παλαιάς Διαθήκης, καθώς και στην Αποκάλυψη του Ιωάννη 15:1. Ο Μάρκος, στο εδάφιο 13:22, αναφέρει *«Επειδή, θα σηκωθούν ψευδόχριστοι και ψευδοπροφήτες, και θα δείξουν σημεία και τέρατα, για να εξαπατούν, ει δυνατόν, και τους εκλεκτούς.»* Το εδάφιο αυτό λέει «αν είναι δυνατό» για να δηλώσει ότι κάτι τέτοιο είναι αδύνατο να συμβεί στην πραγματικότητα. Δηλαδή, οι ψευδοπροφήτες δεν έχουν τη δύναμη να πραγματοποιήσουν κανένα σημείο, αλλά «αν είναι δυνατό» μπορούν να προσπαθήσουν να το κάνουν για να εξαπατήσουν ανθρώπους, ακόμα και τους εκλεκτούς, τους δούλους του Θεού. Ένα παράδειγμα των σημείων του Θεού είναι οι Δέκα Πληγές του Φαραώ (Δευτερονόμιον 6:22) και η φλόγα που ανυψώνεται στα ουράνια (Κριταί 13:19-20).

Υπάρχει κι ένα άλλο είδος σημείου που εμφανίζεται όταν ο Κύριος και το Άγιο Πνεύμα παίζουν μαζί τον κυρίαρχο ρόλο για να αφήσουν κάποιο είδος ίχνους. Αυτά τα συναντούμε κυρίως στην Καινή Διαθήκη. Τέτοια παραδείγματα είναι η μετατροπή του νερού σε κρασί από τον Ιησού, η γιατρειά των αρρώστων και η ανάσταση των νεκρών. Επιπλέον τέτοια σημάδια αποτελούν οι τυφλοί που βρήκαν το φως τους, οι κωφοί που βρήκαν την ακοή τους και οι μουγκοί που βρήκαν τη μιλιά τους. Όλα αυτά δεν είναι δυνατό να γίνουν από ανθρώπους (Κατά Ιωάννην 6:2). Ο Ιησούς, αφού κήρυξε τον Λόγο του Θεού, πραγματοποίησε μια σειρά από σημάδια έτσι ώστε όσοι υπήρξαν μάρτυρες σε αυτά να μπορέσουν να πιστέψουν ότι ο Λόγος του Θεού είναι απόλυτα αληθινός. Φυσικά, είναι μεγαλύτερη ευλογία να πιστεύει κάποιος χωρίς να δει όλες αυτές τις αποδείξεις. Καθώς υπερισχύει η αμαρτία, οι καρδιές των ανθρώπων πεισμώνουν περισσότερο, και γίνεται πιο δύσκολο για εκείνους να αποκτήσουν αληθινή πίστη. Σήμερα, για να διαδοθεί το Ευαγγέλιο και για να σωθούν οι ψυχές, είναι πιο αποτελεσματικό όταν γίνονται σημεία και θαύματα.

Τα Σημεία Αυτά Θα Συνοδεύουν Όσους Έχουν Πιστέψει

Μερικοί πιστοί είτε δεν πιστεύουν είτε το θεωρούν παράξενο όταν λέμε ότι τα σημεία που συμβαίνουν στη Βίβλο συμβαίνουν ακόμα και σήμερα. Κάποιοι άλλοι έχουν αμφιβολίες και λένε, «Προσευχήθηκα έχοντας πίστη, γιατί δεν λαμβάνει χώρα το έργο του Θεού;»

Ο Ιησούς, όμως, αναμφισβήτητα είπε, *«Τούτα δε τα σημεία θα παρακολουθούν εκείνους που πίστεψαν: Στο όνομά μου θα βγάζουν δαιμόνια, θα μιλούν καινούργιες γλώσσες, θα πιάνουν φίδια, και αν κάτι θανάσιμο πιουν, δεν θα τους βλάψει, θα βάζουν τα χέρια επάνω σε αρρώστους, και θα γιατρεύονται.»* (Κατά Μάρκον 16:17-18). Η φράση «εκείνοι που πίστεψαν» αναφέρεται εδώ σε εκείνους που απέκτησαν απόλυτη πνευματική πίστη. Υπάρχει τρόπος μέτρησης της πίστης, όπως αναφέρεται στην Προς Ρωμαίους Επιστολή 12:3. Όπως υπάρχει μια διαδικασία για έναν σπόρο να φυτρώσει, να μεγαλώσει, να ανθίσει και να καρποφορήσει, έτσι και όταν σπείρουμε μέσα μας τον σπόρο της πίστης, σε συνάρτηση με το πόσο πολύ τον φροντίζουμε, η πίστη θα μεγαλώσει με διάφορους τρόπους. Γι' αυτό και το μέτρο σύγκρισης της πίστης είναι διαφορετικό για τον καθένα.

Στον βαθμό που εφαρμόζουμε τον Λόγο του Θεού και μεταβάλλει την καρδιά μας, ο Θεός μάς χαρίζει επουράνια πνευματική πίστη (Προς Εβραίους 10:22). Επομένως, αν μεγαλώνοντας αποκτήσουμε την απόλυτη πίστη και ασπαστούμε την καρδιά του Κυρίου Ιησού Χριστού, τα σημάδια αυτά θα μας συνοδεύουν πάντοτε. Συγκεκριμένα, θα διώχνουμε δαιμόνια στο όνομα του Ιησού Χριστού και θα έχουμε την ικανότητα να μιλάμε νέες γλώσσες. Η φράση «θα πιάνουν φίδια» αναφέρεται συμβολικά στη δύναμή μας να ανατρέπουμε τα έργα του Σατανά με τον Λόγο του Θεού. Επιπλέον, όσοι ανέβουν στο επίπεδο της απόλυτης πίστης, δεν θα προσβάλλονται από ασθένειες κι ούτε θα μολύνονται από κανένα μικρόβιο. Ακόμα και στην περίπτωση που πιουν κατά λάθος κάποιο θανατηφόρο δηλητήριο, δεν θα τους βλάψει καθώς Θεός θα το κάψει με τη φλόγα του Αγίου Πνεύματος. Παρόμοια ήταν η περίπτωση του αποστόλου Παύλου όταν τον δάγκωσε ένα δηλητηριώδες φίδι στη Μάλτα (Πράξεις Των Αποστόλων 28:5). Ωστόσο, ο Θεός δεν πρόκειται να σε προστατέψει σε περίπτωση που γνωρίζεις ότι πρόκειται για δηλητήριο και Τον δοκιμάζεις. Ακόμα, με την απόλυτη πίστη, μπορούμε να επιδείξουμε θεραπευτικά έργα με τη δύναμη του Θεού, ακόμα και όταν προσευχόμαστε για ανίατες ασθένειες.

Τι Είναι οι «Νέες Γλώσσες»;

Τι σημαίνει λοιπόν ο όρος «νέες γλώσσες»; Το να μπορείς να μιλάς σε άλλες γλώσσες είναι ένα δώρο του Αγίου Πνεύματος το οποίο ο Θεός θέλει να λάβουν όλα τα παιδιά Του (Προς Κορινθίους Α' 14:5). Συνήθως προσευχόμαστε στον Θεό στη γλώσσα μας. Αυτή είναι η από καρδιάς προσευχή. Ωστόσο, ορισμένες φορές προσευχόμαστε σε άλλες γλώσσες, κι αυτό είναι η προσευχή του πνεύματος (Προς Κορινθίους Α' 14:15).

Όταν αντιλαμβανόμαστε ότι είμαστε αμαρτωλοί, μετανοούμε και δεχόμαστε στην καρδιά μας τον Ιησού Χριστό, ο Θεός μάς δίνει ως δώρο το Άγιο Πνεύμα, και σε αρκετές περιπτώσεις μάς δίνει το χάρισμα της γλωσσολαλιάς, το οποίο είναι ένα από τα δώρα του Αγίου Πνεύματος. Όταν λαμβάνουμε το Άγιο Πνεύμα, αναγεννιέται το πνεύμα μας που ήταν νεκρό εξαιτίας του προπατορικού αμαρτήματος του Αδάμ. Στην περίπτωση που λάβουμε το χάρισμα της γλωσσολαλιάς το ίδιο το πνεύμα μας προσεύχεται στον Θεό. Έτσι, ως Χριστιανοί, αν μας δοθεί το χάρισμα να μιλάμε και να προσευχόμαστε σε άλλες γλώσσες, θα λάβουμε περισσότερη δύναμη στην προσευχή μας και η ψυχή μας θα ευημερήσει.

Από τότε που ήμουν ακόμα νέος πιστός, προσευχόμουν με όλη μου την καρδιά κατά τη διάρκεια ολονύχτιων προσευχών, κι όταν άρχισα να προσεύχομαι με το πνεύμα, άρχισα και να ψέλνω σε άλλες γλώσσες με την επιφοίτηση του Αγίου Πνεύματος. Τις φορές που έψελνα θερμά ύμνους σε άλλες γλώσσες, μερικές φορές συνέβαινε να κινούνται τα χέρια μου άθελά μου και να κάνουν κάποιες χορευτικές κινήσεις. Από εκείνο το διάστημα που έφτασα σε ένα βαθύτερο επίπεδο προσευχής, απέκτησα την ικανότητα να μιλώ νέες γλώσσες. Το να μιλάς σε μία νέα γλώσσα είναι μία πολύ ισχυρή προσευχή.

Όταν Άρχισα να Δίνω Εντολές στο όνομα του Ιησού Χριστού

Να Μην Δοκιμάζετε ούτε τα Φυτά

Πόσο ευτυχές είναι το γεγονός ότι τα υπέροχα έργα του Θεού που παρουσίασε ο Ιησούς στη γη πριν από περίπου 2.000 χρόνια, συμβαίνουν και τώρα με τον ίδιο τρόπο για όποιον προσεύχεται με πίστη! Από τότε που ήμουν νέος πιστός και δεν γνώριζα πολλά για τον Λόγο του Θεού, έχω προσευχηθεί αμέτρητες φορές να μου επιτραπεί να κάνω κι εγώ όλα εκείνα τα έργα του Θεού που έκαναν οι προφήτες και οι απόστολοι. Τον καιρό που άνοιξε η εκκλησία, τα σημάδια που συνοδεύουν όσους έχουν πιστέψει είχαν ήδη αρχίσει να εμφανίζονται.

Αμέσως μετά την έναρξη λειτουργίας της εκκλησίας το 1982, είχαμε εβδομαδιαίες προσφορές που κυμαίνονταν στις τριάντα με σαράντα χιλιάδες γουόν (30 - 40 δολάρια ΗΠΑ). Θέλαμε να κάνουμε ένα διάκοσμο με λουλούδια στην Αγία Τράπεζα, αλλά δεν είχαμε κανέναν που θα μπορούσε να το κάνει κι ούτε διαθέταμε αρκετά χρήματα για να αγοράσουμε τα λουλούδια. Τον Αύγουστο, όμως, κάποιος έφερε μία γλάστρα με ένα μικρό δεντράκι με πολλά φύλλα. Αν και δεν είχαμε λουλούδια για διακόσμηση, είχαμε τη γλάστρα, και ήταν όμορφη. Μετά, όμως, από δύο εβδομάδες, τα φύλλα κιτρίνισαν και το φυτό μαραινόταν. Λυπόμουν επειδή το όμορφο δεντράκι πέθαινε. Εφόσον ο Θεός μπορεί να αναστήσει νεκρούς ανθρώπους, θα μου απαντούσε αν προσευχόμουν γι' αυτό το δέντρο; Με αυτή τη σκέψη να διαπερνά το μυαλό μου, έβαλα το χέρι μου πάνω στο φυτό και προσευχήθηκα, «Ξαναζωντάνεψε εις το όνομα του Ιησού Χριστού!»

Την επόμενη μέρα όταν πήγα στο ναό για τον όρθρο, παρατήρησα ότι τα κίτρινα φύλλα είχαν γίνει και πάλι πράσινα. Τη μεθεπόμενη, το δεντράκι είχε αναγεννηθεί πλήρως κι ήταν γεμάτο φρέσκα, πράσινα φύλλα. Τα μέλη που το είδαν αυτό και εγώ μαζί, χαρήκαμε κι αρχίσαμε να δοξάζουμε τον Θεό. Ήμουν πολύ ευτυχισμένος και ικανοποιημένος που βίωσα την αναγέννηση του δέντρου. Το Σεπτέμβριο, προσέφεραν στην εκκλησία μας μία γλάστρα με χρυσάνθεμα. Κοιτάζοντας τα πανέμορφα λουλούδια, θέλησα να δοκιμάσω αν θα πέθαιναν σε περίπτωση που προσευχόμουν να μαραθούν. Όταν ο Ιησούς καταράστηκε τη συκιά, εκείνη μαράθηκε. Έτσι λοιπόν, αν κι εγώ προσευχόμουν κι έδινα εντολή στα χρυσάνθεμα να μαραθούν, δεν θα πέθαιναν;

Προσευχήθηκα και διέταξα τα χρυσάνθεμα να μαραθούν, απλά και μόνο για να το βιώσω σαν εμπειρία. Είχα, όμως, ένα δυσάρεστο συναίσθημα στην καρδιά μου. Όταν προσευχήθηκα εκείνο το απόγευμα, άκουσα τη φωνή του Θεού να με επιπλήττει σκληρά, παρόλο που δεν με είχε δει κανένας να καταριέμαι το φυτό.

«Υπηρέτη μου, ακόμα κι ένα φυτό έχει ζωή και γεννήθηκε από τον Θεό, άρα πώς μπόρεσες εσύ να το καταραστείς; Με δοκιμάζεις; Υπηρέτη μου, είσαι κακός. Μετανόησε. Δεν μπορείς να ευλογείς και να καταριέσαι κατά βούληση. Πρέπει να το κάνεις μόνον όταν το Άγιο Πνεύμα παρακινεί την καρδιά σου.»

Είχα μείνει τόσο έκπληκτος που έγινα μούσκεμα από τον ιδρώτα. Άρχισα αμέσως μία τριήμερη νηστεία και μετανόησα ειλικρινά. Από τότε, ακόμα κι όταν άνθρωποι με καταδίωκαν, με συκοφαντούσαν και με καταριόνταν, εγώ δεν τους μισούσα, κι ούτε προσευχόμουν με μίσος εναντίον τους. Όπως λέει και ο Λόγος του Θεού, προσευχόμουν για εκείνους που με καταδίωκαν και τους ευλογούσα με αγάπη.

Το Καθήκον της Παγκόσμιας Αποστολής

«Κράξε σε μένα, και θα σου απαντήσω, και θα σου δείξω μεγάλα και απόκρυφα πράγματα, που δεν γνωρίζεις» (Ιερεμίας 33:3). Έχοντας στο νου το εδάφιο αυτό, προσευχήθηκα τόσο πολύ στον Θεό, όπως κι ο Ιακώβ δίπλα στον ποταμό Ιαβόκ. Καθώς προσευχόμουν δυνατά και νήστευα υπακούοντας στον Λόγο του Θεού και προσπαθώντας να ζήσω σύμφωνα με τον Λόγο Του, ο Θεός τήρησε την υπόσχεσή Του. Κατάφερα να ακούσω τη φωνή Του, και κατά καιρούς έβλεπα σπουδαία και μεγάλα πράγματα. Ορισμένες φορές

ο Θεός μού επέτρεπε να γνωρίζω εκ των προτέρων για γεγονότα που θα συνέβαιναν στη χώρα, ή ακόμα και σε άλλα σημεία του κόσμου. Τον καιρό που ξεκίνησε την λειτουργία της η εκκλησία, ο Θεός μάς γνωστοποίησε ότι μέσω αυτής της εκκλησίας θα πραγματοποιούσε την παγκόσμια ιεραποστολή, κι ότι θα κτίζαμε για Εκείνον τον Μεγάλο Ναό.

Από τότε που με αποκάλεσε δούλο Του, προσευχόμουν να γίνω ένας καλός υπηρέτης που θα διέδιδε το Ευαγγέλιο σε όλους τους λαούς και θα έσωζε πολλές ψυχές. Τότε, ο Θεός μού ανέθεσε το καθήκον να εκπληρώσω την παγκόσμια ιεραποστολή, κι έλαβα τον Λόγο Του που έλεγε, *«Θα διασχίσεις όρη, ποταμούς και θάλασσες και θα κάνεις σημεία και θαύματα.»* Επιπλέον, μου ανέθεσε το καθήκον να κηρύξω το Ευαγγέλιο στον εκλεκτό λαό, το λαό του Ισραήλ, κατά τη διάρκεια των τελευταίων ημερών. Μου γνωστοποίησε ότι το Ευαγγέλιο θα έπρεπε να επιστρέψει στην πατρίδα του, και τότε, ακόμα και οι Εβραίοι που δεν αναγνωρίζουν τον Ιησού ως Σωτήρα τους, θα μετανοούσαν.

Το Όραμα της Κατασκευής του Μεγάλου Ναού

Αμέσως μετά το άνοιγμα της εκκλησίας, είχαμε θεραπευτικές συναθροίσεις σε κάθε ολονυχτία της Παρασκευής, κι ο Θεός έδινε κάθε εβδομάδα σε ένα μέλος το χάρισμα να βλέπει κάποιο όραμα. Έλεγχα προσωπικά το κάθε μέλος για να διαπιστώσω εάν πράγματι το χάρισμα που λάμβαναν προερχόταν από τον Θεό. Ο Θεός μάς δίνει τα δώρα του Αγίου Πνεύματος επειδή είναι ωφέλιμα για μας, ορισμένες φορές ωστόσο, οι άνθρωποι δεν λαμβάνουν τα δώρα του Θεού αλλά τα έργα του Σατανά, και βλέπουν κάτι εντελώς διαφορετικό. Γι' αυτό πρέπει να διακρίνουμε και να ξεχωρίζουμε σωστά τα πνεύματα.

Μία ημέρα του Σεπτέμβρη του 1982, ο Θεός έστειλε ένα όραμα σε 17 μέλη της εκκλησίας σχετικά με τον Μεγάλο Ναό που επρόκειτο να κατασκευάσουμε. Ένας είδε την οροφή, κάποιος άλλος το εσωτερικό, άλλος το πίσω μέρος, κι άλλος τους υπέροχους μαρμάρινους κίονες. Το κέντρο της οροφής θα άνοιγε σε σχήμα σταυρού, έτσι ώστε να εισέρχεται στο ναό το φως του ήλιου. Ο άμβωνας του Μεγάλου Ναού, θα ήταν τοποθετημένος στο κέντρο του ιερού και θα περιστρεφόταν αργά. Κάποιο μέλος με είδε να κηρύττω εκεί, μέσα στο γεμάτο κόσμο ιερό.

Συλλέγοντας όλα αυτά τα πράγματα που είδαν τα μέλη, συμβουλευτήκαμε κάποιον ειδικό και σχεδιάσαμε μία πανοραμική κάτοψη του ιερού ναού. Αυτό το σχέδιο με την κάτοψη του Μεγάλου Ναού το έχουμε ακόμα και τώρα στην πρώτη σελίδα του εβδομαδιαίου μας δελτίου. Προσευχόμαστε συνεχώς με μεγάλη πίστη, για να εκπληρώσουμε το όνειρο που μας έστειλε ο Θεός από την αρχή κιόλας της λειτουργίας της εκκλησίας.

Ο Θεός μάς εξήγησε για ποιο λόγο χρειάζεται ο Μεγάλος Ναός στο τέλος των καιρών, και με ποιον τρόπο θα χτιζόταν. Ο Μεγάλος Ναός μέσω του οποίου θέλει να δοξαστεί ο Θεός, δεν μπορεί να χτιστεί απλά και μόνο με τα χρήματά μας. Ο Κύριος θέλει το ιερό Του να χτιστεί μέσω των τέκνων Του που Τον αγαπούν με πάθος, έχουν κάνει περιτομή στην καρδιά τους, κι έχουν γίνει άγιοι.

Η Πρώτη Λειτουργία Θρησκευτικής Αναγέννησης στην Γενέτειρά μου

Το Φεβρουάριο του 1983, ανέλαβα την πρώτη θρησκευτική συνάθροιση στον τόπο καταγωγής μου. Έλαβε χώρα σε μια εκκλησία στην κωμόπολη Χέτζε Μγεόν, στο Μουάν Γκουν της επαρχίας Τζεονάμ. Αλλά τα μέλη της συγκεκριμένης εκκλησίας δεν παρευρέθηκαν. Αντί για αυτούς, ήρθαν άλλοι άνθρωποι από το χωριό και γέμισαν την εκκλησία.

Είχαν μια θλιβερή ιστορία. Κάποια άλλη εκκλησία στο διπλανό χωριό που ανήκε σε ένα μεγάλο δόγμα, έβαζε σε πειρασμό τα μέλη αυτής της εκκλησίας προσφέροντας χρήματα. Κι έτσι οι περισσότεροι ήταν έτοιμοι να γίνουν μέλη σε εκείνη την εκκλησία. Έτσι, ο πάστορας κανόνισε αυτή τη συγκέντρωση αναγέννησης για να κρατήσει τα μέλη που ήθελαν να φύγουν· τα μέλη, όμως, δεν συνεργάστηκαν και δεν ήρθαν στη συγκέντρωση. Ο λόγος που αρνήθηκαν να παραστούν ήταν ότι ο πάστορας δεν είχε προσκαλέσει κάποιον διάσημο κληρικό θρησκευτικής αναγέννησης αλλά κάποιον ακόμα αχειροτόνητο και άγνωστο πάστορα που άκουγε στο όνομα «Τζέροκ Λι».

Ο Θεός, από την πρώτη κιόλας συνάντηση, πραγματοποίησε σπουδαία θαύματα. Μία γυναίκα που δεν μπορούσε να περπατήσει εδώ και 10 χρόνια και δυσκολευόταν να κοιμηθεί εξαιτίας φοβερών πόνων στα κόκκαλά της, άκουσε το μήνυμα κι απέκτησε πίστη. Μέσω της προσευχής κατάφερε αρχικά να σταθεί όρθια, κι έπειτα να περπατήσει, ως και να χοροπηδήσει. Τα νέα διαδόθηκαν αμέσως στα χωριά της περιοχής, και από την επόμενη κιόλας μέρα, άρχισαν να καταφθάνουν πάστορες και μέλη από ακτίνα 30 χιλιομέτρων. Οι συναθροίσεις θρησκευτικής αναγέννησης συνεχίστηκαν με την εκκλησία γεμάτη με ανθρώπους από διάφορα μέρη.

Υπήρχε μία ηλικιωμένη γυναίκα της οποίας η πλάτη είχε γείρει κι είχε κλίση 90 μοιρών. Αναγκαζόταν να περπατά πάντοτε κοιτάζοντας μόνο το έδαφος. Αυτή η ηλικιωμένη μού προσέφερε, όντας ο ομιλητής, ζεστά ροφήματα σε κάθε πρωινή λειτουργία και σε κάθε συγκέντρωση για προσευχή κατά τη διάρκεια της ημέρας και της νύχτας, ακόμα κι όταν είχε κρύο. Στην πραγματικότητα, δεν μου άρεσαν αυτά που μου έφερνε να πιω, αλλά παρ' όλα αυτά τα έπινα σκεπτόμενος την προσπάθεια που κατέβαλε. Την τελευταία ημέρα της συγκέντρωσης, η πλάτη της, που ήταν καμπουριασμένη, είχε ισιώσει εντελώς. Μαζί με αυτό το περιστατικό, και πολλοί άλλοι άνθρωποι βίωσαν τα θεραπευτικά έργα του Θεού και Τον δόξαζαν. Τότε μόνο συνειδητοποίησαν τα μέλη της εκκλησίας τα σπουδαία έργα του Θεού, και κατάλαβαν ότι έκαναν λάθος. Έτσι λοιπόν, μετανόησαν μπροστά στον πάστορα και παρευρέθηκαν στις υπόλοιπες λειτουργίες αναγέννησης.

Δίνοντας Εντολές στο Μονοξείδιο του Άνθρακα εις το Όνομα του Ιησού Χριστού

Εκείνη την εποχή, τα περισσότερα σπίτια χρησιμοποιούσαν μεγάλες μπρικέτες από κάρβουνο για θέρμανση. Αυτό είχε σαν συνέπεια να συμβαίνουν πολλά ατυχήματα κατά τη διάρκεια του χειμώνα. Μαθαίναμε καθημερινά για ανθρώπους που είχαν πεθάνει ή που νοσηλεύονταν στο νοσοκομείο εξαιτίας δηλητηρίασης από το μονοξείδιο του άνθρακα. Στις 12 Φεβρουαρίου του 1983, είχαμε την ολονύχτια λειτουργία της Παρασκευής ακριβώς πριν από την έναρξη του Νέου Σεληνιακού Έτους. Εκείνο τον καιρό, το υπόγειο του κτηρίου χρησίμευε ως τόπος κατοικίας μου. Υπήρχαν υπνοδωμάτια, ένα σαλόνι, το δωμάτιο του επιστάτη και γραφεία.

Πριν ξεκινήσει η ολονυχτία της Παρασκευής, κάποιος νεαρός με το όνομα Σουκ-κι Παρκ θεώρησε ότι εφόσον την επόμενη ημέρα της λειτουργίας ξεκινούσαν οι διακοπές για το Νέο Ημερολογιακό Έτος, θα ήταν προτιμότερο αντί να εκκλησιαστεί την Κυριακή, να συναντηθεί με τους φίλους του. Κάποια στιγμή, αισθάνθηκε νυσταγμένος και θέλησε να κοιμηθεί για λίγο, και να επιστρέψει έπειτα στη λειτουργία. Κατέβηκε λοιπόν στο υπόγειο όπου ήταν η κατοικία μου.

Αυτό που ήθελε ήταν να ξαπλώσει για λίγο, αλλά έπεσε σε βαθύ ύπνο. Στο υπνοδωμάτιο του υπογείου κοιμόνταν οι τρεις μικρές μου κόρες. Ο ναός είχε διαστάσεις μόνον 50 τμ και ήταν γεμάτος με περισσότερα από 150 άτομα, κι έτσι δεν υπήρχε χώρος για τα παιδιά. Η εκκλησία ήταν πλημμυρισμένη από κόσμο που παρακολουθούσε την λειτουργία. Υπήρχαν πιστοί ακόμα και στα κελιά της προσευχής, καθώς και όρθιοι στα σκαλιά έξω από το ναό.

Καθώς ο ουρανός ήταν βαρύς και συννεφιασμένος εκείνη την ημέρα, το μονοξείδιο του άνθρακα από τα κάρβουνα δεν εξαεριζόταν όπως θα έπρεπε. Κι επειδή η ολονυχτία της Παρασκευής άρχιζε στις 11 το βράδυ και τελείωνε στις 6 το επόμενο πρωί, ο νεαρός και οι τρεις μου κόρες ήταν εκτεθειμένοι στο θανατηφόρο αέριο για παραπάνω από 7 ώρες. Ο νεαρός είπε ότι είχε ανακτήσει τις αισθήσεις του για λίγο, επειδή όμως οι μύες του σώματός του είχαν ήδη γίνει άκαμπτοι, δεν μπορούσε να κουνηθεί. Μετά το τέλος της λειτουργίας κι όταν τα μέλη της εκκλησίας κίνησαν για να πάνε στα σπίτια τους, ο επιστάτης κατέβηκε στο υπόγειο κι ήταν ο πρώτος που είδε το σκηνικό. Όταν τους είδε φώναξε, «Είναι νεκροί!». Στο άκουσμα αυτής της αναπάντεχης κραυγής, συγκεντρώθηκαν όσα από τα μέλη δεν είχαν προλάβει να φύγουν. Μετέφεραν στο ιερό τις τρεις μου κόρες και το νεαρό άντρα, οι οποίοι είχαν χάσει εντελώς τις αισθήσεις τους. Τα μάτια τους είχαν ασπρίσει, ενώ αφροί έβγαιναν από το στόμα τους.

Οι τρεις μου κόρες ανέπνεαν ακόμα, αν και με δυσκολία, αλλά ο Σουκ-κι Παρκ είχε σταματήσει να αναπνέει. Το κορμί του ήταν άκαμπτο. Ήταν ήδη νεκρός. Γνώριζα πολύ καλά τους κινδύνους του αερίου του μονοξειδίου του άνθρακα, αλλά καθώς δεν είχα καμία προηγούμενη εμπειρία, δεν πίστευα ότι θα συνέρχονταν. Ήταν σχεδόν απίστευτο πώς ο Θεός θα τους ανέσταινε μέσω των προσευχών μου. Ακόμα και στην περίπτωση που μεταφέρονταν στο νοσοκομείο και λάμβαναν την κατάλληλη περίθαλψη για να αναρρώσουν, θα μπορούσαν είτε να έχουν υποστεί διανοητικές ή σωματικές βλάβες, είτε θα παρέμεναν φυτά για όλη την υπόλοιπη ζωή τους.

Μόλις είχα ξεκινήσει τη θητεία μου ως κληρικός. Πώς θα μπορούσα να συνεχίσω σε περίπτωση που κάποιος πέθαινε εξαιτίας ενός ατυχήματος με το που ξεκίνησε η λειτουργία της εκκλησίας; Δεν μπορούσα να ανεχτώ να ντροπιάσω με αυτόν τον τρόπο το όνομα του Θεού. Ανέβηκα στην Αγία Τράπεζα και προσευχήθηκα, «Θεέ μου, Εσύ είσαι Εκείνος που δίνει τη ζωή κι Εκείνος που την παίρνει πίσω. Σε ευγνωμονώ που οι κόρες μου βρίσκονται στον Παράδεισο με τον Κύριο, εκεί όπου δεν υπάρχουν δάκρυα, ούτε θλίψη, ούτε πόνος. Αλλά αυτός ο νέος άντρας είναι μέλος της εκκλησίας, και αν πεθάνει, αυτό θα θεωρηθεί επαίσχυντο. Σε παρακαλώ, άφησε αυτόν τον άντρα να επιστρέψει στη ζωή.»

Αφού ευχαρίστησα τον Θεό στην προσευχή μου, πολλά μέλη γονάτισαν κι άρχισαν να προσεύχονται στον Θεό να τους αναστήσει. Πλησίασα πρώτα τον νεκρό άντρα, έβαλα το χέρι μου επάνω του και προσευχήθηκα, «Σε διατάζω εις το όνομα του Ιησού Χριστού, μονοξείδιο του άνθρακα, φύγε μακριά! Πατέρα, ανέστησε αυτό το πνεύμα, και δοξασμένο να είναι το όνομά Σου.» Στη συνέχεια, προσευχήθηκα πάνω από τις κόρες μου, για την καθεμία ξεχωριστά. Μετά την προσευχή μου για τον νεαρό, προσευχήθηκα για τη μικρότερή μου κόρη, τη Σουτζίν. Καθώς προσευχόμουν για εκείνη, ο νεαρός σηκώθηκε κι έκατσε δίπλα στις θέσεις της χορωδίας. Έδειχνε να μην είχε καταλάβει τι είχε συμβεί, καθώς το μόνο που θυμόταν ήταν ότι κοιμόταν στο υπόγειο. Έπειτα, καθώς προσευχόμουν για τη μεσαία μου κόρη, η μικρότερη, η Σουτζίν, ξαναβρήκε τις αισθήσεις της και σηκώθηκε. Δεν είχε περάσει ούτε ένα λεπτό από τη στιγμή που προσευχήθηκα για εκείνες, και όλες μου οι κόρες είχαν σηκωθεί. Τα μέλη που παρακολουθούσαν τα γεγονότα, δόξαζαν τον Θεό με συγκίνηση. Αργότερα, ο νεαρός άντρας είπε ότι το πνεύμα του, που είχε βγει από το σώμα του, παρακολουθούσε όσα συνέβαιναν από τον αέρα.

Παρακολούθησε και τον επιστάτη που κουβάλησε το σώμα του μέχρι το ναό και την προσευχή που έλαβε από μένα.

Επειδή το μονοξείδιο του άνθρακα καταστρέφει τα εγκεφαλικά κύτταρα, το ότι δεν θα τα κατάφερναν να επιζήσουν μετά από έκθεση επτά ωρών ήταν κάτι το δεδομένο. Ακόμα κι αν είχαν μεταφερθεί σε νοσοκομείο κι επιζούσαν, θα υπέφεραν από τις μετέπειτα επιπτώσεις. Αλλά επειδή ο Θεός τούς γιάτρεψε και τους καθάρισε εντελώς από το αέριο, ο νεαρός κι οι τρεις μου κόρες συνέχισαν να ζουν με υγεία, χωρίς συνέπειες από το αέριο. Κάθε φορά που περνούσα μία τέτοια δοκιμασία, στηριζόμουν αποκλειστικά στον Θεό και δεν σκέφτηκα ποτέ να βασιστώ στα εγκόσμια. Αφού πέρασα αυτή τη δοκιμασία με ευγνωμοσύνη, συνειδητοποίησα ότι ο Θεός μού έδωσε την δύναμη να ελέγχω και να κυριαρχώ ακόμα και πάνω σε άψυχα πράγματα όπως ήταν το μονοξείδιο του άνθρακα.

Μετά από αυτό, ο Θεός με δίδαξε πώς να διώχνω μακριά το μονοξείδιο του άνθρακα. Εξαιτίας του ότι το αέριο παραλύει πρώτα τα εγκεφαλικά κύτταρα και στη συνέχεια τα υπόλοιπα νεύρα του σώματος, το άτομο που εκτίθεται σε αυτό χάνει πρώτα τις αισθήσεις του και στη συνέχεια το σώμα του παθαίνει ακαμψία. Έτσι, ο Θεός με δίδαξε πώς για όσους έχουν δηλητηριαστεί από αυτό πρέπει να προσεύχομαι «Σε διατάζω εις το όνομα του Ιησού Χριστού, έξελθε γρήγορα από τα ρουθούνια, από το στόμα, από τα δύο αυτιά και από όλα τα κύτταρα.» Με αυτόν τον τρόπο, το αέριο που παραλύει ολόκληρο το σώμα υπακούει στην εντολή να αφήσει το σώμα και να εξέλθει γρήγορα.

Δεν Υπήρχαν Δέκα Εξαγνισμένοι; Πού Είναι, όμως, οι Εννέα από Αυτούς;

Προσευχήθηκα, και ο Θεός μού Φανέρωσε

Τα δύο πρώτα χρόνια της λειτουργίας της εκκλησίας, επισκεπτόμουν και φρόντιζα εγώ προσωπικά τα μέλη της. Όταν υπήρχαν κάποια μέλη που δεν έρχονταν στη λειτουργία της Κυριακής ή υπέφεραν από κάποια δυσκολία, νήστευα και προσευχόμουν για αυτά όλη τη νύχτα, και μετανοούσα κλαίγοντας για λογαριασμό τους. Τα περισσότερα μέλη ζούσαν σε αρκετά μεγάλη απόσταση από την εκκλησία. Επιπλέον, οι περισσότεροι δεν ήταν σε καλή οικονομική κατάσταση, και μερικοί είχαν χρεοκοπήσει και ήταν απελπισμένοι.

Μέχρι τον καιρό που ο αριθμός των μελών δεν ξεπερνούσε τις λίγες εκατοντάδες, μπορούσα με ένα απλό βλέμμα να καταλάβω ποιος έλειπε από την Κυριακάτικη λειτουργία. Νήστευα για τα μέλη, κι όταν μου ήταν δύσκολο να τα επισκεφθώ εγώ προσωπικά, έστελνα κάποιους άλλους στη θέση μου. Κατέβαλα προσπάθειες ώστε να μη χαθεί ούτε μία ψυχή που μου εμπιστεύτηκε ο Θεός.

Συμβουλή με Αγάπη

Αρκετές φορές συμβούλευα με αγάπη τα μέλη ή τους έδειχνα κάτι επιθυμώντας να αλλάξουν και να μεγαλώσει η πίστη τους. Κάθε φορά που ανησυχούσα για κάποιον, αν προσευχόμουν για αυτό το άτομο για περίπου 10 λεπτά, ο Θεός μού έδειχνε και μου επέτρεπε να γνωρίζω τι είδους προβλήματα αντιμετώπιζε το άτομο αυτό, είτε στο οικογενειακό είτε στο εργασιακό του περιβάλλον.

Κάποια Κυριακή, ένα μέλος που δεν συνήθιζε να χάνει τη λειτουργία ποτέ, δεν παρευρέθηκε. Δεν μπορούσα να σταματήσω να ανησυχώ για εκείνον. Προσευχήθηκα, «Θεέ μου, το συγκεκριμένο μέλος δεν ήρθε στην Κυριακάτικη λειτουργία. Τι του συνέβη;» Ο Θεός μού φανέρωσε ότι ήταν σε μία παμπ το Σάββατο. Έπειτα από λίγο καιρό, του είπα τι είχα δει έχοντας την πεποίθηση ότι δεν θα τον προσέβαλα, ούτε θα κόμπιαζε. Τότε, το πρόσωπό του κοκκίνισε αλλά παραδέχτηκε το γεγονός.

Υπήρχε ένα μέλος το οποίο είχε παρευρεθεί μόνο στην πρωινή λειτουργία, και δεν μπορούσα να το εντοπίσω στον εσπερινό. Ήταν κάποιος που τηρούσε πιστά την αργία της Κυριακής. Όταν προσευχήθηκα και για εκείνον, ο Θεός μού φανέρωσε ότι έπινε σε μία γαμήλια δεξίωση. Λίγες ημέρες αργότερα, του είπα, «Κάποιος που φορούσε ρούχα συγκεκριμένου χρώματος σε προέτρεψε αρκετές φορές να πιεις. Στην αρχή αρνήθηκες, αλλά τελικά ενέδωσες και ήπιες.» Το πρόσωπό του κοκκίνισε και βρέθηκε σε δύσκολη θέση.

Ωστόσο, σε περιστατικά σαν κι αυτό, μπορούσα να καταλάβω ότι τα μέλη που υπέκυπταν σε κάποια αμαρτία, στη συνέχεια με φοβόντουσαν και προσπαθούσαν να με αποφύγουν. Καθώς έβλεπα τις αμαρτίες των μελών, τις απάτες τους, τις πρόστυχες πράξεις και τις μοιχείες τους, είχα αποκαρδιωθεί και προσευχόμουν δακρυσμένος στον Θεό.

Μία μέρα, κατά τη διάρκεια της προσευχής, άκουσα τον Κύριο να μου μιλάει,

«Μην κοιτάζεις την παρούσα κατάσταση των μελών της εκκλησίας. Κοίταξέ τους με τα μάτια της πίστης και με την προσδοκία ότι θα αλλάξουν στο μέλλον. Σε περίπτωση που σε κοροϊδέψουν, απλά άκουσέ τους και μην προσπαθείς να μάθεις περισσότερα... Αν το μόνο που κάνεις είναι να ασχολείσαι με την τρέχουσα κατάστασή τους, η καρδιά σου θα ραγίσει, την ψυχή σου θα τη φάει το σαράκι, και θα χάσεις ακόμα και την υγεία σου, και τότε δεν θα είσαι σε θέση να επιτελείς τα καθήκοντά σου.»

Από τότε, άφησα τα πάντα στα χέρια του Θεού και σταμάτησα να προσεύχομαι για να μάθω τι κάνουν τα μέλη της εκκλησίας μου.

Δεν ήταν μόνο εκείνοι που κατέφθαναν στην εκκλησία

από ολόκληρη τη χώρα για να βρουν γιατρειά. Υπήρχαν κι εκείνοι που έψαχναν με λαχτάρα τον Λόγο της ζωής. Υπήρχαν άνθρωποι που υπηρετούσαν τον Θεό και είχαν αφοσιωθεί σε Εκείνον αναζητώντας την επουράνια ανταμοιβή μετά από την λύση των προβλημάτων τους και από τη θεραπεία τους. Υπήρχαν βέβαια κι μερικοί που επέστρεφαν στα εγκόσμια αναζητώντας να εξυπηρετήσουν τα συμφέροντά τους.

Απαλλαγή από τα Είδωλα και Πορεία προς το Φως

Η Κγεονγκσούν Παρκ καταγόταν από μια οικογένεια που λάτρευε είδωλα, πριν έρθει στην εκκλησία. Η πεθερά της είχε μία διανοητικά καθυστερημένη κόρη, κι η μητέρα διενεργούσε τουλάχιστον έναν εξορκισμό το μήνα για να θεραπεύσει την κόρη της.

Επίσης, τοποθετούσε πάρα πολλά γούρια και φυλαχτά στα έπιπλα, στα μαξιλάρια, ενώ τα κρεμούσε ακόμα και από το ταβάνι. Τα έβαζε σε κάθε γωνιά του σπιτιού.

Δεν είχε περάσει πολύς καιρός από τότε που άρχισε να λειτουργεί η εκκλησία, όταν επισκέφθηκα το σπίτι της για την τέλεση μιας λειτουργίας. Μπορούσα να δω τις μορφές των δαιμόνων, και της είπα, «Έχεις ακόμα φυλαχτά στο σπίτι.» Επέμεινε, «Όχι, πάτερ. Έχω ψάξει παντού και τα έχω πετάξει όλα.» Της είπα και πάλι, «Υπάρχει ένας δαίμονας στο σπίτι που δεν φεύγει. Πρέπει να υπάρχουν κι άλλα φυλαχτά. Βρες τα και κάψ' τα όλα.»

Όταν η Κγεονγκσούν Παρκ έψαξε πάλι το σπίτι, βρήκε μερικά ακόμα φυλαχτά. Ολόκληρη η οικογένεια πέταξε τα είδωλα, έγιναν μέλη της εκκλησίας και άρχισαν να ζουν μία ζωή εν Χριστώ. Η γυναίκα αυτή θεραπεύτηκε από μία καρδιακή νόσο από την οποία υπέφερε για αρκετό καιρό. Επιπλέον, θεραπεύτηκε και η πεθερά της από τις στομαχικές διαταραχές που την ταλαιπωρούσαν.

Ένας Νεαρός στο Τελικό Στάδιο της Φυματίωσης

Εκείνο τον καιρό, υπήρχαν πολλοί άνθρωποι που υπέφεραν από φυματίωση των πνευμόνων. Ο Ντέχι Τσο από το Κβάνγκτζου είχε προσβληθεί από φυματίωση όταν πήγαινε ακόμα στο λύκειο. Είχε πάρει φάρμακα από το δημόσιο κέντρο υγείας κι είχε αναρρώσει, αλλά, όταν πήγε στο κολλέγιο άρχισε να πίνει και να καπνίζει και το πρόβλημα επανεμφανίστηκε. Όταν συνέβη αυτό, κανένα φάρμακο δεν ήταν πια αποτελεσματικό και τίποτα δεν μπορούσε να τον γιατρέψει. Η μητέρα του είχε δοκιμάσει τα πάντα, και του είχε δώσει ό,τι της είχαν πει ότι θα μπορούσε να τον κάνει καλά. Τα γιατροσόφια αυτά συμπεριλάμβαναν φίδια, γάτες, φρέσκο συκώτι, χυμό από ανθρώπινα περιττώματα, ακόμα και φάρμακα για την αντιμετώπιση της λέπρας. Είχε κάνει και εξορκισμούς, τον είχε ταΐσει αμνιακό σάκο, καθώς και σάρκα από ένα πτώμα που βρήκε στο νεκροταφείο, επειδή κάποιοι της είχαν πει ότι αυτά είναι «καλά φάρμακα».

Τον Ιανουάριο του 1982, εισήχθη στο Πανεπιστημιακό Νοσοκομείο Γιόνσεϊ όπου οι γιατροί έβγαλαν τη διάγνωση για την κατάσταση της υγείας του. Ο πνεύμονάς του είχε ήδη καταστραφεί και δεν υπήρχε καμία ελπίδα θεραπείας. Νοσηλεύθηκε αλλά δεν ανάρρωσε. Η μητέρα του είχε απελπιστεί και ήθελε να τον πάρει από το νοσοκομείο. Τότε, τον επισκέφθηκε μία ηλικιωμένη συγγενής. Η ηλικιωμένη αυτή γυναίκα ζούσε κοντά στην εκκλησία Μάνμιν. Παρόλο που δεν είχε έρθει ποτέ στην εκκλησία, είχε δει πολλούς άρρωστους ανθρώπους να έρχονται και να γιατρεύονται. Τους έβλεπε να τριγυρίζουν υγιείς και γι' αυτό επέμεινε να έρθει ο εγγονός της στην εκκλησία Μάνμιν. Στις 13 Μαρτίου του 1983, ο Ντέχι Τσο παρευρέθηκε στην ολονύχτια λειτουργία της Παρασκευής. Αισθάνθηκε πως ήταν η τελευταία του ελπίδα. Ήταν τόσο αδύνατος που τα μάτια του είχαν πεταχτεί έξω.

Σε αυτή την κατάσταση παρακολουθούσε τις συνευρέσεις των αρρώστων με τη μητέρα του σε καθημερινή βάση, και έκανε μία νηστεία τριών ημερών. Την τρίτη ημέρα της νηστείας, ο Θεός τού έδωσε τη θέληση να μετανοήσει, και μετανόησε τρεις φορές ειλικρινά και από τα βάθη της καρδιάς του. Αφού είχαν περάσει 13 ημέρες από τη στιγμή που είχε έρθει για πρώτη φορά στην εκκλησία, ο Ντέχι Τσο ήταν πεπεισμένος ότι γιατρεύτηκε. Μετά την πρωινή προσευχή, πήγε στο μπάνιο κι έφτυσε. Δεν υπήρχε ίχνος αίματος, ενώ την προηγούμενη μέρα υπήρχε. Εκείνη την ημέρα, όμως, το πτύελο ήταν καθαρό. Ο δυνατός πόνος στο στήθος είχε υποχωρήσει και δεν είχε φλέματα, ούτε αίμα. Αργότερα, τον κάλεσε ο Θεός να γίνει υπηρέτης Του, και τώρα είναι κληρικός και επίκουρος πάστορας στην εκκλησία μας.

Προσευχήθηκα για τη Θεραπεία Όλων των Αρρώστων

Αρχικά, όταν έρχονταν ασθενείς στην εκκλησία,

προσευχόμουν για την άμεση ανάρρωσή τους. Θεωρούσα ότι ήταν το καλύτερο για εκείνους να βιώσουν τη χάρη του Θεού και να ελευθερωθούν από τα δεσμά των ασθενειών τους. Απλά προσευχόμουν, «Θεέ μου, θεράπευσε όλους τους ασθενείς με το που έρχονται στην εκκλησία.» Κι ο Θεός πράγματι, εκπλήρωνε τις προσευχές μου μόλις τις ξεστόμιζα. Κάθε άρρωστος που ερχόταν στην εκκλησία θεραπευόταν αμέσως. Σύντομα, όμως, συνειδητοποίησα ότι δεν υπήρχε κανένας καρπός σωτηρίας των ψυχών τους, το οποίο ήταν και το σημαντικότερο. Πολλοί από αυτούς εγκατέλειπαν τον Θεό μόλις αποκτούσαν και πάλι την υγεία τους.

Μια φορά, ήρθε σε μία ολονυχτία της Παρασκευής ένα παντρεμένο ζευγάρι. Μου είπαν ότι ο σύζυγος είχε τραυματιστεί στον τένοντα σε ένα τροχαίο ατύχημα. Δεν μπορούσε να περπατήσει καλά και πονούσε τόσο πολύ που δεν μπορούσε ούτε να σηκωθεί όρθιος κατά τη διάρκεια της λειτουργίας. Το Άγιο Πνεύμα ενεργοποιήθηκε κι ακούμπησα το χέρι μου πάνω του. Αμέσως μετά την προσευχή, σηκώθηκε και αναπήδησε. Σταμάτησε, όμως, να έρχεται στην εκκλησία μετά από σύντομο χρονικό διάστημα.

Όταν τον επισκέφθηκε ένας ποιμένας από την εκκλησία, ο άντρας τού είπε, «Δεν αρκεί που πήγα δύο φορές στη λειτουργία για να ευγνωμονήσω τον Κύριο που με θεράπευσε; Πρόκειται να μου προσφέρει κανείς χρήματα αν πάω στην εκκλησία;» Κι έτσι δεν εκκλησιάστηκε ποτέ ξανά. Ένιωθε πως δεν υπήρχε λόγος να πηγαίνει πια στην εκκλησία εφόσον ήταν ήδη υγιής. Αν δεν τον είχε θεραπεύσει ο Θεός, δεν θα είχε την ικανότητα να εργαστεί. Ο Θεός τού έδωσε ζωή και χάρη και τον θεράπευσε, εκείνος, όμως, καθώς δεν πίστευε στον Λόγο Του, ενδιαφερόταν μόνο για το δικό του συμφέρον.

Υπήρχε κι ένα παντρεμένο ζευγάρι, του οποίου το παιδί γεννήθηκε εφταμηνίτικο. Το μωρό βρισκόταν στη θερμοκοιτίδα στο νοσοκομείο για τρεις μήνες, αλλά η κατάστασή του δεν παρουσίαζε βελτίωση. Ο γιατρός είπε ότι δεν υπήρχε καμία ελπίδα. Ο πατέρας είχε δηλώσει κάποτε, «Όταν το μωρό γίνει ενός έτους, θα κάνουμε μια γιορτή και θα προσκαλέσουμε όλα τα μέλη της εκκλησίας.» Καθώς οι γονείς είχαν πια συνειδητοποιήσει ότι η ιατρική επιστήμη δεν μπορούσε να προσφέρει τίποτα, έφεραν το μωρό στην εκκλησία. Το μωρό έλαβε την ευχή του Θεού, θεραπεύτηκε, κι έπειτα από 15 ημέρες έγινε εντελώς καλά.

«Πάτερ, σε ευχαριστούμε πάρα πολύ. Θα σε καλέσουμε κι εσένα και όλα τα μέλη στα πρώτα γενέθλια του παιδιού και θα κάνουμε μία μεγάλη γιορτή.»

«Σύμφωνοι, να το κάνετε, σας παρακαλώ.»

Ο πατέρας του μωρού πρότεινε από μόνος του να γίνει αυτή η γιορτή πάνω στη χαρά του που το παιδί του ήταν εντελώς υγιές. Σιγά-σιγά, όμως, άρχισε μην παρακολουθεί τις Κυριακάτικες λειτουργίες στην εκκλησία κι όταν ήρθε η ημέρα που το παιδί έκλεινε τον πρώτο του χρόνο, έκανε τη γιορτή, αλλά κάλεσε μόνο τους συγγενείς και τους ανθρώπους που γνώριζε από τα εγκόσμια.

Ένας νέος άντρας από το Κανγκ-Γκον Ντο, ήταν υγιής στο σώμα αλλά υπερβολικά καυχησιάρης. Με το άκουσμα, όμως, των κηρυγμάτων στην εκκλησία, ήρθε για να μετανοήσει. Όταν προσευχήθηκα γι' αυτόν τον νεαρό να βγουν οι δαίμονες από μέσα του, άρχισε να βγάζει αφρούς από το στόμα κι έπεσε κάτω. Μόλις βγήκε ο δαίμονας, έγινε ένας φυσιολογικός άνθρωπος με ήπιο χαρακτήρα. Επέστρεψε, όμως, στην εκκλησία του και δεν τον ξαναείδαμε από τότε.

Ακόμα, μία ηλικιωμένη γυναίκα είχε χάσει την όρασή της σε τέτοιο βαθμό που ουσιαστικά ήταν τυφλή. Μόλις έμαθαν τα νέα της εκκλησίας μας, την έφεραν κάποια μέλη της οικογένειάς της και ξαναβρήκε το φως της. Παρ' όλα αυτά, εγκατέλειψαν την εκκλησία μόλις εκείνη θεραπεύτηκε.

Μη Διαπράττετε Άλλες Αμαρτίες

Στο Κατά Ιωάννην Ευαγγέλιο 5:14, ο Ιησούς βρήκε στο ναό ένα άτομο που είχε θεραπεύσει και του είπε, «*Δες, έγινες υγιής, στο εξής μη αμάρτανε για να μη σου γίνει κάτι χειρότερο*».

Θα έπρεπε όλοι εκείνοι που γιατρεύτηκαν με την αγάπη και τη δύναμη του Θεού, να ζουν σύμφωνα με τον Λόγο Του και να Τον ευγνωμονούν γι' αυτή τη χάρη. Σε περίπτωση, όμως, που συνεχίσουν να αμαρτάνουν, πώς θα μπορέσει να τους προστατεύσει ο Θεός; Καθώς ο Θεός αναγκάστηκε να στρέψει το πρόσωπό Του μακριά από αυτούς και δεν μπόρεσε να τους κρατήσει κοντά Του, θα αρρωστήσουν και πάλι εξαιτίας του έργου του Σατανά, και η αρρώστια τους θα είναι πιο σοβαρή από πριν, επειδή απαρνήθηκαν τη χάρη του Θεού.

Μπορούμε να Είμαστε Προστατευμένοι όταν Ζούμε Σύμφωνα με τον Λόγο του Θεού

Ένα τέτοιο περιστατικό συνέβη το Νοέμβριο του 1982. Εκείνη την εποχή, η ολονυχτία της Παρασκευής συνεχιζόταν μέχρι τις 6 το πρωί. Λίγο μετά τα μεσάνυχτα, εισήλθε στο χώρο του ιερού ένα ζευγάρι κρατώντας ένα μικρό κορίτσι ηλικίας περίπου πέντε ετών. Το κοριτσάκι έκλαιγε δυνατά μην μπορώντας να υπομείνει τους πόνους. Ζούσε στο Μπουσάν και του είχαν διαγνώσει καρκίνο στο πάγκρεας, και βρισκόταν στο τελευταίο στάδιο της νόσου. Οι γιατροί προσπάθησαν να την χειρουργήσουν, αλλά δεν τα κατάφεραν επειδή ο όγκος ήταν πολύ μεγάλος. Επιπλέον, επειδή ο όγκος εξαπλωνόταν και στο στομάχι, ακόμα και τα ράμματα θα έθεταν σε κίνδυνο το κορίτσι. Γι' αυτό την έραψαν χαλαρά με ένα ειδικό πάρα πολύ λεπτό σύρμα. Ήταν ένα πραγματικά φοβερό θέαμα.

Το όνομά της ήταν Γουόνμι. Έπαιρνε μορφίνη αρκετές φορές την ημέρα. Ήταν το μόνο που τη βοηθούσε να υπομείνει τους πόνους. Φορώντας μία μάσκα οξυγόνου, η Γουόνμι ήταν ετοιμοθάνατη. Η θεία της, η αδερφή του πατέρα της, έπεισε τους γονείς της να τη φέρουν λέγοντας, «Αδερφέ μου, υπάρχει μία εκκλησία στη Σεούλ που είναι γεμάτη από τη χάρη του Κυρίου. Ας πάμε εκεί να λάβουμε την ευχή του Θεού. Ο Θεός θα θεραπεύσει τη Γουόνμι.» Οι γονείς της είχαν ήδη απογοητευτεί και δεν είχαν πια ελπίδα, επομένως άκουσαν τη συμβουλή της. Πήραν το κορίτσι και κατευθύνθηκαν προς τη Σεούλ για να έρθουν στην εκκλησία.

Προσευχόμουν για το κορίτσι για 15 ολόκληρες ημέρες.

Όταν έλαβε για πρώτη φορά την προσευχή, οι πόνοι που ένιωθε εξαφανίστηκαν. Έπειτα από μια-δυο μέρες, άρχισαν να γίνονται ορατά τα σημάδια της θεραπείας. Ο πόνος είχε υποχωρήσει και το πρησμένο στομάχι είχε επανέλθει στη φυσιολογική του κατάσταση. Τότε, οι γονείς της άρχισαν να έχουν πίστη. Τους συμβούλευσα να πάνε στο νοσοκομείο και να βγάλουν τα ράμματα, αλλά εκείνοι δεν το έκαναν και τα έβγαλαν μόνοι τους με πίστη στον Θεό. Κατά έναν εντυπωσιακό τρόπο, σε λίγες ημέρες, ο Θεός έκανε την ανοιχτή πληγή να γιατρευτεί και να κλείσει.

Κι έτσι, η μικρή Γουόνμι που ξεψυχούσε κι υπέφερε από φριχτούς πόνους είχε γίνει καλά σε 10 μέρες περίπου. Έμαθε δοξαστικούς ύμνους και χορό στο κατηχητικό, και τραγουδούσε και χόρευε με τους φίλους της. Όσοι την έβλεπαν δεν μπορούσαν παρά να αισθάνονται χαρά κι ευτυχία. Ήταν έξυπνη και αγαπητή σε πολλά μέλη.

Έμειναν στην εκκλησία για 15 ημέρες λαμβάνοντας την ευλογία του Θεού, κι έπειτα επέστρεψαν στον τόπο διαμονής τους. Όταν προσευχήθηκα για τους γονείς της, έφτασαν σε μένα τα Λόγια του Θεού.

«Όταν επιστρέψουν, θα πρέπει να τηρούν τις Δέκα Εντολές. Αν το κάνουν, η κόρη τους θα μεγαλώσει με υγεία. Αν, όμως, παραβούν τις Δέκα Εντολές, ο Θεός θα στρέψει το πρόσωπό Του μακριά τους.»

Τους είπα λοιπόν, «Θα πρέπει να τηρείτε την Αργία της Κυριακής, να κάνετε εισφορές δεκάτης στην ενορία σας και να υπηρετείτε τον Θεό. Εσείς, οι γονείς, θα πρέπει να τηρείτε της Δέκα Εντολές για να είναι το παιδί σας πάντα γερό.» Ο πατέρας της Γουόνμι είπε, «Σε ευχαριστούμε, πάτερ! Φυσικά και θα το κάνουμε. Και απ' όσο γνωρίζω, η εκκλησία σας δεν έχει ακόμα κανένα μεγάλο λεωφορείο. Μόλις επιστρέψω σπίτι, θα στείλω ένα μεγάλο λεωφορείο για τις ανάγκες της εκκλησίας.»

Σύντομα, όμως, έφτασε στα αυτιά μου το νέο ότι το παιδί είχε πεθάνει. Αρχικά, οι γονείς της Γουόνμι πήγαιναν στην εκκλησία, αλλά καθώς πέρασε ο καιρός, φαίνεται ότι άρχισαν να μην τηρούν τη Μέρα του Κυρίου. Θα πρέπει παρ' όλα αυτά, να είμαστε ευγνώμονες που σώθηκε η ψυχή της Γουόνμι και θα ζήσει για πάντα ευτυχισμένη στο επουράνιο βασίλειο όπου δεν υπάρχουν ούτε δάκρυα ούτε θλίψη.

Ο Θεός τούς Θεράπευσε Σύμφωνα με την Πίστη τους

Όταν ήμουν νέος κληρικός, μου ράγιζε την καρδιά να βλέπω ανθρώπους να αποποιούνται τη χάρη του Θεού, να εγκαταλείπουν την εκκλησία και να επιστρέφουν στα εγκόσμια.

«Πατέρα Θεέ, Σε βρίσκουν, βιώνουν τα έργα Σου, και θεραπεύονται, άρα πώς μπορούν και Σε εγκαταλείπουν έτσι;» Έκλαψα χύνοντας πολλά δάκρυα με ραγισμένη την καρδιά στην προσευχή μου. Και μια μέρα, άκουσα τη φωνή του Κυρίου.

«Υπηρέτη Μου, όταν γιάτρεψα δέκα λεπρούς, οι εννιά από αυτούς έφυγαν και μόνο ένας επέστρεψε για να δοξολογήσει τον Θεό. Κατά τον ίδιο τρόπο, όταν ζητάς

από τον Πατέρα να τους θεραπεύσει με τη δική σου πίστη, αν δεν υπάρχει μέσα τους η αλήθεια και η ζωή, θα αποποιηθούν τη χάρη που έλαβαν και θα εγκαταλείψουν την εκκλησία. Επομένως, μόνον εάν ακούσουν το Λόγο και πιστέψουν, δεν θα φύγουν. Τότε, καθώς θα θεραπευτούν με τη δική τους πίστη, δεν θα φύγουν από την εκκλησία. Επειδή εσύ είσαι εκείνος που προσεύχεται, τους θεράπευσα μέσω της δικής σου δύναμης, αλλά τώρα να αλλάξεις το περιεχόμενο της προσευχής. Θα πρέπει να προσεύχεσαι για να γιατρευτούν ανάλογα με τη δική τους πίστη.»

Ο υπέρτατος στόχος μιας χριστιανικής ζωής είναι η σωτηρία του πνεύματός μας, και να πάμε στο επουράνιο βασίλειο του Θεού. Επομένως, το σημαντικότερο είναι να γνωρίζουμε το θέλημα του Θεού και να έχουμε πίστη, έτσι ώστε να είμαστε ικανοί να εισέλθουμε σ' αυτό το βασίλειο. Όταν ο Ιησούς γιάτρεψε τους δέκα λεπρούς, μόνο ο ένας από αυτούς επέστρεψε σε Εκείνον και δόξασε τον Θεό (Κατά Λουκάν 17:11-19). Οι υπόλοιποι εννιά εγκατέλειψαν τον Θεό κι επέστρεψαν στην εγκόσμια ζωή τους. Μόνο ο ένας σώθηκε.

Οι άνθρωποι μπορεί να έχουν ως κίνητρο για να έρθουν στην εκκλησία τις ασθένειες από τις οποίες υποφέρουν ή κάποια άλλα προβλήματα που αντιμετωπίζουν. Καθώς, όμως, παρακολουθούν τη λειτουργία κι ακούν τα μηνύματα και γνωρίζουν το θέλημα του Θεού, αποκτούν πίστη και ζωή. Είναι θέλημα του Θεού να θεραπευτούν όταν λαμβάνουν το Άγιο Πνεύμα, να πιστέψουν στον παράδεισο και στην κόλαση, και να αποκτήσουν πίστη για να σωθούν. Σε περίπτωση που απαλλαγούν από τα προβλήματα υγείας χωρίς να πιστεύουν, οι περισσότεροι θα επιστρέψουν στα εγκόσμια, εκτός από εκείνους που είναι πολύ ευσυνείδητοι. Στο τέλος, δεν πρόκειται να σωθούν. Από τότε λοιπόν, άλλαξα την προσευχή μου κι έλεγα, «Θεέ μου, θεράπευσέ τους σύμφωνα με τη δική τους πίστη.» Κι ο Θεός, πράγματι, φανέρωνε τα θεραπευτικά του έργα μόνο όταν επεδείκνυαν αληθινή πίστη.

Πίστη που Ελέγχει τον Καιρό

Την πρώτη ημέρα του Αυγούστου του 1983, είχαμε το πρώτο καλοκαιρινό ησυχαστήριο στο νησί Ντεμπού κοντά στο Ίντσον. Την προηγούμενη, όμως, νύχτα έβρεχε πολύ δυνατά με αστραπές και βροντές. Το καράβι που πήγαινε στο νησί Ντεμπού εκτελούσε ένα μόνο δρομολόγιο την ημέρα. Ρώτησα τον Θεό, «Θεέ μου, πώς θα τα καταφέρουμε να πάμε στο ησυχαστήριο με αυτή τη βροχή; Σε παρακαλώ, σταμάτησε τη βροχή!»

Είχαμε προγραμματίσει να φύγουμε στις 5 το πρωί από την εκκλησία, κι έτσι κάποιοι σπουδαστές που έμεναν σε μεγάλη απόσταση από την εκκλησία, είχαν κοιμηθεί στο ναό εκείνη τη νύχτα. Θέλησα κι εγώ να κοιμηθώ για λίγο στον χώρο διαμονής μου, αλλά δεν μπόρεσα να κοιμηθώ εξαιτίας του δυνατού ήχου της καταιγίδας. Απλά ξάπλωσα μην μπορώντας να αποκοιμηθώ. Προσευχόμουν σιωπηλά, όταν άκουσα ξαφνικά γύρω στις 3 τα ξημερώματα τη φωνή του Αγίου Πνεύματος να μου λέει να μην ανησυχώ. Πήγα στο ναό για τον όρθρο στις 4 το πρωί, και ήδη υπήρχαν αρκετά νεαρά μέλη εκεί. Ύστερα από την προσευχή, στις 4:55, η καταιγίδα δυνάμωσε. Υπήρχαν περισσότερες αστραπές και κεραυνοί, και η δυνατή βροχή χτυπούσε στα τζάμια της εκκλησίας.

Είπα, «Ας προσευχηθούμε όλοι μαζί να σταματήσει η βροχή!» Καθώς είχαν γίνει μάρτυρες πολλών θαυμάτων και σημαδιών κατά τη διάρκεια των ολονυχτιών της Παρασκευής, οι σπουδαστές και τα νεαρά μέλη της εκκλησίας είχαν μεγάλη πίστη. Όσοι βρίσκονταν στο ναό προσευχήθηκαν με ειλικρίνεια για λίγα λεπτά, οι κεραυνοί κι οι αστραπές, όμως, συνεχίζονταν.

Τους είπα, «Μην ανησυχείτε. Πάρτε τα πράγματά σας και κατεβείτε στο ισόγειο. Η βροχή θα σταματήσει μόλις πατήσει κάποιος το πόδι του στο έδαφος.»

Όταν το ανακοίνωσα με τόλμη, όλοι απάντησαν με ένα «Αμήν». Σηκώθηκαν όλοι και πήγαν στο ισόγειο. Όταν ο πρώτος της σειράς πάτησε το πόδι του έξω στο έδαφος, η δυνατή βροχή σταμάτησε αμέσως, όπως σταμάτησαν και οι αστραπές κι οι κεραυνοί. Μέσω αυτής της εμπειρίας, ο Θεός μάς χάρισε μεγαλύτερη πίστη.

Λαμβάνοντας Εξηγήσεις για Δύσκολα Χωρία και το «Μήνυμα του Σταυρού»

Αφού άνοιξα τη εκκλησία, με προσκαλούσαν να μιλήσω σε πολλές συναθροίσεις αναγέννησης των πιστών. Κήρυττα τον Λόγο του Θεού για να εμφυτεύσω πίστη σε κάθε έναν από τους παρευρισκομένους και για να τους δώσω την ευκαιρία να κατανοήσουν την αγάπη του Θεού. Πολλοί ήταν εκείνοι που θεραπεύονταν, κάθε φορά που προσευχόμουν για τους αρρώστους. Κουτσοί περπάτησαν και τυφλοί βρήκαν το φως τους. Έγιναν πολλά θαύματα. Ο Θεός με δίδαξε τι να κηρύττω σε αυτές τις συγκεντρώσεις θρησκευτικής αναγέννησης. Κήρυττα για τον Ιησού Χριστό, για τον Θεό Πατέρα, για την αληθινή πίστη και την αιώνια ζωή, για θαύματα, για την ανάσταση, για τη Δευτέρα Παρουσία και για την επουράνια βασιλεία του Θεού.

Οι συγκεντρώσεις αυτές γίνονταν συνήθως από Δευτέρα ως Πέμπτη. Ξεκινούσαν στις 6 το απόγευμα, και γύρω στις

7:30 το βράδυ άρχιζε το κήρυγμα. Συνήθως συνέχιζα μέχρι τις 11 το βράδυ ή μέχρι τα μεσάνυχτα, επειδή ο πάστορας και οι πιστοί μού ζητούσαν να συνεχίσω το κήρυγμα. Στη συνέχεια, κοιμόμουν για δυο με τρεις ώρες, και μετά άρχιζα τον όρθρο. Το 1983, ταξίδεψα σε ολόκληρη χώρα και μιλούσα στις συγκεντρώσεις αναγέννησης. Κάποια μέρα, ο Κύριος μού είπε να σταματήσω να κηρύττω στις συναθροίσεις αυτές και να πάω σε κάποια βουνοπλαγιά για να προσευχηθώ. Ήθελε να μου εξηγήσει τα χωρία της Βίβλου που δεν ερμηνεύονται εύκολα. Προσευχόμουν για επτά χρόνια να λάβω την ερμηνεία για τα δυσνόητα αυτά χωρία, και τελικά πήρα την απάντηση από τον Θεό. Έτσι, από τον Μάιο του 1983, σταμάτησα να κηρύττω σε συναθροίσεις αναγέννησης πιστών και πήγα στο Όρος Προσευχής Κβανγκτζού στην επαρχία Κγιονγκ-γκι. Μετά τον εσπερινό της Κυριακής, πήγαινα εκεί και προσευχόμουν όλη τη μέρα, κι επέστρεφα στην εκκλησία για την ολονυχτία της Παρασκευής. Κι η ζωή συνεχίστηκε έτσι για πολλά χρόνια.

Αντιμέτωπος με τον Παγωμένο Χειμώνα και το Καυτό Καλοκαίρι

Το καλοκαίρι, ο ήλιος ήταν πολύ δυνατός και το χειμώνα η θερμοκρασία έπεφτε στους 10 με 15 βαθμούς Κελσίου υπό το μηδέν. Αλλά τοποθετούσα απλά ένα στρώμα από μια στρατιωτική κουβέρτα σε ένα βράχο και προσευχόμουν δυνατά προς τον ουρανό. Ακόμα και κατά τη διάρκεια του κρύου χειμώνα, ανέβαινα στο βουνό και προσευχόμουν από το πρωί ως το βραδύ. Βρισκόμουν αντιμέτωπος με τον κρύο καιρό καθ' όλη τη διάρκεια της ημέρας. Ούτε καν ίδρωνα, όταν προσευχόμουν και φώναζα με όλη μου τη δύναμη, αν η θερμοκρασία έπεφτε κάτω από τους 10 βαθμούς Κελσίου υπό το μηδέν.

Καθώς δεν είχα καθόλου χρήματα, δεν μπορούσα να πληρώσω για ένα άνετο και ζεστό κατάλυμα. Τα χρήματα που είχα έφταναν μόνο για μία μπρικέτα κάρβουνο την ημέρα για θέρμανση. Ο αέρας στο δωμάτιο ήταν κρύος. Το τζάμι από χαρτί είχε σχιστεί κι έμπαινε μέσα ο παγωμένος άνεμος. Στο δωμάτιο είχα μελάνι για να γράφω τις ερμηνείες που μου έδινε ο Κύριος για τα δύσκολα χωρία της Βίβλου. Το δωμάτιο, όμως, ήταν τόσο κρύο που το μελάνι είχε παγώσει. Έπρεπε να το λιώνω με κάποιον τρόπο αν ήθελα να γράψω. Κι επειδή δεν είχα μία κανονική κουβέρτα, κοιμόμουν άβολα σκεπασμένος μόνο με μία στρατιωτική κουβέρτα. Σηκωνόμουν νωρίς το πρωί και πήγαινα στην εκκλησία για τον όρθρο. Μετά το πρωινό, ανέβαινα στο βουνό όπου προσευχόμουν όλη τη μέρα.

Ερμηνείες για τα Δύσκολα Χωρία της Βίβλου που Περικλείουν Πολλά Μηνύματα

Μερικές φορές, έσπαγα τον πάγο και πλενόμουν με το παγωμένο νερό, και στη συνέχεια προσευχόμουν και διάβαζα τη Βίβλο ολόκληρη την ημέρα. Στις 7 το βράδυ, όλοι βρίσκονταν στον εσπερινό, κι έτσι επικρατούσε ησυχία. Μετά, πήγαινα στο κελί της προσευχής και προσευχόμουν τόσο έντονα που γινόμουν μούσκεμα από τον ιδρώτα. Ο Κύριος μού εξηγούσε τα εδάφια της Βίβλου για τα οποία προσευχόμουν κατά τη διάρκεια της ημέρας. Μου εξήγησε στην αρχή κάποια χωρία της Βίβλου, τα οποία με δυσκόλευαν περισσότερο, και το συναίσθημα που ένιωθα ήταν γλυκύτερο κι από μέλι. Συγκεκριμένα, σε εκείνα τα εδάφια υπήρχε το απύθμενο και χωρίς τέλος θέλημα του Θεού. Ας δούμε ένα από τα δύσκολα χωρία που μου ερμήνευσε ο Κύριος. Στο Ευαγγέλιο του Ιωάννη, στο δεύτερο κεφάλαιο, ο Ιησούς πήγε σε ένα γαμήλιο γλέντι στην Κανά της Γαλιλαίας και μετέτρεψε το νερό σε οίνο. Συνήθως, στους γάμους οι άνθρωποι μεθούν και χάνουν τον έλεγχο του εαυτού τους. Είναι φυσικό να αναρωτηθεί κάποιος για ποιο λόγο ο Ιησούς, ο οποίος ήρθε να σώσει όλη την ανθρωπότητα, πήγε σε έναν τέτοιου είδους γαμήλιο γλέντι και φανέρωσε το πρώτο σημάδι της διακονίας Του.

Το γαμήλιο γλέντι συμβολίζει το τέλος των καιρών, όταν οι άνθρωποι τρώνε, πίνουν και κυριαρχεί η αμαρτία. Το πρώτο αυτό σημείο του Ιησού, προοιωνίζει με συμβολικό τρόπο την αρχή και το τέλος της επίγειας διακονίας του Ιησού. Ο Ιησούς ήταν καλεσμένος στο γάμο στην Κανά, κι αυτό σημαίνει ότι όταν οι άνθρωποι αυτού του κόσμου κάλεσαν τον Ιησού, ήταν για να Τον σταυρώσουν. Ο ίδιος τους επέτρεψε να Τον σταυρώσουν, και τελικά σταυρώθηκε. Το νερό συμβολίζει το νερό της αιώνιας ζωής (Κατά Ιωάννην 4:14), και το συγκεκριμένο νερό είναι ο Λόγος του Θεού που χαρίζει την αιώνια ζωή. Ο Λόγος είναι ο Ιησούς Χριστός που ήρθε στη γη με ανθρώπινη υπόσταση. Το κρασί συμβολίζει το πολύτιμο αίμα του Ιησού. Συμβολίζει το ότι ο Ιησούς, ο Λόγος του Θεού που ήρθε ανάμεσα στους ανθρώπους με ανθρώπινη υπόσταση, θα κρεμιόταν πάνω στο σταυρό και το πολύτιμο αίμα Του θα χυνόταν. Ο

Ιησούς, που κατέβηκε σε αυτόν το γεμάτο αμαρτία κόσμο, θυσιάστηκε επάνω στο σταυρό και έχυσε όλο το αίμα Του. Το εδάφιο αυτό μαρτυρά την αγάπη του Κυρίου.

Η μετατροπή του νερού σε κρασί είναι σύμβολο του αίματος του Ιησού που θα χυθεί στο σταυρό και θα γίνει το αίμα που θα χαρίζει την αιώνια ζωή. Το κρασί που μετέτρεψε ο Ιησούς στον γάμο ήταν καθαρός χυμός από σταφύλια που δεν περιείχε τίποτα που θα μπορούσε να μεθύσει όσους θα το έπιναν. Ωστόσο, όσοι το δοκίμασαν, συμφώνησαν ότι ήταν πολύ καλό κρασί. Αυτό συμβολίζει την ευτυχία που θα νιώσουν οι άνθρωποι όταν εξαγνιστούν από τις αμαρτίες τους πίνοντας το αίμα του Θεού, και την ελπίδα και την προσδοκία που θα έχουν για το επουράνιο βασίλειο.

Στο τέλος αναφέρεται, «*Αυτή την αρχή των θαυμάτων έκανε ο Ιησούς στην Κανά της Γαλιλαίας, και φανέρωσε τη δόξα του, και πίστεψαν σ' αυτόν οι μαθητές του.*» (Κατά Ιωάννην 2:11). Εδώ, η «φανέρωση της δόξας Του» σχετίζεται με τα Τέσσερα Ευαγγέλια που αναφέρουν ότι ο Ιησούς θα σταυρωθεί, αλλά την Τρίτη ημέρα της ταφής Του, θα καταπατήσει την εξουσία του θανάτου και θα αναστηθεί, καθιστώντας έτσι φανερή τη δόξα Του. Επομένως, η μικρή αυτή φράση εμπεριέχει πολλά και βαθύτερα νοήματα.

Οι μαθητές είχαν διασκορπιστεί όταν σταυρώθηκε ο Ιησούς, κι ακόμα κι όταν τους είπαν εκείνοι που Τον είχαν δει αναστημένο ότι ο Κύριος αναστήθηκε, οι μαθητές δεν το πίστεψαν. Πίστεψαν μόνο όταν τον είδαν αναστημένο με τα ίδια τους τα μάτια. Οι μαθητές πίστεψαν στον Ιησού, όχι όταν είδαν το πρώτο εκείνο σημείο της διακονίας Του στο γάμο, αλλά όταν ο Κύριος φανέρωσε τη δόξα Του με τη σταύρωσή Του, νίκησε τον θάνατο και αναστήθηκε. Από αυτό το πρώτο σημείο που μας φανέρωσε ο Ιησούς, μπορούμε να αντιληφθούμε τώρα ότι ο σκοπός Του δεν ήταν να βοηθήσει απλά κάποιους ανθρώπους να διασκεδάσουν σε ένα γάμο του υλικού κόσμου.

Το «Μήνυμα του Σταυρού», το Κρυμμένο Μυστικό πριν την αρχή του Χρόνου

Καθώς άρχιζα να κατανοώ τη χάρη και την αγάπη του Θεού με τη μελέτη των Τεσσάρων Ευαγγελίων που έγραφαν για τη διακονία του Ιησού, αδυνατούσα να συνεχίσω την ανάγνωση εξαιτίας της μύτης μου που έτρεχε και των πολλών δακρύων που έχυνα. Άρχιζα να δακρύζω διαβάζοντας τη σκηνή όπου ο Ιησούς έστεκε στο δικαστήριο του Ποντίου Πιλάτου. Έκλαιγα για πολλή ώρα όταν διάβασα για το Χριστό που Τον μαστίγωναν, για το ακάνθινο στεφάνι στο κεφάλι Του και για τη σταύρωσή Του. Δεν μπορούσα να σταματήσω να κλαίω κι έτσι αναγκαζόμουν να κλείσω τη Βίβλο.

Παρόλο που προσπαθούσα να συγκρατηθώ, μου πήρε πολλές μέρες για να κάνω μια απλή ανάγνωση τα Τέσσερα Ευαγγέλια. Για πολλά χρόνια μετά το άνοιγμα της εκκλησίας, συνέχιζα να χύνω δάκρυα κάθε φορά που διάβαζα τη Βίβλο. Επίσης, με δυσκολία μπορούσα να συμμετέχω στη Θεία Κοινωνία, καταβάλλοντας μεγάλη προσπάθεια να συγκρατήσω το κλάμα μου. Αργότερα, όμως, μπορούσα να συγκρατήσω τα δάκρυά μου, καθώς είχα πλήρη επίγνωση της μεγάλης ευλογίας που αποτελούσε για όλους τους ανθρώπους το γεγονός ότι ο Ιησούς σταυρώθηκε, κι ότι αυτός ήταν ο τρόπος για να επιτύχει τη σωτηρία μας. Μπορούσα τότε να διαβάζω τη Βίβλο και να συμμετέχω στη Θεία Κοινωνία με χαρά κι ευγνωμοσύνη. Αφού έλαβα το «Μήνυμα το Σταυρού», το οποίο μου δίδαξε ο Θεός με τη θεία επιφοίτηση, συνειδητοποίησα ακόμα πιο βαθιά την αγάπη του Θεού.

Ήταν το έτος 1983, που ενώ προσευχόμουν στο Όρος Προσευχής Κβανγκτζού, μου εξήγησε ο Κύριος το «Μήνυμα του Σταυρού». Μου εξήγησε για ποιο λόγο ο Ιησούς είναι ο μοναδικός Σωτήρας μας, για ποιο λόγο μπορούμε να σωθούμε πιστεύοντας ότι Εκείνος είναι ο Σωτήρας, γιατί ο Θεός τοποθέτησε το δέντρο της γνώσης του καλού και του κακού, και γιατί δημιούργησε εμάς, το ανθρώπινο είδος, σε αυτόν τον κόσμο. Μου έδωσε μια ερμηνεία για το «Μήνυμα του Σταυρού» που ήταν ένα μυστικό κρυμμένο πριν ακόμα ξεκινήσει ο χρόνος. Μου φανέρωσε επίσης και μου εξήγησε για το πνευματικό βασίλειο που καταγράφεται στο Βιβλίο της Γένεσης.

Επιπλέον, ο Θεός μού επέτρεψε να κατανοήσω πλήρως και να καταγράψω σε βάθος το νόημα και τους τρόπους με τους οποίους μπορούμε να συμμετέχουμε στη θεία φύση μέσω των «Εννέα Καρπών του Αγίου Πνεύματος», τους «Μακαρισμούς» και την «Πνευματική Αγάπη».

Πώς Μπορώ να Ταΐσω το Ποίμνιο με τον Πνευματικό Λόγο;

Αν προσευχόμουν στο ίδιο μέρος για μεγάλο χρονικό

διάστημα, η πληροφορία διαδιδόταν κι ο κόσμος ερχόταν για να λάβει την προσευχή μου. Καθώς ο αριθμός των ανθρώπων που με γνώριζαν αυξανόταν διαρκώς, πήγαινα αναγκαστικά σε άλλο μέρος. Χρειαζόμουν ένα απομονωμένο μέρος μακριά από τα εγκόσμια για να επικοινωνώ με το Θεό μέσω της προσευχής, όπως κι ο απόστολος Ιωάννης που έγραψε το Βιβλίο της Αποκάλυψης στο νησί της Πάτμου. Έτσι, πήγα σε μια τοποθεσία στην επαρχία Κανγκ-βον και στο Τζοτσιβόν. Κατά τη διάρκεια των καυτών ημερών του καλοκαιριού, όταν προσευχόμουν χωρίς να διαθέτω ανεμιστήρα, γινόμουν μούσκεμα στον ιδρώτα, παρ' όλα αυτά, δεν ένιωσα ποτέ καμία δυσφορία ούτε παραπονιόμουν.

Δύο ήταν τα ερωτήματα που με απασχολούσαν: «Πώς θα μπορούσα να δώσω στο ποίμνιο να καταλάβει σωστά το θέλημα του Θεού, και να καταφέρω να τους παράσχω τα απαραίτητα πνευματικά μηνύματα, ώστε να τους γαλουχήσω πνευματικά για να αποκτήσουν απόλυτη πίστη;» και «Πώς θα μπορούσα να προσεύχομαι περισσότερο και να λάβω εκείνη τη δύναμη του Θεού που είχαν οι προφήτες και οι απόστολοι, έτσι ώστε να είμαι σε θέση να φέρω εις πέρας την παγκόσμια αποστολή και να χτίσω το Μεγάλο Ναό;» Κι επειδή ήμουν τόσο συγκεντρωμένος με το πώς θα εκπληρώσω αυτούς τους στόχους, δεν είχα χρόνο να σκεφτώ τίποτα άλλο.

Ήταν το Μάιο του 1984, λίγες ημέρες πριν από τα γενέθλιά μου όταν η πρεσβύτερη διακόνισσα Γκεουμσούμ Βιν, η οποία τώρα είναι η Διευθύντρια του Γραφείου Έκδοσης των Βιβλίων Ουρίμ, μου σύστησε ένα σπίτι που ανήκε σε κάποιον συγγενή της στην επαρχία Κανγκ-βον, και προσευχόμουν εκεί για κάποιο χρονικό διάστημα. Ήταν ένα μέρος στο οποίο μπορούσα να πάω μόνο με βάρκα και κωπηλατώντας.

Την Παρασκευή, έπρεπε να επιστρέψω στη Σεούλ και να κηρύξω στην ολονυχτία της Παρασκευής και στη Θεία Λειτουργία της Κυριακής. Ο Θεός, όμως, με παρακίνησε να παραμείνω εκεί και να νηστέψω για άλλες τρεις ημέρες. Έπειτα από την τριήμερη νηστεία, ο Θεός μου δίδαξε για το βαθύ πνευματικό βασίλειο και το Βασίλειο των Ουρανών με κάθε λεπτομέρεια. Θα μπορούσα βέβαια να είχα περάσει ευχάριστα την ημέρα των γενεθλίων μου με τα μέλη της ενορίας, αλλά ήταν πολυτιμότερο και πιο ευχάριστο να δεχτώ ένα σπουδαίο δώρο από τον Θεό ύστερα από νηστεία και προσευχή. Το περιεχόμενο του επουράνιου βασιλείου που διδάχθηκα από τον Κύριο ήταν σαν ένα διεξοδικό κήρυγμα και συνέθετε πολλά παρόμοια εδάφια της Βίβλου. Αργότερα, και για αρκετά χρόνια, δίδασκα αυτό το κήρυγμα κατά την πρωινή λειτουργία της Κυριακής, και δημοσιεύθηκε σε δύο βιβλία με τον τίτλο «Ο Παράδεισος».

Ακόμα και οι Γείτονες στην Αγορά Έλεγαν «Να πάτε στην Εκκλησία Μάνμιν»

Δίπλα από την εκκλησία υπήρχε μία υπαίθρια αγορά. Καθώς η εκκλησία βρισκόταν στο τέλος της αγοράς, ήταν πολλοί εκείνοι που έπρεπε να διασχίσουν την αγορά κατεβαίνοντας από το λεωφορείο, για να φτάσουν στην εκκλησία. Έτσι, οι έμποροι της αγοράς έβλεπαν συχνά ανθρώπους να μεταφέρουν παιδιά που βρίσκονταν σε άσχημη κατάσταση και κινδύνευε η ζωή τους, όπως συμβαίνει μετά από κάποιο τροχαίο ατύχημα.

Στις μέρες μας, το να βλέπεις αναπηρικά καροτσάκια είναι κάτι το συνηθισμένο, δεν συνέβαινε, όμως, το ίδιο στην Κορέα εκείνης της εποχής. Κάθε φορά που οι έμποροι έβλεπαν ασθενείς σε κατάσταση έκτακτης ανάγκης έλεγαν, «Πηγαίνουν να βρουν τον πάστορα της εκκλησίας Μάνμιν.» Η έκπληξή τους ήταν μεγάλη όταν έβλεπαν έπειτα από δύο ή τρεις μέρες τους ίδιους ανθρώπους να είναι υγιέστατοι και να τριγυρίζουν στην αγορά κάνοντας τα ψώνια τους.

«Εσύ δεν ήσουν εκείνος που έφεραν χθες πάνω σε φορείο;»

«Ναι, εγώ ήμουν.»

«Και τι έγινε και μπόρεσες να περπατήσεις;»

«Θεραπεύτηκα χθες με την προσευχή.»

Κι επειδή οι έμποροι γίνονταν συχνά μάρτυρες τέτοιων περιστατικών, είχαν επίγνωση του ότι ο Θεός υπάρχει. Όταν, όμως, τους κηρύτταμε το Ευαγγέλιο, ενώ έλεγαν ότι αναγνωρίζουν την ύπαρξη του Θεού, δεν θέλησαν να έρχονται στην εκκλησία, καθώς ήταν πολύ απασχολημένοι με τη δουλειά τους. Μολονότι δεν έρχονταν οι ίδιοι στην εκκλησία, όταν έβλεπαν κάποιον άρρωστο, του πρότειναν να πάει στην Εκκλησία Μάνμιν.

Ο Κύριος Συνεργούσε

Μετακομίζοντας στο Δεύτερο Ναό

Σχεδόν ένα χρόνο μετά την πρώτη λειτουργία της εκκλησίας, δεν υπήρχε πια χώρος στο ναό ούτε για έναν πιστό παραπάνω. Την ώρα της λειτουργίας, τα κελιά προσευχής, ο διάδρομος, ακόμα και το σαλόνι ήταν γεμάτα κόσμο. Δεν υπήρχε καθόλου ελεύθερος χώρος. Κι έτσι αρχίσαμε να προσευχόμαστε για να μετακομίσουμε σε έναν μεγαλύτερο χώρο.

Έπρεπε να βρούμε ένα μέρος με εμβαδόν τουλάχιστον 650 τμ, η πίστη, όμως, των μελών της εκκλησίας δεν ήταν αρκετά μεγάλη. Όταν προσευχήθηκα και πάλι για έναν καινούριο ναό, ο Θεός μού έστειλε τον Λόγο Του, *«Πήγαινε και χτίσε ένα προσωρινό καταφύγιο σε έναν άδειο χώρο. Θα γκρεμιστεί γι' αυτό θα πρέπει να το χτίσεις και πάλι. Τότε θα γκρεμιστεί ξανά. Μετά από αυτό, θα φανερωθεί η πρόνοιά* μου.»

Το Σεπτέμβριο του 1984, υπήρχε ένα άδειο σημείο στην οροφή ενός μονώροφου κτιρίου κοντά στην αγορά. Ο Θεός μάς είπε να χτίσουμε εκεί μία προσωρινή κατασκευή, αλλά δεν με άφησε να πω στα μέλη ότι θα αποτυγχάναμε. Φυσικά, ήταν παράνομο να χτίσεις ένα μόνιμο κτήριο στην κορυφή μιας στέγης. Τους εξήγησα με απλά λόγια ότι ήταν το θέλημα του Θεού να χτιστεί εκεί ένα προσωρινό κτήριο και τους άφησα να ξεκινήσουν την κατασκευή. Ο ιδιοκτήτης του κτηρίου συμφώνησε, και είπε ότι θα πήγαινε στα τοπικά γραφεία της αρμόδιας υπηρεσίας για να πάρει την άδεια να ανεγερθεί ένα προσωρινό κτήριο.

Με τον ανθρώπινο τρόπο σκέψης δεν ήταν εύκολο να δεχτεί κάποιος να χτίσει μια προσωρινή κατασκευή στην οροφή ενός κτηρίου και να το χρησιμοποιήσει για ναό. Υπάκουσα, όμως, επειδή αυτός ήταν ο Λόγος του Θεού. Επιπλέον, γνώριζα ότι το κτήριο θα κατέρρεε μόλις ολοκληρωνόταν η κατασκευή του. Μόλις είχε ολοκληρωθεί από τα μέλη η τοποθέτηση του τσιμέντου και των τούβλων, ήρθαν οι πολιτικοί μηχανικοί από τα γραφεία της κυβέρνησης και το κατεδάφισαν. Όταν το ξαναχτίσαμε, το κατεδάφισαν και πάλι. Κάποια μέλη άρχισαν να κάνουν παράπονα εξαιτίας αυτής της κατάστασης, αλλά οι περισσότεροι σέβονταν το θέλημα του Θεού που είναι για καλό, και προσεύχονταν ειλικρινά κι όλοι μαζί ενωμένοι. Οι κάτοικοι της περιοχής που έβλεπαν τι συνέβαινε σκέφτονταν, «Είναι ανάγκη να παρεμβαίνει η κυβέρνηση τόσο πολύ;» και άρχισαν να λυπούνται για την εκκλησία μας. Ακόμα, και οι έμποροι που δούλευαν στην αγορά, γνώριζαν καλά ότι αυτά που συνέβαιναν στην Εκκλησία Μάνμιν ήταν έργο του Θεού. Καθώς είχαμε όλοι να αντιμετωπίσουμε αυτή τη δύσκολη κατάσταση, το πάθος μας για έναν καινούριο ναό γινόταν εντονότερο κι οι καρδιές μας ήταν ενωμένες σαν μία. Κι έτσι, ο Θεός ήδη μεριμνούσε για ένα νέο κτήριο.

Ως τότε, δεν υπήρχε κάποιο κτήριο που θα μπορούσε να χρησιμοποιηθεί από την εκκλησία μας. Σε μία κοντινή, όμως, τοποθεσία, υπήρχε ένα κτήριο μεγέθους 650 τμ, του οποίου η κατασκευή είχε ολοκληρωθεί και θα μπορούσαμε να το χρησιμοποιήσουμε. Ο Θεός μάς είπε να μετακομίσουμε σε εκείνο το κτήριο. Εκείνη την περίοδο είχαμε γύρω στα 300 μέλη, και τα χρήματα από τις προσφορές που δεχόμασταν στην εκκλησία δεν επαρκούσαν ούτε για τους ιεραποστολικούς σκοπούς. Τα περισσότερα μέλη δεν ήταν ιδιαίτερα πλούσια, κι έτσι ήταν δύσκολο να εξασφαλίσουμε ακόμα και δύο εκατομμύρια γουόν. Γι' αυτό και αν είχα προτείνει από την αρχή να μετακομίσουμε σε ένα χώρο 650 τμ, θα έκαναν πολλά παράπονα. Το ποσό που χρειαζόμαστε για να νοικιάσουμε το χώρο ήταν 40 εκατομμύρια γουόν (40.000 δολάρια ΗΠΑ). Χρειαζόμαστε άλλα 20 εκατομμύρια γουόν για να τον μετατρέψουμε σε ναό. Κι αυτό ήταν δύσκολο να επιτευχθεί με την πίστη των μελών. Καθώς, όμως, περάσαμε από αυτές τις δοκιμασίες, μεγάλωσε και η δίψα αυτών των ανθρώπων για έναν μεγαλύτερο ναό, και προσεύχονταν με πάθος και με ενιαία σκέψη και δύναμη. Φάνηκε σαν να ήταν μόνο μια στιγμή ο χρόνος που χρειαστήκαμε για να συγκεντρώσουμε το χρηματικό ποσό και να μετακομίσουμε σε άλλο ναό. Τελικά, στις 31 Δεκεμβρίου του 1984, νοικιάσαμε το κτήριο στο Ντε-Μπανγκ Ντονγκ, στο Ντονγκ-Τζακ Γκου και τελέσαμε την πρώτη λειτουργία. Μέσω αυτής της δοκιμασίας, ο Θεός ενδυνάμωσε την πίστη των μελών.

Ιδρύοντας Εκκλησιαστικές Οργανώσεις

Το μέγεθος της εκκλησίας αυξανόταν με γρήγορους ρυθμούς καθώς ο Θεός μάς έστελνε πολλά νέα μέλη. Και η πιστή των μελών αυξανόταν γρήγορα χάρη στα παντοδύναμα έργα του Θεού που βιώναμε μέσω των σημείων και των θαυμάτων που συνέβαιναν συνεχώς. Κάποιοι έρχονταν στην εκκλησία μόνο και μόνο για να θεραπευτούν· υπήρχαν, όμως, και πολλοί που έρχονταν διψασμένοι αναζητώντας τον Λόγο του Θεού και την πνευματική ζωή. Τον Οκτώβριο του 1983, ιδρύθηκε το Κέντρο Προσευχής Μάνμιν. Ο Θεός καθοδήγησε τη σύζυγό μου, τη Μπόκνιμ Λι, να οργανώνει καθημερινές θεραπευτικές συναθροίσεις, έτσι ώστε να θεραπεύονται ασθενείς και πνευματικά και σωματικά. Την όρισε αρμόδια και της έδωσε τη θέση της προέδρου του κέντρου προσευχής. Κανόνιζε για τη διεξαγωγή των καθημερινών θεραπευτικών συγκεντρώσεων και επικεντρωνόταν στο να συμβουλεύει, να επισκέπτεται τα μέλη και να προσεύχεται. Τον Ιανουάριο του 1984, ιδρύθηκε η «Αποστολή της Προσευχής του Πιστού» με μέλημά της την προσευχή για το βασίλειο και την δικαιοσύνη του Θεού. Τα μέλη δεν προσεύχονταν μόνον, αλλά παρακολουθούσαν και τις θεραπευτικές συγκεντρώσεις, ενώ βοηθούσαν και τους ασθενείς με την προσευχή τους. Το Μάρτιο του 1984, άνοιξε ο Παιδικός Σταθμός Μάνμιν για να εκπληρώσει την αποστολή απέναντι στα παιδιά. Μέσα σε ένα διάστημα δύο μόλις χρόνων από τότε που άρχισε να λειτουργεί η εκκλησία, η δομή και μορφή των εκκλησιαστικών οργανώσεων άρχισαν να παίρνουν σάρκα και οστά.

Τον Οκτώβριο του 1985, η σύζυγός μου διατελούσε χρέη προέδρου στο κέντρο προσευχής. Άρχισε τότε τις νυχτερινές συγκεντρώσεις προσευχής με λίγους ανθρώπους. Αυτές οι συγκεντρώσεις αποτέλεσαν την αρχή της σημερινής «Συγκέντρωσης Προσευχής του Δανιήλ», στην οποία συγκεντρώνονται χιλιάδες μέλη κάθε βράδυ και προσεύχονται. Η πρόεδρος Μπόκνιμ Λι επικεντρωνόταν στη νηστεία και στις προσευχές. Δεν έψαχνε μόνο την προσωπική της ευτυχία μέσα από την οικογένειά της, αλλά ζούσε και για άλλες ψυχές. Ο Θεός συνεργούσε με την καθαρή φωνή του Αγίου Πνεύματος και της έδωσε την ευλογία να φανερώνει πολλά ισχυρά έργα. Ακόμα και τώρα ηγείται κάθε βράδυ της Προσευχής του Δανιήλ. Πολλά είναι τα μέλη που βιώνουν τη δύναμη του Θεού, παίρνουν τις απαντήσεις που ζητούν ενώ προσεύχονται, και δοξάζουν τον Θεό. Μέσω της Συγκέντρωσης Προσευχής του Δανιήλ, ευημερούν οι ψυχές των μελών της εκκλησίας. Είναι η κινητήριος δύναμη για την αναγέννηση της εκκλησίας.

Όσοι προσδοκούσαν κι αναζητούσαν τον Λόγο της ζωής, ήρθαν, άκουσαν τα πνευματικά μηνύματα, και κέρδισαν ειρήνη κι αγαλλίαση. Όσοι βρήκαν απαντήσεις στα ερωτήματά τους και λύσεις στα προβλήματά τους, παρέμειναν στην εκκλησία, κι έτσι η εκκλησία απέκτησε γερές βάσεις.

Φοιτητής Ιατρικής με Όγκο στον Εγκέφαλο

Ο Σουγιόλ Τσο είχε γεννηθεί σε Χριστιανική οικογένεια. Προσβλήθηκε από μία ασθένεια που ονομάζεται ρινοφαρυγγικό ίνωμα. Τα αγγεία της μύτης είχαν γίνει μάζα, η οποία εξελίχθηκε σε όγκο. Αργότερα, εξελίχθηκε σε όγκο στον εγκέφαλο.

Εκείνο τον καιρό, ένας από τους συγγενείς του Σουγιόλ Τσο ήταν υποδιευθυντής του Εθνικού Πανεπιστημιακού Νοσοκομείου της Σεούλ. Υπεβλήθη σε περίπλοκη χειρουργική επέμβαση διάρκειας οκτώ ωρών. Ακόμα, όμως, και μετά την επέμβαση, η μύτη του εξακολουθούσε να είναι βουλωμένη. Ωστόσο, ενώ σπούδαζε στο πανεπιστήμιο, έγινε «φίλος του κόσμου» κάνοντας καταχρήσεις, και τα συμπτώματα χειροτέρεψαν. Τρεις μήνες μετά την επέμβαση, η μύτη του είχε βουλώσει κι άρχισε να αιμορραγεί και πάλι. Πήγε στο νοσοκομείο κι οι γιατροί του είπαν ότι η νόσος επανεμφανίστηκε.

Πριν την εγχείριση, ο γιατρός τον είχε προειδοποιήσει για τη σοβαρή πιθανότητα που υπήρχε να εξαπλωθεί ο όγκος στον εγκέφαλο. Η ρίζα του όγκου βρισκόταν ήδη εκεί κι έτσι έπασχε τώρα από εγκεφαλικό όγκο. Τον Δεκέμβριο του 1984, συνειδητοποίησε ότι η ιατρική επιστήμη δεν μπορούσε να τον θεραπεύσει. Έμαθε για την εκκλησία μας, κι έγινε μέλος μαζί με τα υπόλοιπα μέλη της οικογένειάς του.

Τον Ιανουάριο του 1985, έλαβε χάρη στις συναθροίσεις αναγέννησης των πιστών, και η κατάστασή του άρχισε να βελτιώνεται. Τότε, οι γιατροί τού πρότειναν να υποβληθεί σε άλλη μία επέμβαση, κι εκείνος σκεφτόταν ακόμα το ενδεχόμενο ότι θα μπορούσε ίσως να γιατρευτεί με τη

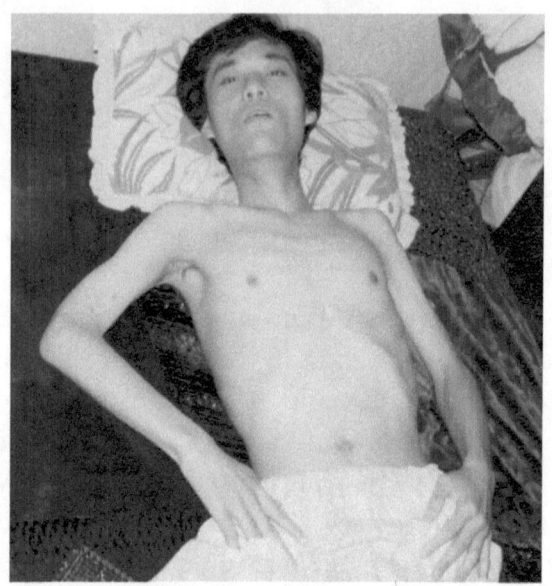

Ο Σουγιόλ Τσο όταν υπέφερε από πνευμονία

Είναι ένας υγιής πάστορας σήμερα

βοήθεια της ιατρικής.

Ωστόσο, το 1986, κι αφού έπαθε ακατάσχετη αιμορραγία περισσότερες από 10 φορές, κατάλαβε καλά ότι θα κατάφερνε να ζήσει μόνο με τη χάρη του Θεού. Είχε παρουσιάσει δύο φορές αιμορραγία από τον πρωκτό και ήταν εξουθενωμένος.

Μία μέρα, όταν προσευχόμουν στο Τζοτσιβόν κατά τη διάρκεια της εβδομάδας, ένιωσα μία απερίγραπτα μεγάλη θλίψη στην καρδιά μου κατά τη διάρκεια της προσευχής μου. Αντιλήφθηκα, τότε, ότι ο Σουγιόλ Τσο βρισκόταν σε εξαιρετικά κρίσιμη κατάσταση και προσευχήθηκα δακρυσμένος στον Θεό.

Κάποια από εκείνες τις μέρες, μία διακόνισσα που προσευχόταν συχνά στην εκκλησία μας, είδε ένα όραμα. Είπε ότι πράγματι κρατούσα σφιχτά το άκρο του ενδύματος του Ιησού και Του ζητούσα να σώσει τη ζωή του νεαρού άντρα. Ακόμα και μετά από αυτό, κάθε φορά που ο νεαρός βρισκόταν σε κρίσιμη κατάσταση, το Άγιο Πνεύμα μού το γνωστοποιούσε, και οι κρίσιμες στιγμές περνούσαν με την προσευχή μου. Από τότε, ο Σουγιόλ Τσο απέκτησε πνευματική πίστη και η κατάστασή του βελτιώθηκε ως ένα σημείο.

Σε περίπτωση που δεν προσευχόταν ή δεν ήταν γεμάτος με πίστη προς το Άγιο Πνεύμα, το εξόγκωμα στη μύτη του μεγάλωνε πολύ, του έκλεινε τον λαιμό, ή κάτι σαν γλώσσα κατέβαινε στο στόμα του, ή το εξόγκωμα έβγαινε από τα ρουθούνια του. Τότε, όταν μετανοούσε και λάμβανε την προσευχή μου, τα συμπτώματα υποχωρούσαν. Μέσω αυτής της διαδικασίας, ο νεαρός ανακάλυψε τις σαρκικές σκέψεις και το κακό που βρισκόταν μέσα του, και νήστευε με τη σκέψη, «Αν πρέπει να πεθάνω, θα πεθάνω.»

Έβαλε τα δυνατά του για να αλλάξει, και στο τέλος έγινε πάλι υγιέστατος. Τώρα υπηρετεί την εκκλησία ως βοηθός πάστορα. Έχει μία ευτυχισμένη οικογένεια με τη σύζυγο και το γιο του.

Σώμα σε Ακαμψία μετά από Δηλητηρίαση με Μονοξείδιο του Ανθρακα

Το Φεβρουάριο του 1985, προσευχόμουν στο δωμάτιό μου κάποιο απόγευμα του Σαββάτου. Έξω από την πόρτα μου, υπήρχε φασαρία και άκουσα κάποιον να φωνάζει ότι είχε πεθάνει κάποιος. Όταν βγήκα έξω μετά την προσευχή, αντίκρισα μία αδελφή από την εκκλησία, η οποία είχε υποκύψει σε δηλητηρίαση μονοξειδίου του άνθρακα.

Είχε επιστρέψει σπίτι της από την ολονυχτία της Παρασκευής, άναψε μια μπρικέτα από κάρβουνο, κι έπεσε για ύπνο.

Τη βρήκαν, όμως, δηλητηριασμένη από το αέριο μετά τις 2 το μεσημέρι του Σαββάτου. Όταν βρέθηκε, είχε ήδη εισπνεύσει το αέριο για πολλές ώρες, και το κορμί της είχε ήδη παραλύσει, κι έβγαιναν αφροί από το στόμα της. Την βρήκε κάποιος από τους γείτονες και την μετέφερε στην κατοικία μου, αλλά φαινόταν ότι ήταν νεκρή. Ήταν αναίσθητη, και το σώμα της ήταν ήδη πολύ άκαμπτο και παγωμένο.

Έβαλα το χέρι μου επάνω της και προσευχήθηκα, «Εις το όνομα του Ιησού Χριστού, μονοξείδιο του άνθρακα, έξελθε! Έξελθε από τα δύο μάτια, από τα δύο ρουθούνια, από το στόμα, και από κάθε κύτταρο του σώματος!» Τη στιγμή που τελείωσα την προσευχή μου και απομάκρυνα το χέρι μου, το σώμα της αδελφής άρχισε να αποκτά κάποια θερμότητα κι άνοιξε αργά τα μάτια της. Το άκαμπτο κορμί της άρχισε τότε να χαλαρώνει. Τα άτομα που ήταν γύρω της άρχισαν να της κάνουν μασάζ για λίγα λεπτά, και η κίνηση του κορμιού της επανήλθε. Ανασηκώθηκε, έχοντας συνέλθει πλήρως και χωρίς να υποστεί παρενέργειες η υγεία της. Λίγες θα ήταν οι πιθανότητες να συνέλθει, αν την είχαν μεταφέρει σε νοσοκομείο αφότου τη βρήκαν. Ακόμα και σε περίπτωση που επιζούσε, θα υπέφερε από μετατραυματική βλάβη στον εγκέφαλο κατά τη διάρκεια της υπόλοιπης ζωής της. Ο παντοδύναμος Θεός, όμως, που μέχρι και νεκρούς ανασταίνει, φανέρωσε τη δύναμή Του, κι η γυναίκα επανήλθε στη φυσιολογική της κατάσταση μέσα σε δύο λεπτά. Η γυναίκα αυτή είναι η Μινσούμ Λι, που παντρεύτηκε αργότερα τον Τζιον-γουάν Τσα, έναν πάστορα της εκκλησίας μας.

«Πήγαινε, σε Παρακαλώ, στο Σιντεμπάνγκ Ντονγκ»

Έχω προσευχηθεί αρκετές φορές και για εκείνους που έχουν σταματήσει να αναπνέουν. Τον Ιούνιο του 1985, συνέβη κάτι στην ηλικίας δύο ετών κόρη του διακόνου Σιοκ-χι Τσο, την Σιουνγκ-αχ. Η μητέρα της μαγείρευε λουκάνικα, κι η κόρη την πλησίασε απλώνοντας το χεράκι της. Κι έτσι, η μητέρα της τής έδωσε ένα μικρό κομμάτι λουκάνικο. Σύντομα, όμως, αντιλήφθηκε ότι δεν άκουγε την κόρη της να κινείται στα δωμάτια του σπιτιού. Πήγε σε ένα άλλο δωμάτιο, και τη βρήκε εκεί ετοιμοθάνατη, να προσπαθεί να αναπνεύσει έχοντας αφρούς στο στόμα, ενώ το δέρμα της είχε μελανιάσει.

Όλα συνέβησαν μέσα σε ελάχιστα λεπτά, κι είχε μείνει άναυδη. Την κουβάλησε γρήγορα στην πλάτη της και πήρε ένα ταξί. Καθώς είχε δει στην εκκλησία μας να θεραπεύονται ανίατες ασθένειες και νεκροί να ανασταίνονται, είχε αποκτήσει μεγάλη πίστη στον Θεό. Είπε στον οδηγό του ταξί να την πάει στο Σιντεμπάνγκ Ντονγκ. Εκείνος αποκρίθηκε ότι υπήρχαν πολλά νοσοκομεία και στην περιοχή που βρίσκονταν, οπότε γιατί να θέλει να πάει σε ένα τόσο μακρινό μέρος;

«Όχι, υπάρχει ένας πολύ ικανός γιατρός στο Σιντεμπάνγκ.»

Τη στιγμή που έφτασε βρισκόμουν στο σπίτι, κι έτσι

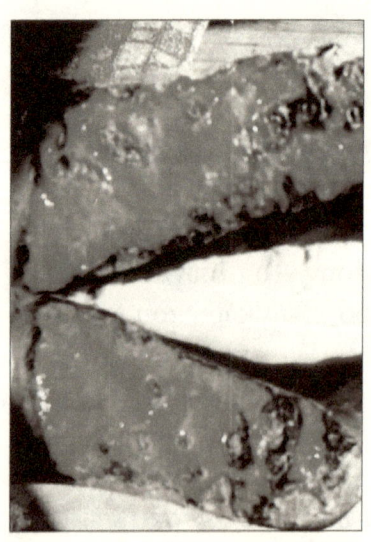

Θεραπευμένος από έγκαυμα τρίτου βαθμού

μπόρεσα να προσευχηθώ για εκείνη. Άκουσα ότι το παιδί είχε ήδη σταματήσει να αναπνέει και το σώμα του ήταν παγωμένο από τότε που βρισκόταν στο ταξί ακόμα. Προσευχήθηκα με ειλικρίνεια στον Θεό να φέρει πίσω το πνεύμα του νεκρού κοριτσιού. Μόλις τελείωσα την προσευχή, το παιδί ξύπνησε και ξαναβρήκε την αναπνοή του. Από τότε, μεγάλωσε φυσιολογικά, χωρίς άλλα προβλήματα. Αυτή τη στιγμή, είναι παντρεμένη εδώ και τρία χρόνια, και ο πατέρας της είναι ο πάστορας της Εκκλησίας Σαντσεόν Μάνμιν στην πόλη Σαντσεόν, στην επαρχία Τζεονάμ.

Θεραπεύτηκε Έγκαυμα Τρίτου Βαθμού με τη Δύναμη του Θεού

Στις 6 Απριλίου του 1986, ημέρα Κυριακή, η πρεσβύτερη διακόνισσα Εούν-ντιουκ Κιμ που ήταν τότε 62 χρονών, είχε ένα ατύχημα καθώς δούλευε στην κουζίνα της εκκλησίας. Στο μάτι του γκαζιού της κουζίνας, υπήρχε μία μεγάλη κατσαρόλα στην οποία έβραζαν νερό για να μαγειρέψουν ρυζομακάρονα.

Εκείνη γλίστρησε κι έπιασε κατά λάθος το χερούλι, κι αυτό είχε σαν αποτέλεσμα να χυθεί έξω το νερό που έβραζε στην κατσαρόλα. Το νερό έπεσε στο στήθος της, στην κοιλιά της, στα μπράτσα της, και στα πόδια της προκαλώντας σοβαρά εγκαύματα. Ήταν μεγάλη τύχη που δεν κάηκε στο κεφάλι ή στο πρόσωπο.

Πήγα στην κουζίνα μόλις πληροφορήθηκα το γεγονός. Προσευχήθηκα καθώς εκείνη κειτόταν στο πάτωμα. Τα

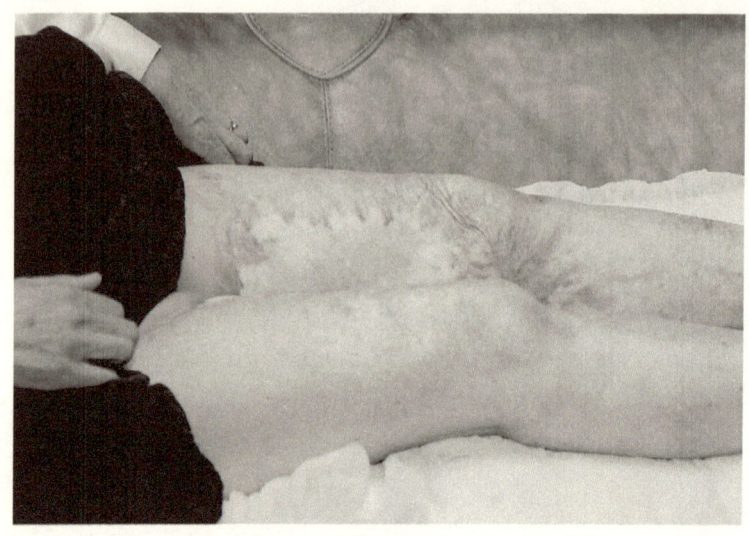

Εντελώς θεραπευμένος και με δημιουργία νέας σάρκας μετά την προσευχή

εγκαύματα ήταν τόσο σοβαρά που το καμένο δέρμα της είχε κολλήσει στα ρούχα της. Είχε ακόμα αμυδρά τις αισθήσεις της. Δεν άντεχε την θερμότητα, αλλά, με το που προσευχήθηκα για εκείνη, είπε ότι ένιωσε τη θερμότητα να απομακρύνεται από το σώμα της. Έφυγε από το αριστερό μέρος του στήθους της προς το δεξί, μετακινήθηκε προς τα κάτω και βγήκε από το σώμα της από το δεξί της πόδι.

Παρόλο που η θερμότητα υποχώρησε, τα καμμένα σημεία του σώματός της έμοιαζαν με ψητό κρέας, και η σάρκα είχε σχιστεί στα σημεία όπου είχαν κολλήσει τα ρούχα της. Ήταν ένα άθλιο θέαμα. Κανένας δεν θα ήταν σε θέση να εγγυηθεί την επιβίωσή της σε περίπτωση που πήγαινε στο νοσοκομείο σε αυτή την κατάσταση. Ακόμα κι αν ζούσε, θα χρειάζονταν πολλά χρόνια για να της κάνουν μεταμόσχευση δέρματος. Κι ακόμα κι αν έκανε πολλές επεμβάσεις, θα εξακολουθούσε να έχει πολλές παρενέργειες και ουλές. Την μετέφεραν στην κατοικία μου, και προσευχόμουν για εκείνη μία φορά την ημέρα. Δεν έπαιρνε κανένα φάρμακο, δεν της κάναμε καμία ένεση, αλλά με τη βοήθεια του Θεού η ανάρρωσή της ήταν πολύ γρήγορη.

Τα εντελώς καμμένα νεκρά κύτταρα του δέρματός της μετατράπηκαν σε κάκαδα, σαν τον φλοιό ενός δέντρου, και σύντομα οι φλούδες αυτές έπεσαν κι εμφανίστηκε νέα σάρκα. Η νέα σάρκα εμφανιζόταν στα σημεία που είχαν καεί, και επανασχηματίστηκαν τα αιμοφόρα αγγεία. Το νεκρό δέρμα ξαναζωντάνεψε. Όλα τα μέλη που την επισκέφθηκαν έγιναν μάρτυρες αυτής της διαδικασίας. Η πρεσβύτερη διακόνισσα Κιμ έγινε εντελώς καλά μέσα σε τρεις μήνες μετά το ατύχημα. Η κατάστασή της ήταν πλήρως φυσιολογική. Τη στιγμή που τα εξιστορώ αυτά βρισκόμαστε στο έτος 2012, και εκείνη είναι 87 ετών και ζει μία επιμελή Χριστιανική ζωή.

Πύρινα Έργα

«Ο μεν Κύριος, λοιπόν, αφού τους μίλησε, αναλήφθηκε στον ουρανό, και κάθισε στα δεξιά του Θεού. Και εκείνοι, αφού βγήκαν έξω, κήρυξαν παντού, ενώ ο Κύριος συνεργούσε, και βεβαίωνε το κήρυγμα με τα θαύματα που επακολουθούσαν.» (Κατά Μάρκον 16:19-20).

Όταν οι μαθητές ξεχύθηκαν για να κηρύξουν, ο Κύριος

συνεργούσε μαζί τους. Κατά τον ίδιο τρόπο, φαίνεται σαν να ακουμπώ εγώ τα χέρια μου πάνω στους ασθενείς, αλλά στην πραγματικότητα, αντί για τα δικά μου, τους αγγίζουν τα ματωμένα χέρια του Κυρίου. Όσοι έχουν το χάρισμα να βλέπουν οράματα ή να αντιλαμβάνονται πνευματικά γεγονότα, μαρτυρούσαν ότι την ώρα που προσευχόμουν, ο Κύριος ακουμπούσε μαζί με μένα τα χέρια Του στα άρρωστα μέλη των ασθενών.

Προσεύχομαι σε κάθε είδους λειτουργία για όσους υποφέρουν από κάποια ασθένεια, και πολλοί είναι εκείνοι που ισχυρίζονται ότι βλέπουν μια φλόγα να βγαίνει από τα χέρια μου. Η φωτιά αυτή, που είναι η φλόγα του Αγίου Πνεύματος, κατευθύνεται προς κάθε μέλος ανάλογα με την πίστη του και καίει τις ασθένειες. Αγγίζοντάς τους με τα χέρια μου, προσευχόμουν από τα βάθη της καρδιάς μου, και με πολλή πίστη, να θεραπευτούν και να λυθούν τα προβλήματά τους, κι ο Θεός απαντούσε σε αυτές τις προσευχές μέσα από τα πύρινα έργα του Αγίου Πνεύματος.

Η Επιφοίτηση του Αγίου Πνεύματος Προβλέπει τα Μέλλοντα

Χειροτονημένος πάστορας

Το Μάιο του 1986, τέσσερα χρόνια αφότου άνοιξα την εκκλησία, χειροτονήθηκα πάστορας. Τελέσαμε την Λειτουργία Ανάθεσης της Εκκλησίας τον Ιούνιο. Εκείνη την ημέρα, τα μέλη μού δώρισαν ένα μεγάλο χρυσό κλειδί, ως σύμβολο αγάπης κι εμπιστοσύνης. Αυτό σήμαινε ότι εγώ ήμουν πλήρως αρμόδιος για οτιδήποτε αφορούσε στην εκκλησία ως ποιμένας της, κι εκείνοι θα με εμπιστεύονταν και θα με υπάκουαν. Έχω ακόμα φυλαγμένο σα θησαυρό αυτό το δώρο που μου έδωσαν από τα βάθη της καρδιάς τους.

Μετά τη χειροτονία, ο Κύριος με καθοδήγησε να Του προσφέρω μία προσευχή του Δανιήλ διάρκειας 21 ημερών. Προσπάθησα να επικοινωνήσω με τον Θεό μέσω της νηστείας και της προσευχής ενώ βρισκόμουν στο Τζοτσιβόν, στην επαρχία Τσουνγκνάμ για να προσευχηθώ. Τότε ο Κύριος άρχισε να μου εξηγεί το Βιβλίο της Αποκάλυψης, το οποίο καταγράφει τα γεγονότα που θα διαδραματιστούν κατά τη διάρκεια των ύστατων ημερών.

Ξεκίνησα τη σειρά των ομιλιών για την Αποκάλυψη στην Κυριακάτικη πρωινή λειτουργία της 20ης Ιουλίου του 1986. Οι ομιλίες συνεχίστηκαν για άλλα τέσσερα περίπου χρόνια, μέχρι τις 20 Δεκεμβρίου του 1989. Εκείνοι που γνώριζαν έστω και λίγα πράγματα για το πνευματικό βασίλειο, άκουγαν τα κηρύγματα με μεγάλη ικανοποίηση επειδή επιθυμούσαν να μάθουν περισσότερα.

Ολονύχτια Λειτουργία της Παρασκευής με Ανθρώπους από Ολόκληρη τη Χώρα

Ύστερα από τη μετακόμισή μας στο καινούριο κτήριο και την πρώτη συνάθροιση αναγέννησης των πιστών εκεί, η εκκλησία ήταν σύντομα και πάλι γεμάτη. Και καθώς η ταχύτητα της αφύπνισης ήταν πολύ μεγάλη, δεν είχαμε το χρόνο να χτίσουμε άλλα εκκλησιαστικά κτήρια.

Το 1987, νοικιάσαμε ένα κτήριο στο Σιντεμπάνγκ Ντονγκ, στο Ντονγκτζάκ Γκου, και μετακομίσαμε εκεί. Ήταν ο τρίτος μας ναός. Και τρεις μήνες αφού τελειώσαμε την συγκέντρωση αναγέννησης των πιστών, γιορτάζοντας τη μεταφορά μας σε νέο κτήριο, η εκκλησία γέμισε και πάλι. Ο αριθμός των εγγεγραμμένων μελών ανερχόταν εκείνη την εποχή πάνω από 3000. Χρησιμοποιούσαμε και τον δεύτερο και τον τρίτο όροφο σαν ιερά, αλλά δεν μπορούσαμε να τους στεγάσουμε όλους, καθώς δεν υπήρχε ο απαιτούμενος χώρος. Ορισμένοι από τους ανθρώπους που έρχονταν ήταν αναγκασμένοι να φεύγουν.

Ως τον Ιούνιο του 1989, είχαμε γίνει μια τεράστια εκκλησία με 6000 εγγεγραμμένα μέλη. Από τη στιγμή που είχε ξεκινήσει η λειτουργία της, ήμουν επικεντρωμένος αποκλειστικά στον Λόγο του Θεού και στις προσευχές, ώστε να εκπληρώσω το καθήκον που μου είχε ορίσει Εκείνος. Έτσι ανέθεσα τη φροντίδα των μελών στους βοηθούς πάστορες. Τον καιρό των πρώτων εκκλησιών, καθώς οι δουλειές και οι ευθύνες των αποστόλων αυξάνονταν όσο μεγάλωνε η εκκλησία, είχαν επιλέξει επτά διακόνους για να ασχολούνται με τις δουλειές της εκκλησίας. Οι απόστολοι ήταν απασχολημένοι μόνο με τον Λόγο του Θεού και τις προσευχές (Πράξεις Των Αποστόλων 6:3-4). Κατά τον ίδιο τρόπο, δεν εμπλεκόμουν στα οικονομικά θέματα της εκκλησίας, και είχαμε ορίσει τμήματα για να φροντίζουν την κάθε εργασία.

Διοργανώναμε μία ή δύο φορές το χρόνο συνέδρια για τους πάστορες, για να τους εμψυχώσουμε και να τους κάνουμε ισχυρούς κληρικούς. Ήθελα ειλικρινά να συμβάλλω στη διαμόρφωση ισχυρών ποιμένων, οι οποίοι θα γίνονταν περισσότερο αγαπητοί στον Θεό και στα μέλη της εκκλησίας απ' όσο ήμουν εγώ. Γι' αυτό έβαλα τα δυνατά μου για την ύπαρξη όσο περισσότερων βοηθητικών παστόρων γινόταν.

Η ολονύχτια λειτουργία της Παρασκευής ήταν γνωστή σε ολόκληρη τη χώρα επειδή ήταν γεμάτη από το Άγιο Πνεύμα. Πολλοί άνθρωποι έρχονταν, ανεξάρτητα από το δόγμα στο οποίο ανήκαν. Πόσο όμορφο είναι όταν γεμίζουν από το Άγιο Πνεύμα κατά τη διάρκεια της νύχτας κι επιστρέφουν στον τόπο τους για να υπηρετήσουν την εκκλησία τους τις Κυριακές! Ξεκινώντας από την ολονυχτία της Παρασκευής στις 12 Δεκεμβρίου του 1986, άρχισα σειρά ομιλιών πάνω στο Βιβλίο του Ιώβ, το οποίο μου είχε εξηγήσει ο Κύριος. Η σειρά των ομιλιών αυτών έληξε στην ολονυχτία της Παρασκευής 11 Δεκεμβρίου του 1992. Επρόκειτο για πνευματικά μηνύματα που διέφεραν από κάποιες άλλες ερμηνείες του Βιβλίου του Ιώβ. Ήταν ένα πολύτιμο κήρυγμα που ανέλυε την καρδιά του ανθρώπου με το όνομα Ιώβ. Το κήρυγμα ήταν δοσμένο με τέτοιο τρόπο ώστε να καταφέρουμε όλοι να βρούμε το κακό και το ψέμα που υπάρχει στην καρδιά μας. Επιπλέον, από το 1989 κι έπειτα, ο Κύριος άρχισε να μου διδάσκει για το «Πνεύμα, την Ψυχή και το Σώμα» των ανθρώπων με περισσότερες λεπτομέρειες. Μετά από αυτό, μου δίδαξε για τις διαφορετικές «Διαστάσεις». Όταν κήρυξα στα μέλη αυτά τα μηνύματα, τα πνευματικά τους μάτια άνοιξαν, και μπορούσα να διακρίνω ξεκάθαρα τις αλλαγές επάνω τους. Έπρεπε να τους διδάσκω νέα πράγματα στο μέτρο που αυξανόταν η πίστη τους. Έτσι, συνέχιζα να πηγαίνω ολοένα και σε βαθύτερα επίπεδα του πνευματικού βασιλείου.

Μετατροπή Έστω κι Ενός Ακόμα Ατόμου σε Σιτάρι

Μία μέρα, τη στιγμή που προσευχόμουν, ο Κύριος είπε θρηνώντας,

«Υπηρέτη μου, να δημοσιεύσεις γρήγορα τα βιβλία με τα μηνύματα που σου έχω διδάξει. Σήμερα είναι λίγοι

εκείνοι που διαθέτουν αληθινή πίστη και μπορούν να σωθούν. Ισχυρίζονται ότι πιστεύουν, διαπράττουν, όμως, άνομες πράξεις. Με σταυρώνουν για άλλη μια φορά. Δεν πιστεύουν, αλλά νομίζουν εσφαλμένα ότι έχουν πίστη.»

Ο Ιησούς είπε, «Πλην, όταν έρθει ο Υιός του Ανθρώπου, άραγε θα βρει την πίστη επάνω στη γη;» (Κατά Λουκάν 18:8). Σήμερα, κυριαρχούν τόσο πολύ στον κόσμο η αμαρτία και η ανομία που καθιστά πολύ δύσκολο να βρεις ανθρώπους με την αληθινή, πνευματική πίστη που επιθυμεί ο Θεός. Όταν θερίζουν οι αγρότες, μαζεύουν μόνο το σιτάρι, και η ήρα ρίχνεται στη φωτιά. Κατά τον ίδιο τρόπο, ο Θεός προτιμά ένα μόνο σπυρί σιτάρι από μια μεγάλη ποσότητα άχυρα. Μόνο το σιτάρι συγκεντρώνει στο βασίλειο Του (Κατά Ματθαίον 3:12). Θέλει από εμάς να προσευχόμαστε με αφοσίωση, να πράττουμε σύμφωνα με τον Λόγο Του, να αποβάλλουμε τις επιθυμίες της σάρκας για να επιτύχουμε το θέλημα του Κυρίου, το οποίο είναι ολόκληρο το πνεύμα (Προς Θεσσαλονικείς Α' 5:23).

Όταν τα μέλη της εκκλησίας έμαθαν τα μηνύματα του «Πνεύματος, της Ψυχής και του Σώματος», καθώς και για τις «Διαστάσεις», άρχισαν να κατανοούν τις βάσεις τους και προσπάθησαν να απαλλαγούν από τις αμαρτίες τους. Όταν δεν μας μιλά κανείς για τις αμαρτίες, είναι απίθανο να μάθουμε κάτι γι' αυτές. Όταν οι άνθρωποι δεν έχουν συνείδηση για το ότι συμβιβάζονται με τα εγκόσμια, το μόνο που θα καταφέρουν είναι να γίνουν πιστοί σαν τα άχυρα που αναφέρθηκαν παραπάνω, και δεν θα κατορθώσουν να σωθούν. Επομένως, οι ποιμένες πρέπει να διδάξουν με το σωστό τρόπο στους πιστούς τι είναι η αμαρτία.

Στηριζόμενοι Μόνο στον Θεό για τα Κηρύγματα

Όταν ο Ιησούς έστειλε στον κόσμο τους μαθητές Του, είπε, *«Και όταν σας παραδίνουν, μη μεριμνήσετε πώς ή τι θα μιλήσετε, για τον λόγο ότι, κατά την ώρα εκείνη θα σας δοθεί τι πρέπει να μιλήσετε. Επειδή, δεν είστε εσείς που μιλάτε, αλλά το Πνεύμα του Πατέρα σας, που μιλάει μέσα από σας.»* (Κατά Ματθαίον 10:19-20). Τη χρονιά που άνοιξα την εκκλησία, ήμουν τελειόφοιτος στην Ιερατική Σχολή. Έπρεπε να παρακολουθώ τα μαθήματα και να μελετώ. Επιπλέον, έπρεπε να προετοιμάζω περισσότερα από 10 κηρύγματα την εβδομάδα, για τον όρθρο κάθε πρωί, την ολονυχτία της Παρασκευής, καθώς και για την πρωινή λειτουργία της Κυριακής και για τον εσπερινό. Έπρεπε ακόμη να επισκέπτομαι και να συμβουλεύω τα μέλη, και να προσεύχομαι προσωπικά για τους αρρώστους. Ήμουν επομένως πάντα πολύ απασχολημένος.

Δεν διέθετα καν τον απαιτούμενο χρόνο για να γράψω σε ένα τετράδιο το κήρυγμά μου, αλλά όταν προσευχόμουν, ο Θεός μού έδινε τον τίτλο και το κείμενο. Ο Θεός μού έστελνε την επιφοίτησή Του κατά τη διάρκεια του κηρύγματος κάθε φορά που προσευχόμουν γι᾽ αυτό. Μόλις στεκόμουν στον άμβωνα, τα λόγια του Θεού κατέκλυζαν το μυαλό μου.

Σήμερα, οι λειτουργίες της εκκλησίας μεταδίδονται ζωντανά σε ολόκληρη τη χώρα και σε άλλες χώρες μέσω δορυφόρου ή μέσω του διαδικτύου, κι έτσι έχω τις σημειώσεις μου έτοιμες εκ των προτέρων. Ωστόσο, από τις πρώτες ημέρες που λειτούργησε η εκκλησία μέχρι που άρχισε η ζωντανή μετάδοση του κηρύγματος, κήρυττα χωρίς να έχω καθόλου σημειώσεις ή υπομνήματα.

Δεν Είμαι Τίποτα Αλλο Παρά ένας Ανάξιος Υπηρέτης

Μία μέρα του Απριλίου του 1987, καθώς δεν είχα κατορθώσει να προσευχηθώ αρκετά εξαιτίας έλλειψης χρόνου, δεν έλαβα επιφοίτηση κατά τη διάρκεια του κηρύγματος. Ένιωσα ακόμη και εγώ ότι το κήρυγμα δεν κυλούσε ομαλά. Μετά το κήρυγμα, ένιωθα πολύ λυπημένος και μετανιωμένος απέναντι στον Θεό που δεν είχα προετοιμαστεί με περισσότερες προσευχές. Κάθε φορά που είχα να αντιμετωπίσω μία τέτοια κατάσταση, ένιωθα βαθιά μέσα μου ανίκανος να κάνω οτιδήποτε. Είμαι ένα τίποτα αν δεν είναι μαζί μου ο Θεός. Αν με εγκαταλείψει ο Θεός, δεν θα μπορούσα να κηρύξω καθόλου· ακόμα κι αν προσευχόμουν κανείς δεν θα γιατρευόταν, και το Άγιο Πνεύμα δεν θα συνεργούσε καθώς κήρυττα· επομένως, δεν θα υπήρχε καμία απολύτως αλλαγή στα μέλη της εκκλησίας. Παρόλο που έχω καταφέρει να κατορθώσω ορισμένα πράγματα, δεν είμαι τίποτε άλλο παρά ένας ανάξιος υπηρέτης ενώπιον του Θεού. Επομένως, ακόμα κι αν έχω λάβει μεγάλη δύναμη άνωθεν και λειτουργώ ως όργανό του Θεού, δεν μου επιτρέπεται να είμαι αλαζόνας και να υπερηφανεύομαι γι' αυτό.

Τον Απρίλιο του 1987, δημοσιεύτηκαν τα εξομολογητικά απομνημονεύματά μου, *Γεύση της Αιώνιας Ζωής πριν το Θάνατο*. Το βιβλίο αυτό αναδημοσιεύτηκε ξανά και ξανά κι οι πωλήσεις του ήταν σταθερά υψηλές. Τώρα έχει μεταφραστεί σε πολλές διαφορετικές γλώσσες και είναι διαθέσιμο σε πολλές χώρες σε ολόκληρο τον κόσμο. Πολλοί είναι οι άνθρωποι που έχουν πιστέψει στον Θεό μέσω αυτού του βιβλίου, στον Θεό που θεραπεύει, στον Θεό που απαντάει στις προσευχές, στον Θεό που αγαπάει.

Η Σουτζάνγκ Μενγκ, η οποία εκείνο τον καιρό ζούσε στη Γερμανία, έλαβε το βιβλίο από έναν φημισμένο πάστορα της Γερμανίας κι άρχισε να το διαβάζει. Σχημάτισε μία πολύ καλή εντύπωση για το βιβλίο. Όταν βρέθηκε στην Κορέα, ήρθε στην εκκλησία μας για να παρακολουθήσει τη λειτουργία, και τελικά έγινε τακτικό μέλος. Ένιωσε τη ζωή της να αλλάζει από τον Λόγο του Θεού. Απέκτησε τη σφοδρή επιθυμία να διαδώσει το Ευαγγέλιο, και τώρα, είναι ιεραπόστολος στην Ουάσινγκτον, έχοντας αφιερωθεί στη διάδοση του Ευαγγελίου.

«Εδώ Χριστιανικός Σταθμός CBS 837 Khz AM. Σήμερα στην εκπομπή 'Είσαστε Μαζί Μου' θα σας παρουσιάσουμε την ιστορία του αιδεσιμότατου Τζέροκ Λι από την Εκκλησία Μάνμιν».

Από την 1η Ιουνίου έως τις 30 του ίδιου μήνα, στην εκπομπή με τίτλο «Είσαστε Μαζί Μου» του Χριστιανικού Ραδιοφώνου CBS, οι μαρτυρίες μου είχαν δραματοποιηθεί και μεταδίδονταν δύο φορές την ημέρα για ένα μήνα, μία το πρωί και μία το βράδυ. Πολλοί άνθρωποι από ολόκληρη τη χώρα έλαβαν τη χάρη του Θεού μέσα από αυτή τη σειρά εκπομπών και απομνημόνευσαν το όνομά μου. Πολλοί ήταν κι εκείνοι που είπαν ότι εξαιτίας αυτού του προγράμματος πίστεψαν στον Θεό.

Στις 18 Αυγούστου, συμμετείχα σε μια εκπομπή με τον τίτλο «Ανανέωσέ με» στο Χριστιανικό ραδιόφωνο CBS και μίλησα για τη ζωή μου. Ο παραγωγός μού είχε πει τότε να μην αναφέρω ότι ο Θεός ήταν εκείνος που με γιάτρεψε. Είπε ότι θα υπήρχαν πολλές ενστάσεις αν μιλούσαμε για θαύματα. Δεν μπορούσα να συμφωνήσω με αυτόν τον όρο και απλά του χαμογέλασα. Έπειτα, όταν ηχογραφούσαμε την εκπομπή, είπα ολόκληρη την ιστορία μου και την πορεία της θεραπείας μου από τον Θεό. Όταν πέρασε η μέρα που είχε προγραμματιστεί να μεταδοθεί η εκπομπή και δεν μεταδόθηκε, ρώτησα τον παραγωγό τι συνέβη. Μου είπε ότι ήταν έτοιμοι να καταστρέψουν το υλικό, αλλά, τελικά, μετά από κάποιες δυσκολίες βρήκαμε την κασέτα με τη βοήθεια ενός άλλου ατόμου, και βγήκε στον αέρα για μία ώρα. Πίστευα ότι θα ήταν καλύτερα αν μετέδιδαν την αλήθεια και τα γεγονότα όπως πραγματικά είχαν συμβεί.

Προφητείες με την Επιφοίτηση του Αγίου Πνεύματος

Ο Θεός μάς προσφέρει τα δώρα του Αγίου Πνεύματος προς δικό μας όφελος (Προς Κορινθίους Α' 12:7). Στην Α' Προς Κορινθίους Επιστολή, στα εδάφια 14:1-5 λέει, *«Να επιδιώκετε, λοιπόν, την αγάπη, και να επιθυμείτε με ζήλο τα χαρίσματα του Αγίου Πνεύματος, ιδίως το χάρισμα της προφητείας. Γιατί αυτός που λαλεί παράξενες γλώσσες δεν απευθύνεται στους ανθρώπους, αλλά στον Θεό· κανείς δεν τον καταλαβαίνει, αλλά με τη δύναμη του Πνεύματος εκφράζει ακατάληπτες αλήθειες. Ενώ αυτός που προφητεύει απευθύνεται στους ανθρώπους με λόγους οικοδομητικούς, προτρεπτικούς και παρηγορητικούς. Αυτός που λαλεί γλώσσες οικοδομεί μόνο τον εαυτό του, ενώ αυτός που μεταφέρει τα θεόσταλτα μηνύματα ενισχύει την πίστη της εκκλησίας. Θα επιθυμούσα όλοι σας να είχατε το χάρισμα της γλωσσολαλίας· περισσότερο όμως θα επιθυμούσα να είχατε το χάρισμα της προφητείας. Αυτός που προφητεύει είναι ανώτερος σε χρησιμότητα από αυτόν που γλωσσολαλεί, εκτός αν αυτός ο τελευταίος εξηγεί κιόλας αυτά που λαλεί, ώστε η εκκλησία να ενισχύεται στην πίστη της.»*

Ο απόστολος Παύλος επιθυμούσε να λάβουν το χάρισμα της γλωσσολαλιάς όλα τα παιδιά του Θεού, και παρακινούσε τους πιστούς να λάβουν το χάρισμα της προφητείας. Μερικές φορές μιλούσα στα μέλη της εκκλησίας υπό την επιφοίτηση του Αγίου Πνεύματος για το τι επρόκειτο να συμβεί με σκοπό την ηθοπλασία τους και την ενίσχυση της πίστης τους. Καθώς προσευχόμουν στον όρθρο, έλεγα, «Πατέρα Θεέ, στείλε μας έναν συγκεκριμένο αριθμό εκκλησιαζομένων την επόμενη εβδομάδα.» Στη συνέχεια διακήρυττα ότι την επόμενη εβδομάδα θα έρθει στην εκκλησία ένας ορισμένος αριθμός ανθρώπων. Εκείνη την εποχή, ο αριθμός των μελών της εκκλησίας αυξανόταν με ραγδαίους ρυθμούς.

«Την επόμενη εβδομάδα θα έρθουν 50 άτομα στην λειτουργία.»

Την επόμενη Κυριακή, έβαλα τα μέλη μας να μετρήσουν τους παρευρισκομένους. Ήταν ακριβώς 50.

«Την επόμενη εβδομάδα θα έρθουν 65 άτομα.»

Ο αριθμός αυξανόταν κάθε εβδομάδα, κι εγώ προφήτευα κάθε Κυριακή. Την επομένη Κυριακή, τα μέλη μετρούσαν όσους είχαν έρθει, κι έμεναν πάντοτε έκπληκτα.

Όταν, όμως, ο αριθμός ανήλθε στους 80, σταμάτησε να αυξάνεται για αρκετές εβδομάδες. Όταν προσευχήθηκα γι' αυτό, συνειδητοποίησα ότι ο διάβολος δεν επέτρεπε να τα καταφέρουμε να φτάσουμε τους 100. Νήστεψα και προσευχήθηκα μαζί με τα μέλη, διώξαμε τον εχθρό διάβολο, και ο αριθμός άρχισε και πάλι να ανεβαίνει από εκείνη την εβδομάδα, και την ημέρα της ίδρυσης στις 10 Οκτωβρίου, ήρθαν άνω από 100 άτομα.

Σε ορισμένες εξαιρετικές περιπτώσεις, ο Θεός μού επέτρεπε να γνωρίζω εκ των προτέρων το ύψος των προσφορών στην εκκλησία. Μετά την αρχή της λειτουργίας της εκκλησίας, είχαμε περίπου 6 εκατομμύρια γουόν την εβδομάδα (6.000 δολάρια ΗΠΑ). Καθώς ήμασταν πάντα επικεντρωμένοι στην παγκόσμια αποστολή, έπρεπε να ξοδεύουμε συνεχώς περισσότερα από ό,τι ήταν το εισόδημά μας. Οι ανάγκες μας ήταν συνεχείς, και η εκκλησία μας δεν βρισκόταν σε καλή οικονομική κατάσταση. Άρχισα να προσεύχομαι στον Θεό γι' αυτό το θέμα. Όταν προσευχόμουν ειλικρινά, ο Κύριος συνεργούσε με έναν ειδικό τρόπο για να επιλύσει τις δύσκολες καταστάσεις. Υπό καθαρή επιφοίτηση του Πνεύματος, ο Θεός μού γνωστοποιούσε το ακριβές ποσό των προσφορών.

«Την επόμενη εβδομάδα, οι προσφορές θα ανέλθουν σε 33 εκατομμύρια γουόν (33.000 δολάρια ΗΠΑ).»

Μόλις πήρα την απάντηση, γνωστοποίησα το ακριβές ποσό σε όσους εργάζονταν στην εκκλησία κι ήταν υπεύθυνοι για τα οικονομικά θέματα, έτσι ώστε να τους εμφυτέψω μεγαλύτερη πίστη. Παρ' όλα αυτά, όμως, δεν έδειξαν κάποια ιδιαίτερη ανταπόκριση, ίσως επειδή δεν μπορούσαν να το πιστέψουν. Έδειχναν να αμφιβάλλουν και να μην πιστεύουν ότι το ποσό θα μπορούσε να αυξηθεί κατά πέντε φορές μέσα σε διάστημα μίας εβδομάδας.

Το απόγευμα, όμως, της επόμενης Κυριακής, οι υπεύθυνοι των οικονομικών της εκκλησίας μέτρησαν τις προσφορές, και μου ανέφεραν ότι το ποσό ήταν 33 εκατομμύρια γουόν ακριβώς. Από τότε, προσευχόμουν στον Θεό κάθε φορά που αντιμετωπίζαμε οικονομικές δυσκολίες, κι ο Θεός μάς ευλογούσε κάθε φορά, και έτσι τις ξεπερνούσαμε με τη χάρη Του. Ειδικά τις φορές που ο Κύριος μας έδινε περισσότερα, μου επέτρεπε να γνωρίζω το χρηματικό ποσό, και το έλεγα στα αρμόδια μέλη εκ των προτέρων. Μπορούσα να δω ότι βιώνοντας αρκετές φορές αυτή την εμπειρία, η πίστη τους στον Θεό μεγάλωνε όλο και περισσότερο.

Μαθαίνοντας για Μελλοντικά Γεγονότα στην Κορέα και στον Κόσμο

Προσευχόμουν πάντοτε με δυνατή φωνή και ζούσα στην ολοκλήρωση που μου προσέφερε το Άγιο Πνεύμα. Κι ο Κύριος μού επέτρεπε να γνωρίζω κατά καιρούς γεγονότα που επρόκειτο να συμβούν, καθώς και μεγάλα και σημαντικά μυστικά. Ο Θεός έστειλε ένα όραμα στον Πέτρο για να του προμηνύσει μελλοντικά γεγονότα (Πράξεις Των Αποστόλων, κεφάλαιο 10), κι ο Στέφανος είδε τη χάρη του Θεού και τον Κύριο να κάθεται στα δεξιά Του. Η δύναμη του Θεού μπορεί να κατορθώσει τα πάντα. Είτε στην Παλαιά, είτε στην Καινή Διαθήκη, είτε στις μέρες μας, ο Θεός εργάζεται με τον ίδιο τρόπο.

Ο Αμώς αναφέρει στο κεφάλαιο 3, εδάφιο 7, *«Βέβαια, ο Κύριος ο Θεός δεν θα κάνει τίποτε, χωρίς να αποκαλύψει το απόκρυφό του στους δούλους του τους προφήτες.»* Όπως έχω ήδη πει, όταν προσευχόμουν, ο Θεός με άφηνε να γνωρίζω εκ των προτέρων πράγματα που αφορούσαν μέλη της εκκλησίας, τη χώρα μας, και καταστάσεις σε ολόκληρο τον κόσμο. Τον καιρό που φοιτούσα στην Ιερατική Σχολή, στις 26 Οκτωβρίου του 1979, αισθάνθηκα ξαφνικά το πρωί ένα δυσάρεστο συναίσθημα. Προσευχήθηκα γι' αυτό. Τότε ο Θεός μού αποκάλυψε ότι ένα μεγάλο αστέρι επρόκειτο να πέσει στη χώρα μας. Μου γνωστοποίησε ότι ο Πρόεδρος Παρκ Τσουνγκ-χι θα πέθαινε. Είπα στη σύζυγό μου ότι θα συμβεί μία μεγάλη καταστροφή και πήγα στο μάθημα της σχολής. Η καρδιά μου ήταν προβληματισμένη. Συνέχισα να κλαίω όλη την ημέρα. Το επόμενο πρωί, άκουσα στις ειδήσεις ότι ο πρόεδρος της χώρας Παρκ Τσουνγκ-χι, είχε δολοφονηθεί το προηγούμενο βράδυ.

Μόνον εάν Αποκαλύψει τις Μυστικές Του Βουλές στους Δούλους Του τους Προφήτες

Ο Θεός μού γνωστοποιούσε εκ των προτέρων τις εξελίξεις στα παγκόσμια γεγονότα, και μερικές φορές μου επέτρεπε να μαθαίνω πράγματα για εξέχουσες προσωπικότητες. Το 1984, ο Θεός μού αποκάλυψε ότι θα πέθαινε η Ίντιρα Γκάντι, η πρωθυπουργός της Ινδίας. Αυτό έγινε λίγους μήνες πριν από το θάνατό της και το μετέφερα στα μέλη της εκκλησίας. Τον Οκτώβριο του ίδιου έτους, διάβασα σε άρθρο εφημερίδας ότι δολοφονήθηκε από κάποιους Σιχ, μέλη της φρουράς της.

Τον ίδιο χρόνο, έμαθα από τον Θεό ότι ο πρόεδρος Ρέιγκαν και η πρωθυπουργός Θάτσερ θα επανεκλέγονταν. Μου εξήγησε και τους λόγους της επανεκλογής τους. Η Μάργκαρετ Θάτσερ ήταν λακωνική στα λόγια της σαν άντρας, ενώ με την ταπεινότητα και την πραότητα που επεδείκνυε, προσπαθούσε να είναι άμεμπτη μπροστά στον Θεό. Δεν την ενδιέφεραν τα χρήματα ή η εξουσία, και υπηρετούσε το λαό με αγάπη. Ο Θεός μού εξήγησε ότι οι δύο αυτοί άνθρωποι ήταν αγαπητοί στον λαό επειδή κι εκείνοι τον αγαπούσαν και τον υπηρετούσαν, όπως αγαπούσαν και υπηρετούσαν τη χώρα τους.

Το 1985, πέθανε ο Γενικός Γραμματέας του Κομμουνιστικού Κόμματος της Σοβιετικής Ένωσης, Τσερνένκο. Ωστόσο, πριν από αρκετούς μήνες, το 1984, ο Θεός μού έστειλε ένα όραμα σχετικό με αυτό το γεγονός. Για να εμφυτέψω την πίστη στα μέλη, τους είπα τότε τι είχα δει. Μερικούς μήνες αργότερα, άρχισαν να δημοσιεύονται άρθρα που αναφέρονταν στην περιπέτεια της υγείας του, και τελικά πέθανε.

Η Διακήρυξη της 29/6 και η Διαδικασία του Εκδημοκρατισμού

Στις 29 Ιουνίου του 1987, ο κ. Τάεβου Ρο, ο πρόεδρος του Δημοκρατικού Κόμματος Δικαιοσύνης, εξέδωσε την Διακήρυξη της 29/6. Ύστερα από τις Γενικές Εκλογές στις 12 Φεβρουαρίου του 1985, τα κόμματα της αντιπολίτευσης ασκούσαν κριτική και αμφισβητούσαν την εκλογή του Προέδρου Ντουγουάν Τσουν, ο οποίος εξελέγη μέσω έμμεσης εκλογικής διαδικασίας, και απαιτούσαν άμεσες προεδρικές εκλογές. Επέμεναν στο ότι θα έπρεπε οι ίδιοι οι πολίτες της χώρας να εκλέξουν τον πρόεδρο.

Ο Πρόεδρος Ντουγουάν Τσουν εξέδωσε στις 13 Απριλίου 1987 την «Προστασία του Συντάγματος» προς απάντηση αυτών των κινημάτων, για να βάλει τέλος σε όλες τις συζητήσεις περί αναθεώρησης του Συντάγματος και να παραδώσει την κυβέρνηση σύμφωνα με τον ισχύοντα νόμο. Στις 10 Ιουνίου, διεξήγαγε το συνέδριο του Δημοκρατικού Κόμματος Δικαιοσύνης, κι εξέλεξε τον Τάεβου Ρο ως υποψήφιο πρόεδρο του κόμματος, σε μία προσπάθεια επέκτασης της στρατιωτικής κυβέρνησης. Υπό αυτές τις συνθήκες, ένας φοιτητής πανεπιστημίου με το όνομα Τζονγκτσιόλ Παρκ πέθανε αφού πρώτα τον βασάνισε η αστυνομία. Από τις 10 Ιουνίου, άρχισαν μεγάλες διαδηλώσεις διαμαρτυρίας σε ολόκληρη τη χώρα. Στις 26 του ίδιου μήνα, διαδήλωναν σε 37 πόλεις μέχρι αργά το βράδυ περισσότεροι από ένα εκατομμύριο άνθρωποι. Η κυβέρνηση σκεφτόταν να κινητοποιήσει τις στρατιωτικές δυνάμεις, επειδή δεν υπήρχαν αρκετοί αστυνομικοί για να ελέγχουν τις διαδηλώσεις. Τελικά, όμως, νίκησαν οι μετριοπαθείς και οι διαλλακτικοί. Αποφάσισαν να δεχτούν το αίτημα του λαού για άμεσες εκλογές, και αυτή ήταν η Διακήρυξη της 29/6.

Στις 15 Ιουνίου του 1987, ήμουν επικεφαλής μιας συνάθροισης αναγέννησης στην εκκλησία Τσέιλ του Μπουπγιόνγκ-Γκου, στην πόλη Ιντσιόν. Ο Θεός μού έστειλε όραμα και την επιφοίτηση Του ξαφνικά, στις 18 Ιουνίου. Μου εξήγησε ότι στις 29/6 θα έβγαινε η Διακήρυξη και μου γνωστοποίησε το περιεχόμενό της. Αντιλήφθηκα ότι τα πράγματα εξελίσσονταν με ταχείς ρυθμούς, από τη στιγμή που μου επέτρεψε να μάθω για τη μεγάλη αλλαγή που θα συνέβαινε στη χώρα μας μέσω της ισχυρής επιφοίτησης του Αγίου Πνεύματος.

Την επόμενη μέρα, στις 19 Ιουνίου, μίλησα στα μέλη της εκκλησίας μου γι' αυτό το γεγονός χρησιμοποιώντας μόνο ακρωνύμια, και τα τύπωσα στο εβδομαδιαίο εκκλησιαστικό δελτίο της ερχόμενης Κυριακής. Η κυβέρνηση συζητούσε για το θέμα αυτό στα κρυφά, και επρόκειτο για κάτι πολύ δύσκολο να φανταστεί ένας κοινός πολίτης.

Τυπώνοντας Εκ Των Προτέρων τις Εξελίξεις στο Εβδομαδιαίο Δελτίο της 21ης Ιουνίου 1987

Έχοντας υπόψη μου την πολιτική κατάσταση με τη δικτατορική κυβέρνηση εκείνης της εποχής, τύπωσα τα ακρωνύμια στο οπισθόφυλλο του εβδομαδιαίου δελτίου της ερχόμενης Κυριακής. Έχουμε ακόμα το δελτίο αυτό. Τα ακρωνύμια ήταν γραμμένα σε Χάνγκουλ, το Κορεατικό αλφάβητο, και ήταν τα εξής: «Min, Gey, Yak, Sei, Dae, Gye, Chong, Mo, Roh, Hu, Dae.» Τις λεπτομέρειες των ακρωνυμίων αυτών τις εξήγησα στη λειτουργία της Κυριακής, στις 5 Ιουλίου.

Σήμαινε, «Ο Πρόεδρος (Dae) Τσουν εξέδωσε την 'Προστασία του Συντάγματος' για να υποστηρίξει τον προεδρικό υποψήφιο (Hu) Τάεβου Ρο (Roh). Επειδή, όμως, κάποιος πυροβολήθηκε (Chong) στο κεφάλι (Mo), όλα τα σχέδια (Gye) για την 'Προστασία του Συντάγματος' θα αποτύχουν. Η επιρροή (Sei) του προέδρου (Dae) Τσουν αποδυναμώθηκε (Yak) από την αντίδραση του λαού, και για να κάνει δεκτό το αίτημα του λαού, θα εκδώσει τη Διακήρυξη της 29/6. Θα υπάρξει μία τροπολογία (Gey) στο Σύνταγμα για να διεξαχθούν άμεσες εκλογές, και αυτό θα αποτελέσει την αρχή του εκδημοκρατισμού (Min)».

Προς δική σας πληροφόρηση, οι οκτώ διατάξεις της

Διακήρυξης της 29/6 είναι οι ακόλουθες:

1. Ειρηνική παράδοση της κυβέρνησης το Φεβρουάριο του 1988 μέσω συνταγματικής τροπολογίας.
2. Δίκαιη και ακριβής εκλογική διαδικασία τροποποιώντας τους προεδρικούς εκλογικούς νόμους.
3. Αμνηστία και νομιμοποίηση του κ. Ντάεγιονγκ-Κιμ.
4. Σεβασμός στην ανθρώπινη αξιοπρέπεια και βελτίωση της νομοθετικής πράξης των ανθρωπίνων δικαιωμάτων.
5. Εξασφάλιση της ελευθερίας του λόγου.
6. Τοπική αυτονομία, ελευθερία των πανεπιστημίων και αυτονομία της εκπαίδευσης.
7. Εξασφάλιση πράξεων και κινήσεων από όλα τα κόμματα.
8. Αποφασιστικές κινήσεις για τον κοινωνικό εξαγνισμό.

Το Αποτέλεσμα των Προεδρικών Εκλογών

Το Δεκέμβριο του 1987, πριν από τη διεξαγωγή των 13ων προεδρικών εκλογών, προσευχήθηκα γι' αυτό το θέμα. «Θεέ μου, ποιο είναι το θέλημά Σου; Ποιος είναι ο καταλληλότερος πρόεδρος κατά την άποψή Σου; Και ποιος τελικά θα εκλεγεί πρόεδρος;»

Ο Θεός μού γνωστοποίησε ότι αυτές τις εκλογές θα τις κέρδιζε ο υποψήφιος Τάεβου Ρο και θα γινόταν ο νέος πρόεδρος της χώρας. Στη συνέχεια, ο Θεός μού έδειξε τον υποψήφιο Γιούνγκσαμ Κιμ μέσα σε μία άμαξα με λουλούδια να κατευθύνεται στο Τσιον Βα Ντε, το προεδρικό μέγαρο, μετά τον κ. Ρο, και μετά τον υποψήφιο Ντάεγιονγκ Κιμ, που κατευθύνθηκε κι αυτός στο Τσιον Βα Ντε σε μία άμαξα με λουλούδια.

Ο Θεός μού εξήγησε ακόμα ότι σε περίπτωση συνασπισμού του Γιούνγκσαμ Κιμ με τον Ντάεγιονγκ Κιμ, πρόεδρος θα γινόταν αρχικά ο υποψήφιος Γιούνγκσαμ Κιμ, και στη συνέχεια ο Ντάεγιονγκ Κιμ. Καθώς μου έδειχνε ο Κύριος αυτό το όραμα, μου εξήγησε ότι η επιθυμία του Θεού ήταν να συνασπισθούν αυτοί οι δύο υποψήφιοι. Επειδή, όμως, κάτι τέτοιο δεν επρόκειτο να συμβεί σε αυτές τις εκλογές, νικητής και πρόεδρος θα ήταν ο υποψήφιος Τάεβου Ρο.

Επιπλέον, ο Θεός μού γνωστοποίησε ότι ο υποψήφιος Ρο θα έπαιρνε περισσότερες ψήφους από τις αναμενόμενες, δεύτερος θα ερχόταν ο Γιούνγκσαμ Κιμ, τρίτος ο Ντάεγιονγκ Κιμ, και τέταρτος θα ήταν ο υποψήφιος Τζόνγκπιλ Κιμ, ο οποίος θα έπαιρνε λίγες ψήφους. Έμαθα με λεπτομέρειες από Αυτόν πώς θα δημιουργούσαν τον συνασπισμό οι υποψήφιοι Γιούνγκσαμ Κιμ και Ντάεγιονγκ Κιμ, και σε περίπτωση που αυτό συνέβαινε, ότι πρώτος πρόεδρος θα ήταν ο Γιούνγκσαμ Κιμ.

Έγραψα ένα γράμμα με αυτό το περιεχόμενο κι έβαλα ένα μέλος της εκκλησίας μου να το μεταφέρει στον υποψήφιο Γιούνγκσαμ Κιμ, στην κατοικία του στο Σάνγκντο Ντονγκ. Ο άνθρωπος που έστειλα πήγε πράγματι στην κατοικία του Γιούνγκσαμ Κιμ, ο ίδιος, όμως, έλειπε στο Μπουσάν για μία ομιλία, κι έδωσε έτσι το γράμμα στη σύζυγό του. Εκείνη το διάβασε επί τόπου και είπε ότι θα το παραδώσει στο σύζυγό της. Έχουμε ακόμα στην εκκλησία το αντίγραφο αυτού του γράμματος. Στο τέλος, καθώς οι δύο υποψήφιοι δεν δημιούργησαν συνασπισμό εκλέχθηκε πρόεδρος ο υποψήφιος Τάεβου Ρο.

Κεφάλαιο Έκτο

Ανάπτυξη της εκκλησίας και δοκιμασίες

Στέρηση του Δικαιώματος του Λόγου και το Σπασμένο Σφυρί

Το δόγμα στο οποίο ανήκε η εκκλησία μου ήταν η Ένωση της Αγίας Εκκλησίας της Κορέας. Από την αρχή της λειτουργίας της εκκλησίας έκανα ό,τι καλύτερο μπορούσα για να έχω μία καλή συνεργασία με το δόγμα κι η εκκλησία μου μεγάλωνε συνεχώς.

Έπειτα από την Ένωση με Άλλο Δόγμα

Όμως, στις 13 Δεκεμβρίου του 1988, το δόγμα μας ενώθηκε με την Αγία Εκκλησία της Κορέας στο Άνιανγκ κι ενσωματωθήκαμε στο δόγμα του Άνιανγκ. Ήταν τότε που ο πάστορας Τέγκου Σον, ο οποίος είχε διατελέσει και καθηγητής μου στην Ιερατική Σχολή, ήταν πρόεδρος της Ένωσης της Αγίας Εκκλησίας της Κορέας, και η ένωση των εκκλησιών έγινε ύστερα από δική του πρόταση. Εκείνη την εποχή, η εκκλησία μου μεγάλωνε διαρκώς. Όταν ιδρύθηκε το πέμπτο παράρτημα της εκκλησίας μας στο Σουβόν, η Γενική Συνέλευση του δόγματος έκανε ένσταση για την ονομασία της νέας αυτής εκκλησίας. Ισχυρίστηκε ότι υπήρχε πρόβλημα στο να έχει το παράρτημα το όνομα «Μάνμιν» και ότι θα έπρεπε να το αλλάξουμε σε «Εκκλησία Σουβόν Ντεοκβού».

Το Δεκέμβριο του 1989, έλαβα ένα επίσημο γράμμα από τη γενική συνέλευση ότι θα διεξαχθεί εξέταση, κι έτσι θα έπρεπε να παραστώ μέχρι τις 11 το πρωί. Στις 18 Δεκεμβρίου, έφτασα στη συνέλευση στις 10:30 το πρωί, δεν υπήρξε, όμως, καμία ανακοίνωση μέχρι το μεσημέρι. Τελικά, μετά το μεσημέρι με φώναξαν να προσέλθω στο δωμάτιο συνέλευσης. Εκεί υπήρχαν έξι πάστορες, μέλη της Γενικής Συνέλευσης. Με το που με είδαν, άρχισαν αμέσως να μου κάνουν ερωτήσεις. Πίστευα ότι θα αρχίζαμε με προσευχή ή με κάποια λειτουργία εφόσον επρόκειτο για συνάντηση ιερέων κι απογοητεύτηκα που δεν έγινε έτσι. Μου εξαπέλυσαν ερωτήσεις και κατηγορίες.

«Έφτασε στα αυτιά μου ότι είπες ότι ο Ιησούς θα επιστρέψει μετά από τρία ή τέσσερα χρόνια. Είναι αλήθεια;»

«Δεν έχω πει ποτέ κάτι τέτοιο.»
«Ψεύδεσαι! Είσαι ένας ψεύτης πάστορας.»

Είχα μείνει άναυδος με αυτές τις ερωτήσεις. Μου είπαν ότι δε χρειαζόταν να δώσω καμία εξήγηση, κι ότι έπρεπε να απαντάω μόνο με ένα «Ναι» ή με ένα «Όχι».

«Είσαι πολύ καλός στο να λες τέτοια ψέματα, κι αυτός είναι ο λόγος που εξαπατάς χιλιάδες πιστών. Θεωρείς ότι δεν μπορούμε να αποκτήσουμε κι εμείς τόσα πολλά μέλη χρησιμοποιώντας τα ψέματα;»

«Λένε ότι λαμβάνεις αποκαλύψεις. Χρησιμοποιείς κάτι άλλο πέρα από τα 66 βιβλία της Αγίας Γραφής;»

«Ποτέ δεν έγινε αυτό.»

«Ψεύτη! Προτρέπεις τα μέλη της εκκλησίας να σταματήσουν να πηγαίνουν στις δουλειές τους και λες στους σπουδαστές να μη διαβάζουν!»

«Δεν το έχω κάνει ποτέ αυτό.»

«Χορεύεις χορό μαγισσών στην Αγία Τράπεζα;»

Δεν έκανα ποτέ τέτοιο πράγμα.»

Οι παράλογες ερωτήσεις συνεχίστηκαν. Όλες αυτές οι ερωτήσεις είχαν προκύψει εξαιτίας παρεξηγήσεων. Δεν μου έδωσαν καθόλου χρόνο για να εξηγήσω και να αντικρούσω τις κατηγορίες. Ένας συγκεκριμένος πάστορας, τον οποίο θα αποκαλέσω «Πάστορα Σ.», που μου έκανε τις ερωτήσεις, μου έδωσε εννιά ρήτρες τις οποίες είχε προετοιμάσει. Εγώ δεν γνώριζα καν ότι εκείνες οι παράλογες ερωτήσεις αποτελούσαν μέρος δίκης με σκοπό να βγει απόφαση. Οι εννιά αυτές ρήτρες είχαν σταλεί και στην εκκλησία μου. Με προειδοποίησαν ότι σε περίπτωση που δεν εφαρμόζονταν οι απαιτούμενες εννέα αλλαγές, θα ακολουθούσαν την απόφαση της εξεταστικής επιτροπής. Οι προτάσεις περιελάμβαναν: την απαγόρευση της πώλησης του βιβλίου μου *Γεύση της Αιώνιας Ζωής Πριν το Θάνατο,* απαγόρευση της πώλησης ηχητικού υλικού από τα κηρύγματά μου, απαγόρευση της χρήσης του ονόματος «Μάνμιν» όταν ιδρύουμε παραρτήματα της εκκλησίας, και την απαγόρευση των ιερών χορών (χορών για τους ύμνους). Όλα αυτά ήταν απαράδεκτα πράγματα για μένα.

Έχοντας υπόψη μου αυτό το «επίσημο γράμμα», κατέβαλα απαντήσεις με λεπτομερείς εξηγήσεις. Πρόσθεσα ότι έγραψα γράμμα επειδή δεν μπορούσα να εντοπίσω τίποτα που να ήταν ενάντια στο λόγο του Θεού, και τους είπα να με πληροφορήσουν σε περίπτωση που έκανα λάθος. Ύστερα από αρκετούς μήνες, η γενική συνέλευση μού έστειλε μία απάντηση λέγοντας ότι αρνούνταν να δεχτούν τις απαντήσεις μου, χωρίς να μου δώσουν καμία αιτιολογία.

Στέρηση του Δικαιώματος Λόγου

Η Γενική Συνέλευση του δόγματος διήρκεσε δύο μέρες, από τις 30 Απριλίου ως την 1η Μαΐου. Παρευρέθηκα, καθώς ήμουν μέλος της επιτροπής των αντιπροσώπων της συνέλευσης. Υπήρχαν ακόμα δύο μέλη της επιτροπής που ήταν πρεσβύτεροι στην εκκλησία μου. Δεν καταφέραμε, όμως, να βρούμε θέση με το όνομά μου επάνω της. Συνειδητοποίησα ότι υπήρχε σχέδιο αφορισμού μου. Προσπάθησα να βρω το όνομά μου εδώ κι εκεί, αλλά δεν μπορούσα να το βρω. Το όνομά μου δεν συμπεριλαμβανόταν ούτε στη λίστα με τα ονόματα των μελών της επιτροπής. Το ότι δεν είχα θέση σήμαινε ότι δεν είχα το δικαίωμα να πάρω το λόγο. Έπρεπε, ωστόσο, να τους κάνω να δουν την αλήθεια, και έτσι παρακολουθούσα τη συνέλευση από τα πίσω καθίσματα.

Την 1η Μαΐου, μόλις ξεκίνησε η Γενική Συνέλευση, αναφέρθηκε το όνομά μου. Ο Πάστορας «Σ.», ο επικεφαλής της εξεταστικής επιτροπής, άρχισε να λέει πράγματα που με καταδίκαζαν. Μου στέρησαν το δικαίωμα να μιλήσω ενώπιον της συνελεύσεως, και στη συνέχεια, συνέχισαν τις ομιλίες σύμφωνα με το προκαθορισμένο πρόγραμμά τους. Όσα ειπώθηκαν για μένα ήταν αναληθή, όπως:

«Ο Πάστορας Τζέροκ Λι ισχυρίστηκε ότι γνωρίζει την ημερομηνία της επιστροφής του Κυρίου. Είναι γραμμένο στην τάδε σελίδα του βιβλίου του.»

Δεν είχα ισχυριστεί ποτέ ότι γνώριζα την ημερομηνία κατά την οποία θα επιστρέψει ο Κύριος. Δεν τη γνώριζα, και φυσικά και δεν ήταν γραμμένο στο βιβλίο μου κάτι τέτοιο. Οι παρευρισκόμενοι, όμως, που δεν είχαν στη διάθεσή τους εκείνη την ώρα το βιβλίο μου για να το διαβάσουν, πίστεψαν σε ό,τι ειπώθηκε, κι έπρεπε να συμμετάσχουν στην ψηφοφορία. «Ο Πάστορας Τζέροκ Λι κάνει σοβαρά λάθη, ας τον αφορίσουμε λοιπόν. Σηκώστε, παρακαλώ, τα χέρια σας όσοι συμφωνείτε.»

Στη συγκέντρωση, για να κατορθώσουν να εγκριθεί το ψήφισμα και να με αφορίσουν, τα περισσότερα εκ των 300 μελών της επιτροπής εγκατέλειψαν τις θέσεις τους, και παρέμειναν μόνο 90 μέλη. Από αυτά, 30 περίπου άνθρωποι σήκωσαν τα χέρια τους, και ήταν αυτοί που είχαν συμφωνήσει εξ αρχής. Έγινε καταμέτρηση αυτών που σήκωσαν τα χέρια τους και από τους δικούς μου ανθρώπους. Ήταν 30 άτομα, αλλά ο πρόεδρος ανακοίνωσε, «Σαράντα οχτώ μέλη σήκωσαν τα χέρια τους, αριθμός μεγαλύτερος του μισού, επομένως το ψήφισμα πέρασε.» Χτύπησε, τότε, το σφυρί ανακοινώνοντας τον αφορισμό μου, παρόλο που ήταν σύμφωνα μόνο τα 30 εκ των 300 μελών της επιτροπής.

Το Σπασμένο Σφυρί

Όταν, όμως, ο πρόεδρος χτύπησε το σφυρί, ο λαιμός του σφυριού έσπασε κι έπεσε στο έδαφος. Ήταν φανερό ότι δεν επρόκειτο για κάτι συνηθισμένο. Βλέποντας και μόνο τον λαιμό του σφυριού να σπάει, μπορούσαμε να αισθανθούμε ότι η κρίση δεν ήταν καθόλου ορθή στα μάτια του Θεού. Εγώ, αν και θύμα και κατηγορούμενος, δεν είχα λάβει το δικαίωμα να πω ούτε λέξη. Εκείνη τη στιγμή, πήρε, αν και με δυσκολία, τον λόγο ο πρεσβύτερος Μπόαζ Τζουνγκό Λι και είπε, «Ό,τι έχει ειπωθεί μέχρι τώρα είναι αναληθές. Πώς μπορείτε να τον κρίνετε χωρίς να τον ακούσετε να μιλά έστω και μία φορά; Είναι εδώ, παρών, γιατί λοιπόν να μην τον ακούσουμε;»

«Τότε, θα του δώσουμε την ευκαιρία να μιλήσει. Επέστρεψε στη θέση σου.»

Ο πρόεδρος ωστόσο, μην τηρώντας την υπόσχεσή του, δεν μου έδωσε την ευκαιρία να υπερασπιστώ τον εαυτό μου. Ακόμα και όταν ο πρεσβύτερος Λι επέστρεψε στην θέση του, δεν μου δόθηκε καμία ευκαιρία να μιλήσω, οπότε εκείνος άρχισε να διαφωνεί με δυνατή φωνή,

«Πρόεδρε, επέστρεψα στη θέση μου μόνο επειδή είπατε ότι θα δώσετε τον λόγο στον Πάστορα Τζέροκ Λι, γιατί λοιπόν δεν το κάνετε;» Ο πρόεδρος απλά αγνόησε την παρέμβαση του πρεσβυτέρου Λι. Όλα τελείωσαν γρήγορα. Περίμενα μόνο μία ευκαιρία να μιλήσω, γι αυτό κάθισα εκεί από νωρίς το πρωί και για επτά ώρες ανεχόμενος τόση περιφρόνηση, αλλά αυτό δεν έγινε ποτέ τελικά. Ακόμα και σε κάποιον που καταδικάζουν εις θάνατον, του δίνεται η ευκαιρία να υπερασπιστεί τον εαυτό του. Ακόμα και σε ένα δικτατορικό καθεστώς ή σε μία δίκη του κομμουνιστικού κόμματος, θα άκουγαν τον ύποπτο. Αλλά, σε εμένα δεν δόθηκε καμία απολύτως ευκαιρία να μιλήσω, παρόλο που είχα κατασυκοφαντηθεί στο δόγμα.

Η Δίκη που Διδάσκει η Αγία Γραφή

Η Βίβλος μάς διδάσκει να έχουμε τουλάχιστον δύο μάρτυρες ακόμα κι όταν κατηγορούμε έναν πρεσβύτερο (Προς Τιμόθεον Α' 5:19). Κι εφόσον επρόκειτο για έναν υπηρέτη του Θεού, έναν ιερέα, είναι προφανές ότι έπρεπε να μου είχαν δώσει μία ευκαιρία να υπερασπιστώ τον εαυτό μου, αλλά δεν μου επέτρεψαν να πω λέξη και με καταδίκασαν χωρίς να ακουστεί η δική μου πλευρά. Τα πράγματα ήταν ακόμα χειρότερα καθώς οι κατηγορίες τους δεν ήταν αληθείς στο ελάχιστο, αλλά ήταν κατασκευασμένες.

Όταν ο Δαυίδ κυνηγήθηκε από το Βασιλιά Σαούλ που

τον ζήλευε, ο Δαυίδ είχε μία φορά την ευκαιρία να τον σκοτώσει αλλά δεν το έκανε. Είπε, *«Μη γένοιτο σε μένα από τον Κύριο, να κάνω αυτό το πράγμα στον κύριό μου, τον χρισμένο του Κυρίου, να βάλω το χέρι μου επάνω του, επειδή, είναι χρισμένος του Κυρίου.»* (Σαμουήλ Α' 24:6). Παρόλο που ο Θεός είχε εγκαταλείψει τον Σεούλ, εκείνος υπήρξε κάποτε χρισμένος από τον Θεό. Μόνον ο Θεός έχει το δικαίωμα να δικάσει τον δούλο Του που τον έχει χρίσει Εκείνος. Στη συνέλευση, όμως, με αφόρισαν κατά τη βούλησή τους.

Θα Μπορούσα να Το Είχα Αποφύγει εάν Έλεγα μία Φορά «Ναι»

Ορισμένοι πάστορες που βρίσκονταν στη συνέλευση λυπήθηκαν πολύ για μένα και μου έδωσαν τη συμβουλή τους λέγοντας, «Πάτερ, αποτέλεσες αντικείμενο ζήλιας, επειδή η εκκλησία σου αναπτύσσεται τόσο πολύ. Γιατί δεν λες απλά «ναι» μία φορά σε αυτά που σου λένε οι άλλοι πρεσβύτεροι πάστορες; Πες απλά 'ναι' μόνο για μία φορά! Αν πουν ότι η κόκα κόλα είναι μηλίτης, πες 'Αμήν' κι αν πουν ότι ο μηλίτης είναι κόκα κόλα, απάντησε και πάλι με ένα 'Αμήν'». Δεν μπορούσα να συμβιβαστώ με την ατιμία και ακολούθησα απλά τον ορθό δρόμο. Θυμήθηκα τον Δανιήλ όταν σκόπευαν να τον ρίξουν σε φωλιά λιονταριών, που ακόμα και τότε δεν συμβιβάστηκε. Έπειτα θυμήθηκα τους τρεις φίλους του, που ούτε εκείνοι συμβιβάστηκαν, ακόμα κι όταν θα τους έριχναν σε ένα καυτό καμίνι. Σκεπτόμενος όλα αυτά, δεν στηριζόμουν σε τίποτα από τα εγκόσμια παρά μόνο στον Θεό.

Καθώς τα νέα διαδόθηκαν στην εκκλησία μας, εκατοντάδες μέλη πήγαν να διαμαρτυρηθούν στους δύο πάστορες που είχαν ηγηθεί του κινήματος για τον αφορισμό μου. Επιπλέον, πολλοί άλλοι πάστορες οι οποίοι γνώριζαν την αλήθεια, τους τηλεφώνησαν και διαμαρτυρήθηκαν. Στη συνέχεια, ο πρόεδρος του δόγματος μού ζήτησε να συναντηθούμε. «Θα φροντίσω να περάσουν απαρατήρητα τα όσα συνέβησαν. Πες μου μόνο ένα πράγμα,» είπε, «Και θα φροντίσω για την αποκατάσταση του ονόματός σου, κι οι σχέσεις μας θα είναι όπως ήταν πριν συμβούν όλα αυτά. Πες μου μόνο ότι θα πεις 'ναι' στις εννιά ρήτρες και θα τις αποδεχτείς.» Δεν μπορούσα, όμως, να παραδεχτώ κάτι που δεν ήταν αλήθεια. Πώς θα συμβιβαζόμουν με το ψέμα μόνο και μόνο από φόβο μήπως αφοριστώ; Ήμουν πολύ θλιμμένος ολόκληρη την εβδομάδα κι έχασα τέσσερα κιλά. Όταν σκεπτόμουν τους δύο πάστορες που με καταδίκασαν χωρίς να εξετάσουν και τη δική μου πλευρά, δεν μπορούσα παρά να αισθανθώ θλίψη και να τους λυπηθώ. Ο ένας από αυτούς, ας τον αποκαλέσω «Πάστορα Κ.», ο οποίος ήταν κι εκείνος ένας από τους προέδρους του δόγματος, έλεγε συχνά, «Η Κεντρική Εκκλησία Μάνμιν δεν είναι αιρετική σύμφωνα με τη Βίβλο.»

Δημοσίευσα ένα βιβλίο με τον τίτλο *Ο Παράδεισος θα Αποδώσει Δικαιοσύνη* και το έστειλα σε εκκλησίες σε όλη την Κορέα, ανεξαρτήτως δόγματος. Ύστερα από την κίνησή μου αυτή, κι ενώ προσευχόμουν, ο Θεός μού είπε αυτά τα λόγια.

«Θα μπορούσες να πάρεις την απόφαση να απομακρυνθείς μόνος σου από το δόγμα και να μη

βιώσεις έτσι την ατιμία του να σε αφορίσουν. Δεν το επέλεξες, όμως, για να μην προδώσεις από τη δική σου πλευρά το δόγμα. Αυτό είναι το είδος των υπηρετών ή των τέκνων που επιθυμώ. Επέλεξες τη σωστή οδό, και σύντομα θα γίνεις επικεφαλής της ένωσης των εκκλησιών.»

Ο Θεός μάς προέτρεψε να ιδρύσουμε ένα νέο δόγμα, έτσι ώστε να μπορούμε να αποφεύγουμε αναίτιες απαγορεύσεις και να εργαστούμε με όλη μας την ενέργεια για το βασίλειο του Θεού. Την 1η Ιουλίου του 1991, ιδρύθηκε η Γενική Συνέλευση της Ηνωμένης Αγίας Εκκλησίας της Κορέας, κι εκλέχθηκα πρόεδρος. Αφού περάσαμε μία μεγάλη δοκιμασία, μπορούσα να αισθανθώ τη μεγάλη δύναμη που μου έδωσε ο Θεός.

Επικεφαλής Συναθροίσεων Θρησκευτικής Αναγέννησης σε Ολόκληρη τη Χώρα

Από τη στιγμή που χειροτονήθηκα πάστορας το 1986, ήμουν προσκεκλημένος σε πολλά μέρη σε ολόκληρη τη χώρα για να εκφωνώ λόγους σε συναθροίσεις αναγέννησης των πιστών. Από το 1987, μιλούσα κάθε μήνα στις διαδογματικές συγκεντρώσεις αναγέννησης, συμπεριλαμβανομένων κι εκείνων στις πόλεις Ποχάνγκ και Ντάεγκου. Μιλούσα κυρίως για την προσευχή με την οποία απευθυνόμαστε μεγαλόφωνα στον Θεό κι εξηγούσα γιατί ο Ιησούς είναι ο μοναδικός μας Σωτήρας. Και τα δύο αυτά θέματα καλύπτονται στο «Μήνυμα του Σταυρού».

Κατά τη διάρκεια της δεύτερης και της τρίτης μέρας των συγκεντρώσεων αυτών, οι ιερείς λάμβαναν χάρη από το κήρυγμα, καθώς κατανοούσαν το πνευματικό μήνυμα του Λόγου του Θεού, και σε αντίθεση με τη συμπεριφορά τους στην αρχή των συγκεντρώσεων, με ευχαριστούσαν με ταπεινότητα.

Η Πρεσβύτερη Διακόνισσα Μπουνχάν Τσο Θεραπεύτηκε από Έρπη Ζωστήρα

Το Μάρτιο του 1990, πήγα σε μία εκκλησία στο Ντάεγκου απαντώντας σε πρόσκλησή τους. Μπόρεσα τότε να επισκεφτώ την πρεσβύτερη διακόνισσα Μπουνχάν Τσο στο σπίτι της. Ήταν τότε 77 ετών κι υπέφερε πολύ από έρπη ζωστήρα. Ο εγγονός της, ο διάκονος Άλβιν Τζούνχα Χουάνγκ εργαζόταν ως στρατιωτικός γιατρός στην πόλη Τζίνχε, ενώ έκανε το διδακτορικό του στην Ιατρική σχολή του Πανεπιστημίου της Κορέας. Ο διάκονος Τζούνχα Χουάνγκ είχε ειλικρινή πίστη, και πολλές φορές έπαιρνε άδεια για να φροντίσει την γιαγιά του. Εκείνη παρευρισκόταν στην εκκλησία μας για κάποιο χρονικό διάστημα, προσδοκώντας τον Λόγο του Θεού. Η διακόνισσα υπέφερε κι από καλόγερους στο δέρμα της, κάτι που της είχε προκαλέσει σοβαρή αρθρίτιδα ως παρενέργεια. Οι ιοί άγγιζαν τα εσωτερικά της νεύρα, και αυτό της προκαλούσε τόσο μεγάλο πόνο που ούρλιαζε μέρα - νύχτα. Δεν μπορούσε να κουνηθεί καθόλου και περνούσε όλες της τις ώρες ξαπλωμένη. Τα άκρα του σώματός της είχαν ζαρώσει, ενώ έτρωγε και κοιμόταν με δυσκολία. Είχε μείνει πετσί και κόκκαλο. Το μόνο που ήλπιζε ήταν να πεθάνει σύντομα. Φυσικά υπέφεραν μαζί της και τα μέλη της οικογένειάς της που τη φρόντιζαν.

Έβαλα το χέρι μου επάνω της και προσευχήθηκα για εκείνη. Με το που τελείωσε η προσευχή, φώναξε ξαφνικά, «Ο δαίμονας εξέρχεται!» και σήκωσε το δεξί της χέρι. Επειδή υπέφερε από έρπη ζωστήρα στο δεξί μέρος του λαιμού της και στον δεξί της ώμο, της ήταν ακόμη δυσκολότερο να σηκώσει το δεξί της χέρι. Σύντομα, όμως ανασηκώθηκε κι ένιωσε ότι ο δαίμονας που της είχε προκαλέσει την ασθένεια είχε φύγει από το σώμα της. Είχε θεραπευτεί πλήρως.

Και ο γαμπρός της, ο οποίος ήταν καθηγητής στο Εθνικό Πανεπιστήμιο Κγιούνγκμπουκ στο Ντάεγκου, και τα παιδιά της θέλησαν να την φροντίσουν, όμως εκείνη προτίμησε να πάει στη Σεούλ. Νοίκιασε ένα μικρό σπίτι κοντά στην εκκλησία, κι έζησε για αρκετό καιρό ακόμη μία Χριστιανική ζωή με την πληρότητα του Αγίου Πνεύματος.

Συνάθροιση Αναγέννησης στο Ντάεγκου παρ' όλα τα Εμπόδια

Στις 4 Μαΐου του 1990, με κάλεσαν να μιλήσω σε μία συνάθροιση πιστών στο Κέντρο Προσευχής του Βουνού Τζουάχμ, στην πόλη Ντάεγκου. Το είχε οργανώσει η Ένωση Ιεραποστόλων της επαρχίας Κγιόνγκ Σανγκ. Υπήρχε τόσος πολύς κόσμος που κάθονταν ακόμα και γύρω από την κάτω και από την άνω Αγία Τράπεζα. Αλλά και πάλι, δεν ήταν δυνατό να μπουν όλοι μέσα στο ναό. Ανοίξαμε τότε όλα τα παράθυρα της εκκλησίας για εκείνους που βρίσκονταν έξω. Ακόμα και τα μέλη της χορωδίας δεν μπορούσαν να μπουν μέσα, κι έπρεπε να ψάλλουν απ' έξω. Με τη χάρη του Θεού, παρευρέθηκαν και πολλοί πάστορες, κι έγιναν πολλά θεραπευτικά έργα.

Καθώς η συνάθροιση αυτή στέφθηκε με μεγάλη επιτυχία, ο οργανωτής της οργάνωσε μία ακόμα μεγαλύτερη τον επόμενο χρόνο. Νοίκιασαν το Γυμναστήριο του Ντάεγκου. Πολλές ήταν οι ιεραποστολικές οργανώσεις που στήριξαν με τις προσευχές τους τη συνάθροιση αυτή. Το δόγμα, όμως, το οποίο με είχε καταδικάσει προσπάθησε να εμποδίσει τη συγκέντρωση.

Μόλις μία εβδομάδα πριν από τη συγκέντρωση, στην ολονυχτία της Παρασκευής, ο Θεός μού έστειλε τον λόγο Του. Μου είπε να ζητήσω από όλα τα μέλη της εκκλησίας να νηστέψουν για μία ημέρα την ερχόμενη Κυριακή, έτσι ώστε να απομακρύνουν τη συναγωγή του Σατανά. Μέχρι τότε δεν ήμουν ενήμερος για το τι συνέβαινε στο Ντάεγκου. Το Σάββατο έλαβα την αναφορά όσων εργάζονταν στην εκκλησία και είχαν επισκεφτεί το Ντάεγκου, και ανακάλυψα τι συνέβαινε.

Το δόγμα το οποίο με είχε καταδικάσει έστειλε μία επίσημη επιστολή στον πρόεδρο της οργανωτικής επιτροπής, στον Τύπο και σε άλλες παρεμφερείς οργανώσεις, λέγοντας ότι με είχαν καταδικάσει ως αιρετικό και με είχαν αφορίσει. Σκοπός τους ήταν να ματαιωθεί η συνάθροιση. Στη συνέχεια, η συνέλευση του δόγματος «Τζ.» των παστόρων που αρχικά υποστήριζαν τη συγκέντρωση, έστειλαν επιστολές σε καθεμία από τις εκκλησίες τους λέγοντας, «Καθώς ο Αιδεσιμότατος Τζέροκ Λι είναι αιρετικός, θα καταδικάσουμε ως αιρετικούς και εκείνους που υποστηρίζουν τη συνάθροιση.» Για το λόγο αυτό, πολλές από τις υποστηρικτικές οργανώσεις και πολλοί από τους ποιμένες που προσεύχονταν για αυτή τη συνάθροιση δεν μπορούσαν πια να βοηθήσουν. Διαδόθηκαν πολλές εσφαλμένες φήμες, όπως ότι η συνάθροιση είχε ματαιωθεί.

Στις 18 Μαρτίου του 1991, άρχισε η συνάθροιση χωρίς να μου έχει δοθεί η ευκαιρία να μιλήσω για την αλήθεια και για τη στάση της εκκλησίας μας. Οι οργανώσεις εκείνες που μας είχαν υποστηρίξει αλλά πίστεψαν στις επιστολές, μας γύρισαν την πλάτη. Παρά την πίεση, όμως, από την συνέλευση του δόγματος, πολλοί ήταν οι πάστορες που έλαβαν μέρος στα πρακτικά της συνάντησης. Κι αυτό μας ευχαρίστησε πολύ! Ο Θεός παρακίνησε τις καρδιές των μελών της εκκλησίας μας, κι εκείνοι πήγαν στο Ντάεγκου και προετοιμάστηκαν για τη συνάθροιση. Έτσι, ξαφνικά, οργανώτρια βρέθηκε η δική μας εκκλησία, υπήρχαν πολλοί παρευρισκόμενοι, και η συνάθροιση ολοκληρώθηκε με τη χάρη του Θεού.

Ο εχθρός διάβολος προσπάθησε να ματαιώσει αυτή τη συνάθροιση και δημιούργησε μεγάλες αντιδράσεις, αλλά επειδή ο Θεός γνωρίζει το μυαλό και τα σχέδια του κάθε ανθρώπου, μας παρότρυνε να νηστέψουμε και να προσευχηθούμε εκ των προτέρων. Εργάστηκε για την καλή έκβαση των πάντων.

Τι θα πούμε, λοιπόν, απέναντι σ' αυτά; Αν ο Θεός είναι μαζί μας, ποιος θα είναι εναντίον μας; Επειδή, Αυτός, που τον ίδιο του τον Υιό δεν λυπήθηκε, αλλά τον παρέδωσε για χάρη όλων μας, πώς και μαζί μ' Αυτόν δεν θα χαρίσει σε μας τα πάντα; Ποιος θα κατηγορήσει τους εκλεκτούς του Θεού; Ο Θεός είναι αυτός που τους ανακηρύσσει δίκαιους. Ποιος θα είναι εκείνος που τους κατακρίνει; Ο Χριστός είναι αυτός που πέθανε, επιπλέον δε και αναστήθηκε, ο οποίος και είναι στα δεξιά του Θεού, ο οποίος και μεσιτεύει για μας. Ποιος θα μας χωρίσει από την αγάπη του Χριστού; Θλίψη ή στενοχώρια ή διωγμός ή πείνα ή γυμνότητα ή κίνδυνος ή μάχαιρα; Καθώς είναι γραμμένο: «Ότι για χάρη Σου θανατωνόμαστε όλη την ημέρα, λογαριαστήκαμε σαν πρόβατα για σφαγή». Σε όλα αυτά, όμως, υπερνικούμε, διαμέσου εκείνου που μας αγάπησε. *(Προς Ρωμαίους 8:31-37).*

Μετακομίζοντας σε Νέο Ιερό Ναό Μέσω της Πίστης

Το Μάρτιο του 1987, δεν μπορούσαμε πλέον να στεγάσουμε τον αυξανόμενο αριθμό των μελών της εκκλησίας στο ναό μας, και προσευχόμασταν να αποκτήσουμε ένα νέο, μεγαλύτερο χώρο. Στο Σιντεμπάνγκ 2 Ντονγκ, από όπου είχε ξεκινήσει η εκκλησία μας, είχε κατασκευαστεί ένα νέο κτήριο και νοικιάσαμε τον δεύτερο και τον τρίτο όροφο.

Από τις 13 έως τις 17 Απριλίου, οργανώσαμε συνάθροιση αναγέννησης για τον εορτασμό της μετακόμισης σε καινούριο κτήριο. Ο τίτλος ήταν «Ο Κύριος δεν θα έρθει σε όλους όσους τον προσφωνούν 'Κύριο'» και κήρυττα για τη Χάρη του Θεού, για το Άγιο Πνεύμα, για την Πίστη και για την Αιώνια Ζωή. Τρεις μήνες μετά, ο ναός, που είχε έκταση 1337 τμ, ήταν γεμάτος κόσμο!

Καθώς Προσευχόμασταν Μεγαλόφωνα

Όπως συμβαίνει μέχρι και σήμερα, τα μέλη της εκκλησίας μας προσεύχονταν για τρεις ώρες σε καθημερινή βάση στη Νυχτερινή Συνάντηση Προσευχής του Δανιήλ. Είχαμε βάλει μονωτικό υλικό στα παράθυρα για να μονώσουμε τους ήχους, αλλά επειδή το ίδιο το κτήριο δεν είχε ηχομόνωση, δεν μπορούσαμε να αποκλείσουμε εντελώς τους ήχους που έφταναν μέχρι έξω. Ευτυχώς, δεν υπήρχαν κατοικίες μπροστά στην εκκλησία, παρά μόνο μία υπαίθρια αγορά.

Μία φορά, στη συνέλευση των κατοίκων της περιοχής, υπήρξε κάποιος που έθιξε το θέμα της φασαρίας που προερχόταν από την εκκλησία. Αλλά ένα μέλος της γυναικείας ένωσης είπε, «Κλείνουν τα παράθυρα ακόμα και στα μέσα του καλοκαιριού, ενώ έχουν τοποθετήσει και μονωτικό υλικό γύρω από τα παράθυρα. Ο ήχος των προσευχών στα δικά μου αυτιά ηχεί σα νανούρισμα.» Δεν ξαναμίλησαν γι' αυτό το θέμα. Μία άλλη φορά, ένας πολίτης πήγε και διαμαρτυρήθηκε στο αστυνομικό τμήμα. Ο αστυνομικός που άκουσε τα παράπονα είπε, «Εσύ κοιμάσαι τη στιγμή που αυτοί οι άνθρωποι προσεύχονται γι' αυτό το έθνος ξάγρυπνοι. Ποιο είναι το πρόβλημά σου;» Ο άνθρωπος που έκανε τα παράπονα δεν είπε τίποτα άλλο.

Ξεπερνώντας μία Κρίση με τη Χάρη του Θεού

Ο Θεός δεν επιθυμούσε να επαναπαυόμαστε με την ισχύουσα κατάσταση. Επέτρεψε να περάσουμε μια δοκιμασία έτσι ώστε να μετακομίσουμε ύστερα σε έναν μεγαλύτερο χώρο. Τον Απρίλιο του 1988, όχι μόνο ο χώρος του κυρίως ναού, αλλά και τα γραφεία και οι σκάλες, ακόμη και ο διάδρομος, ήταν γεμάτα από κόσμο που παρακολουθούσε τη λειτουργία. Την ίδια εποχή, στο υπόγειο του κτηρίου λειτουργούσαν σούπερ-μάρκετ. Έκλειναν, όμως, το ένα μετά το άλλο, καθώς οι πωλήσεις δεν ήταν καλές. Είχαμε ετοιμάσει συμβόλαιο για να αγοράσουμε και το υπόγειο, αλλά ξαφνικά οι έμποροι και οι κάτοικοι εναντιώθηκαν σ' αυτήν την ιδέα. Διέδιδαν μία ψευδή φήμη ότι η εκκλησία προσπαθούσε να διώξει όλους τους εμπόρους από την περιοχή.

Οι άνθρωποι αυτοί τελούσαν σαμανιστικές τελετές τις Κυριακές μπροστά στην πύλη της εκκλησίας, κι έπαιζαν πολύ δυνατά παραδοσιακά Κορεάτικα τύμπανα. Ακόμα κι όταν καλέσαμε την αστυνομία, εκείνη ήρθε μόνο όταν είχαν όλα τελειώσει. Πίσω από όλα αυτά βρισκόταν η τοπική διοίκηση της πόλης. Εκείνο τον καιρό, ο κύριος «Σ.», που ήταν μέλος του κόμματος της αντιπολίτευσης, επισκέφθηκε αρκετές φορές την εκκλησία μας, κι υπήρχε ένα είδος φιλίας μεταξύ μας. Έλαβε την ευχή μου πριν τις εκλογές κι εκλέχθηκε. Στη συνέχεια, ο υποψήφιος του κόμματος που κατείχε την πλειοψηφία κι έχασε στις εκλογές, θεώρησε ότι από τη στιγμή που η εκκλησία μας υποστήριζε το κόμμα της αντιπολίτευσης, θα ήταν δύσκολο για εκείνον να κερδίσει τις επόμενες εκλογές. Έτσι, άσκησε επιρροή στα γραφεία της τοπικής διοίκησης και στους υπαλλήλους των αστυνομικών τμημάτων, με σκοπό να απομακρύνουν την εκκλησία μας. Μόνο έπειτα από πολύ καιρό κατάφερα να αντιληφθώ την κατάσταση. Όσοι εργάζονταν στην εκκλησία έλεγαν ότι δεν άντεχαν άλλο, κι ήθελαν να πάνε στα γραφεία της τοπικής διοίκησης και να διαμαρτυρηθούν. Ήθελαν ακόμα και να κινηθούν νομικά, αλλά τους απέτρεψα από το να κάνουν οτιδήποτε. Τους έπεισα μόνο με τον Λόγο του Θεού που συμβουλεύει να ξεπληρώνεις με καλό το κακό που σου κάνουν. Τα μέλη της εκκλησίας υπάκουσαν στα λόγια μου. Υπέμεναν τις αντιδράσεις των κατοίκων της περιοχής και προσπαθούσαν να τους υπηρετούν. Καθώς, όμως, περνούσε ο καιρός, οι διώξεις γίνονταν όλο και πιο έντονες. Το τοπικό «Ντονγκ», το περιφερειακό γραφείο της κυβέρνησης, ο εκπρόσωπος της εκλογικής περιφέρειας, η πρόεδρος της ένωσης γυναικών, ακόμα κι οι ηλικιωμένοι πολίτες, έρχονταν για να διακόψουν τη λειτουργία, ενώ η πυροσβεστική υπηρεσία ερχόταν καθημερινά για να ελέγξει τις εγκαταστάσεις μας και να δυσκολέψει το έργο μας. Το μόνο που έκανα ήταν να γονατίζω για να προσευχηθώ ενώπιον του Θεού. Και μια μέρα, άκουσα ότι εκείνοι που επιθυμούσαν να απομακρυνθεί η εκκλησία μας ήθελαν να με συναντήσουν. Πήγα στο τοπικό γραφείο της περιφερειακής διοίκησης, όπου υπήρχαν περισσότεροι από 10 εκπρόσωποι από διάφορες περιοχές της πόλης.

Είπαν σχεδόν φωνάζοντας, «Πάτερ, σώσε μας! Υποφέρουμε πολύ. Αισθανόμαστε ότι βουλιάζουμε στην κόλαση.» Τους απάντησα, «Κι εμείς επιθυμούμε να φύγουμε από εδώ, αλλά δεν έχουμε κάποιον άλλο τόσο μεγάλο χώρο, ούτε την οικονομική δυνατότητα.» Είπαν, «Πάτερ, πόσα χρήματα χρειάζεστε για να μεταφέρετε την ενορία σας;»
Μου είπαν την ιστορία τους, και μπόρεσα να διακρίνω την ανάμειξη και το έργο του Θεού. Ανάμεσα σε εκείνους που διαμαρτύρονταν για να απομακρυνθεί η εκκλησία από

την περιοχή, υπήρχαν πολλοί που αρρώστησαν ξαφνικά κι υπέφεραν από διάφορες ασθένειες. Οι φήμες για αυτά τα γεγονότα διαδόθηκαν πολύ γρήγορα. Υπήρξε πολύς κόσμος που φοβήθηκε μαθαίνοντας τα νέα. Εκείνοι που ήταν πρωτεργάτες στη διαμαρτυρία εναντίον μας, ένιωθαν ότι έπεφταν στην κόλαση. Καθώς δεν μπορούσαν να αντέξουν το φόβο, θέλησαν να με συναντήσουν. Μας έδωσαν 300 εκατομμύρια γουόν (300.000 δολάρια ΗΠΑ), το ποσό που χρειαζόμασταν για να μεταφέρουμε το ναό μας. Ήταν ένα πολύ μεγάλο ποσό για εμάς, που δεν διαθέταμε ούτε λίγες δεκάδες χιλιάδες δολάρια.

Όταν ο βασιλιάς Αβιμέλεχ πήρε τη Σάρα νομίζοντας ότι ήταν η αδερφή του Αβραάμ, ο Θεός εμφανίστηκε στο όνειρό του και του είπε ότι η Σάρα ήταν η γυναίκα του Αβραάμ, και τον διέταξε να τη στείλει πίσω. Ο Αβιμέλεχ δεν έστειλε απλά πίσω τη Σάρα, αλλά έστειλε στον Αβραάμ και πρόβατα, αγελάδες και υπηρέτες (Γένεσις 20). Με τη συμβολή του Θεού, ο Αβραάμ ξεπέρασε την κρίση και του συμπεριφέρθηκαν καλά. Κατά τον ίδιο τρόπο, η εκκλησία μας αντιμετώπισε και ξεπέρασε την κρίση με την παρέμβαση του Θεού.

Ο Θεός Μερίμνησε Ώστε να Έχουμε Γη

Προσευχηθήκαμε, «Θεέ μου, δώσε μας γη έκτασης μεγαλύτερης από 5000 τμ.» Κοντά στην εκκλησία, υπήρχε ένα κτήριο το οποίο είχε εμβαδόν 5000 τμ περίπου, και προσευχόμασταν δυνατά για να μετακομίσουμε σε αυτό. Μία μέρα, όμως, του 1990, η Ακαδημία Πολεμικής

Αεροπορίας, η οποία βρισκόταν στο Πάρκο Μποραμέ, ανακοίνωσε τη μεταφορά της και το μέρος θα λειτουργούσε ως πάρκο. Η τοπική διοίκηση της Σεούλ, θα πωλούσε τη γη σε ιδιώτες. Συνειδητοποίησα ότι ο Θεός είχε μεριμνήσει ώστε να αποκτήσει η εκκλησία μας ένα κομμάτι γης στο πάρκο Μποραμέ. Αυτό θα είχε πολλά οφέλη. Κι αυτός ήταν ο λόγος που ο Θεός με οδήγησε να εγκαταστήσω την εκκλησία στο Σιντεμπάνγκ Ντονγκ. Όταν προσευχηθήκαμε για να μεταφέρουμε την εκκλησία στο χώρο του πάρκου, ο Κύριος μάς είπε, *«Σας έχω δώσει τη γη, να πάτε να την πάρετε. Πρέπει να δείξει πίστη ολόκληρο το εκκλησίασμα. Αφού κατακτήσετε την ευλογημένη γη, Εγώ θα αναλάβω τα πάντα.»* Η εκκλησία μας συμμετείχε στον πλειστηριασμό, αλλά εκείνον τον καιρό ήταν δύσκολο να αγοράσουμε έστω και 3000 τμ γης με την πίστη των μελών μας. Υπήρχε μόνο ένας μικρός αριθμός που έδειχνε να έχει μεγάλη πίστη.

Ο Θεός οδήγησε τον λαό του Ισραήλ στη γη της Χαναάν, εκείνοι, όμως, δεν μπόρεσαν να πάνε στη γη αυτή επειδή δεν υπάκουσαν. Μόνο τα παιδιά τους μπόρεσαν να το κατορθώσουν. Έτσι κι εμείς, καθώς δεν είχαμε επιδείξει την απαιτούμενη πίστη, ο Θεός μάς οδήγησε σε ένα δεύτερο μέρος στο Γκούρο Ντονγκ. Είχε προνοήσει ώστε να υπάρχει ένα κτήριο περίπου 8000 τμ σε μία βιομηχανική περιοχή.

Εορταστική Λειτουργία για το Νέο Ιερό Ναό και Συνεχιζόμενες Ταραχές

Το βιομηχανικό συγκρότημα στο Γκούρο ήταν πρωτοπόρο μέρος για τη βιομηχανική ανάπτυξη της Κορέας. Εκείνη την εποχή υπήρχαν πολλά εργοστάσια στην περιοχή. Ο τέταρτος ναός μας, ο ναός στο Γκούρο Ντονγκ, βρισκόταν στις εγκαταστάσεις μιας επιχείρησης με το όνομα Shin Ae Electronics. Συνάντησα τον ιδιοκτήτη της εταιρίας πριν την χρεωκοπία της.

Μου είπε, «Πάτερ, θα ήθελα να αναλάβουμε να χτίσουμε σε αυτή την τοποθεσία το ναό της Κεντρικής Εκκλησίας Μάνμιν.» Μόλις με είχε συναντήσει για πρώτη φορά, παρόλ' αυτά μου είπε ότι ήθελε να χτίσει την εκκλησία μας στο χώρο όπου βρισκόταν η εταιρία του. Στηρίχθηκα στα λόγια του και πίστεψα ό,τι μου είπε. Απάντησα με ένα «Αμήν». Αργότερα η Shin Ae Electronics χρεοκόπησε κι ο ιδιοκτήτης κατέφυγε στις Ηνωμένες Πολιτείες. Η πρεσβύτερη διακόνισσα Σιν-ε Χγιουν πήρε τη θέση του ως προϊσταμένη. Εξαιτίας, όμως, του τεράστιου χρέους, μιας απεργίας, και των απαιτήσεων των εργατών να λάβουν τους απλήρωτους μισθούς τους, η διακόνισσα βρέθηκε σε πολύ δύσκολη θέση. Κι έτσι προσευχόταν να χρησιμοποιηθεί ο χώρος της επιχείρησης σαν μέρος υπηρεσίας προς το βασίλειο του Θεού από κάποιον ξακουστό πάστορα. Τότε, έλαβε απάντηση από τον Θεό που της είπε, *«Δώσε τη γη στον αιδεσιμότατο Τζέροκ Λι, τον οποίον αγαπώ.»* Αφού αναζήτησε πληροφορίες, στο τέλος με εντόπισε. Όταν έλαβα το τηλεφώνημά της, πήγα στο σπίτι της, όπου οργάνωνε συναθροίσεις αναγέννησης πιστών για να τη συναντήσω κι επίσημα. Το μέρος ήταν στο Γιονγκσάν, όπου είχα βιώσει την θεραπεία από τον Θεό στην εκκλησία της το 1974. Μετά από αυτό, την είχα συναντήσει επισήμως μόνο άλλη μία φορά. Δεν είχαμε ξαναβρεθεί από τότε, και γι' αυτό δεν με θυμόταν καθόλου.

Μου εξήγησε τη διαδικασία που ακολούθησε για να με βρει. Ο Θεός έκανε την καρδιά μου να σκιρτήσει, κι αποφασίσαμε να αγοράσουμε εκείνη την έκταση. Χρειαζόμασταν 10 δισεκατομμύρια γουόν (10 εκατομμύρια δολάρια ΗΠΑ), και για να επιλυθεί άμεσα το πρόβλημα με τους εργάτες, χρειαζόμασταν άλλα δύο δισεκατομμύρια γουόν (δύο εκατομμύρια δολάρια ΗΠΑ).

Εορταστική Λειτουργία για το Νέο Ναό

Στις 10 Φεβρουαρίου του 1991, φύγαμε από την εκκλησία στο Σιντεμπάνγκ Ντονγκ για να μετακομίσουμε στο Γκούρο Ντονγκ, και τελέσαμε την εορταστική λειτουργία. Είχαμε πληρώσει τους πιστωτές καθώς και τους απλήρωτους μισθούς. Στη συνέχεια, αρχίσαμε να ανακαινίζουμε το κτήριο και να το μετατρέπουμε σε εκκλησία.

Όταν μετακομίσαμε, είχαμε στη διάθεσή μας μόνο 300 εκατομμύρια γουόν (300.000 δολάρια ΗΠΑ) τα οποία πήραμε από το παλιό κτήριο. Έχοντας να αντιμετωπίσουμε την πραγματικότητα, δεν μπορούσαμε να κάνουμε ούτε βήμα με τόσα πολλά μέλη. Βαδίζαμε, όμως, με πίστη, καθώς ήμασταν σίγουροι ότι ο Θεός μας καθοδηγούσε. Ένα χρόνο μετά τη μετακόμισή μας, η τράπεζα ξανάβγαλε τον χώρο σε δημοπρασία, αλλά δεν διαθέταμε τα χρήματα. Η τράπεζα είπε, «Εσείς, μια εκκλησία, έχετε ήδη λύσει τα προβλήματα της επιχείρησης που βρισκόταν σε δύσκολη θέση εξαιτίας των εργατικών συνδικάτων. Επιπλέον, ξοδέψατε πολλά χρήματα ανακαινίζοντας το χώρο και μετατρέποντάς τον σε εκκλησία. Ποιος πιστεύετε, όμως, ότι θα κερδοσκοπήσει επ' αυτής της γης;» Μας είπαν να την αγοράσουμε όταν κατέβει η τιμή. Η πραγματικότητα ωστόσο ήταν διαφορετική. Μία εταιρία είχε αγοράσει τη γη ως μέρος κερδοσκοπικού σχεδίου. Μας ζήτησαν να εκκενώσουμε το κτήριο. Βέβαια, δεν είχαμε πού αλλού να πάμε, και δεν μπορούσαμε να φύγουμε.

Στις 15 Φεβρουαρίου του 1992, η εταιρία που αγόρασε τη γη έφερε 100 περίπου εργάτες κι έβγαλαν έξω όλη την περιουσία της εκκλησίας. Ορισμένοι που δούλευαν στην εκκλησία προσπάθησαν να τους σταματήσουν και τότε εκείνοι έφτασαν στο σημείο ακόμα και να τους χτυπήσουν. Η εταιρία, βέβαια, μας έκανε και μήνυση για παράβαση του νόμου. Μέσα από όλα αυτά, ο Θεός έκανε τα μέλη μας να αγαπήσουν την εκκλησία και να προσεύχονται περισσότερο. Έπειτα, έφερε συμπόνια σε εκείνους που αγόρασαν την έκταση, κι υπέγραψαν μαζί μας ένα καινούριο συμβόλαιο. Αρχίσαμε τότε να ξεπληρώνουμε το χρηματικό ποσό για τη γη.

Επεισόδια Ενάντια στην Ευαγγελική Σταυροφορία της Σεούλ

Από τις 18 ως τις 21 Μαΐου του 1992, η «Ευαγγελική Σταυροφορία της Σεούλ» έλαβε χώρα στην εκκλησία μας από την «Οργανωτική Επιτροπή της Σταυροφορίας για την Επέτειο της Επανένωσης του Έθνους 1995». Διεξήχθη από το Κίνημα Επανένωσης του Έθνους και Ευαγγελισμού, με την υποστήριξη του Kukmin Ilbo, της Εταιρίας Ραδιοφωνίας της Άπω Ανατολής, της *Χριστιανικής Ραδιοφωνίας, της Χριστιανικής Εφημερίδας, της Εκκλησιαστικής Εφημερίδας της Κορέας* και του ιερέα του Αστυνομικού Τμήματος. Ο διάβολος, όμως, παραμόνευε για να αναβάλει τη συγκέντρωση.

Στη συγκέντρωση έπαιρναν μέρος ως ομιλητές πολλοί διάσημοι ποιμένες, όπως ο πάστορας Χγιον-Γκιουν Σιν κι ο Τζέτσουλ Χονγκ. Αλλά, λάμβαναν πολλές πιέσεις να μη μιλήσουν σε αυτή τη συνάντηση. Υπήρχαν και πάλι εκείνοι που ισχυρίζονταν ότι ήμουν αιρετικός κι ότι είχα ιστορικό αφορισμού από το δόγμα. Σε περίπτωση που έβγαζαν λόγο στη συγκέντρωση, θα βρίσκονταν αντιμέτωποι με δυσάρεστες καταστάσεις στο μέλλον. Οι ομιλητές αυτοί γνώριζαν, όμως, ότι ήμουν ένας πάστορας που ακολουθούσε πιστά το Ευαγγέλιο με αγάπη για τον Κύριο Ιησού Χριστό, κι έτσι δεν υπέκυψαν. Η συγκέντρωση ήταν επιτυχής με τη βοήθεια του Αγίου Πνεύματος. Ακόμα, από τις 14 ως τις 17 Σεπτεμβρίου του ίδιου χρόνου, διεξήχθη στην εκκλησία μας η «Σταυροφορία της Ένωσης Ευαγγελικών της Σεούλ» από την Χριστιανική Ένωση Αναγέννησης της Κορέας, όπου έβγαλαν λόγο οχτώ πάστορες, μαζί με τον πάστορα Τζόνγκμαν Λι.

Συμφιλίωση με το Άγιο Δόγμα (Ανιάνγκ)

Το Φεβρουάριο του 1992, η Αγία Χριστιανική Εκκλησία της Κορέας (Ανιάνγκ), το δόγμα το οποίο με είχε καταδικάσει, άρχισε να λαμβάνει μέτρα κατά της εκκλησίας μας, καθώς η εκκλησίας μας αποτελούσε ανεξάρτητο δόγμα και παρουσίαζε ταχύτατη ανάπτυξη. Ο Πάστορας «Γ.», ο οποίος είχε γίνει πρόεδρος του δόγματος εκείνη την εποχή, είχε διαδώσει πολλές φορές ψευδείς φήμες στο Χριστιανικό Συμβούλιο της Κορέας καθώς και στον Τύπο. Καθώς ο διασυρμός αυτός συνεχιζόταν, δεν αποτελούσε απλά δυσφήμιση, αλλά προξενούσε σοβαρά προβλήματα στον κλήρο και στο κήρυγμα του ευαγγελίου. Αποφασίσαμε τότε ότι οι εκπρόσωποι της εκκλησίας μας θα έπρεπε να μηνύσουν τον πάστορα «Γ.» για δυσφήμηση.

Ο πάστορας «Γ.» έπρεπε τώρα να πληρώσει το πρόστιμο, ενώ θα πήγαινε και φυλακή. Βρισκόταν σε κατάσταση απελπισίας και μας ζήτησε πολλές φορές μέσω του καθηγητή μου στην Ιερατική Σχολή, του πάστορα Ταεκγκού Σον, να αποσύρουμε τη μήνυση. Κι ο ίδιος ο πάστορας Σον μάς είχε παρακαλέσει να ανακαλέσουμε τη μήνυση και να συμφιλιωθούμε με τον πάστορα «Γ.», και τότε εκείνος θα αφοσιωνόταν μόνο στη δική του κληρική θητεία, και δεν θα αναμιγνυόταν με τις υποθέσεις της ένωσης των εκκλησιών ξανά. Ο πάστρας «Γ.» βρισκόταν σε αρκετά προχωρημένη ηλικία, και τον λυπήθηκα. Γι αυτό, θέλησα να δεχτώ το αίτημα του πάστορα Ταεκγκού Σον και να σταματήσω τη διαδικασία. Ο δικηγόρος που χειριζόταν την υπόθεση, διαφωνούσε κάθετα με αυτή μου την απόφαση. Με συμβούλεψε, «Δεν θα έπρεπε να ανακαλέσεις τώρα τη μήνυση. Έχω ερευνήσει προηγούμενες ενέργειές τους, κι αν το θέμα δεν λυθεί μια και καλή, θα συνεχίσουν να κάνουν τα ίδια.» Ανεξάρτητα από τη διαφωνία του δικηγόρου, υπέγραψα ένα έγγραφο αμοιβαίας επίλυσης της διαφωνίας μας και πάγωσα την υπόθεση.

Ήταν 20 Απριλίου του 1993, όταν συναντηθήκαμε και οι δύο για να υπογράψουμε το συμφωνητικό. Έχουμε ακόμα αυτό το έγγραφο. Ο πάστορας «Γ.» υπέγραψε την έγγραφη συμφωνία που έλεγε, «Λυπάμαι που διένειμα υλικό και δυσφήμισα τον Αιδεσιμότατο Τζέροκ Λι και την Κεντρική Εκκλησία Μάνμιν. Θα κάνω ό,τι μπορώ για να αποφύγω παρόμοιες πράξεις στο μέλλον, και θα επικεντρωθώ μόνο στη δουλειά μου ως κληρικός.» Αποσύραμε τη μήνυση και τον συγχωρήσαμε, καθώς, όμως, μας είχε προειδοποιήσει ο δικηγόρος, εκείνος αντί να μας ευχαριστήσει, συνέχιζε να παρεμποδίζει την ομαλή λειτουργία της εκκλησίας μας. Δικαιολογήθηκε λέγοντας, «Δεν απολογήθηκα ως πρόεδρος του δόγματος παρά μονάχα σε προσωπικό επίπεδο.»

Αίρεση Σύμφωνα με τη Βίβλο

Εξαιτίας όλων αυτών των γεγονότων που εξελίχθηκαν γρήγορα, έγινα πολύ γνωστός, αλλά μερικοί άνθρωποι άρχισαν να με θεωρούν αιρετικό εξαιτίας της καταδίκης μου από την Αγία Χριστιανική Εκκλησία της Κορέας. Όσοι δεν με έχουν συναντήσει ποτέ, δεν έχουν ακούσει ποτέ τα μηνύματά μου προς τους πιστούς, ή δεν έχουν έρθει ποτέ στην εκκλησία μας, ίσως να μας κρίνουν από όσα λέγονται από τους άλλους γύρω τους. Και στη Βίβλο ακόμα, ο απόστολος Παύλος που αγαπούσε τον Ιησού Χριστό τόσο πολύ, και κήρυττε το Ευαγγέλιο με όλη του την ψυχή, είχε κυνηγηθεί και καταδικαστεί ως «τρελός», «αληθινό τσιμπούρι» και «πρωτοστάτης της αιρέσεως των Ναζωραίων» (Πράξεις Των Αποστόλων 24:5).

Πρέπει σε αυτό το σημείο να λάβουμε υπόψη μας ποιος είναι ο ορισμός της αίρεσης σύμφωνα με τη Βίβλο. Στην

Β' Επιστολή του Πέτρου, στο εδάφιο 2:1, αναφέρεται, «*Υπήρξαν, όμως, και ψευδοπροφήτες ανάμεσα στον λαό, όπως και μεταξύ σας θα υπάρξουν ψευδοδάσκαλοι, οι οποίοι θα εισαγάγουν με πλάγιο τρόπο αιρέσεις απώλειας, καθώς θα αρνούνται και τον Δεσπότη που τους αγόρασε, φέρνοντας επάνω στον εαυτό τους γρήγορη απώλεια.*» Εδώ, ο «Δεσπότης που τους αγόρασε» είναι ο Ιησούς Χριστός. Επομένως, πριν τη σταύρωση του Ιησού, πριν την ανάστασή Του και την εκπλήρωση του καθήκοντός Του ως Σωτήρας, δεν υπήρχε η λέξη αίρεση στη Βίβλο. Αυτός είναι ο λόγος που ο όρος «αίρεση» δεν υπάρχει πουθενά στην Παλαιά Διαθήκη ούτε στα Τέσσερα Ευαγγέλια του Ματθαίου, του Μάρκου, του Λουκά και του Ιωάννη.

Στα Τέσσερα Ευαγγέλια, ακόμα κι οι γραμματείς, οι Φαρισαίοι, οι ιερείς κι οι ανώτεροι κληρικοί, δεν χρησιμοποιούσαν τον όρο «αίρεση», ακόμα και στις περιπτώσεις που καταδίωκαν τον Ιησού. Μόνο ύστερα από την ανάσταση του Ιησού και την εκπλήρωση του καθήκοντός Του ως Χριστός, άρχισαν να αποκτούν υπόσταση εκείνοι που αρνήθηκαν τον «Δεσπότη που τους αγόρασε», και μόνο στο δεύτερο Βιβλίο του Πέτρου υπάρχει προειδοποίηση στη Βίβλο γι' αυτούς τους αιρετικούς ανθρώπους. Το όνομα του Ιησού σημαίνει «Εκείνος που θα σώσει το λαό Του από τις αμαρτίες τους» (Κατά Ματθαίον 1:21), και Χριστός σημαίνει «ο Χρισμένος». Μόνο μετά τη σταύρωσή Του και την ανάστασή Του, ο Ιησούς εκπλήρωσε το καθήκον Του ως Χριστός κι έγινε ο Σωτήρας μας.

Επομένως, όταν τελειώνουμε την προσευχή μας είναι προτιμότερο και περισσότερο σύμφωνο με το πνευματικό του νόημα να λέμε «Προσεύχομαι εις το όνομα του Ιησού Χριστού», από το να πούμε απλά «Προσεύχομαι εις το όνομα του Ιησού». Στην Α' Επιστολή Ιωάννου, στο εδάφιο 2:22 αναφέρεται, «*Ποιος είναι ο ψεύτης, παρά αυτός που αρνείται ότι ο Ιησούς δεν είναι ο Χριστός; Αυτός είναι ο αντίχριστος, αυτός που αρνείται τον Πατέρα και τον Υιό.*» Αίρεση λοιπόν αποτελεί το να αρνούμαστε την Τριαδικότητα του Θεού (Πατήρ, Υιός και Άγιο Πνεύμα).

Δεν είναι επομένως δίκαιο ενώπιον του Θεού να κρίνουμε με ελαφριά καρδιά ή να καταδικάζουμε ένα άτομο ή μία εκκλησία που πιστεύει στον Θεό Πατέρα κι αποδέχεται τον Ιησού Χριστό ως Σωτήρα.

Η καταδίκη μιας εκκλησίας όπου λαμβάνουν χώρα τα έργα του Αγίου Πνεύματος εις το όνομα του Ιησού Χριστού, ισοδυναμεί με καταδίκη και εναντίωση στο Άγιο Πνεύμα, κι η Βίβλος προειδοποιεί ότι μία τέτοια αμαρτία δεν είναι ποτέ δυνατό να συγχωρεθεί. Το Άγιο Πνεύμα αποτελεί μέρος του Τριαδικού Θεού, κι αν κάποιοι άνθρωποι ισχυρίζονται πως τα έργα του Αγίου Πνεύματος είναι έργα του διαβόλου, είναι σαν να λέμε ότι ο Θεός είναι ο διάβολος κι αιρετικός, πώς λοιπόν θα σωθούν μετά αυτοί οι άνθρωποι; Από το εδάφιο 12:22 κι έπειτα του Κατά Ματθαίον Ευαγγελίου, ο Ιησούς θεραπεύει κάποιον άνθρωπο που ήταν τυφλός και κουφός εξαιτίας ενός δαίμονα. Οι Φαρισαίοι καταδίκασαν τότε τον Ιησού λέγοντας, «*Αυτός δεν διώχνει τα δαιμόνια αλλιώς, παρά με τη δύναμη του Βεελζεβούλ, του άρχοντα των δαιμονίων.*» Ο Ιησούς απάντησε, «*Γι' αυτό, σας λέω: Κάθε αμαρτία και βλασφημία θα συγχωρεθεί στους ανθρώπους, η βλασφημία, όμως, ενάντια στο Πνεύμα, δεν θα συγχωρεθεί στους ανθρώπους. Και όποιος πει έναν λόγο ενάντια στον Υιό του Ανθρώπου, θα του συγχωρεθεί, όποιος, όμως, πει ενάντια στο Πνεύμα το Άγιο, δεν θα του συγχωρεθεί, ούτε σε τούτον τον* αιώνα ούτε στον μέλλοντα.» (Κατά Ματθαίον 12:31-32).

Όταν οι Φαρισαίοι καταδίκασαν τα έργα του Αγίου Πνεύματος που φανερώθηκαν από τον Ιησού μέσω της δύναμης του Θεού, αυτό αποτέλεσε βλασφημία για το έργο του Αγίου Πνεύματος. Ήταν μία αμαρτία τόσο σοβαρή έτσι ώστε να μην μπορούν να συγχωρεθούν, και να μην μπορέσουν να σωθούν.

Η Δοκιμασία της Αιμορραγίας μέχρι Θανάτου

Τον Ιούνιο του 1992, έχοντας να αντιμετωπίσω πολλές αντιξοότητες στην εκκλησία για τις οποίες δεν μπορούσα να μιλήσω σε κανέναν, περνούσα πολλές ημέρες χωρίς να ξεκουράζομαι καθόλου, και δεν μπορούσα να κοιμηθώ για αρκετά εικοσιτετράωρα. Είχα χάσει τον έλεγχο κι είχα εξουθενωθεί πολύ. Ειδικότερα, κάποιοι επίκουροι ποιμένες και κάποιοι εργάτες στην εκκλησία σταμάτησαν να προσεύχονται και δεν υπάκουαν. Τελικά ο Θεός μάς έστειλε μία δοκιμασία. Καθώς είχα επωμισθεί μόνος μου όλα τα βάρη, ο εγκέφαλός μου βρισκόταν στα πρόθυρα αιμορραγίας. Σε περίπτωση που αρρώσταιναν τα μέλη της εκκλησίας, μπορούσα να προσεύχομαι για αυτούς. Αν, όμως, πάθαινα εγώ κάτι; Αν πάθαινα εγκεφαλική αιμορραγία; Ο Θεός ενήργησε με τέτοιο τρόπο ώστε πριν την εγκεφαλική μου αιμορραγία να σπάσει μία φλέβα στη μύτη μου και να αρχίσω να αιμορραγώ.

Ήταν 13 Ιουνίου του 1992, ημέρα Σάββατο. Είχα να τελέσω ένα γάμο και ετοιμαζόμουν να βγω έξω. Ξαφνικά, η μύτη μου άρχισε να αιμορραγεί και ζήτησα να τελέσει το γάμο ένας άλλος πάστορας στη θέση μου. Το αίμα έβγαινε και από τα δύο ρουθούνια μου, καθώς κι από το στόμα. Αιμορραγούσα για περίπου μιάμιση ώρα κατά τη διάρκεια του απογεύματος. Το βράδυ, η αιμορραγία επανήλθε και διήρκεσε περισσότερο από μία ώρα. Έπρεπε να κάθομαι με το κεφάλι προς τα κάτω. Σε περίπτωση που το σήκωνα, το αίμα κατέβαινε αμέσως στο λαιμό μου και με έπνιγε.

Την Κυριακή το πρωί, την ώρα που ήμουν έτοιμος να πλυθώ, άρχισα να αιμορραγώ και πάλι, και δεν μπορούσα να πάω στην εκκλησία. Μία μεγάλη ποσότητα αίματος έβγαινε από τα ρουθούνια μου και κατέβαινε και προς το λαιμό μου. Την ώρα που αιμορραγούσα απορούσα από πού ερχόταν όλη αυτή η ποσότητα αίματος.

Περισσότεροι από 100 επίκουροι ποιμένες και άνθρωποι που δούλευαν στην εκκλησία ήρθαν στην κατοικία μου αφού πληροφορήθηκαν τα νέα. Στην αρχή, με βοήθησαν κάποιοι να σκουπίσω το αίμα, αρχικά με χαρτομάντιλα κι έπειτα με πετσέτες. Η αιμορραγία, όμως, δεν σταματούσε αλλά το αίμα συνέχιζε να τρέχει, και δεν αντιμετωπιζόταν με αυτές τις μεθόδους, κι έτσι τοποθέτησαν μπροστά μου μία λεκάνη. Επειδή γνώριζαν ότι σύμφωνα με την πίστη μου δεν στηρίζομαι σε καμία εγκόσμια μέθοδο, κανένας τους δεν πρότεινε να με μεταφέρουν στο νοσοκομείο.Ξαφνικά, θέλησα να ακούσω ύμνους και τους το ζήτησα. Κάποιος ήρθε και άρχισε να ψέλνει. Την ώρα που τους άκουγα, επικρατούσε ειρήνη στην καρδιά μου κι ήθελα πολύ να πάω στον παράδεισο. Άρχισα σιγά-σιγά να χάνω όλη μου την ενέργεια και τις αισθήσεις μου. Μπορούσα ωστόσο να αισθανθώ ότι η ψυχή μου γινόταν καθαρότερη και γεμάτη από το Άγιο Πνεύμα.

Στο Σταυροδρόμι της Επιλογής Ανάμεσα στη Ζωή και στο Θάνατο

Εκείνη τη στιγμή, με καθαρή επιφοίτηση ο Θεός μού φανέρωσε την ακριβή πνευματική κατάσταση ορισμένων ανθρώπων που είχαν συγκεντρωθεί εκεί. Παρακίνησα τους ανθρώπους αυτούς να απομακρύνουν την αλαζονεία και την υποκρισία που απεχθάνεται ο Θεός, κι είπα τη τελευταία μου επιθυμία στα μέλη της οικογένειάς μου. Αργότερα έμαθα ότι ολόκληρη η εκκλησία άρχισε να προσεύχεται για μένα.

Ο σφυγμός μου σταμάτησε, ενώ σταμάτησα και να αναπνέω. Τη στιγμή που έχασα τις αισθήσεις μου, ένιωσα το πνεύμα μου να εγκαταλείπει το σώμα μου. Άκουσα τον πρεσβύτερο Μπόαζ Λι να προσεύχεται κλαίγοντας μαζί με κάποιους άλλους, «Θεέ μου, άφησε σε παρακαλούμε τον πάστορά μας να επιστρέψει στη ζωή!» Μου είπαν ότι δεν βρήκαν σφυγμό όταν άγγιξαν τον καρπό μου, ενώ το στήθος μου ήταν παγωμένο όταν το ακούμπησαν. Εκείνη τη στιγμή, ο Κύριος ήρθε σε μένα.

«Υπηρέτη Μου, θα έρθεις σε Μένα ή θα γυρίσεις πίσω και θα εκπληρώσεις το καθήκον σου;»

«Κύριε, θέλω να είμαι στο πλευρό Σου.»

Εκείνη την εποχή ζούσαμε σε ένα σπίτι όπου πληρώναμε

ενοίκιο κάθε μήνα. Δεν είχα στην κατοχή μου ακίνητη περιουσία, ούτε καταθέσεις στην τράπεζα. Παρ' όλα αυτά, δεν ανησυχούσα για τα μέλη της οικογένειάς μου, αλλά ήθελα μόνο να πάω στον παράδεισο. Τότε ο Κύριος μού έδειξε δύο σκηνές. *Αφού πήγα στο πλευρό του Κυρίου, ο διάβολος επιτέθηκε στην εκκλησία μας*. Το ιερό γκρεμίστηκε και πολλοί πιστοί έγιναν περιφερόμενα πρόβατα κι επέστρεψαν στα εγκόσμια, στο δρόμο του θανάτου. Κάποια μέλη κατευθύνονταν προς την πύλη του παραδείσου με νηστείες και προσευχές, οι περισσότεροι ωστόσο έχασαν το δρόμο τους κι άρχισαν να κατευθύνονται προς τον υλικό κόσμο και προς την κόλαση. Εκείνη τη στιγμή ανέκτησα τις αισθήσεις μου.

«Κύριε, άφησέ με να επιστρέψω. Θέλω να βρεθώ ενώπιόν Σου με όλα τα μέλη της εκκλησίας αφού κτίσουμε το Μεγάλο Ναό.»

Προσευχήθηκα επιθυμώντας να ζήσω. Τότε, ένα φως ήρθε άνωθεν και μία μεγάλη δύναμη ήρθε καταπάνω μου. Ανασηκώθηκα μέσα σε μία στιγμή και ζήτησα νερό. Αργότερα, ανακάλυψα ότι το νερό που ήπια μετετράπη σε αίμα μέσα στο σώμα μου. Σηκώθηκα και πήγα προς το σαλόνι. Κάποια μέλη που δεν μπόρεσαν να έρθουν στο δωμάτιό μου, βρίσκονταν εκεί κι έκλαιγαν και προσεύχονταν. Έμειναν έκπληκτοι, αλλά ήταν πολύ χαρούμενοι. Έσφιξα το χέρι σε όλους και μιλήσαμε. Το πρόσωπό μου είχε αρχίσει να κοκκινίζει. Δεν υπήρχε καμία ένδειξη ότι είχα αιμορραγήσει μέχρι θανάτου. Οι αισθήσεις μου δεν ήταν ακόμα τέλειες, κι έτσι θυμάμαι μόνο ό,τι έχω ακούσει από τους άλλους, κι αυτό όχι λεπτομερώς.

Από τότε, άρχισα να πίνω νερό σε περίπτωση που αιμορραγούσα. Συνήθως, έπινα περισσότερο αναψυκτικά αντί για νερό, αλλά ήθελα να πίνω περισσότερο νερό. Εξαιτίας της μεγάλης σε έκταση αιμορραγίας, υπό φυσιολογικές συνθήκες θα είχα πεθάνει, εκτός κι αν μου έκαναν μετάγγιση αίματος. Όμως, όπως ο Κύριος μετέτρεψε το νερό σε κρασί, πίστευα ότι και το νερό μπορούσε να μετατραπεί σε αίμα με τη Θεία δύναμη, όποτε το έπινα. Επειδή γνώριζα ότι ακόμα και η αιμορραγία μου ήταν μέρος της Θείας πρόνοιας, δεν ήθελα να βασιστώ καθόλου στα εγκόσμια φάρμακα. Εναπόθεσα τα πάντα στα χέρια του Θεού, καθώς η πίστη μου κι η εμπιστοσύνη μου προς τον Παντοδύναμο ήταν μεγάλες.

Δεν είχα την παραμικρή επιθυμία να πάω στο νοσοκομείο και να επεκτείνω τη ζωή μου. Δεν υπήρχε κανένας λόγος να προσπαθήσω να επιβιώσω αν ο Θεός ήθελε να πάρει το πνεύμα μου. Θα μου άρεσε να επιλέξω το θάνατο, εάν αυτό ήταν το θέλημά Του. Γνωρίζω περισσότερο από οποιονδήποτε άλλο τον παντοδύναμο Θεό, κι έχω θεραπεύσει τόσους ασθενείς μέσω της δύναμής Του. Αν δεν μπορούσα να γιατρευτώ εγώ μέσω της πίστης μου, πώς θα ήταν δυνατό να διδάξω στα μέλη της εκκλησίας να λαμβάνουν γιατρειά μέσω της πίστης; Γι' αυτό και θα επέλεγα να πεθάνω παρά να βασιστώ στα νοσοκομεία. Βρέθηκα αντιμέτωπος με το θάνατο αισθανόμενος ευτυχία, φανερώνοντας την τελευταία μου επιθυμία στην οικογένειά μου εν ειρήνη, αλλά από τη στιγμή που δεν ήταν θέλημα Θεού να πεθάνω, ο Κύριος με άφησε την επόμενη κιόλας στιγμή να επιστρέψω στη ζωή.

Περνώντας τη Δοκιμασία του Αβραάμ

Εκείνο το απόγευμα, όταν σταμάτησε η αιμορραγία, δείπνησα και πήγα στο μέρος όπου προσευχόμουν. Εκείνη τη νύχτα, όμως, παρουσίασα και πάλι αιμορραγία για μιάμιση ώρα περίπου, ενώ το ίδιο συνέβη και το επόμενο πρωί. Δεν ήμουν σε θέση ούτε να φάω, ούτε να ξαπλώσω. Όταν ξάπλωνα, το αίμα της καρδιάς κατέβαινε προς τα κάτω, κι έτσι έπρεπε να ξαπλώνω στο πλάι, με το κεφάλι κατεβασμένο. Την Κυριακή, βρισκόμουν ακόμα στο δωμάτιο που συνήθιζα να προσεύχομαι. Είχα μια λειτουργία με τη βιντεοκασέτα του κηρύγματος «Θεός ο Θεραπευτής» που είχα κηρύξει στο παρελθόν. Τη στιγμή της «Προσευχής για τους Αρρώστους», έβαλα τα χέρια μου στο κεφάλι μου, έλαβα την προσευχή κι η αιμορραγία σταμάτησε εντελώς. Μέσα από αυτήν την εμπειρία, συνειδητοποίησα για άλλη μια φορά έκπληκτος ότι η προσευχή για τους αρρώστους ήταν πολύ ισχυρή.

Υπολόγισα πόσες ώρες συνολικά είχα αιμορραγήσει. Για οκτώ ημέρες, σε 30 διαφορετικές περιπτώσεις, αιμορραγούσα για 24 ώρες. Αυτό ήταν αρκετό για να στερέψει πολλές φορές η ποσότητα αίματος ενός ανθρώπινου σώματος. Όταν αιμορραγούσα, έπινα νερό, το νερό μετατρεπόταν σε αίμα, κι αυτό συνεχιζόταν για οκτώ ημέρες. Ο Θεός με δοκίμασε για οκτώ ημέρες, όμως δεν παραπονέθηκα ποτέ, κι ούτε ένιωθα πικρία σαν τον Ιώβ. Το μόνο που αισθανόμουν ήταν ευγνωμοσύνη. Ακόμα κι αν έπρεπε να πεθάνω, θα πήγαινα στο πλευρό του Κυρίου, και θα ζούσα ευτυχισμένος στον Παράδεισο, δεν υπήρχε επομένως κανένας λόγος για να αισθανθώ θλίψη. Καθώς αιμορραγούσα περισσότερο όταν ξάπλωνα, ήμουν όλη την ώρα καθιστός με το κεφάλι προς τα κάτω. Σκεπτόμουν πολλά πράγματα. Ο Θεός μού έδωσε πολλή δύναμη, αλλά δεν είχα καταφέρει πλήρως να οδηγήσω το εκκλησίασμα στην πίστη. Δεν έλεγχα όπως θα έπρεπε τους εργαζομένους στην εκκλησία, και δεν είχαμε χτίσει ακόμα το ναό. Ένιωθα όλο και περισσότερο λυπημένος ενώπιον του Θεού καθώς συνέχιζα να συλλογίζομαι αυτά τα θέματα. Πέρασα οκτώ ημέρες χωρίς να κοιμηθώ, μετανοώντας ενώπιον του Θεού.

Χάρη στο ότι ένιωθα ευγνωμοσύνη και ήμουν πρόθυμος να εγκαταλείψω τη ζωή μου σε περίπτωση που μου το ζητούσε ο Θεός, Εκείνος με αναγέννησε μέσα σε οκτώ ημέρες. Μου φανέρωσε αργότερα, ότι πέρασα τη δοκιμασία του να εγκαταλείψω τη ζωή μου, όπως είχε περάσει κι ο Αβραάμ τη δοκιμασία να θυσιάσει το μοναχογιό του Ισαάκ. Από τη στιγμή που πέρασα αυτή τη δοκιμασία, μεγάλωσε η εμπιστοσύνη του Θεού προς το πρόσωπό μου, και με ευλόγησε με το να πραγματοποιώ ισχυρότερα έργα. Επιπλέον, το περιστατικό αυτό αποτέλεσε ευκαιρία για όσους εργάζονταν στην εκκλησία και για τα μέλη της να αφυπνιστούν, κι η εκκλησία είχε τις βάσεις της σε γερά θεμέλια.

Αν και Προειδοποίησα για την Εσχατολογία με Προθεσμία

Το 1984, μετά την έναρξη λειτουργίας της εκκλησίας μας, μίλησα για τα σημεία του τέλους των καιρών, απόρροια όσων είχα συνειδητοποιήσει με την επιφοίτηση του Αγίου Πνεύματος. Εξήγησα για τις σχέσεις ανάμεσα στη Νότια και στη Βόρεια Κορέα, για τον αριθμό «666», για την ένωση της Ευρώπης σε ένα κράτος, κ.ο.κ. Οι σχέσεις, ωστόσο, ανάμεσα στη Νότια και στη Βόρεια Κορέα βρίσκονταν σε άσχημη κατάσταση, κι ακόμα κι οι πιστωτικές κάρτες δεν ήταν κοινές, κι έτσι τα μέλη ένιωσαν ότι δεν ήταν απόλυτα εξοικειωμένοι με ό,τι έλεγα.

Ο Ιησούς λέει θρηνώντας, *«Όταν έρθει ο Υιός του Ανθρώπου, θα βρει πίστη επάνω στη γη;»* (Κατά Λουκά 18:8). Κι έτσι, έβαλα τα δυνατά μου να εμφυτεύσω πίστη στους θρησκευόμενους, να τους μετατρέψω σε αληθινό σπόρο σιταριού με αληθινή πίστη, σε αυτό το τέλος των καιρών. Καθώς, όμως, κήρυττα για τα σημάδια του τέλους των καιρών, θεωρήθηκα ως κάποιος που θέτει προθεσμία στο τέλος της Ιστορίας. Τα άρθρα μου δημοσιεύονταν σε εφημερίδες, περιοδικά, μεταδίδονταν σε εκπομπές, κι έτσι έγινα και πάλι γνωστός στον κόσμο.

Δημοσιεύτηκαν και άρθρα που ανέφεραν πράγματα που δεν είχα πει ποτέ, ενώ γινόταν αναφορά και σε κάποιον πάστορα «Λ.» που υποστήριζε την εσχατολογία αυτή κι ισχυριζόταν ότι έχω κι εγώ την ίδια άποψη μ' εκείνον. Το μεγαλύτερο μέρος του Τύπου δημοσίευε θετικά άρθρα για μένα, ένα, όμως, άτομο, ο κ. «Τ.» από ένα μηνιαίο περιοδικό, με κατηγόρησε ότι υποστήριζα πως γνώριζα την ημέρα της Δευτέρας Παρουσίας του Κυρίου. Επειδή ωστόσο όλα αποκαλύπτονται όταν έρθει ο καιρός, δεν δικαιολογήθηκα ούτε κινήθηκα νομικά.

Όλα μου τα κηρύγματα είναι μαγνητοφωνημένα, και είναι πάντα διαθέσιμα προς αγορά στο κοινό. Από την αρχή της λειτουργίας της εκκλησίας, δίδασκα πάντα στα μέλη να είναι σε εγρήγορση στη Χριστιανική ζωή τους όπως κι οι πέντε σοφές παρθένες που απεικονίζονται στο 25ο κεφάλαιο του Κατά Ματθαίον Ευαγγελίου. Παρακάτω, υπάρχουν αποσπάσματα από κηρύγματα συγκεκριμένων ημερών από την αρχή και τα μέσα του έτους 1992, κι αποτελούν παραδείγματα της διδασκαλίας μου πάνω στο ζήτημα αυτό.

«Σήμερα, κάποιοι από εσάς διαβάσατε βιβλία ή ακούσατε φήμες, οπότε υπάρχει κάποιος από εσάς που να ισχυρίζεται ή να πιστεύει ότι ο Κύριος θα έρθει στις 10 ή στις 28 Οκτωβρίου; Δεν πρέπει

ποτέ να το κάνετε αυτό! Με ακούσατε να μιλώ ποτέ για το έτος 1992; Όχι. Το μόνο που διδάσκω είναι ο Λόγος του Θεού και πώς να απαλλαγείτε από τις αμαρτίες, να ζήσετε στο Φως και στην τιμιότητα, να μοιάσετε στον Θεό, και να στολιστείτε σαν όμορφη νύφη του Θεού με τα δάκρυα και τις προσευχές μου. Ακόμα κι αν ο Κύριος έρθει αύριο, σας έχω διδάξει ότι πρέπει να φυτέψετε μία μηλιά σήμερα.» (Απόσπασμα από την Κυριακάτικη Λειτουργία, 19 Ιανουαρίου 1992, «Επαγρυπνείτε»)

«Στο κεφάλαιο 24 του Κατά Ματθαίον Ευαγγελίου, οι μαθητές ρώτησαν τον Ιησού για τον ερχομό Του και για τα σημεία του τέλους των καιρών. Ο Ιησούς τούς δίδαξε για τα σημεία που θα εμφανιστούν όταν θα πλησιάζει ο καιρός της επιστροφής Του. Γι' αυτό τον λόγο γνωρίζουμε τα σημεία του τέλους των καιρών... Είδαμε ανθρώπους που ισχυρίζονται ότι είναι ο Οκτώβριος του 1992, και κάποιοι από αυτούς έχουν εξαπατηθεί, ενώ από μερικούς θεωρούνται τρελοί. Εσείς τι πιστεύετε; Αν αγαπάτε τον Θεό και γνωρίζετε το θέλημά Του δεν θα έπρεπε να έχετε καμία σχέση με τέτοιου είδους ισχυρισμούς. Δεν χρειάζεται να ακούτε τους ισχυρισμούς αυτούς. Μπορούμε να σωθούμε με την πίστη μας, χωρίς να γνωρίζουμε το πότε και ποια μέρα ποιανού μήνα θα επιστρέψει ο Κύριος. Ο Ιησούς είναι ο Σωτήρας μας και μας απελευθερώνει από τις αμαρτίες μας, κι έτσι μπορούμε να συγχωρεθούμε γι' αυτές με την πίστη μας, να γίνουμε τέκνα του Θεού και να πάμε στο βασίλειο των ουρανών. Όμως, αυτοί λένε ότι μπορούμε να σωθούμε μόνο όταν πιστεύουμε κι ισχυριζόμαστε ότι γνωρίζουμε την ακριβή ημερομηνία, ενώ δεν μπορούμε να σωθούμε αν δεν πιστεύουμε σε κάτι τέτοιο. Πόσο γελοίο είναι αυτό! Δεν είναι σωστό και δεν συμβαδίζει καθόλου με τα λεγόμενα της Βίβλου.» (Απόσπασμα από την Κυριακάτικη Λειτουργία, 31 Μαΐου 1992, «Ποια θα Είναι τα Σημεία;»)

Κεφάλαιο Έβδομο

Ο Θεός διεύρυνε τα Όρια του κλήρου

Άνοιξε η Θύρα προς τον Παγκόσμιο Ευαγγελισμό

Παγκόσμια Ευαγγελική Σταυροφορία του Αγίου Πνεύματος

Το Μάιο του 1992, ήμουν προσκεκλημένος στο ετήσιο εθνικό πρωινό προσευχής, στο οποίο παρευρίσκονταν μεταξύ άλλων ο πρόεδρος της χώρας και σημαντικές πολιτικές προσωπικότητες, και πήγα μαζί με την Ορχήστρα μας «Νίσι». Την ίδια χρονιά, στις 14 και στις 15 Αυγούστου, πήρα μέρος στα πρακτικά της «Παγκόσμιας Σταυροφορίας Έκρηξης του Αγίου Πνεύματος 1992» που πραγματοποιήθηκε στην Πλατεία Γιόιντο. Η παγκόσμια αυτή εκστρατεία έγινε υπό τον τίτλο «Ο Κόσμος για το Άγιο Πνεύμα» κι ήταν μία τεράστια συγκέντρωση, στην οποία παρευρέθηκαν συνολικά πάνω από ένα εκατομμύριο άνθρωποι. Η εκκλησία μας συμμετείχε με μία χορωδία αποτελούμενη από 200 μέλη, την Ορχήστρα Νίσι, και

400 μέλη που φρόντιζαν εθελοντικά για τη ρύθμιση της κυκλοφορίας και την ασφάλεια του χώρου των εκδηλώσεων.

Στη συγκέντρωση, συνάντησα τον Πάστορα Γκουανγκσάμ Ραχ, ο οποίος ήταν πρόεδρος του Συλλόγου Αγίου Πνεύματος της Ουάσινγκτον και μόνιμος πρόεδρος της Ευαγγελικής Σταυροφορίας του Αγίου Πνεύματος. Είχε υπάρξει συμμαθητής μου στο λύκειο και ήταν κληρικός στην Ουάσινγκτον. Δεν τον είχα ξαναδεί μετά την αποφοίτηση, και συναντηθήκαμε εκεί ως πάστορες πια. Μου είπε ότι αναρωτιόταν από ποια εκκλησία ήρθαν όλοι αυτοί οι εθελοντές, κι έμεινε έκπληκτος όταν έμαθε ότι προέρχονταν από τη δική μου. Μέσω αυτής της συνάντησης, ξεκίνησε η διακονία μου να κατευθύνεται προς την Αμερικανική ήπειρο.

Ηνωμένη Ευαγγελική Σταυροφορία της Ουάσινγκτον

Το 1993, ο Θεός άνοιξε διάπλατα την πόρτα της παγκόσμιας ιεραποστολής. Δέχτηκα πρόταση να βγάλω λόγο για την «Ηνωμένη Ευαγγελική Σταυροφορία της Ουάσινγκτον», η οποία οργανώθηκε από την Ένωση των Κορεατικών Εκκλησιών της Ουάσινγκτον, από τις 6 ως τις 8 Αυγούστου του 1993. Είχα και πολλές άλλες προτάσεις για συγκεντρώσεις σε άλλες χώρες, αλλά δεν είχα καταφέρει μέχρι τότε να απαντήσω θετικά σε κάποια από αυτές. Από τη στιγμή, όμως, που επρόκειτο για την πρωτεύουσα των Ηνωμένων Πολιτειών, ένιωσα ότι αυτό συνέβη με την πρόνοια του Θεού, κι έτσι πήρα την απόφαση να πάω.

Οι οργανωτές της Ηνωμένης Σταυροφορίας της Ουάσινγκτον είπαν ότι ετοίμαζαν τη συγκέντρωση αυτή για να εμφυτεύσουν την αληθινή πίστη στους Κορεάτες που ζούσαν εκεί, και να τους δώσουν την ευκαιρία να βιώσουν αλλαγές στη ζωή τους χάρη στο Άγιο Πνεύμα. Η συγκέντρωση πραγματοποιήθηκε στο γυμναστήριο του Λυκείου Γουίτον υπό τη χορηγία της ένωσης 180 εκκλησιών των Βορειοανατολικών πολιτειών συμπεριλαμβανομένων της Ουάσινγκτον, της Νέας Υόρκης και της Βαλτιμόρης. Ήμασταν γεμάτοι από το Άγιο Πνεύμα για τρεις ολόκληρες ημέρες.

Την πρώτη ημέρα, κήρυξα το «Μήνυμα του Σταυρού», τη δεύτερη το «Σαρκική Πίστη και Πνευματική Πίστη» και την τρίτη το «Η Ευλογία της Αιώνιας Ζωής». Οι παρευρισκόμενοι προσδοκούσαν με ταπεινότητα τον Θείο Λόγο και δέχτηκαν το κήρυγμα αποκρινόμενοι με ένα «Αμήν».

Παρακινώντας τους Ανθρώπους να Παραμένουν στο Φως

Αφού έληξε με επιτυχία η σταυροφορία στην Ουάσινγκτον, με προσκάλεσαν και πάλι ως ομιλητή κι επίτιμο πρόεδρο της «Ευαγγελικής Σταυροφορίας στο Λος Άντζελες 1993», υπό την οργάνωση της Κορεάτικης ένωσης της Κορέα-Τάουν, γιορτάζοντας την 20η «Ημέρα της Κορέα-Τάουν» στις 19 Σεπτεμβρίου του ίδιου χρόνου. Ο Θεός με άφησε να προετοιμαστώ για το γεγονός αυτό με πολλή προσευχή. Αφιέρωσα ειδικό χρόνο για προσευχή για την εκστρατεία. Πέρασα τρεις εβδομάδες στο όρος προσευχής, και προετοιμάστηκα προσευχόμενος μεγαλόφωνα.

Οι οργανωτές της «Ευαγγελικής Σταυροφορίας του Λος Άντζελες» μου ζήτησαν να μεταφέρω ένα μήνυμα παρηγοριάς στους Κορεάτες που βρίσκονταν εκεί, αλλά δεν το έκανα. Αυτό που χρειάζονταν δεν ήταν παρηγοριά, αλλά να μετανοήσουν που δεν ζούσαν μία σωστή Χριστιανική ζωή, και να τηρούν την Ημέρα του Κυρίου με αγιότητα, και να ζουν στο φως.

Στις 29 Απριλίου του 1992, υπήρχε μία συμμορία Αφροαμερικανών στην περιοχή του Λος Άντζελες, κι οι Κορεάτες ζούσαν με βαθιά τραύματα και μια αίσθηση διωγμού. Αυτό είχε προκληθεί αρχικά από το ρατσισμό μεταξύ λευκών-μαύρων, αλλά στη συνέχεια η συμμορία άρχισε να λεηλατεί, και να πυρπολεί αδιακρίτως τα καταστήματα που είχαν στην περιοχή οι Κορεάτες. Πολλές Κορεατικές οικογένειες είχαν καταστραφεί και οικονομικά και πνευματικά.

Η Βίβλος μάς διδάσκει ότι αν ζούμε σύμφωνα με τον Λόγο του Θεού και αν αποκτήσουμε ειλικρινή καρδιά και τέλεια πίστη, οι ψυχές μας θα ευημερήσουν, όλα θα μας πάνε καλά και θα είμαστε υγιείς. Συγκεκριμένα, αν κάνουμε πράξη τον Λόγο του Θεού, θα μπορέσουμε να προστατευτούμε από κάθε λογής ατυχήματα και καταστροφές. Χρησιμοποίησα το κείμενο από τις Πράξεις Των Αποστόλων, εδάφιο 4:11-12, με τον τίτλο του κηρύγματος «Γιατί ο Ιησούς είναι ο μοναδικός μας Σωτήρας;» Κήρυξα το μήνυμα του σταυρού και προσπάθησα να εμφυτεύσω την πίστη μέσα τους. Τους παρακίνησα να γίνουν αληθινοί Χριστιανοί που έχουν τον Λόγο του Θεού πάνω από όλα και ζουν σύμφωνα μ' αυτόν.

Επιπλέον, ήμουν προσκεκλημένος μιας εκκλησίας στο Ίρβιν, όπου και κήρυξα. Ύστερα από όλες τις συγκεντρώσεις, στις 21 Σεπτεμβρίου, επισκέφτηκα το Δημοτικό Συμβούλιο του Λος Άντζελες. Τα μέλη του Συμβουλίου διέκοψαν για λίγο τη δουλειά τους και μου ζήτησαν να προσευχηθώ, κι έτσι προσευχήθηκα να είναι ευλογημένοι. Εκείνη την ημέρα ανακηρύχθηκα Επίτιμος Πολίτης από την κομητεία του Λος Άντζελες, κι έμαθα ότι ήταν η πρώτη φορά που γινόταν κάτι ανάλογο. Συμμετείχα στην «Παρέλαση των Αρμάτων με Λουλούδια» που ήταν η σημαντικότερη εκδήλωση της Γιορτής της Ημέρας της Κορέας στο Λος Άντζελες, κι ανέβηκα σε ένα άρμα. Η προσευχή μου κι η συμμετοχή μου στην παρέλαση με το άρμα μεταδόθηκαν από τα τηλεοπτικά δίκτυα KTAN, KATV και KTE, ενώ υπήρχε ρεπορτάζ στις εφημερίδες *The Hankook Daily, The Joong-ang Daily,* κι ήταν αυτό το γεγονός που με έκανε γνωστό στην περιοχή. Όλα γίνονταν με τη χάρη του Θεού.

Ζωντανή Μετάδοση των Κηρυγμάτων

Από το Μάρτιο του 1990, τα κηρύγματά μου άρχισαν να μεταδίδονται από μία εκπομπή με το όνομα «Faraway Land, Good News» του δικτύου Far Eastern Broadcasting Company. Μεταδιδόταν στην Κίνα και σε κάποιες περιοχές της Ρωσίας. Από τότε, άρχισα να λαμβάνω ευχαριστήριες επιστολές από πολλούς Κορεάτες Κινέζους, και μερικοί από αυτούς επισκέφτηκαν και την εκκλησία μας.

Από τον Αύγουστο εκείνου του χρόνου, τα κηρύγματά μου μεταδίδονταν στην περιοχή της Ουάσινγκτον από έναν Κορεατικό ραδιοφωνικό σταθμό. Από τον Δεκέμβριο του 1992, μεταδίδονταν από την εκπομπή «Το Ευαγγέλιο» του δικτύου Busan Christian Broadcasting System, το

Νοέμβριο του 1993 άρχισαν να μεταδίδονται από το Iri Christian Broadcasting System, ενώ από τις αρχές Φεβρουαρίου του 1994, το δίκτυο Cheongju Christian Broadcasting System άρχισε να μεταδίδει τα κηρύγματά μου κάθε εβδομάδα. Η συνολική διάρκεια μετάδοσης των κηρυγμάτων μου αυξανόταν χρόνο με το χρόνο, και μεταδίδονταν περισσότερα από 900 λεπτά κηρύγματος την εβδομάδα. Έπρεπε να μαγνητοφωνώ κάθε μου κήρυγμα, κάτι που δεν ήταν και τόσο εύκολο. Από τις 20 ως τις 22 Μαΐου 1994, κήρυξα σε μία συγκέντρωση για τους Κορεάτες στην Ουάσινγκτον και στη Βαλτιμόρη, υπό την εποπτεία του δικτύου Washington Christian Radio System (WCRS). Έπειτα απ' αυτό, ο πρεσβύτερος Γιονγκ-Χο Κιμ, ο προϊστάμενος του WCRS, μου ζήτησε να γίνω ο πρόεδρος του συμβουλίου του WCRS, κι αποδέχτηκα την πρότασή του.

Πολλοί ακροατές του WCRS ανταποκρίθηκαν θετικά, κι αυτό συνέβαλε στο γίνω πολύ γνωστός στην περιοχή. Ο προϊστάμενος, ο πρεσβύτερος Κιμ, μου μετέφερε τις αντιδράσεις πολλών ανθρώπων που έλεγαν ότι τα κηρύγματά μου ήταν τα αυθεντικά λόγια του Ευαγγελίου. Ήταν πολύ ευτυχής που είχε τόσες πολλές θετικές αντιδράσεις από τους ακροατές.

Η Πίστη Αποτελεί την Εγγύηση για Όσα Ελπίζουμε

Αναγνωρισμένη ως μία εκ των 50 Καλύτερων Εκκλησιών στον Κόσμο

Το Φεβρουάριο του 1991, κι ενώ μετακομίσαμε σε καινούριο ναό στο Γκούρο Ντονγκ, οργανώσαμε μία Ειδική Συνάθροιση Αναγέννησης Δύο Εβδομάδων. Την τελευταία ημέρα της συνάθροισης, στην ολονυχτία της Παρασκευής, ο αριθμός των εγγεγραμμένων μελών είχε ξεπεράσει τις 10.000. Ο Θεός μάς έστειλε πιστούς διαφορετικής πολιτιστικής, κοινωνικής κι οικονομικής προέλευσης. Ύστερα από έξι μήνες, ο ναός ήταν γεμάτος και μετά από τρία χρόνια η εκκλησία δεν μπορούσε να στεγάσει πια περισσότερα άτομα.

Στις 11 Φεβρουαρίου του 1993, οι μεγαλύτερες καθημερινές και χριστιανικές εφημερίδες της Κορέας ανακοίνωσαν τις 50 σημαντικότερες εκκλησίες του κόσμου από το «Περιοδικό της Χριστιανοσύνης» *(Christian World Magazine)* των Ηνωμένων

Πολιτειών, κι η εκκλησία μας βρισκόταν ανάμεσα στις 50. Είχαν περάσει μόλις 10 χρόνια από την έναρξη της λειτουργίας της, κι ο Θεός μάς είχε ήδη ευλογήσει ώστε να αναπτυχθεί και να αποκτήσει το μέγεθος μιας παγκόσμιας εκκλησίας. Δεν ήταν δικό μου έργο αλλά του Θεού, και δεν μπορούσα παρά να ευγνωμονώ και να δοξάζω τον Πατέρα.

Προσευχόμαστε για τα Πάντα Έχοντας Ελπίδα

Στις Παροιμίαι, στο εδάφιο 29:18 αναφέρεται, «*Όπου δεν υπάρχει όραση, ο λαός διαφθείρεται, είναι δε μακάριος εκείνος που φυλάττει τον νόμο.*» Η όραση είναι η γνώση που μας παρέχει ο Θεός μέσω των προφητών Του. Αν δεν έχουμε όραση, δεν θα είμαστε συγκρατημένοι, θα αγνοούμε το νόμο του Θεού και θα πράττουμε σύμφωνα με τη δική μας θέληση, και θα πορευόμαστε προς την καταστροφή.

Την περίοδο που προσευχόμουν για 40 ημέρες πριν ακριβώς από το άνοιγμα της εκκλησίας, ο Θεός μού έστειλε πολλά όνειρα και οράματα. Ο Θεός συνεργάζεται μαζί μας για να ενεργούμε σύμφωνα με το θέλημά Του. Μου έστειλε τα όνειρα και με καθοδήγησε. Είχα προσευχηθεί τόσο πολύ, ώστε με το που άρχισε να λειτουργεί η εκκλησία την άφησε να εξελιχθεί σε μία εκκλησία με παγκόσμια αποστολή, μία εκκλησία την οποία ο Θεός αγαπά πολύ.

Για να εκπληρώσω την αποστολή αυτή, έπρεπε να βρω ανθρώπους να δουλέψουν για την εκκλησία. Επιπλέον, έπρεπε οι πρωτεργάτες να είναι σωστοί στα μάτια του Θεού κι οι ικανοί, όχι μόνο για τις τοπικές υποθέσεις αλλά και για τις υπερπόντιες ιεραποστολές. Προσευχήθηκα για να βρω πολλούς εξαίρετους ποιμένες. Όταν παρακολουθούσα μαθήματα στη Θεολογική Σχολή, οι φοιτητές θεολογίας εκείνον τον καιρό το μόνο που έκαναν ήταν να καθαρίζουν τις τουαλέτες των εκκλησιών, να ετοιμάζουν τα εβδομαδιαία δελτία, και να κάνουν όλες τις δύσκολες δουλειές για τους πάστορες και για τα μέλη της εκκλησίας. Συνήθως, όμως, κανένας δεν τους το αναγνώριζε. Σε περίπτωση που έκαναν κάποιο λάθος, οι πάστορες τους έκαναν παρατήρηση, ενώ στη χειρότερη των περιπτώσεων τους έδιωχναν από την εκκλησία. Λυπόμουν πολύ όταν έβλεπα τους σπουδαστές της Ιερατικής Σχολής σε αυτή την κατάσταση. Αφού άνοιξα την εκκλησία, συνέβαλα στην πληρωμή των διδάκτρων και στα άλλα έξοδα των σπουδαστών θεολογίας της εκκλησίας μας. Ήθελα να τους υποστηρίξω έτσι ώστε η καρδιά τους να μην παρασυρθεί από τα εγκόσμια, και να τα καταφέρουν να γίνουν ισχυροί κληρικοί. Ο Θεός με παρακίνησε και με στήριξε ώστε να βρω πολλούς ποιμένες. Αλλά επειδή η εκκλησία δεν βρισκόταν σε καλή οικονομική κατάσταση, δεν μας ήταν πάντα εύκολο. Αρκετές ήταν οι φορές που τα μέλη τα οποία ήταν υπεύθυνα για τα οικονομικά θέματα της εκκλησίας έκαναν παράπονα. Προσπαθούσα να τους πείσω και να τους δώσω να καταλάβουν την κατάσταση και να εργάζονται ειρηνικά.

Επιπλέον, για να είμαστε σε θέση να εκπληρώσουμε την αποστολή μας σε ολόκληρο τον κόσμο, χρειαζόμουν καλές ομάδες ατόμων να δοξολογούν τον Θεό, και προσευχήθηκα γι' αυτό με όραμα. Την περίοδο που νήστευα για 40 ημέρες, είδα κάποιες ομάδες που δοξολογούσαν τον Θεό σε όλες τις συγκεντρώσεις. Κάθε φορά, προσευχόμουν, «Θεέ μου, όταν ανοίξει η εκκλησία, στείλε μου άξιους ανθρώπους να σε δοξολογούν.» Είχα επικεντρωθεί με πίστη πάνω σε αυτό το θέμα. Αργότερα, άρχισα να προσεύχομαι και για μια ορχήστρα, έτσι ώστε να δοξάζουμε καλύτερα τον Θεό. Στα Χρονικά Α', στο εδάφιο 23:5 καταγράφεται, *«και 4.000 πυλωροί, και 4.000 που υμνούσαν τον Κύριο, με τα όργανα, που έκανα, είπε ο Δαβίδ, για να υμνούν τον Κύριο.»* Αποτελεί απόδειξη ότι υπήρχαν τέσσερις χιλιάδες άτομα που έπαιζαν όργανα στο Ναό του Θεού. Ο Ψαλμός 150 μας λέει να αινούμε το Θεό με σάλπιγγες, λαούτο και κιθάρα, με έγχορδα όργανα και φλάουτα, με εύηχα κύμβαλα και με κύμβαλα αλαλαγμού!

Καθώς λοιπόν προσευχόμουν για μία Ορχήστρα, περίμενα πολλά χρόνια την καθοδήγηση του Θεού. Ο Θεός κάλεσε επαγγελματίες μουσικούς όλων των οργάνων. Ο Θεός τους άφησε να προοδεύσουν ζώντας μια ζωή σύμφωνα με τον Λόγο Του και τους έκανε να ονειρευτούν. Είθισται οι μουσικοί να έχουν έναν ιδιαίτερο χαρακτήρα, και δεν ήταν εύκολο για εκείνους να βάλουν στην άκρη τον εαυτό τους και τις γνώσεις τους για να υπηρετήσουν και να δοξάσουν το Θεό. Παρ' όλα αυτά, υπήρχαν επαγγελματίες μουσικοί που το μόνο που ήθελαν ήταν να δοξάσουν το Θεό και να τον ευχαριστήσουν για τη χάρη Του. Έτσι σχηματίστηκε η Ορχήστρα. Ονομάζεται Ορχήστρα Νίσι. Την 1η Μαρτίου του 1992, είχαμε την πρώτη λειτουργία, κι από τότε είναι πολύ δραστήριοι στις εκκλησιαστικές ενώσεις. Έπαιξαν στο Ιωβηλαίον της Σταυροφορίας στην Πλατεία Γιοίντο και σε άλλες συναυλίες που οργανώθηκαν από τις εκκλησίες, καθώς και σε συναυλίες φιλανθρωπικού χαρακτήρα, εντός κι εκτός Κορέας.

Επιπλέον, ο Θεός μάς έστειλε και υπέροχους χορωδούς. Αυτή τη στιγμή υπάρχουν περισσότερες από 20 τέτοιες ομάδες που δοξάζουν το Θεό, όχι μόνο στην Κορέα αλλά και σε πολλές άλλες χώρες.

Δοξάστε Τον με Μουσική και Χορό

Το όραμα της εκπλήρωσης μιας παγκόσμιας ιεραποστολής έφερε στην επιφάνεια το θέμα της ίδρυσης όχι μόνο των δοξαστικών ομάδων αλλά και των χορευτικών. Διαλογίστηκα και μελέτησα τη Βίβλο ώστε να ανακαλύψω τι είδους συμπεριφορά ευχαριστεί τον Πατέρα όταν Τον δοξάζουμε. Βρήκα την απάντηση μέσα από τα γραπτά του Δαβίδ. Ο Δαβίδ είχε χορέψει με πολύ μεγάλη χαρά όταν επέστρεψε σε αυτόν η Κιβωτός του Κυρίου (Σαμουήλ Β' 6:12-23). Η σύζυγός του, όμως, η Μιχάλ, τον περιφρόνησε από μέσα της και τον κατέκρινε. *«Και ο Δαβίδ είπε στη Μιχάλ: Μπροστά στον Κύριο, που με διάλεξε πιο πάνω από τον πατέρα σου, και πιο πάνω από ολόκληρη την οικογένειά του, ώστε να με κάνει ηγεμόνα επάνω στον λαό τού Κυρίου, επάνω στον Ισραήλ, ναι, μπροστά στον Κύριο έπαιζα,»* (Σαμουήλ Β' 6:21). Η Μιχάλ, που περιφρόνησε τον Βασιλιά Δαβίδ επειδή χόρεψε ενώπιον του Θεού, έγινε καταραμένη κι έμεινε στείρα. Είναι προφανές ότι πρέπει να υπακούμε στον Λόγο του Θεού και να Τον ευχαριστούμε αντί να φοβόμαστε για το τι θα πει ο υπόλοιπος κόσμος.

Χορεύουν το Χορό των Μαγισσών!

Το Μάρτιο του 1986, ιδρύθηκε η «Ομάδα Άγιου Χορού» με σκοπό να δοξάζει το Θεό με όμορφους, εμπνευσμένους χορούς, παρουσιασμένους ειδικά για τα δοξαστικά τραγούδια. Κατά αυτόν τον τρόπο οι θεατές αποκτούν την ελπίδα του Παραδείσου. Η ονομασία της «Ομάδας Άγιου Χορού» άλλαξε αργότερα σε «Ιεραποστολική Καλλιτεχνική Ομάδα».

Σήμερα, ο χορός είναι ένα πολύ συνηθισμένο φαινόμενο στη Χριστιανοσύνη, με τη βοήθεια και την ανάπτυξη των Μέσων Μαζικής Ενημέρωσης, αλλά για εκείνη την εποχή ήταν κάτι σπάνιο. Η εκκλησία μας ίδρυσε την «Επιτροπή Δοξολογίας» και την «Επιτροπή Ιεραποστολικών Ερμηνευτικών Τεχνών». Αργότερα, οι δύο επιτροπές ενώθηκαν στην «Επιτροπή Ερμηνευτικών Τεχνών». Οργανώνουν ποικίλες εκδηλώσεις και αναδεικνύουν επαγγελματίες τραγουδιστές, χορευτές και μουσικούς. Καθώς, όμως, η εκκλησία μας αναπτυσσόταν ταχύτατα, κάποιοι μας φθονούσαν και διέδιδαν ψευδείς φήμες και ψέματα. Κάπως έτσι ξεκίνησε η φήμη ότι τελούμε «χορούς μαγισσών σε κάθε λειτουργία!» Διοργανώναμε αρκετές φορές το χρόνο χορευτικές εκδηλώσεις σχετικά με ειδικά γεγονότα ή Βιβλικές εορτές, κι οι ομάδες τις παρουσίαζαν ενώπιον των εκκλησιαζομένων. Ωστόσο, είχαν διαδοθεί κάποιες ψευδείς φήμες ότι είχαμε καταληφθεί από διαβολικά πνεύματα κι ότι χορεύαμε σε κάθε λειτουργία.

Παρ' όλες τις φήμες, όμως, η «Ομάδα Αγίου Χορού» ήταν προσκεκλημένη στην Σταυροφορία Αλληλούια στην Σοβιετική Ένωση το 1991, υπό τον Πάστορα Χγιον-Γκιουν Σιν. Ήταν η πρώτη τους διεθνής παράσταση όπου δόξασαν το Θεό με το χορό τους. Από τότε, έχουν κερδίσει την αγάπη πολλών ανθρώπων με τις παραστάσεις τους στην Κορέα και σε άλλες χώρες. Ακόμα δοξολογούν το Θεό βρισκόμενοι στην υπηρεσία Του.

Αναγνωρίστηκαν για το Ταλέντο τους

Υπάρχουν πολλές καλλιτεχνικές ομάδες αυτή την

περίοδο στην εκκλησία. Έχουν καλλιεργήσει το ταλέντο τους εν Θεώ και δραστηριοποιούνται στον κλήρο τους. Την 1η Ιουνίου του 1991, μία από τις ομάδες της εκκλησίας μας συμμετείχε στον «10ο Εθνικό Διαγωνισμό Εκκλησιαστικής Μουσικής» που διοργάνωσε το δίκτυο Far Eastern Broadcasting Company, κι η ομάδα μας κέρδισε το Πρώτο Βραβείο. Το πρώτο βραβείο κέρδισε στις 17 Ιουνίου του 1995, στο 14ο διαγωνισμό, κι η «Χορωδία του Ήχου του Φωτός» της εκκλησίας μας. Η «Χορωδία του Ήχου του Φωτός» αποτελείτο τότε από τρία μέλη, και ένα από αυτά ήταν η μικρότερή μου κόρη, η Σουτζίν. Ο Θεός την είχε ήδη καλέσει ως δούλη Του όταν ήταν ακόμα παιδί, τελείωσε τα μαθήματα της θεολογίας κι υπηρετεί τώρα την εκκλησία ως πρόεδρος της Ένωσης Ποιμένων.

Στις 17 Απριλίου του 1993, πραγματοποιήθηκε μία συναυλία Χριστιανικής μουσικής στην αίθουσα συναυλιών Χβετμπούλ (Πυρσός) για παιδιά που σήκωναν την ευθύνη της οικογένειάς τους. Η Ορχήστρα μας Νίσι ήταν προσκεκλημένη κι έπαιξε στη συναυλία. Την ίδια χρονιά, η Ορχήστρα Νίσι ήταν προσκεκλημένη μαζί με την «Ιεραποστολική Καλλιτεχνική Ομάδα» κι άλλες ομάδες που δοξολογούσαν το Θεό. Έπαιξαν στην «Ειδική Λατρευτική Λειτουργία για τον Ευαγγελισμό των Δημοσίων Κατηγόρων» που πραγματοποιήθηκε στη συνεδριακή αίθουσα του Ανώτατου Γραφείου Εισαγγελέων. Στις 6 Νοεμβρίου του 1993, οι «Κρυστάλλινοι Αοιδοί» της εκκλησίας μας συμμετείχαν στον «4ο Διαγωνισμό Εκκλησιαστικής Μουσικής Σύνθεσης» υπό την οργάνωση του δικτύου Christian Broadcasting System, και κέρδισαν το Χρυσό Βραβείο.

Συνεργασία με Κληρικούς από Εκκλησιαστικές Ενώσεις

Με την Προσφορά στην Καρδιά

Λόγω του ότι τα μέλη της εκκλησίας μας παρακολουθούσαν πολλές Χριστιανικές εκδηλώσεις στις οποίες συμμετείχαν πολλές φορές ως εθελοντές, αρκετές ήταν οι οργανώσεις που μου προσέφεραν υψηλόβαθμες θέσεις. Δεν επιθυμούσα, όμως, να δεχτώ τις θέσεις που μου προσέφεραν, καθώς υπήρχαν πολλοί ανώτεροί μου ποιμένες, κι επιπλέον ήθελα να βοηθώ από τα παρασκήνια. Αρνήθηκα πολλές φορές, αλλά επειδή υπέθεσα ότι θα με θεωρούσαν αγενή, ζήτησα να μου προσφέρουν λιγότερο υψηλόβαθμες θέσεις, κι έτσι δέχτηκα τις προσφορές τους. Στις εκδηλώσεις, στην περίπτωση που το όνομά μου αναγραφόταν στο κάθισμα, καθόμουν εκεί, στην περίπτωση, όμως, που δεν είχε προσχεδιαστεί κάτι τέτοιο, καθόμουν στα καθίσματα των πίσω σειρών. Ντρεπόμουν

Στην Παγκόσμια Σταυροφορία Έκρηξης του Αγίου Πνεύματος το 1992

Στην Ηνωμένη Σταυροφορία Εκχριστιανισμού στο Ντεγκού

Σταυροφορία Εκχριστιανισμού των Εισαγγελέων

Συναυλία στην Λειτουργία για την Διάπλαση και τον Εκχριστιανισμό των Φυλακισμένων

Κήρυγμα στην Συνέλευση Νηστείας και Προσευχής για το Έθνος και τον Λαό

Η Ηνωμένη Σταυροφορία «Αλληλούια» στη Σεούλ [στην Κεντρική Εκκλησία Μάνμιν]

Επετειακή Σταυροφορία το 1995 για την Επανένωση της Νότιας και της Βόρειας Κορέας
(στο Γιόιντο)

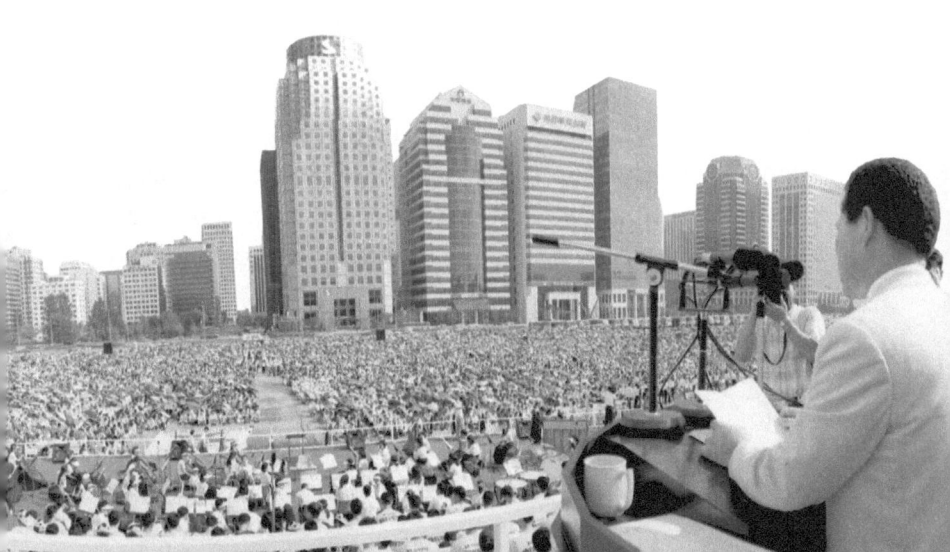

να καθίσω στο κέντρο ενώ υπήρχαν άλλοι, ανώτεροί μου κληρικοί. Ένιωθα περισσότερο άνετα στα καθίσματα των τελευταίων σειρών. Επιπλέον, ακόμα και τώρα, πρέπει να συγκεντρώνομαι στον Λόγο του Θεού και στην προσευχή αντί να συμμετέχω σε εξωτερικές δραστηριότητες. Έτσι, σε πολλές περιπτώσεις, οι επίκουροι ποιμένες ή οι πρεσβύτεροι της εκκλησίας, συμμετέχουν στις εκδηλώσεις εκ μέρους μου. Καθώς δεν συμμετέχω σε κοινωνικές εκδηλώσεις και συγκεντρώσεις σε μεγάλο βαθμό, οι σχέσεις μου με τους υπόλοιπους πάστορες είναι περιορισμένες, και κάποιοι που δεν με γνωρίζουν καλά ίσως να με θεωρούν υπερόπτη. Ωστόσο, έβαζα τα δυνατά μου για την επιτυχία μιας εκδήλωσης, κάθε φορά που ζητούσαν τη συνεργασία μου οι εκκλησιαστικές ενώσεις.

Στις 21 Ιουνίου του 1993, ανέλαβα την ειδική προσευχή για την «Παγκορεατική Εκστρατεία Ποδηλασίας και Μεγάλη Σταυροφορία Ίμτζινγκακ για την Επανένωση του Έθνους». Η χορωδία μας και η Ορχήστρα Νίσι, συμμετείχαν στην εκδήλωση μαζί με εθελοντές. Από τις 18 ως τις 21 Οκτωβρίου του ίδιου χρόνου, πραγματοποιήθηκε στην εκκλησία μας η Ευαγγελική Σταυροφορία της Σεούλ ως προετοιμασία για το Ιωβηλαίο της Μεγάλης Σταυροφορίας Επανένωσης του Έθνους. Ομιλητές ήταν τέσσερις πολύ φημισμένοι πάστορες της Κορέας, κι υποστήριξαν θερμά την επανένωση της διηρημένης χώρας μέσω του Ευαγγελίου. Στις 24 Νοεμβρίου εκείνου του χρόνου, ήμουν προσκεκλημένος ως ομιλητής στη Συνάθροιση Προσευχής για την Επανένωση του Έθνους που πραγματοποιήθηκε στο Όρος Προσευχής Χανιολσάν. Κήρυξα και προσευχήθηκα για τους παρευρισκομένους, ενώ έγιναν και πολλά θεραπευτικά έργα.

Επιπλέον, έτρεφα ενδιαφέρον για την Αποστολή Διαπαιδαγώγησης των κρατουμένων στις φυλακές καθώς κι εκείνων που μόλις είχαν αποφυλακιστεί. Στις 28 Φεβρουαρίου του 1994, η 2η «Εθνική Σταυροφορία Διαπαιδαγώγησης του Υπουργείου Δικαιοσύνης» πραγματοποιήθηκε στην Πρεσβυτεριανή Εκκλησία Μγιουνγκ Σουνγκ, με τον τίτλο «Λόγος, Αγάπη και Διαπαιδαγώγηση» υπό την Επιτροπή της Χριστιανικής Οργάνωσης Εθνικής Διαπαιδαγώγησης» σε συνεργασία με τη Χριστιανική Επιτροπή της Κορέας. Ήμουν ένας από τους προέδρους της οργάνωσης, και διάβασα ένα απόσπασμα της Βίβλου. Στη σταυροφορία συμμετείχαν και οι ομάδες δοξολογίας από την εκκλησία μας, η Ορχήστρα Νίσι κι οι χορευτικές ομάδες για να δοξάσουν το Θεό. Στις 24 Μαρτίου του ίδιου χρόνου, στον εορτασμό της επετείου των 40 χρόνων του δικτύου Christian Broadcasting System (CBS), έλαβε χώρα το «11ο Φεστιβάλ Ιεραποστολικών Χορωδιών» στην κυρίως αίθουσα του κέντρου Σετζόνγκ. Η χορωδία της εκκλησίας μας συμμετείχε στο φεστιβάλ αυτό μαζί με την Ορχήστρα Νίσι. Στις 20 Ιουνίου του 1994, πραγματοποιήθηκε η «Μεγάλη Σταυροφορία Ίμτζινγκακ για την Επανένωση του Έθνους» από το Κεντρικό Συμβούλιο Παγκόσμιου Εκχριστιανισμού, του οποίου πρόεδρος εκείνη την εποχή ήταν ο πάστορας Χγιον-Γκιουν Σιν, και ανέλαβα την εναρκτήρια προσευχή.

Το κήρυγμα του προέδρου, του πάστορα Γκιουν Σιν, είχε τον τίτλο «Ο Δρόμος για την Επανένωση του Έθνους Μέσα από το Ευαγγέλιο» και παρακινούσε όλες τις εκκλησίες να ενωθούν σαν μία, ανεξάρτητα από τα δόγματα στα οποία ανήκαν. Εκατοντάδες μέλη της εκκλησίας μας εργάστηκαν εθελοντικά ως χορωδοί, ορχήστρα, επί της υποδοχής, ακόμα και ως ρυθμιστές της κυκλοφορίας. Από τις 20 ως τις 22 Ιουνίου, το Κεντρικό Συμβούλιο Παγκόσμιου Εκχριστιανισμού και η Μεγάλη Σταυροφορία του στην περιοχή της Σεούλ για την Επανένωση του Έθνους, έλαβε χώρα στην εκκλησία μας με ομιλητή τον πάστορα Χομούν Λι.

Επίσκεψη στο Προεδρικό Μέγαρο Τσιονγκ Βα Ντε και Επετειακή Σταυροφορία

Στις 29 Ιουλίου του 1995, καθώς ήμουν πρόεδρος του «Συνδέσμου Ευαγγελικών Κινημάτων για την Επανένωση του Έθνους», πραγματοποίησα μία ειδική προσευχή στη «Συνάθροιση Προσευχής και Νηστείας για το Έθνος και για τους Λαούς». Επιπλέον, στις 12 Αυγούστου του 1995, 10 κληρικοί, οι οποίοι ήταν οι ηγέτες της «Επετειακής Σταυροφορίας Ειρηνικής Επανένωσης» και γιόρταζαν την 50η επέτειο από την ανεξαρτησία της Κορέας, ήταν προσκεκλημένοι στο προεδρικό μέγαρο Τσιονγκ Βα Ντε. Με είχαν πληροφορήσει ότι θα είχαμε στη διάθεσή μας μία ώρα για να μιλήσουμε με τον πρόεδρο και να θέσουμε τις προτάσεις μας. Την προηγούμενη μέρα, προσευχήθηκα στο Θεό και Τον ρώτησα τι να πω στον πρόεδρο την επόμενη μέρα. Δεν έλαβα, όμως, καμία απάντηση. Προσευχήθηκα για τη συνάντηση που θα είχα, ωστόσο δεν έλαβα κανένα λόγο από το Άγιο Πνεύμα. Ήταν πολύ παράξενο που δεν άκουσα τη φωνή του Αγίου Πνεύματος.

Στις 12 Αυγούστου, στις 11 το πρωί, είχαμε τη συνάντηση στο προεδρικό μέγαρο, και κατάλαβα γιατί δεν είχα λάβει καμία απάντηση στις προσευχές μου γι' αυτό το γεγονός. Συναντηθήκαμε με τον πρόεδρο Γιούνγκσαμ Κιμ, αλλά δεν μας δόθηκε καθόλου χρόνος ούτε να μιλήσουμε, ούτε να κάνουμε κάποιες προτάσεις. Ο πρόεδρος απλά μιλούσε συνέχεια, κι η συνάντηση έλαβε τέλος. Το μόνο που μπορούσαμε να κάνουμε ήταν να προσευχηθούμε και να φύγουμε.

Πήγαμε στην πλατεία Γιοίντο για να παρευρεθούμε στην Επετειακή Σταυροφορία για την Ειρηνική Επανένωση του Έθνους που άρχιζε στις 2 το μεσημέρι. Είδα πολλά μέλη της εκκλησίας μας να ασχολούνται με τις εθελοντικές εργασίες, όπως την διαχείριση της κυκλοφορίας, το παρκάρισμα των οχημάτων, να είναι ταξιθέτες ενώ άλλα μέλη έπαιζαν στην Ορχήστρα Νίσι.

Ποιο Είναι το Μυστικό της Ανάπτυξης της Εκκλησίας;

Η Ελπίδα και το Όραμα του Πάστορα Χγιον-Γκιουν Σιν

Στις 5 Δεκεμβρίου του 1994, με προσκάλεσαν στο «Κέντρο Εκπαίδευσης Αφυπνιστών» της Εθνικής Ένωσης Ευαγγελικών Κινημάτων όπου κήρυξα, και στις 8 Δεκεμβρίου, η 4500η ειδική ανοιχτή εκπομπή «Ανανέωσέ Μας» του δικτύου CBS, για να γιορτάσουν την 40η επέτειό τους, μεταδόθηκε από την εκκλησία μας. Κήρυξα έναν λόγο με τίτλο «Αληθινή Φωνή», παρακινώντας τον σταθμό να εκπληρώσει ένα καθήκον όπως οι προφήτες, για να επιτύχει μέσα από τις εκπομπές την δικαιοσύνη και την ειρήνη. Ο πάστορας Χγιον-Γκιουν Σιν αγαπούσε την Εκκλησία μας. Έχει πια πεθάνει, αλλά θεωρείται ο Παππούς των θρησκευτικών αφυπνιστών της Κορέας, και σημαντική προσωπικότητα της Κορεατικής Χριστιανοσύνης για περισσότερα από 40 χρόνια. Αγαπούσε πολύ και εμένα και την εκκλησία μας. Χάριζε ελπίδα και όραμα με τα κηρύγματά του στις εκκλησίες της Κορέας δίνοντας ιδιαίτερη έμφαση στο Άγιο Πνεύμα και στην Επανένωση της Κορέας, ενώ παράλληλα διέθετε κι εξαιρετική αίσθηση του χιούμορ. Είχε αγαπηθεί από πολλούς, ανεξάρτητα από το δόγμα στο οποίο ανήκαν.

Μόλις έμαθε ότι είχα υπάρξει θύμα κακής διαχείρισης της δογματικής εξουσίας, επισκέφθηκε την εκκλησία μας στην επετειακή λειτουργία τον Οκτώβριο του 1992, και τέλεσε τον Αγιασμό. Από τότε, μας επισκεπτόταν σε διάφορες εκδηλώσεις και συναθροίσεις, και μας ενθάρρυνε με τα ισχυρά μηνύματα των κηρυγμάτων του.

Ποιο Είναι το Μυστικό της Ανάπτυξης της Εκκλησίας;

Πολλοί είναι οι ιερείς, όχι μόνο στην Κορέα αλλά και από άλλες χώρες, που εντυπωσιάζονται και συγκινούνται από τη φωτεινή και καλοσυνάτη υποστήριξη των μελών της εκκλησίας μας, και με ρωτούν συχνά ποιο είναι το μυστικό της ανάπτυξης της εκκλησίας. Με έχουν ρωτήσει πολλές φορές, «Πάτερ, δεν βλέπω να υπάρχει κάποια ειδική εκπαίδευση ή οργάνωση στην εκκλησία σας, ποιο είναι λοιπόν το μυστικό της ανάπτυξής της; Πώς είναι δυνατό να κάνουν τα μέλη τις εθελοντικές εργασίες με τόση προσήνεια;» Στην πραγματικότητα, εγώ δεν δίδαξα τίποτα. Έκαναν τα πάντα μόνοι τους, με τη χάρη του Θεού.

Ίσως να υπάρχουν διαφορετικές απόψεις για το πώς αναπτύσσεται μια εκκλησία. Μερικοί πάστορες λένε, «Ο Θεός μάς στέλνει αυτά τα μέλη μόνο,» ή «Το μέγεθος αυτό αρκεί για την εκκλησία μου.» Η Βίβλος αναφέρει ότι οι πρώτες εκκλησίες, με τις οποίες ο Θεός ήταν ευχαριστημένος, είχαν ως μέλη τις ψυχές που σώζονταν, και των οποίων ο αριθμός αυξανόταν μέρα με τη μέρα. Καθώς το θέλημα του Θεού είναι η λύτρωση και η σωτηρία όλων (Προς Τιμόθεον Α' 2:4), οι πρώτες εκκλησίες που λειτουργούσαν σύμφωνα με το θέλημα του Θεού είχαν ως μέλη τους πιστούς, των οποίων ο αριθμός τους μεγάλωνε καθημερινά (Πράξεις Των Αποστόλων 2:47). Ήμουν πολύ χαρούμενος κάθε φορά που άκουγα ότι κάποια εκκλησία μεγάλωνε. Προσευχόμουν για αυτήν την εκκλησία και για τον πάστορα, επειδή κάθε εκκλησία ιδρύεται από το αίμα του Κυρίου.

Στις 23 Φεβρουαρίου του 1995, πραγματοποιήθηκε στην εκκλησία μας το 149ο Εθνικό Συνέδριο Παστόρων από την Αδελφότητα Προσευχής των Παστόρων της Κορέας. Παρευρέθηκαν 1000 περίπου πάστορες. Κήρυξα σχετικά με το μυστικό της ανάπτυξης μιας εκκλησίας. Επιπλέον, και το 1996, μίλησα για κάποια σημαντικά και απαραίτητα στοιχεία για να μεγαλώσει μια εκκλησία στα συνέδρια παστόρων στη Χαβάη και στην Αργεντινή.

Πρώτον, ο πάστορας κι η εκκλησία πρέπει να λαμβάνουν την αγάπη του Θεού

Οι Παροιμίαι 8:17 λένε, *«Εγώ, εκείνους που με αγαπούν, τους αγαπώ, κι εκείνοι που με ζητούν, θα με βρουν.».* Το να αγαπάμε τον Θεό βρίσκεται, σύμφωνα με την Α' Επιστολή του Ιωάννη 5:3 *«...στο να τηρούμε τις εντολές του».* Κι ο Ιησούς είχε πει, *«Εκείνος που έχει τις εντολές Μου και τις τηρεί, εκείνος είναι που Με αγαπάει, και εκείνος που Με αγαπάει, θα αγαπηθεί από τον Πατέρα Μου, και εγώ θα τον αγαπήσω, και σ' αυτόν θα φανερώσω τον εαυτό Μου.»* (Κατά Ιωάννην 14:21)

Δεύτερον, πρέπει να προσευχόμαστε

Για να επιτύχουμε ως κληρικοί, πρέπει να λάβουμε τη δύναμη του Θεού μέσα από την προσευχή. Οι πατριάρχες της πίστης που εκπλήρωσαν το θέλημα του Θεού, ήταν όλοι τους πολεμιστές με την προσευχή. Οι απόστολοι συνήθιζαν να λένε στις πρώτες εκκλησίες, *«θα παραδίδουμε συνεχώς τον εαυτό μας στην προσευχή και στην διακονία του Λόγου».* (Πράξεις Των Αποστόλων 6:4). Παρέδωσαν όλες τις διοικητικές εργασίες της εκκλησίας στους διακόνους, κι εκείνοι επικεντρώθηκαν αποκλειστικά στον Λόγο του Θεού και στην προσευχή. Όταν προσευχόμαστε, πρέπει να το πράττουμε φωνάζοντας με όλη μας τη δύναμη κι όλη μας τη θέληση (Ιερεμίας 33:3). Στη Γένεση, στο εδάφιο 3:17, ο Θεός είπε στον Αδάμ που αμάρτησε, *«Με λύπες θα τρως τους καρπούς της όλες τις ημέρες της ζωής σου».* Όπως οι άνθρωποι θερίζουν τη σοδειά μόνο αν κοπιάσουν και δουλέψουν με ιδρώτα, ακόμα και πνευματικά, έτσι και εμείς θα λάβουμε απάντηση μόνο όταν προσευχόμαστε με όλη μας την καρδιά και ιδρώσουμε πολύ. Σήμερα, χιλιάδες μέλη της εκκλησίας μας έρχονται και προσεύχονται όλη νύχτα. Το ίδιο συμβαίνει συχνά και σε τοπικά ιερά, σε παραρτήματα εκκλησιών και σε ιδιωτικές κατοικίες σε ολόκληρο τον κόσμο.

Τρίτον, πρέπει να διαθέτουμε πνευματική πίστη

Η πίστη σε αυτή την περίπτωση αναφέρεται στην πίστη που μας στέλνεται άνωθεν, με την οποία μπορούμε να πιστέψουμε αληθινά από τα βάθη της καρδιάς μας. Είναι η πίστη με την οποία μπορούμε να δημιουργήσουμε πράγματα από το μηδέν, και η πίστη με την οποία τίποτε δεν είναι αδύνατο να συμβεί. Την πίστη αυτή δεν μπορούμε να την αποκτήσουμε γνωρίζοντας απλά το περιεχόμενο της Βίβλου, ή με το να είμαστε απλώς Χριστιανοί για μεγάλο χρονικό διάστημα. Δίδεται από το Θεό μόνο σε εκείνους που κάνουν πράξη τον Λόγο Του. Η Βίβλος αναφέρει ότι πίστη χωρίς έργα δεν θεωρείται πίστη. Μόνο όταν προσευχόμαστε με αυτού του είδους την πνευματική πίστη, μπορούμε να λάβουμε απάντηση σε οποιαδήποτε προσευχή μας, όπως λέει και το Κατά Ματθαίον Ευαγγέλιο στο εδάφιο 21:22, *«Κι όλα όσα ζητήσετε στην προσευχή με πίστη, θα τα λάβετε».* Τότε θα λάβουμε και την απάντηση για την ανάπτυξη της εκκλησίας.

Τέταρτον, πρέπει να ακούμε τη φωνή και να λαμβάνουμε την καθοδήγηση του Αγίου Πνεύματος

Το Άγιο Πνεύμα κατοικεί στις καρδιές εκείνων των τέκνων του Θεού που έχουν σωθεί, και μας καθοδηγεί ώστε να εφαρμόζουμε το θέλημα του Θεού. Αν ακούμε τη φωνή και λαμβάνουμε την καθοδήγηση του Αγίου Πνεύματος ξεκάθαρα, τότε θα μπορέσουμε να αντιληφθούμε τον σωστό τρόπο με τον οποίο μεγαλώνει μια εκκλησία. Για να μπορέσει να ακούσει τη φωνή του Αγίου Πνεύματος, ο ίδιος ο ιερέας, πρώτος από όλους, πρέπει να δώσει μάχη ενάντια στις αμαρτίες μέχρι να χύσει αίμα και να διώξει την διαβολική πλευρά της καρδιάς. Αυτός είναι ο τρόπος απαλλαγής από όλες τις σαρκικές και πνευματικές σκέψεις που είναι ενάντια στο Θεό. Ακόμα και στην περίπτωση που δεν είμαστε σύμφωνοι και πιστεύουμε κάτι διαφορετικό από όσα μας διδάσκει ο Λόγος του Θεού, πρέπει να μπορέσουμε να υπακούσουμε στον Λόγο Του.

Πέμπτον, πρέπει να ακολουθήσουμε το παράδειγμα των πρώτων εκκλησιών

Στις Πράξεις των Αποστόλων, οι πρώτες εκκλησίες μαρτυρούσαν το μήνυμα του σταυρού. Έθεταν σε εφαρμογή τον Λόγο του Θεού και φανέρωναν πολλά σημεία και θαύματα. Επειδή είχαν γίνει πολλά έργα του Θεού μέσω των αποστόλων, πολλοί ήταν εκείνοι που δέχτηκαν το Ευαγγέλιο επειδή είχαν δει να συμβαίνουν αυτά τα θαύματα, κι η εκκλησία μεγάλωνε γρήγορα.

Εγχώριες και Υπερπόντιες Ιεραποστολές σε Πλήρη Ανάπτυξη

Η Αρχή της Ιεραποστολής στην Αφρική

Τον Ιανουάριο του 1994, επισκέφθηκε την εκκλησία μας ο πάστορας Τσαρλς Μέικομ της Πεντηκοστιανής Εκκλησίας της Τανζανίας. Συγκινήθηκε με το κήρυγμά μου, κι όταν επέστρεψε στη χώρα του μίλησε για μένα. Από τις 4 ως τις 6 Ιουλίου του 1994, συμμετείχα ως ομιλητής στο «Συνέδριο Ηγετών Αφρικανικών Εκκλησιών» που οργανώθηκε από τον Σύνδεσμο Πεντηκοστιανών Εκκλησιών της Τανζανίας, στην πρωτεύουσα Νταρ Ες Σαλάαμ. Λυπήθηκα πολύ όταν είδα τόσους πολλούς ανθρώπους στην Αφρική να υποφέρουν από τη φτώχεια και από ασθένειες όπως το AIDS, γιατί γνώριζα ότι ο καθένας θα μπορούσε να απαλλαγεί από αυτού του είδους τις κατάρες, και να ζήσει μια υγιή ζωή και πνευματικά και σωματικά, αν ζει σύμφωνα με τον Λόγο του Θεού.

Κατά τη διάρκεια αυτού του συνεδρίου, ο Θεός μάς φανέρωσε πολλά θαύματα. Όταν έφτασε η ομάδα μας στην Τανζανία, οι τοπικοί ιερείς έλεγαν, «Πάτερ, είναι πολύ παράξενο. Αυτή την περίοδο δεν έχουμε βροχές, αλλά έβρεχε μέχρι λίγο πριν φτάσετε, και τώρα ο καιρός είναι πεντακάθαρος και χωρίς ίχνος σκόνης. Είδαμε ότι ο Θεός ελέγχει και τις καιρικές συνθήκες, εκτός των άλλων.» Από την ημέρα που η ομάδα μας έφτασε στο αεροδρόμιο μέχρι τη στιγμή που αναχωρήσαμε από τη χώρα, όπου πηγαίναμε, ο Θεός μάς προστάτευε με σύννεφα κατά τη διάρκεια των καυτών ηλιόλουστων ημερών, και μας έστελνε βροχή κατά τη διάρκεια της νύχτας, ώστε να έχουμε πάντα πολύ ευχάριστο καιρό. Κήρυττα το «Μήνυμα του Σταυρού» για να αποκτήσουν οι ηγέτες των εκκλησιών αληθινή πίστη. Αντιλαμβάνονταν τον Λόγο του Θεού κι ένιωθαν τη ζωή που υπάρχει μέσα σε Αυτόν, και ανταποκρίνονταν με τη μοναδική τους μελωδία, χειροκροτώντας και χορεύοντας. Παρατηρούσα τις αθώες, σαν παιδικές, αντιδράσεις τους. Πολλοί από αυτούς μου εξομολογήθηκαν ότι η πίστη τους

Στο χωριό της φυλής των Μασάι

ανανεώθηκε, κι απέκτησαν εμπιστοσύνη και πίστη ως πάστορες.

Μετά το συνέδριο, επισκεφθήκαμε τη φυλή των Μασάι της Τανζανίας. Ο αρχηγός τους μας υποδέχτηκε μαζί με πολλά μέλη της φυλής. Προσφέρουν το αίμα μιας αγελάδας κάθε φορά που έχουν ειδικούς καλεσμένους, αλλά, επειδή γνώριζαν ότι το να πίνεις αίμα είναι απαγορευμένο από τον Θεό, και δεν μπορούσαμε να το πιούμε, μας προσέφεραν κόκα-κόλα.

Προκειμένου να εμφυτεύσω την πίστη μέσα τους, τους έδωσα την προσωπική μου εμπειρία και για το πώς ανακάλυψα τον Θεό. Μεταφράστηκε διαδοχικά στα Αγγλικά, στα Σουαχίλι, κι έπειτα στη γλώσσα των Μασάι. Ο αιδεσιμότατος Δρ Μγιόνγκο Τσιονγκ μετέφρασε την ομιλία μου στην αγγλική γλώσσα. Πριν γίνει κληρικός, υπήρξε καθηγητής Αγγλικής Φιλολογίας στο Πανεπιστήμιο του Χοσέο στην Κορέα. Αργότερα, θέλησε να πραγματοποιήσει ιεραποστολή στην Αφρική, και εγκαθίδρυσε ένα ιεραποστολικό κέντρο στο Ναϊρόμπι της Κένυας. Σήμερα, ο αιδεσιμότατος Τσιονγκ κηρύττει το Άγιο Ευαγγέλιο σε 54 Αφρικανικές χώρες σε μια προσπάθεια να αφυπνίσει τις Αφρικανικές ψυχές.

Ιαπωνία, μία Γη Άγονη από Ευαγγέλιο

Την ίδια περίπου εποχή, είχε αρχίσει να ανοίγει η πύλη της Ευαγγελικής Εκκλησίας στην Ιαπωνία. Από τις 5 ως τις 8 Νοεμβρίου του 1993, πραγματοποιήθηκε στο γήπεδο μπέιζμπολ Γκόσιεν, το μεγαλύτερο γήπεδο μπέιζμπολ στην Ιαπωνία, ο «Αγώνας Θρησκευτικής

Αναγέννησης της Ιεραποστολής Γκόσιεν», και η «Καλλιτεχνική Ιεραποστολική Ομάδα» της εκκλησίας μας πραγματοποίησε μία παράσταση με περισσή χάρη για να αγγίξει το Κορεατικό-Ιαπωνικό κοινό. Η «Καλλιτεχνική Ιεραποστολική Ομάδα» είχε προσκληθεί τον Ιούλιο του ίδιου χρόνου από τον πάστορα Χγιον-Γκιουν Σιν για να παρουσιάσει τη «Συνάθροιση Προσευχής της Σταυροφορίας για την Επανένωση στην Κίνα και στο Όρος Μπαεκντού».

Τον Ιούλιο του 1994, ο πάστορας Σιουνγκ-Τζιλ Ριου στάλθηκε στην Ιαπωνία ως ιεραπόστολος, κι αυτό ήταν το ξεκίνημα της ιεραποστολής μας στην Ιαπωνία. Στις 22 και στις 23 Νοεμβρίου του 1994, πραγματοποιήσαμε μια σταυροφορία στο Πολιτιστικό Κέντρο Γκανάε της περιοχής Ίντα στην Ιαπωνία, στο οποίο παρευρέθηκαν περίπου 1000 άτομα, και είχε τον τίτλο «Δεχθείτε τη Φλόγα του Αγίου Πνεύματος». Είχε διοργανωθεί από την Εκκλησία της Ίντα (της οποίας κληρικός ήταν ο Γιοσικάουα Νομπόρου) και υποστηρίχθηκε από διάφορες εκκλησίες της Ίντα. Κήρυξα το μήνυμα «Οι Ιστορικές Αποδείξεις της Αναστάσεως» και παρότρυνα τους παρευρισκομένους να πιστέψουν στην ανάσταση του Ιησού και να ζήσουν μία Χριστιανική ζωή ελπίζοντας και στη δική τους ανάσταση. Τη δεύτερη ημέρα, μίλησα για το πώς μπορεί να συναντήσει κάποιος τον Θεό. Μετά το κήρυγμα, προσευχήθηκα για τους αρρώστους, ενώ άφθονα ήταν τα σημεία που φανερώθηκαν με τα πύρινα έργα του Αγίου Πνεύματος. Δεν μπορούσα παρά να ευχαριστώ το Θεό. Ο πάστορας Νομπόρου, ο οποίος προέδρευσε της όλης εκστρατείας, είπε, «Πολλοί είναι οι Ιάπωνες πιστοί τους οποίους άγγιξαν τα βαθιά πνευματικά μηνύματα του αιδεσιμότατου Δρος Τζέροκ Λι, κάτι πολύ ασυνήθιστο στην Ιαπωνία. Πολλοί Ιάπωνες πιστοί νομίζουν ότι οι θεραπείες γίνονταν μόνο στα χρόνια του Ιησού. Ακούγοντας, όμως, τον αιδεσιμότατο Δρα Τζέροκ Λι και τα μηνύματά του, τα οποία ήταν σταλμένα από τον Θεό, πολλοί θεραπεύτηκαν κι ήρθαν σε επαφή με τον Θεό.» Θυμάμαι έναν ασθενή που θεραπεύτηκε σε αυτή την εκστρατεία. Το όνομά του είναι Γιοσιζάουα Μοτοχίσα. Είχε υποβληθεί σε μία επέμβαση στην πλάτη όταν εργαζόταν ως μηχανικός. Εξαιτίας, όμως, των επιπλοκών μετά την επέμβαση, περπατούσε με δυσκολία και παρευρέθηκε στην εκστρατεία αν και υπέφερε από φριχτούς πόνους. Την πρώτη μέρα, άρχισε να πιστεύει ακούγοντας το κήρυγμα. Την επομένη, ήρθε στο ξενοδοχείο μου για να προσευχηθώ για εκείνον. Προσευχήθηκα αληθινά, κι όταν επέστρεψε μετά την προσευχή, ο πόνος είχε εξαφανιστεί κι η καμπούρα του είχε ισιώσει.

Ζευγάρια με Πρόβλημα Γονιμότητας Λαμβάνουν Απάντηση στις Προσευχές τους

Το Φεβρουάριο του 1991, οργανώσαμε μία εορταστική συνάθροιση αναγέννησης των πιστών για την μετακόμισή μας στον καινούριο ναό, με τίτλο «Για την ευημερία της ψυχής». Κήρυξα 15 μηνύματα μέσα σε δύο εβδομάδες, κι οργάνωσα ειδικές συναντήσεις για τους αρρώστους.

Οι Ειδικές Συναθροίσεις Αναγέννησης Διάρκειας Δύο Εβδομάδων, ξεκίνησαν να πραγματοποιούνται το 1993. Η πρώτη τέτοια συνάθροιση έγινε το Μάιο, κι είχε τίτλο «Αμαρτία, Δικαιοσύνη, και Κρίση» (Κατά Ιωάννην 16:8). Ακούγοντας τα κηρύγματα δύο φορές την ημέρα, μία το πρωί και μία το βράδυ, που πραγματεύονταν κι εξηγούσαν τι είναι αμαρτία, τι δικαιοσύνη και τι κρίση, οι παρευρισκόμενοι συνειδητοποίησαν το τείχος της αμαρτίας που είχαν υψώσει ανάμεσα στους ίδιους και τον Θεό. Κοίταξαν μέσα τους και μετανόησαν, με δάκρυα να κυλούν στα μάγουλά τους. Γκρέμισαν τα τείχη της αμαρτίας που τους χώριζαν από τον Θεό και βίωσαν άφθονα θεραπευτικά έργα.

Δεν γνώριζαν καν τι ήταν η πίστη, καθώς, όμως, άκουγαν το κάθε κήρυγμα, βίωναν την εμπειρία του Αγίου Πνεύματος, κατανοούσαν τον Λόγο του Θεού και προσεύχονταν, ενώ προσπαθούσαν από τότε κι ύστερα να ζήσουν σύμφωνα με Αυτόν. Πολλοί ήταν εκείνοι που συμμετείχαν από πολλές εκκλησίες της χώρας, ανεξαρτήτου δόγματος. Οι πιστοί που δέχονταν τη χάρη και γιατρεύονταν κατά τη διάρκεια των συναντήσεων αυτών, λάμβαναν το Άγιο Πνεύμα και υπηρετούσαν με μεγαλύτερη επιμέλεια τις εκκλησίες τους. Με τη Φλόγα του Αγίου Πνεύματος γιατρεύτηκαν άνθρωποι που έπασχαν από καρκίνο στο στομάχι και στη μήτρα. Υπήρχαν πολλές μαρτυρίες από ανθρώπους που ανέκτησαν την ακοή τους και πέταξαν οριστικά τα ακουστικά τους, από ανθρώπους που βελτιώθηκε η όρασή τους και πέταξαν τα γυαλιά τους, κι από ανθρώπους που ήταν στείροι αλλά κατάφεραν να συλλάβουν παιδί.

Συγκεκριμένα, υπήρχαν πολλά παντρεμένα ζευγάρια που δεν είχαν κατορθώσει να συλλάβουν παιδί, κι ας είχαν περάσει περισσότερα από πέντε χρόνια γάμου. Πολλά από τα ζευγάρια αυτά έλαβαν την ευλογία της σύλληψης. Επειδή πολλά τέτοια ζευγάρια μου ζήτησαν να προσευχηθώ γι' αυτά στη βραδινή συνεδρία της Συνάθροισης Αναγέννησης της 5ης Μαΐου του 1993, κι ενώ προσευχόμουν για τους

Η Τζοάννα Παρκ ήταν καταδικασμένη να ζει με αναπηρία για όλη την υπόλοιπη ζωή της
Η Τζοάννα Παρκ γιατρεύθηκε εντελώς, και περπατά σε μία θεραπευτική συνάθροιση με τον Αιδεσιμότατο Δρα Τζέροκ Λι
Η Τζοάννα Παρκ τώρα υπηρετεί με υγιές σώμα ως ιεραπόστολος

ασθενείς, είπα τα εξής λόγια, «Κι εσείς που είστε στείροι, λάβετε την ευλογία της σύλληψης.» Όταν η συνάθροιση έλαβε τέλος, άκουσα ότι πολλά από τα ζευγάρια που συμμετείχαν απέκτησαν παιδί μέσα σε ένα χρόνο. Υπάρχουν τώρα πολλά παιδιά που γεννήθηκαν τότε και πήγαν την ίδια χρονιά στον Παιδικό Σταθμό Μάνμιν.

Έπρεπε να Ζήσει μία Ζωή Γεμάτη Σωματικές Αναπηρίες, αλλά...

Η 2η Ειδική Συνάθροιση Αναγέννησης Διάρκειας Δύο Εβδομάδων έλαβε χώρα το Μάιο του 1994 υπό τον τίτλο «Θα το Κάνω» (Κατά Ιωάννην 14:13). Και σε αυτή τη συνάθροιση πραγματοποιήθηκαν ισχυρά έργα του Αγίου Πνεύματος. Πολλοί από τους συμμετέχοντες βίωσαν τη θεία θεραπεία. Θα ήθελα να μιλήσω για τη Τζοάνα Παρκ, η οποία εκείνον τον καιρό βρισκόταν στο νοσοκομείο έπειτα από ένα σοβαρό τροχαίο ατύχημα.

Η Τζοάνα Παρκ ενεπλάκη σε μία καραμπόλα τεσσάρων αυτοκινήτων ενώ επέστρεφε στο σπίτι της από τη δουλειά της, στις 27 Μαΐου του 1993. Έπεσε σε κώμα και μεταφέρθηκε στο νοσοκομείο. Το σαγόνι της είχε σπάσει, όπως κι οι σύνδεσμοι. Το έντερό της είχε υποστεί βλάβη. Όλο της το σώμα ήταν γεμάτο πληγές. Η λεκάνη της και ο γοφός της είχαν συντριβεί και ήταν πρησμένοι εξαιτίας εξάρθρωσης του μηριαίου. Το δεξί της πόδι είχε παραλύσει, και δεν μπορούσε να κουνήσει ούτε τον αστράγαλο, ούτε τα δάχτυλά της. Το νεύρο της περόνης είχε παραλύσει, κι εξαιτίας αυτού, το ένα της πόδι έγινε πέντε εκατοστά κοντύτερο από το άλλο. Οι γιατροί τής είπαν ότι θα έπρεπε να ζήσει με αναπηρίες για όλη της τη ζωή.

Στις 10 Μαΐου του 1994, η Τζοάνα Παρκ πήρε με δυσκολία εξιτήριο από το νοσοκομείο για να παρακολουθήσει την Ειδική Συνάθροιση Αναγέννησης Διάρκειας Δύο Εβδομάδων. Ήρθε με πατερίτσες, αλλά όταν προσευχήθηκα από την Αγία Τράπεζα για όλους τους παρευρισκομένους, η θεραπεία έγινε πραγματικότητα. Το στραβό της πόδι ίσιωσε. Δεν μπορούσε ούτε να χασμουρηθεί, ούτε να ανοίξει το στόμα της, αλλά δεν πονούσε πια ακόμα κι αν χασμουριόταν πολλές φορές. Όταν προσευχήθηκα για εκείνη προσωπικά, ένιωσε τη φλόγα του Αγίου Πνεύματος κι άρχισε να περπατά από μόνη της, χωρίς τις πατερίτσες. Τα μέλη της εκκλησίας, που παρατηρούσαν αυτό το θαύμα να γίνεται μπροστά στα μάτια τους, χάρηκαν πολύ κι άρχισαν να δοξάζουν τον Θεό με ένα δυνατό χειροκρότημα. Έπειτα από δύο εβδομάδες πήγε στο Πανεπιστημιακό Νοσοκομείο Χανιάνγκ για να λάβει διάγνωση από τους γιατρούς. Το δεξί της πόδι είχε μακρύνει κατά πέντε εκατοστά, και πλέον και τα δυο της πόδια είχαν το ίδιο μήκος.

Κάποτε, ένα μωρό που δεν έδειχνε να έχει καμία πιθανότητα επιβίωσης, κέρδισε ως εκ θαύματος τη μάχη με τη ζωή. Η διακόνισσα Σουνίμ Κιμ γέννησε πρόωρα, και το βρέφος είχε βάρος μόλις 1200 γρ. Το μωρό μπήκε σε θερμοκοιτίδα, αλλά είχαν σπάσει οι φλέβες δίπλα στην καρδιά του, είχε εγκεφαλική αιμορραγία και είχε χάσει την όρασή του. Οι γιατροί είπαν ότι δεν μπορούσαν να κάνουν τίποτα για να σταματήσουν την εγκεφαλική αιμορραγία του βρέφους. Επιπλέον, το κοριτσάκι θα έχανε εντελώς την όρασή του αν δεν γινόταν επέμβαση, αλλά ακόμα και μετά από ένα επιτυχημένο χειρουργείο θα είχε μόνο το ένα τρίτο της όρασης ενός υγιούς ανθρώπου.

Στις 7 Μαΐου του 1994, οι γιατροί ζήτησαν από τους γονείς να πάρουν το μωρό στο σπίτι, καθώς δεν μπορούσαν να κάνουν τίποτα περισσότερο. Για καλή τους τύχη, εκείνη την περίοδο λάμβανε χώρα η Συνάθροιση Αναγέννησης. Η διακόνισσα Σουνίμ Κιμ έφερε το μωρό στην εκκλησία. Η κατάστασή του ήταν πολύ σοβαρή. Μετά από τόσες φαρμακευτικές αγωγές και ενέσεις είχε φτάσει να ζυγίζει λιγότερο από ένα κιλό. Δεν διακρινόταν καμία ελπίδα επιβίωσης. Ο πατέρας της την είχε ήδη ξεγράψει.

Στις 8 Μαΐου, όταν προσευχήθηκα με όλη μου την ψυχή για το μωρό, ο Θεός άρχισε το έργο Του. Οι κόρες των ματιών του, που μέχρι εκείνη τη στιγμή ήταν θολές, άρχισαν να αποκτούν το φυσιολογικό μαύρο χρώμα, και το κοριτσάκι επανέκτησε την όρασή του. Κι όχι μόνο αυτό, αλλά βρήκε τη δύναμη να πιει κι από το μπιμπερό. Από τότε, ξεκίνησε να τρώει όλο και πιο πολύ και μεγάλωσε φυσιολογικά. Το όνομά της είναι «Χάνα» και τώρα είναι μαθήτρια στο λύκειο, και μεγαλώνει έχοντας τον Κύριο στο πλάι της.

Ένας Άνθρωπος με Εγκεφαλική Αποπληξία

Το 1995 πραγματοποιήθηκε η 3η Ειδική Συνάθροιση Αναγέννησης Διάρκειας Δύο Εβδομάδων με τίτλο «Οι Δίκαιοι θα Ζήσουν Μέσω της Πίστης». Την τελευταία ημέρα της Συνάθροισης, τη στιγμή της ειδικής προσευχής για τους ασθενείς, παρατήρησα μια αναταραχή στην είσοδο του ναού και κάποιον που τον είχαν φέρει με φορείο. Καθώς φαινόταν, είχε μεταφερθεί με ασθενοφόρο. Η κατάστασή του ήταν κρίσιμη. Αργότερα, έμαθα ότι ήταν ο πρεσβύτερος Μούνκι Κιμ, ο οποίος υπέφερε από εγκεφαλική αποπληξία. Ένα αιμοφόρο αγγείο στον εγκέφαλό του είχε υποστεί ρήξη.

Η σύζυγός του ήταν πάστορας σε μία εκκλησία που είχε μόλις ξεκινήσει να λειτουργεί, κι ερχόταν κατά καιρούς στην εκκλησία μας για να ακούσει τον Λόγο του Θεού. Όταν ο άντρας αυτός μεταφέρθηκε στο νοσοκομείο, οι

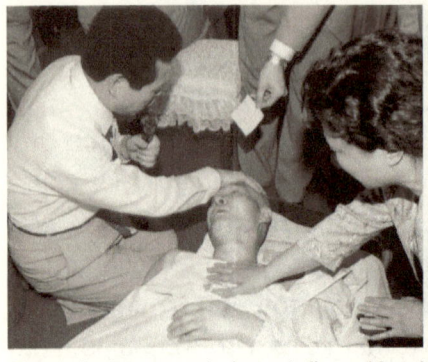
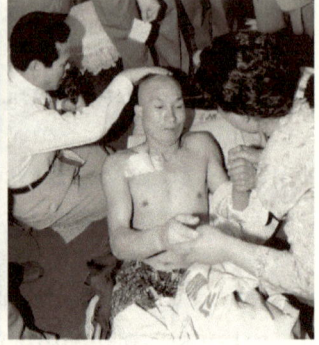

Ένας ασθενής με εγκεφαλική αποπληξία σηκώθηκε όρθιος κατόπιν προσευχής

γιατροί τού έδωσαν λίγες πιθανότητες να ζήσει. Επειδή, λοιπόν, η σύζυγός του γνώριζε για την Συνάθροιση Αναγέννησης που γινόταν στην εκκλησία μας, τον μετέφερε σε εμάς με ασθενοφόρο για να θεραπευτεί μέσω της πίστης.

Προσευχήθηκα γι᾽ αυτόν τον ασθενή που δεν είχε τις αισθήσεις του, και μόλις τελείωσε η προσευχή, ανασηκώθηκε. Ήταν σαν σε ταινία. Όλοι όσοι ήταν παρόντες στο γεγονός άρχισαν να χειροκροτούν για να δοξάσουν τον Θεό.

Θεραπεία Λίγο Πριν τον Ακρωτηριασμό των Χεριών

Στη συνάθροιση αυτή ήταν παρούσα και η διακόνισσα Σανγκ-γι Λι, της οποίας οχτώ από τα δάχτυλά της είχαν σαπίσει, αλλά γιατρεύτηκε κι απέκτησε και πάλι

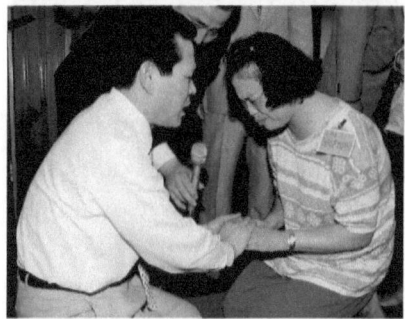

Τα σε αποσύνθεση δάχτυλα της
Σανγκ-γι Λι θεραπεύθηκαν

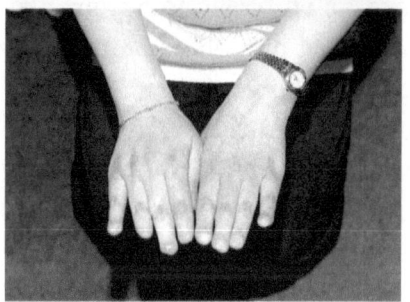

φυσιολογικά δάχτυλα μετά την προσευχή. Το χειμώνα του 1985, υπέφερε από κρυοπαγήματα. Είχε δοκιμάσει πολλές θεραπευτικές μεθόδους συμπεριλαμβανομένης και αυτής του βελονισμού. Τίποτα δεν είχε αποτέλεσμα. Υπέφερε και από αρθρίτιδα σε όλο της το σώμα. Το 1990, ενώ βρισκόταν στη Σεούλ, οδηγήθηκε και παρευρέθηκε στην εκκλησία μας. Συνέχισε να έρχεται για κάποιο χρονικό διάστημα, αλλά στη συνέχεια επέστρεψε στην πατρίδα της. Μετά την επιστροφή της, απομακρύνθηκε από τον Θεό και ήταν φυγόπονη σε ό,τι αφορούσε την πίστη της. Το 1993, το σώμα της άρχισε να συρρικνώνεται κι ο λαιμός της είχε πιαστεί. Η διάγνωση που έλαβε ήταν ρευματική αρθρίτιδα σε όλο της το σώμα, και τα συμπτώματα άρχισαν να εμφανίζονται καθώς η κατάστασή της χειροτέρευε. Νοσηλεύτηκε στο Πανεπιστημιακό Νοσοκομείο Γκούρο της Κορέας, αλλά δύο μήνες αργότερα, οχτώ από τα δάχτυλά της άρχισαν να σαπίζουν, όλα εκτός από τους αντίχειρες. Τα χέρια της έγιναν μαύρα μέχρι το ύψος του καρπού. Δεν είχαν σαπίσει μόνο τα νύχια, αλλά και τα κόκκαλα των δαχτύλων της. Ο γιατρός τής είπε ότι τα χέρια της έπρεπε να ακρωτηριαστούν στο ύψος του καρπού για να εμποδιστεί η σηψαιμία και να μην επεκταθεί στο πάνω μέρος του χεριού της. Η ημερομηνία του ακρωτηριασμού είχε οριστεί. Εξαιτίας των αφόρητων πόνων, η διακόνισσα Σανγκ-γι Λι έπρεπε να παίρνει μεγάλη ποσότητα παυσίπονων. Το Μάιο του 1994, μόλις μία ημέρα πριν από την επέμβαση, παρακολούθησε την Ειδική Συνάθροιση Αναγέννησης Διάρκειας Δύο Εβδομάδων. Στο τέλος, ενώ προσευχόμουν για εκείνη, μου εκμυστηρεύτηκε ότι εκείνη τη στιγμή τα χέρια της άρχισαν να καίνε κι οι αφόρητοι πόνοι είχαν εξαφανιστεί. Από εκείνη την ημέρα, η κατάστασή της βελτιώθηκε, και ο γιατρός τής είπε ότι η επέμβαση δεν χρειαζόταν πια, κι ότι μπορούσε να επιστρέψει στο σπίτι της.

Η σηψαιμία σταμάτησε, και τα σημεία του δέρματός της που είχαν ήδη σαπίσει, κι ήταν σαν φλοιός γέρικου δέντρου,

Η κατάρρευση του Πολυκαταστήματος Σάμπουνγκ

έπεσαν και αποκαλύφθηκε νέα σάρκα. Ακόμα και τα νύχια της ξαναφύτρωσαν. Τον επόμενο χρόνο, το Μάιο του 1995, παρακολούθησε και πάλι τις ειδικές μας συγκεντρώσεις αναγέννησης που κρατούσαν δύο εβδομάδες. Τη δεύτερη ημέρα, την ημέρα της προσευχής για τους αρρώστους, έλαβε για ακόμα μία φορά την ευχή μου. Μετά την προσευχή, ένιωσε όλο της κορμί πολύ ελαφρύτερο, κι ο πόνος που προκαλούσε η αρθρίτιδα εξαφανίστηκε. Ήταν πλέον καθαρή και υγιής, και δεν ήταν μόνο τα δάχτυλα των χεριών που θεραπεύτηκαν από τη σηψαιμία, αλλά ολόκληρο το κορμί της απαλλάχτηκε από κάθε ασθένεια και πόνο.

Προστατευμένος Κατά την Κατάρρευση του Πολυκαταστήματος Σαμπούνγκ

Στην εκκλησία μας έχουμε μία ιεραποστολική οργάνωση που την ονομάζουμε «Ιεραποστολή του Φωτός και του Αλατιού» και ασχολείται με όσους εργάζονται σε εστιατόρια κι εταιρίες διανομής. Από την ίδρυσή της τον Οκτώβριο του 1985, η συγκεκριμένη ομάδα έχει πραγματοποιήσει λειτουργίες και συναντήσεις προσευχής σε πολλά και διαφορετικά μέρη. Εργάζεται για τον εκχριστιανισμό μέσα στη βιομηχανία των εστιατορίων και των επιχειρήσεων διανομής. Καθώς τα μέλη της «Ιεραποστολής του Φωτός και του Αλατιού» εργάζονται τις Κυριακές, παρακολουθούν τη λειτουργία αφού τελειώσουν τη δουλειά τους, στις 9 και στις 11 το βράδυ της Κυριακής.

Στις 29 Ιουνίου του 1995, γύρω στις 6 το απόγευμα, συνέβη μία μεγάλη καταστροφή. Κατέρρευσε το κτήριο όπου στεγαζόταν το πολυκατάστημα Σαμπούνγκ. Περίπου 10 μέλη της εκκλησίας μας εργάζονταν εκεί, κι ο Θεός μερίμνησε για αυτούς έτσι ώστε να γλιτώσουν με διάφορους τρόπους. Μέσα σε μία τόσο φριχτή κατάσταση, βιώσαμε το θαύμα της σωτηρίας όλων τους.

Η αδελφή Τζινσούκ Χονγκ, η οποία εργαζόταν στο κατάστημα Σαμπούνγκ, είχε παγιδευτεί μαζί με άλλους συναδέλφους της μέσα στο σωρό από μπετόν στο τρίτο υπόγειο του κτηρίου, αλλά σώθηκε από θαύμα. Δούλευε στο κυλικείο των εργαζομένων, τρία πατώματα κάτω από τη γη. Μόλις τελείωσε την βάρδιά της, πήγε στην κλινική του καταστήματος για να ξεκουραστεί για λίγο. Το κτήριο κατέρρευσε τη στιγμή που βρισκόταν εκεί, και παγιδεύτηκε στην κλινική μαζί με τη νοσοκόμα. Καθώς κατέρρευσε το κτήριο, η νοσοκόμα τραυματίστηκε στο κεφάλι, ενώ έσπασαν και τα κόκκαλα των ποδιών της. Επειδή δεν μπορούσαν να διακρίνουν τίποτα μέσα στο απόλυτο σκοτάδι, δεν μπορούσαν να φανταστούν ότι θα έβρισκαν κάποια διέξοδο. Άκουγαν μόνο από απόσταση ανθρώπους να κραυγάζουν ζητώντας βοήθεια.

«Τζινσούκ, αιμορραγώ στο κεφάλι. Όταν μου κήρυξες το Ευαγγέλιο, δεν μου άρεσε και προσπαθούσα να σε αποφύγω. Με συγχωρείς. Θεέ μου! Με συγχωρείς, θα πιστέψω σε Σένα τώρα!» Η νοσοκόμα έκλαιγε και φώναζε δυνατά. Η αδελφή Τζινσούκ Χονγκ προσευχήθηκε για εκείνη κρατώντας της το χέρι και την παρηγορούσε με τον Λόγο του Θεού. Η σκόνη από το τσιμέντο που αιωρείτο στον αέρα έμπαινε στο λαιμό της. Η αδελφή Χονγκ προσευχήθηκε, «Θεέ μου, στείλε μας τους διασώστες, όχι μόνο για μένα, αλλά και για όλους αυτούς τους ανθρώπους· κάνε να μην καταρρεύσει άλλο το κτήριο, και δώσε μας λίγο καθαρό αέρα.»

Ο Θεός απάντησε στη προσευχή της. Αφού πέρασαν τρεις ώρες εγκλωβισμένες, γύρω στις 9 το βράδυ, μπόρεσαν να διακρίνουν ένα φακό και ακούστηκε μια φωνή, «Είναι κανείς εδώ;» Φώναξαν, «Εδώ είμαστε!» και δύο διασώστες άκουσαν τις φωνές τους και τις πλησίασαν. Η κλινική αυτή βρισκόταν κοντά στην έξοδο κινδύνου, κι ευτυχώς οι έξοδοι κινδύνου, όπως και οι σκάλες, δεν είχαν καταρρεύσει. Έτσι, όταν έφτασαν οι διασώστες από τη σκάλα, άκουσαν τις προσευχές και τους ύμνους. Η νοσοκόμα μεταφέρθηκε με ασθενοφόρο στο νοσοκομείο, ωστόσο, η αδελφή Τζινσούκ Χονγκ δεν ήταν τραυματισμένη και δεν είχε πάθει το παραμικρό. Το γεγονός κατεγράφη την επόμενη ημέρα από όλες τις μεγάλες καθημερινές εφημερίδες, αναφέροντας ότι οι διασώστες είχαν ακούσει φωνές που τραγουδούσαν κι έτσι εντόπισαν τους εγκλωβισμένους.

Ποιος θα τραγουδούσε σε μία τέτοια δύσκολη κι επικίνδυνη για τη ζωή του κατάσταση; Ο ήχος που άκουσαν οι διασώστες ήτα οι προσευχές κι οι δοξασίες προς τον Θεό, κι ο Θεός έκανε τους διασώστες να πάνε στο σημείο όπου είχαν εγκλωβιστεί οι άνθρωποί Του. Η Τζινσούκ Χονγκ ερχόταν πάντοτε στον εσπερινό της Κυριακής και προσέφερε δωρεές δεκάτης. Όταν τηρούμε την Αργία του Θεού και κάνουμε εισφορές, ο Θεός μάς προστατεύει από ατυχήματα κι από ασθένειες.

Λος Άντζελες 1995

Μια Εκκλησία Λίγο πριν Διαλυθεί

Πριν από την Ιεραποστολική Εκστρατεία, από τις 27 ως τις 28 Απριλίου, πραγματοποιήθηκε μία σειρά ηνωμένων σταυροφοριών με τη συνεργασία περισσότερων από 40 εκκλησιών σε διαφορετικές περιοχές. Εγώ είχα αναλάβει την εκστρατεία στην Πρεσβυτεριανή εκκλησία «Χ.» του πάστορα «Ο.» ο οποίος ήταν πρόεδρος της οργανωτικής επιτροπής. Πριν πάω στο Λος Άντζελες, τα μέλη της εκκλησίας μας μου έδωσαν κάποια χρήματα για να καλυφθούν τα έξοδα της ιεραποστολής. Πριν από την αναχώρησή μου, είπα σε κάποια άτομα που εργάζονταν στην εκκλησία, «Ο Θεός μού έδωσε ένα μεγάλο ποσό προσφορών αυτή τη φορά, και πιστεύω ότι αυτό συμβαίνει για κάποιο λόγο.» Η προαναφερόμενη Πρεσβυτεριανή εκκλησία, όπου πραγματοποιήθηκε η

Δίνοντας ευλογία στο Δημοτικό Συμβούλιο της Πόλης του Λος Άντζελες

Κατά την αποδοχή της Τιμητικής Υπηκοότητας στο Λος Άντζελες

Στην Παρέλαση, την «Ημέρα της Κορέας» στο Λος Άντζελες

τριήμερη σταυροφορία, ήταν μια μικρή εκκλησία. Ο πάστορας ο οποίος ήταν πάνω από 60 ετών, εργαζόταν μόνος του σκληρά, χωρίς να έχει κανέναν να τον βοηθήσει. Ήταν μία μικρή συνάθροιση που συγκέντρωσε 100 περίπου ανθρώπους για τρεις ημέρες, παρ' όλα αυτά, έδωσα τον καλύτερό μου εαυτό κηρύττοντας. Πολλοί ποιμένες, πάστορες μεγαλύτερων εκκλησιών, μου είπαν ότι θα με ήθελαν για ομιλητή κι απολογήθηκαν που δεν μου το είχαν προτείνει νωρίτερα. Πίστευα ότι ο Θεός είχε κάποιο συγκεκριμένο λόγο που ήθελε να ηγηθώ της τριήμερης εκστρατείας στην εκκλησία εκείνη.

Στις 29 Απριλίου, κατά τη διάρκεια της τελευταίας συνάντησης, ο πάστορας της εκκλησίας προσευχόταν γι' αυτήν. Κι ενώ προσευχόταν, έλεγε κλαίγοντας, «Θεέ μου, λύσε το οικονομικό πρόβλημα της εκκλησίας μας, αλλιώς θα παραδοθεί στα εγκόσμια.» Είχα ήδη βρεθεί σε πολύ δύσκολη θέση, ακόμα και σαν ομιλητής εκείνη την περίοδο, ακούγοντας, όμως, εκείνη την προσευχή, η καρδιά μου πλημμύρισε από αγωνία. Εκείνη τη στιγμή, με παρακίνησε ο Θεός.

«Βοήθησε αυτή την εκκλησία. Το ποσό από τις ιεραποστολικές προσφορές δεν είναι για μια τέτοια περίσταση; Βοήθησε αυτή την εκκλησία.»

Αφού άκουσα αυτή τη φωνή, είπα στο κήρυγμα, «Δεν γνωρίζω πόσο μεγάλο είναι το χρέος της εκκλησίας, όμως, η εκκλησία του Θεού δεν πρέπει να υποφέρει από τα εγκόσμια. Θα προσφέρω μια μικρή βοήθεια, γι' αυτό λοιπόν, ας συμμετάσχουν όλα τα μέλη», και υποσχέθηκα να προσφέρω 20.000 δολάρια ΗΠΑ.

Μπόρεσα να καταλάβω το λόγο για τον οποίο με έστειλε ο Θεός σε εκείνη την εκκλησία, επειδή μπορούσα να αντιλαμβάνομαι και να επιλύνω δύσκολες καταστάσεις. Δεν ήθελα να με αντιμετωπίσουν σαν έναν ομιλητή, όμως η καρδιά μου είχε πλημμυρίσει από την επιθυμία να βοηθήσω τον πάστορα και να του προσφέρω μια ανακούφιση. Έκανα ό,τι καλύτερο μπορούσα έτσι ώστε να μην αισθανθεί άσχημα, και να μη σπαταλήσω το χρόνο του. Κατά τη διάρκεια της σταυροφορίας, η ομάδα της εκκλησίας μου δοξολογούσε τον Θεό. Επιπλέον, προσπάθησαν να εμφυτεύσουν στα μέλη όση περισσότερη χάρη του Αγίου Πνεύματος μπορούσαν.

Την επόμενη μέρα, την Κυριακή 30 Απριλίου, με επισκέφθηκε ο πάστορας της εκκλησίας και μου είπε σκυθρωπά, «Πάτερ, μέχρι χθες, έρχονταν στην συνάθροιση μέλη άλλων εκκλησιών που σε γνώριζαν, αλλά είμαι σίγουρος ότι από σήμερα θα έχουν φύγει όλοι. Δεν χρειάζεται καν να πας στην εκκλησία για να το διαπιστώσεις.» Έμεινα έκπληκτος με αυτά που μου έλεγε, και τον ρώτησα τι συνέβη. Μου είπε ότι ο επίκουρος πάστορας της εκκλησίας απέτυχε στις εξετάσεις για τη χειροτονία του, κι έκανε παράπονα εναντίον του. Παραιτήθηκε από την εκκλησία, ενώ κάποιοι πρεσβύτεροι της εκκλησίας τού εναντιώθηκαν και αυτοί, και αποσχίσθηκαν. Άρχισε να επικρατεί χάος στην εκκλησία. Επιπλέον, καθώς η εκκλησία αντιμετώπιζε οικονομικά προβλήματα εξαιτίας χρεών, τα μέλη της έχασαν τη δύναμή τους για αναγέννηση.

Όταν, ωστόσο, πήγα στην εκκλησία, διαπίστωσα ότι τα μέλη όχι απλά δεν την είχαν εγκαταλείψει, αλλά ότι ήταν και ασφυκτικά γεμάτη. Ακόμη και οι θέσεις της χορωδίας

Καλεσμένος ως Επίτιμος Πρόεδρος την 22η «Ημέρα της Κορέας» στο Λος Άντζελες, και συμμετοχή στο Πολιτιστικό Κέντρο

ήταν κατειλημμένες, και τα πρόσωπα όλων έλαμπαν. Ο Θεός γνώριζε τη δεινή κατάσταση στην οποία βρισκόταν η εκκλησία αυτή, και για να την σώσει, με είχε στείλει να κηρύξω τον Λόγο Του και να προσφέρω οικονομική βοήθεια στον πάστορα.

Εκστρατεία Ιεραποστολής Λος Άντζελες 1995

Στις 30 Απριλίου του 1995, πραγματοποιήθηκε στο Συνεδριακό Κέντρο η «Παγκόσμια Ιεραποστολική Εκστρατεία Λος Άντζελες 1995» από την Παγκόσμια Επιτροπή Διάδοσης του Ευαγγελίου και την Κορεατική - Αμερικανική Επιτροπή Χριστιανικού Πνευματικού Κινήματος, και ήμουν προσκεκλημένος ως κεντρικός ομιλητής. Η «Παγκόσμια Ιεραποστολική Εκστρατεία» στέφθηκε με επιτυχία με τη βοήθεια της χάρης του Θεού. Λίγες ημέρες αργότερα, διάβασα στην Αμερικανική Χριστιανική Εφημερίδα,

«Στις 30 Απριλίου, 50 περίπου αφυπνιστές ιερείς και περισσότεροι από 8000 πιστοί συγκεντρώθηκαν σε μία συνάθροιση αναγέννησης πιστών για την ένωση πολλών φυλών. Ο αιδεσιμότατος Τζέροκ Λι, ο κύριος ομιλητής, κήρυξε ένα μήνυμα με τίτλο 'Ας Γίνουμε Ένα', και παρότρυνε τους παρευρισκόμενους λέγοντας, 'Είμαστε όλοι αδέρφια εν πίστη, ανεξάρτητα από την περιοχή, τη φυλή και τον πολιτισμό στον οποίο ανήκουμε. Με αυτή την ενιαία πίστη, ας συμβάλλουμε στην εγκαθίδρυση της παγκόσμιας διάδοσης του Ευαγγελίου'. Το πλήθος φώναζε το σύνθημα αυτής της εκστρατείας, 'Κηρύξτε το Ευαγγέλιο στα πέρατα της γης· μετατρέψτε αυτή την πόλη σε πόλη των αγγέλων· η νίκη είναι δική μας!' κι οι φωνές τους πλημμύρισαν ολόκληρο το συνεδριακό κέντρο.»

Παρευρέθηκα ακόμα και στην πρωινή προσευχή, στην οποία συμμετείχαν 300 περίπου αρχηγοί από πολλές περιοχές της μητρόπολης του Λος Άντζελες. Εκτίμησαν τις παραστάσεις των ομάδων δοξολογίας και χορού της εκκλησίας μας, και πολλοί δάκρυσαν καθώς οι παραστάσεις αυτές τους άγγιξαν και τους συγκίνησαν.

Φεστιβάλ της Ημέρας της Κορέας

Το Σεπτέμβριο του 1995, παρακολούθησα σαν επίτιμος πρόεδρος το 22ο «Φεστιβάλ της Ημέρας της Κορέας» στην Κορεατική περιοχή του Λος Άντζελες. Προσευχήθηκα για την ίδρυση ενός μνημείου, καθώς και για τα εγκαίνια της εκδήλωσης «Κορεάτικη Νύχτα». Συμμετείχα και στο αποκορύφωμα της όλης εκδήλωσης, στην παρέλαση με άρματα στολισμένα με λουλούδια. Υπήρχαν τέσσερα άλογα που έσερναν ένα ιδιαίτερο άρμα, για έναν σημαντικό καλεσμένο. Δεν αισθανόμουν άνετα που εμφανιζόμουν μπροστά σε τόσους ανθρώπους, αλλά ανέβηκα με αμηχανία πάνω στο άρμα και το οδήγησα. Ακολουθούσαν τα υπόλοιπα οχήματα και άρματα.

Συνέβησαν, όμως, και κάποιες φασαρίες και αναταραχές με σκοπό να με αποτρέψουν από το να παρευρεθώ στην εκδήλωση ως επίτιμος πρόεδρος. Ο Σύνδεσμος Κορεατών του Λος Άντζελες πραγματοποίησε συνέλευση γι αυτό το θέμα κι έκανε ένσταση ενάντια σε αυτές τις αναταραχές, προειδοποιώντας ότι θα κινηθεί νομικά εναντίον οποιουδήποτε διέδιδε αναληθείς φήμες για μένα, τον επίτιμο πρόεδρο. Το έργο και το σχέδιο του Σατανά ανετράπη από ανθρώπους που είχε προετοιμάσει ο Θεός σε ένα απρόσμενο μέρος.

-Τέλος 1ου βιβλίου -
Συνεχίζεται (Βιβλίο 2ο)

Σχετικά με τον Συγγραφέα,
Δρα Τζέροκ Λι

Ο Δρ Τζέροκ Λι γεννήθηκε στο Μουάν, στην επαρχία Τζεονάμ της Δημοκρατίας της Κορέας, το 1943. Στα είκοσι και κάτι, ο Δρ Λι έπασχε από μια ποικιλία από ανίατες ασθένειες για επτά χρόνια, και περίμενε τον θάνατο χωρίς ελπίδα ανάρρωσης. Μια μέρα όμως, την άνοιξη του 1974, οδηγήθηκε σε μια εκκλησία από την αδελφή του, και όταν γονάτισε να προσευχηθεί, ο Θεός τον θεράπευσε αμέσως από όλες τις ασθένειες του

Από τη στιγμή που ο Δρ Λι συνάντησε τον πραγματικό Θεό, μέσα από αυτή την υπέροχη εμπειρία, αγάπησε τον Θεό με όλη του την καρδιά και την ειλικρίνειά του, και το 1978 κλήθηκε να γίνει υπηρέτης του Θεού. Προσευχήθηκε θερμά για να μπορέσει να κατανοήσει πλήρως το θέλημα του Θεού, να το φέρει εις πέρας, και να υπακούει όλα τα Λόγια του Θεού. Το 1982, ίδρυσε την Κεντρική Εκκλησία Μάνμιν στη Σεούλ της Κορέας, και αμέτρητα έργα του Θεού, συμπεριλαμβανομένων θαυματουργών θεραπειών και θαυμάτων, λαμβάνουν χώρα στην εκκλησία του.

Το 1986, ο Δρ Λι χειροτονήθηκε πάστορας στην ετήσια συνέλευση της Εκκλησίας του Ιησού «Σουνγκγιούλ» της Κορέας, και τέσσερα χρόνια αργότερα, το 1990, τα κηρύγματά του άρχισαν να μεταδίδονται στην Αυστραλία, στη Ρωσία, στις Φιλιππίνες, και σε πολλά άλλα μέρη μέσω της Far East Broadcasting Company, του σταθμού Asia Broadcast Station, και του Washington Christian Radio System.

Τρία χρόνια αργότερα, το 1993, η Κεντρική Εκκλησία Μάνμιν επιλέχθηκε ως μία από τις «50 Καλύτερες Εκκλησίες στον Κόσμο» από το χριστιανικό περιοδικό Christian World (ΗΠΑ), και εκείνος έλαβε Επίτιμο Διδακτορικό Δίπλωμα Θεολογίας από το Christian Faith College στην Φλόριντα, ΗΠΑ, και το 1996 Διδακτορικό Δίπλωμα Διακονίας από το Kingsway Theological Seminary, στην Iowa, ΗΠΑ.

Από το 1993, ο Δρ Λι έχει αναλάβει ηγετικό ρόλο στην παγκόσμια ιεραποστολή, μέσα από πολλές υπερπόντιες σταυροφορίες στην Τανζανία, στην Αργεντινή, στο Λος Άντζελες, στη Βαλτιμόρη, στη Χαβάη και στην πόλη της Νέας Υόρκης στις ΗΠΑ, αλλά και στην Ουγκάντα, στην Ιαπωνία, στο Πακιστάν, στην Κένυα, στις Φιλιππίνες, στην Ονδούρα, στην Ινδία, στην Ρωσία, στην Γερμανία, στο Περού, στην Λαϊκή Δημοκρατία του Κονγκό, Ισραήλ και το Εσθονία. Η σταυροφορία του στην Ουγκάντα παρουσιάστηκε στο CNN, και στην σταυροφορία στο Ισραήλ, που πραγματοποιήθηκε στο Διεθνές Συνεδριακό Κέντρο της Ιερουσαλήμ, διακήρυξε τον Ιησού Χριστό ως Μεσσία. Το 2002 αναγορεύτηκε «παγκόσμιος πάστορας» από μεγάλες χριστιανικές εφημερίδες στην Κορέα για την εργασία του στις διάφορες υπερπόντιες Μεγάλες Ηνωμένες Σταυροφορίες.

Από τον Ιούνιο του 2012, η Κεντρική Εκκλησία Μάνμιν είχε ως εκκλησίασμα περισσότερα από 120.000 μέλη. Υπάρχουν 10.000 εγχώρια και ξένα παραρτήματα εκκλησιών σε όλο τον κόσμο, συμπεριλαμβανομένων 56 εγχώριων εκκλησιών σε μεγάλες πόλεις της Κορέας, και μέχρι σήμερα έχουν ανατεθεί περισσότεροι από 129 ιεραπόστολοι σε 23 χώρες, συμπεριλαμβανομένων των Ηνωμένων Πολιτειών, της Ρωσίας, της Γερμανίας, του Καναδά, της Ιαπωνίας, της Κίνας, της Γαλλίας, της Ινδίας, της Κένυας, και σε πολλά άλλα μέρη.

Μέχρι την ημερομηνία της παρούσας δημοσίευσης, ο Δρ Λι έχει γράψει 64 βιβλία, συμπεριλαμβανομένων των μπεστ σέλερ *Γεύση της Αιώνιας Ζωής Πριν τον Θάνατο, Η Ζωή Μου, Η Πίστη Μου Ι & ΙΙ, Το Μήνυμα του Σταυρού, Το Μέτρο της Πίστης, Ο Παράδεισος Ι & ΙΙ, Η Κόλαση, και Η Δύναμη του Θεού.* Τα έργα του έχουν μεταφραστεί σε περισσότερες από 74 γλώσσες.

Οι χριστιανικές του στήλες δημοσιεύονται στα *The Hankook Ilbo, The JoongAng Daily, The Chosun Ilbo, The Dong-A Ilbo, The Munhwa Ilbo, The Seoul Shinmun, The Kyunghyang Shinmun, The Hankyoreh Shinmun, The Korea Economic Daily, The Korea Herald, The Shisa News,* και στο *The Christian Press.*

Ο Δρ Λι ηγείται αυτή τη στιγμή πολλών ιεραποστολικών οργανώσεων και ενώσεων, και είναι, μεταξύ άλλων, Πρόεδρος της Ηνωμένης Αγίας Εκκλησίας του Ιησού Χριστού Πρόεδρος, της Παγκόσμιας Ιεραποστολής Μάνμιν, Μόνιμος Πρόεδρος της Παγκόσμιας Ένωσης Ιεραποστολικής Αναγέννησης του Χριστιανισμού, Ιδρυτής & Πρόεδρος του Διοικητικού Συμβουλίου του Παγκόσμιου Χριστιανικού Δικτύου (GCN), Ιδρυτής & Πρόεδρος του Διοικητικού Συμβουλίου του Παγκόσμιου Δικτύου Χριστιανών Γιατρών (WCDN), και Ιδρυτής & Πρόεδρος του Διοικητικού Συμβουλίου της Διεθνούς Ιερατικής Σχολής Μάνμιν (MIS).

Ο Παράδεισος I & II

Μια λεπτομερής εικόνα του πανέμορφου περιβάλλοντος που απολαμβάνουν οι πολίτες των ουρανών, και μια όμορφη περιγραφή των διαφόρων επιπέδων του βασιλείου των ουρανών.

Το Μήνυμα του Σταυρού

Ένα ισχυρό μήνυμα αφύπνισης για όλους τους ανθρώπους που πνευματικά κοιμούνται! Σε αυτό το βιβλίο, θα βρείτε το γιατί ο Ιησούς είναι ο μόνος Σωτήρας, και την αληθινή αγάπη του Θεού.

Η Κόλαση

Ένα ειλικρινές μήνυμα προς όλη την ανθρωπότητα από τον Θεό, ο οποίος δεν επιθυμεί ούτε καν μια ψυχή να πέσει στα βάθη της Κόλασης! Θα ανακαλύψετε μια πρωτοφανή περιγραφή της σκληρής πραγματικότητας του Κάτω Άδη και της Κόλασης.

Η Ζωή Μου, Η Πίστη Μου II

Μια συγκινητική μαρτυρία αληθινής πίστης, για την υπέρβαση κάθε είδους δοκιμασίας, και των πύρινων έργων του Αγίου Πνεύματος, που εμφανίζονται σε μια εκκλησία με αληθινή πίστη.

Το Μέτρο της Πίστης

Τι είδους τόπος κατοικίας, στέμμα και ανταμοιβές έχουν προβλεφθεί για σας στον Παράδεισο; Το βιβλίο αυτό σας προσφέρει σοφία και καθοδήγηση, για να μετρήσετε την πίστη σας, και να καλλιεργήσετε καλύτερη και πιο ώριμη πίστη.